妇女百科

大讲堂双色图文版

刘凤珍 ◎ 主编　尹天怡 ◎ 编著

中国华侨出版社
北京

图书在版编目（CIP）数据

妇女百科大讲堂/尹天怡编著.—北京：中国华侨出版社，2016.12
（中侨大讲堂/刘凤珍主编）
ISBN 978-7-5113-6499-9

Ⅰ.①妇… Ⅱ.①尹… Ⅲ.①女性－生活－知识
Ⅳ.① Z228.4

中国版本图书馆 CIP 数据核字（2016）第 285992 号

妇女百科大讲堂

编　　著 / 尹天怡
出 版 人 / 刘凤珍
责任编辑 / 馨　宁
责任校对 / 王京燕
经　　销 / 新华书店
开　　本 / 787 毫米 ×1092 毫米　1/16　印张 /24　字数 /455 千字
印　　刷 / 三河市华润印刷有限公司
版　　次 / 2018 年 3 月第 1 版　2018 年 3 月第 1 次印刷
书　　号 / ISBN 978-7-5113-6499-9
定　　价 / 48.00 元

中国华侨出版社　北京市朝阳区静安里 26 号通成达大厦 3 层　邮编：100028
法律顾问：陈鹰律师事务所
编辑部：（010）64443056　　64443979
发行部：（010）64443051　　传真：（010）64439708
网　址：www.oveaschin.com
E-mail：oveaschin@sina.com

前 言

如今，女性的自身地位已经有了极大的提升，在工作和生活中发挥着越来越重要的作用。现代社会的生活为女性提供了展现其魅力的舞台，同时也给女性带来诸多挑战。女性除了和男性一样工作挣钱、照顾家庭，还承担着孕育新生命的天职。为此，女性必须经历月经、妊娠、生产、哺乳等特殊的生理过程，这既是女性的神圣职责，同时又给女性带来很多伤害。女性特有的生命历程和身心特征，需要女性深入地了解自己，为自己的生理和心理健康负责，健康快乐地度过一生；同时也需要男性深入地了解女性，以更好地对待自己的母亲、妻子和女儿。

女性在工作和生活中，难免会遇到各种问题，影响她们的身心健康和生活质量。尤其是组建家庭之后，女性除工作之外，还要照顾家庭、打理家务、计划收支，面对同丈夫在性格及生活习惯上的磨合、增进夫妻感情、与公婆的相处、妇科疾病的困扰、生育后代、儿女的教育问题、经济上的压力等，妥善处理诸如此类的问题，可使女性感受到婚姻的幸福、美满。有些女性可能还要面对离异、独自带孩子、异地分居等问题，这时需要女性坚强面对，以积极的态度对待生活。而在经期、孕产期等特殊时期，女性还将面临一系列问题，如经前期综合征、痛经、孕期不适、产褥期疾病等，这些都会对女性身心健康及日常生活造成或大或小的损害。在这些特殊时期，女性需要额外地保养、呵护自己的身体，积极调整情绪，才能保障健康不受侵袭。

与此同时，女性在任何时候都是一个爱美的群体。剪个什么发型好看、怎样保养皮肤、服装怎么搭配、如何快速减肥等是女性之间永远谈不完的话题，即使岁月的痕迹不可阻挡地印刻在女性脸上，依然挡不住她们爱美的心，对她们进行这方面的指导将使她们获得极大的满足感。

《妇女百科大讲堂》是一部全方位指导女性生活的实用指南，内容涵盖女性的恋爱婚姻、家务打理、孕产育儿、饮食营养、休闲娱乐、身心保健、养生防病、瘦身健美、化妆美容、服饰搭配、交际处世等各个方面，对女性一生中可能遇到的问题都进行了相应的解答和指导，诸如：结婚后如何处理婆媳关系？如何处理婚姻中的危机？怎样把家务打理得井井有条？怎样防治痛经、阴道炎、产褥感染等妇科疾病？如何加强孕期营养？如何对孩子进行正确的教育？面对离婚如何调整生活和心态？遇到暴力危险时如何自卫？怎样护理如云秀发？怎样消除小肚腩？等等。了解这些可提高女性生活质量和幸福指数，引导女性完美、幸福、明智地度过一生。本书内容丰富、涵盖面广、通俗易懂、实用性强，是一部现代女性不可不读的生活枕边书。

目　录

第一章　喜结连理

性生活奥秘的探讨 ... 2
你们的性生活美满吗 ... 7
爱和尊敬 ... 8
做丈夫的情人 ... 9
培养夫妻间的幽默感 ... 10
何谓"娇妻" ... 10
了解第一 ... 11
跨越鸿沟 ... 12
吵架吵问题 ... 12
争取宠爱的十大窍门 ... 13
勿因孩子忽略了他 ... 14
做个甜蜜的"战友" ... 15
孤独的特权 ... 15
家，不只是个窝 ... 16
快乐是成功的基石 ... 17
把握时间的方法 ... 19
怎样治疗唠叨的毛病 ... 19
适应丈夫的"非常时期" ... 20
意志集中，力量集中 ... 22
妻子·白衣天使·母亲 ... 23
量入为出，有爱万事足 ... 25
注意亮起的红灯 ... 28
你是好妻子吗 ... 28
你对丈夫有真爱吗 ... 29
你试图改造他吗 ... 30
你常怀念以往的情人吗 ... 30

你感到"悔不当初"吗 ……………………………………… 31
你们相互了解吗 …………………………………………… 31
你们常在争吵中度日吗 …………………………………… 32
婚姻生活的危险期 ………………………………………… 34
测验自己的危机程度 ……………………………………… 35
难偕白首话离婚 …………………………………………… 36
为什么他们要离婚 ………………………………………… 36
死谏可以阻止吗 …………………………………………… 41
离婚不能避免吗 …………………………………………… 41
离婚并不可耻 ……………………………………………… 43

第二章　家政与家务

怎样建立美满幸福的家庭 ………………………………… 46
家庭应具有的气氛 ………………………………………… 47
生活的新内容是什么 ……………………………………… 48
家庭不和怎么办 …………………………………………… 48
婆媳不和怎么办 …………………………………………… 49
妯娌不和怎么办 …………………………………………… 49
姑嫂不和怎么办 …………………………………………… 50
兄弟姐妹不和怎么办 ……………………………………… 51
父母子女不和怎么办 ……………………………………… 51
继父母继子女不和怎么办 ………………………………… 52
邻里不和怎么办 …………………………………………… 53
儿女不孝敬老人怎么办 …………………………………… 53
家庭经济困难怎么办 ……………………………………… 54
丈夫酗酒怎么办 …………………………………………… 55
丈夫赌博怎么办 …………………………………………… 55
夫妻分居两地怎么办 ……………………………………… 56
夫妻吵架忌搬兵 …………………………………………… 57
做好家庭的日常管理 ……………………………………… 58
建立并用好家庭档案 ……………………………………… 59
家务劳动规律化 …………………………………………… 60
怎样协调家务活 …………………………………………… 61
家庭物品 ABC 管理法 …………………………………… 61
注意排除家庭污染 ………………………………………… 62
家里失火怎么办 …………………………………………… 63

家里被盗怎么办 ... 64
如何使现金保值增值 ... 64

第三章　衣食住行

穿着打扮须应时 ... 68
量体裁衣 ... 68
体型与服饰 ... 69
脸型与服饰 ... 70
肤色与服饰 ... 70
年龄与服饰 ... 70
恋爱与服饰 ... 71
职业女性的穿着原则 ... 71
女士如何选择内衣 ... 72
休闲装 ... 73
情意浓浓的情侣装 ... 73
体现家庭情趣的居室装 ... 74
时装皇后——裙装 ... 75
雍容华贵的仿裘皮装 ... 76
春季服装的选择 ... 77
夏季服装的选择 ... 77
秋季服装的选择 ... 78
冬季服装的选择 ... 79
首饰的种类 ... 80
金项链的选择与佩戴 ... 81
金戒指的选择与佩戴 ... 81
金饰品的保存 ... 82
如何选钻戒 ... 82
怎样选购礼帽 ... 83
如何选择裙子 ... 83
怎样保养丝绸衣服 ... 83
樟木箱子不能存放化纤织物 ... 84
熨维纶衣服不能垫湿布 ... 84
哪些衣料不宜暴晒 ... 84
洗涤腈纶膨体纱的窍门 ... 85
穿用风雨衣的学问 ... 85

怎样干洗毛料西服 85
呢子服除尘妙方 86
如何打扮孩子 86
胖人穿衣"五忌" 87
羽绒制品应该多晒 87
收藏仿裘皮大衣要注意防潮 87
怎样洗掉衣服上的沥青 88
怎样做棉衣更暖和 88
衣物烫黄怎样补救 88
巧除服装"结头" 88
穿着小常识 88
衬衫领口如何保洁 89
怎样编制家庭食谱 89
一日为何三餐 89
早餐的重要性 90
脑力劳动者的膳食营养 90
最好和最差的食品 90
受欢迎的新型食品有哪些 91
做主食的秘诀 91
怎样办好春节家宴 91
哪种面食吃法好 92
油炸食品危害大 92
喝啤酒的学问 93
调味品的作用 93
正确使用味精 94
家庭与色彩 94
把新房布置得更美 95
当心居室环境污染 95
水泥地板装饰方法 96
怎样制作和粘接装饰板 96
刷油漆的技巧 97
窗帘的选用 98
家庭窗帘巧悬挂 98
厨房的设计布置 99
卫生间的安排 100
家庭浴室的装饰品位 101

阳台的利用与美化	101
水泥墙面怎样钉钉子	102
家庭花卉设置	103
居室冬季的立体绿化	103
阳台花草数牵牛	104
吊栽黄瓜美化居室	105
怎样盆栽葡萄	105
家庭摆设要常搬	106
怎样使室内下水道没味	106
沙发的使用和保养	107
怎样清除沙发面料上的灰垢	107
寒冬室内防干燥	107
家庭冬季节能与保暖	108

第四章　生儿育女

孕期的营养储备	110
孕期要做的检查	120
分娩前和分娩	126
分娩后	143
喂奶与断奶	157
初乳营养价值高	158
奶瓶喂奶四不宜	158
麦乳精不能代替牛奶	159
儿童饮食七忌	159
婴幼儿不宜吃鸡蛋白	159
要科学地安排小儿零食	159
不要等孩子渴了才给水喝	160
孩子太胖并非健康	161
让孩子有充足的睡眠时间	161
孩子的智力与睡眠有关	161
儿童睡沙发床不好	161
婴儿仰睡容颜美	162
小儿日常生活十五戒	162
婴儿做操益处多	162
纱布手套戴不得	163

戏逗婴儿手下留情 163
在游戏中认识世界 163
买玩具也有学问 163
儿童玩具要经常消毒 164
幼儿不宜过早穿皮鞋 164
不要用橡皮筋给儿童做裤带 164
开裆裤久穿无益 164
孩子不宜戴塑料有色镜 165
宝宝练步不宜急 165
儿童看电视不宜过多 166
唱歌、朗诵有益身心发育 166

第五章　家庭教育

假期要注意孩子的视力 168
健康心理是迈向成功的起点 168
儿童心理的四个发展期 169
儿童的基本需要——爱 171
春情发动期和心理问题 172
和异性建立成熟的关系 175
离父母而独立 176
就业的准备与选择 177
不良适应的表征 178
梦魇 180
处理"问题少年"的态度 181
正确的管教方法 184
性教育的重要性 187
性教育的六大疑虑 188
性教育的意义 190
早期的性问题 191
性与学龄 192
青春期的开端 193
后期的特殊问题 194
成长的情况 195
性教育的环境 196

第六章　美容与化妆

额之美丽 … 198
装点耳畔 … 199
美丽的鼻子 … 200
迷人的下巴 … 201
怎样修整唇型 … 202
牙齿之美 … 203
皮肤的日常保养 … 204
光洁皮肤的几种方法 … 223
减少皱纹的方法 … 223
按摩皮肤保弹性 … 224
美容六忌 … 224
方便的食物美容法 … 224
别具一格的化妆效果 … 225
怎样弥补一张长相平常的脸 … 230
女性外在的美如何适度展现 … 231
如何根据皮肤选择化妆品 … 231
掩饰雀斑、疤痕、胎记的窍门 … 231
眼角皱纹巧掩饰 … 232
如云秀发 … 232
美发护理从头皮开始 … 235
让头发漂亮的最佳方法 … 236

第七章　美人与养生

美是一个多面体 … 240
美胸：凸显女性曲线 … 245
塑造迷人小蛮腰 … 248
快速消除小肚腩 … 250
令腿修长、匀称的方法 … 252
臀部圆润健美的方法 … 255
青葱玉指柔嫩法 … 256
令双脚柔嫩、白皙 … 258
让你的背影优美一生 … 262
健美 … 263
怎样消除锻炼后的疲劳 … 266

女子健美锻炼方法	267
时尚健康新忠告	268

第八章　卫生与保健

经前期紧张综合征	294
痛经	294
闭经	295
滴虫性阴道炎	296
霉菌性阴道炎	296
外阴瘙痒症	297
子宫颈炎	298
盆腔炎	298
乳腺炎	299
子宫脱垂	300
产褥感染	301
子宫肌瘤	302
卵巢肿瘤	302
子宫颈癌	303
乳腺癌	304
子宫外孕	305
不孕症	306
女性性功能保健	306
什么是性病	311
梅毒	312
淋病	313
软下疳	314
腹股沟肉芽肿	314
生殖器疱疹	315
尖锐湿疣	316
阴虱	316
巨细胞病毒感染症	317
阿米巴病	317
艾滋病	318
农家环境卫生	320
家庭住宅卫生	321
农家饮食卫生	321

用水的卫生 ... 322
农忙季节的四期保健 ... 322
预防农药中毒 ... 323
防治稻田皮炎 ... 324
防治麦芒痒 ... 325
女工保健 ... 325
预防职业病 ... 326
更年期保健 ... 332
心脑血管病人要留神 ... 340

第九章　工作与自卫

迎接挑战 ... 344
成才，是时间的积累 ... 344
充分利用最有效率的时间 ... 346
仅有勤奋是不够的 ... 347
目标要选准 ... 347
必须"充电" ... 348
中年奋起也不迟 ... 349
靠自己去发掘 ... 350
发挥女性的优势 ... 351
社会对女性成才的影响 ... 352
克服女性自身的弱点 ... 353
怎样求职 ... 354
应聘的艺术 ... 355
谨防陷阱 ... 357
女性自我防卫 ... 359

第一章

喜结连理

性生活奥秘的探讨

公开谈性，并不是我们的创新。多年来，许多社会工作者早已一再地公开讨论它了。

为什么性应该公开讨论，答案很简单——因为性的问题早已存在，而逃避问题不能解决问题。专家学者一致指出：性和性行为并不只是传宗接代，而是结合男女非常强劲的一种力量。当然，结合一对男女的力量是多方面的，但"性"却是其中最重要也最强劲的一种。因此，对于性行为，我们最好能持三种正确的态度：

第一，对于性行为，如果我们不能好好利用它，它很容易引发社会问题、暴力问题、伦理道德堕落等种种问题。

第二，好好利用性行为，能促进婚姻的和谐。许多美满的家庭，都是建立在良好的性行为基础上的。

第三，很多人逃避性问题，其实性问题并不是什么特殊的问题，而且也不是能用逃避来解决的，只有了解它、好好利用它，才是最好的办法。

那么，从这里开始，我们就一起来了解它吧。

性爱与婚姻

婚姻中的性关系原来是十分单纯的，它是两个有情人结成眷属之后，不断地向对方证明相爱相属的一种行动，只要互相需要互相亲爱的原始动力足够了，这种表达爱情的行动力便永远不会匮乏。

可惜，大多数的夫妻，在新婚宴尔的时候都充满热情，但随着时间的流逝，不可避免地走入一个互相倦怠的低潮里。

造成这个低潮的原因是夫妻双方的疏忽——在结婚之初，彼此对对方都怀有新鲜与兴奋的感受，热得如火是必然的。但热情终有冷却的时候，如果不能继续讨好对方、尊重对方、迁就对方，那么新鲜感一过，夫妻感情就必如江河日下。

美国有一位专门承办离婚案件的律师统计过，百分之九十的离婚原因是床上生活的失败。他认为，如果夫妻的性生活和谐，日常的摩擦都可迎刃而解；反之，在性爱方面不和的夫妻很可能为鸡毛蒜皮的小事反目成仇。表面上看来，离婚的原因是意见不合，实际上，性生活不能协调才是婚姻破裂的导火线。

那么，谁最先对婚后的性生活发生倦怠呢？谁能够使爱情死灰复燃呢？大部分的人会以为是丈夫，事实却恰好相反。

汉密尔顿博士（Dr. G. V. Hamilton）曾做过一个调查，发现百分之八十以上的男人认为妻子仍像婚前一样对他具有性方面的吸引力，部分男人甚至表示，婚后的妻子更使他销魂爱恋；而妻子们认为丈夫对她们仍具有吸引力的只占百分之六十六。这份调查指出，只要妻子愿意接纳她们的丈夫，绝大多数的男人就希望和他的妻子共偕鱼水之欢。由此可知，妻子的性爱态度对婚姻的幸福与否，具有决定性的影响力。

"食色性也"，你的丈夫需要肉体的安慰一如他需要精美的食物一样，你既然肯在烹饪上下功夫，为什么不肯"一视同仁"地吸收有关性爱的知识？

幸福婚姻必须具有正确的性爱知识。这种知识否定女人应该处于被动的地位，它强调的是：只要夫妻共同合作，任何人的"爱情生活"，都可以像他们所期望的那样强烈、年轻与活泼！

性即是爱，爱即是"用自己的身体，为他挡住耀眼的阳光，而不以为苦，并且觉得心满意足"的永无止境的自我奉献和自我牺牲，而性与爱加起来，就是婚姻的基石。

性爱与健康

1912年，性学权威弗洛伊德博士曾经提出一份报告，指出性生活的不协调会造成精神上的病态。这份报告把造成性变态的原因分为四点：

1. 性欲的克制或压抑。这是最普通的造成性变态的原因。当人的性欲冲动时，有实际的对象能够满足其性爱需要时，这个人的心理是健康的；但是，在对象失散，又无适当的补偿时，就可能产生两种趋向：一是把精神上紧张的力量，移转至工作或事业上，直至一个能满足性欲的实际对象出现为止；其二是这个对象始终不曾出现。因此，性欲必须升华到其他不相干的精神上去，但在这个转变的过程当中，时常会误入歧途，而发生"梦幻"的现象。

2. 力不从心。因为当事人本身内在的原因，使他不能得到正常性欲的满足，终至变态。

3. 此一情形为第二类型的极端，即当事人的性心理并没有随着其他身心的发展而达到一致，却停留在幼童的阶段上，于是内心的冲突矛盾遂演变成了变态。

4. 一个原本健康的人，在进入不同的生活阶段时(如青春期、更年期等)，性欲的强弱有了变化，而破坏了健康上的平衡，于是生理与心理上的性欲要求激增或锐减，而导致变态。

不同的人，在不同的情况下，往往有不同的变态原因。因此，以上这份报告未必完全合乎医学诊断的立场，但是，这份归纳，至少提供了性欲变态在精神上及心理上应采取的治疗途径，以及性卫生的指示。

我们知道，一个先天体质健康的人，他的生理与外在环境的变迁，随时都在协调与和谐的状态下，一旦这种平衡被破坏，性生活的困难或病态就会产生。而性冲动是一种很大的力量，强加压抑，本来就容易发生危险，再加上内在与外在各种因素都在不断的变化之中，前途的险恶便更可想而知了。

精确一点说，性爱的人格是建立在大脑、内分泌及自律神经系这三个密切相连的机构上，其中，自律神经系在表面上看来较不明显，但重要性并不亚于其他两项。因为，自律神经系包括了消化系统、循环系统、呼吸系统、泌尿系统、分泌腺及各系统所附带的神经系。因此，它主管了生活的基本功能，也是动物适应环境的一切行为的主要关键，故性生活一失调，有关的机能都会减少对疾病的抵抗力，所以单身的人特别容易罹患失眠、胃肠等疾病。根据统计资料显示，离婚及寡居的妇女，患子宫癌及乳癌的比率也较高，这一切都说明了性爱与健康具有密切的关系。

在心理方面，专家也发现，性生活圆满的人，较少发生精神上的疾病。

美国的一项统计指出，鳏夫寡妇及单身男女占自杀人数的大部分。而日本的心理学博士南喜一更根据他个人的实际经验，提出了一项性生活影响人的情绪的重要指证。他说，在他担任北海道旭川国策纸浆厂厂长时，该厂员工秩序很坏，经常发生酗酒斗殴等事情，经他多方调查，发现真正的原因来自员工的家庭——尤其是性生活。于是，他利用机会，以直接或间接的方法疏导那些经常惹事的员工，并且指引他们如何获得圆满的性生活。后果出乎预料的好，不但纠纷显著减少，工作效率也提高了。

事实的确如此，在性方面得到充分满足的男女，不但较少发生病痛，并且精神开朗，对未来充满了信心和希望，也更能合群，以及遵守社会的纪律。

总之，纵欲或禁欲都是过与不及的非常现象，合理的性生活是在放纵与抑制之间取得协调，使身心健康，既不受损，也能得到满足。

性爱与长寿

合宜的性爱可以使人身心健康，而身心健康的人总是可以享受天年的，所以，性爱的正常与否，也就直接影响人的寿命长短。

举个简单的例子来说，许多人都曾透露过一个相同的延年秘诀，那就是——充足的酣睡。

得不到酣畅睡眠的人，已经没有足够的精力来应付日常生活，更不用说"梦想"长寿了。安眠药物也许有助于入睡，却无法使人"安眠"。因为安眠药引起的后遗症太多，只有性生活才是最自然最有效而又没有副作用的安眠剂。所以，许多患有多年失眠症的单身男女在结了婚之后，多年痼疾就忽然不药而愈了。归根究底，这也是性爱的妙用之一。

除此之外，医学知识告诉我们，一个内分泌均衡的人，身体各部位的运作也较为正常，不易发生毛病，而适当的性爱活动正可以使内分泌发挥正常的功能，这岂不是性爱的又一贡献？

长时间抑制性欲，在生理方面会造成失调的现象，在心理上，则因不断的自我挣扎与焦虑不安，而呈不安定的神经过敏，这种人，身心都得不到正常的发展，岂能享长寿之福？

性爱与美姿

性爱与美姿有关吗？当然有。美丽是女人的第二生命，许多女人之所以终生不曾体验到性爱的快乐，是因为她们过分"唯美"，过分注重美的姿势，以至于无法尽情享受夫妻生活的快乐。

譬如说，有的女人从新婚之夜开始，除了始终保持仰卧的姿势以外，从不肯变动其他的姿势来调剂床笫之间的生活，于是，在一些特殊姿势中才能得到性满足的女人，就永远无法打开性爱之门。而因为性爱的单调与乏味，使得她们对于性事愈发厌倦，这种恶性循环，乃是走向完美性生活的最大障碍。

其实，性爱的姿势是无所谓正确、美丑的。从挖掘出来的最早的性行为雕刻中显示，石器时代的性爱姿势采取男子在下、女子在上的方式，而不同的种族也各有不同的姿势。其实，凡是能使夫妻双方增加满足达到高潮的一切姿势，都是健康和正确的。矫情自饰性爱时的姿势如何，不是当事人应该分神去考虑的，否则，性的快感就立刻溜得无影无踪了。

夫妻之间的性爱只供自己享受，不是供人欣赏的。就像一位婚姻顾问说的："并非每场交欢的演技都必须得到金像奖。"事实上，性爱应该完全听其自然，才能使双方忘我而得到满足。一个女人纵有可以得到金像奖的演技，恐怕也不能使她丈夫得到人生最辉煌最灿烂的快乐——因为人无法控制快感，而是快感在支配人。

当快感发生时，纯粹是一种肉体的感觉，与个人的意志无关，等肉体重新恢复受意志控制时，快感已经逝去了。所以，女人也许可以骗自己，说自己爱某个男人，希望凭借意志力来获取快感，但是，当两个人接触时，她的肉体是紧张的，她无法松弛身心，故而血液也无法顺畅地流通皮层。因此，在性爱的抚摩上，她所能得到的快乐非常有限。这种性行为永远是苦涩的"未完成"，而没有丰盛甜美的收成可资品尝。

性爱与美容

过度纵欲会使人萎靡不振，眼圈发黑；适度的性爱则会使人容光焕发，肌肤细腻，身材匀称而曲线玲珑。

如果我们观察一位新婚的少妇，更能清楚地发现这种奇迹似的转变——一个少女瘦削的身体变得浑圆丰腴了，皮肤变白而且润泽有光了，这种女人梦寐以求的"全身美容"，真的是性爱导致的吗？答案是肯定的。

少女在未经性事之前，卵巢机能及子宫都未完全充分发育，及至结婚以后，性生活给予身体的刺激，可使体内的激素分泌旺盛，促进性器官的发育，再加上物质生活的不虞匮乏，精神生活的有所依托，这就使得女性在婚后变得愈加明媚动人。

爱情是女人最有效的圣品，性爱是丈夫对妻子表现恩爱的最好方法，女人如花，在性爱里获得雨露滋润而欣欣向荣、芬芳袭人，如果缺乏了性爱的抚慰与灌溉，她就不免要日益憔悴，甚至变成枯木死灰了。

性爱与事业

一个妻子可以使丈夫功成名就，也可以使丈夫身败名裂。因为她的爱情可以决定丈夫的工作情绪——可以用爱情使他感到满足而振奋于事业，终至走上成功的宝座；也可以用不完美的性爱关系，使丈夫心情抑郁苦闷，乃至无法发挥才干而萎顿一辈子！

有婚姻经验的人都明白：婚姻生活跟丈夫的事业有重大关系，因为他必须在这里取得"补给"，好为他的事业去再接再厉地奋斗；如果妻子不能给他精神支援，无法满足他的肉体需要，他怎能有精力与勇气在外面的世界与人一争长短呢？

当丈夫由外面归来时，他最迫切需要的是温暖和鼓励。他满身疲劳，或因遭遇到挫折而满心沮丧，可是他男性的自尊却不肯让他轻易表露这种痛苦。这时，一个了解丈夫的妻子必能看出：他的沉郁之色并非对她不满。她尤其知道，这时能够抚慰他的是最古老的两样药方——"食"和"色"，尤其是后者，温柔的奉献与枕边细语，是无以比拟的激励。

一个心情再不愉快的男人，若能够在气氛明朗温暖的家中好好吃一顿饭，洗一个澡，睡个好觉，他先前所受的一切挫折不但不算什么，而且可以令他重新振作起来。

因此，你必须明白，能使妻子在性爱方面得到满足，是男人最大的骄傲；如果妻子毫无反应，让丈夫觉得自己在性爱方面根本无能，那么，在事业上，他也会呈现同样的软弱。

促使丈夫成功，不必直接参与丈夫的事业，只要聪明地利用性爱使你的丈夫充满自信就够了。当丈夫遭受困扰时，你必须给他加倍的性爱——性爱的意义绝对不止于交欢，夫妻们在床上可以做的事很多，轻怜蜜爱的拥抱、接吻、抚摸甚至清谈，都算是与性有关的行为之一。这些"性事"带给人的亲密感和愉悦感，并不亚于达到高潮那一瞬间的快乐。

妻子可以在床上把信心与力量传达给丈夫，这些信心与力量的来源如果源源不绝，一个男人就能够爬上事业的巅峰，并且带着你共享登高望远的成就感。

温柔与卑贱

你可以让你的丈夫体会到你的温柔，但你不需要跪在地上为他系鞋带。站起来，给他一个吻，微笑送他出门或迎他回家；支持他、欣赏他、听他发表议论。这些何尝不是温柔？

温柔没有公式，却有千百种表达的方式。如果你认为日本女人那一套你做不来，你就换个方式。

温柔不是卑贱，若你在服侍丈夫之前，先有了成见，你当然会有"委屈"的感觉。情到深处时，付出就等于快乐，服侍照顾丈夫并不表示自己低他一等，有自信的女人知道"温柔"二字是最高的评价，不是渺小，不是卑贱。

有些女人埋怨他们的丈夫是一个空杯子，整个倒过来，也倒不出一句好听的话和一点温存的表示。事实上，是什么使这个杯子空空如也的呢？是不是你自己从来没有注入任何一滴清水？是不是你根本不曾投入一些爱心？

与其埋怨丈夫是一个干涸无趣的空杯子，不如设法把他变成一方灌溉良好的水田，泥土肥沃，水分充足，难道还怕他长不出好收成？

施与受是对等的，你不能光坐在那儿等他把他的那一份先倾囊投注给你——说不定，他也像你一样，抱持观望态度，也在希望你先给他表示呢？

掌握幸福的秘诀是：自己先做一点，接着，对方再跟进一点。早上你温柔地送他出门，晚上他会早点回来；晚上你待他温柔一点，明天一整天他会成为一个有求必应的好好先生。

温柔不是卑贱，是女性天生的气质，是女人无坚不摧的武器。当你说"我要……"的时候，先为"他要……"打算一下。疲倦的男人希望在温柔的女人怀里得到慰藉，假如家就是"温柔乡"，太太就是那个温柔的女人，男人就用不着考虑"今宵何处去"了！

对你的丈夫发出种种要求不会使他就此变成你梦想中的男人，反而会引起他的厌烦。专家说，如果改变"他"是做不到的，那么做一个一百八十度的大转弯，接受他，并改变你自己吧。

温柔不是卑贱，是爱心和耐心的代名词，"天下之至柔，驰骋天下之至坚"，再刚强的男人，也会被柔情似水的女人溶化。要做一个理想的妻子，除了床上的风流、容貌的端整之外，还应该"别有系人心处"，那就是——温柔！温柔！温柔！

你们的性生活美满吗

每一对夫妇都应该了解，"床上生活"乃是爱情生活的一部分，性行为乃是表现爱情的一种方式，但是，性这种欲念也像海潮一样，有起有伏，没有人能要求它时时都是热情洋溢的。

一般说来，妻子对于性的要求，不会像丈夫那样强烈，也很少能次次达到高潮。但这并不是说，一个妻子在床上的任务只是把她的躯体"奉献"给丈夫就够了，要知道，只有一个能充分享受性爱的妻子，才能使她的丈夫在床上得到最大的满足。

女性并非完全没有性的需求，只是她们的性欲必须借着调情来引发，丈夫可靠学习来成为妻子最好的性伴侣，妻子也不要以为：她在床上只是接受的一方，不应当有任何表示。总之，"床上生活"是需要夫妻双方均积极地介入，才称得上美满。

根据统计，性生活不协调是婚姻破裂的第三大因素。所以，如果你们的床上生活毫无乐趣可言，你就知道你们的婚姻已经亮起了红灯，它在警告你，要及时改善你们的床上关系了。

你可以主动地要求性爱，因为如果你的丈夫生长于一个礼教严谨的家庭里，他也许会对提出性的要求觉得局促不安，因而抑制性的渴望。事实上，这种男人比性欲强旺的男人更需要性爱的抚慰，你能在床上采取主动，对他是一种极大的安慰和鼓励。

还有，如果你的丈夫逐渐年华老去，他可能对自己的能力发生怀疑，这时你帮助他维持自信的方法，就是坦率地表示你需要他，但是不要做得太过火。别让他觉得你性欲强过他，使他更觉得力不从心。

有千百种方式可以使你们的床上生活永葆新鲜，也有千百种警告在你们的床上生活中提出，最重要的是，你必须牢牢谨记，讨好与满足对方的心意，要超过自我求欢的心理。能做到这些，你们的性生活将像太极图里的两仪一样，用紧密无间的姿势拥抱对方，而成为一个和谐的圆。

爱和尊敬

为什么一个朋友在你们家做客时，不小心摔断了一根调羹，你会和颜悦色地安慰他"没有关系"，而当你丈夫有了同样的疏忽，你却唠叨不停，仿佛他犯了十恶不赦的大罪。

为什么你肯礼貌地倾听任何朋友甚至陌生人的意见，却不肯好好听床头人的一句话。朝夕相处的亲密造成轻慢，最糟的是，这个婚姻生活的死结还不是每个人都看得到的。

不管你的丈夫是一个什么样的人，他都需要一个能包容他的"家"，这个家对他而言，有如一个堡垒，是他进可攻、退可守的地方；当他受伤、疲惫时，他可以退回这个堡垒来，有人抚慰他、尊敬他，让他重新产生自信、勇气和体力，这就是他要求于"家"的。而妻子，就是给他爱，并且尊敬他的这个人。

如果你要做一个好妻子，要和他既是眷属也是有情人，除了料理家务、照顾子女之外，更要做丈夫的精神支柱。

不管丈夫是什么人，穷也好、富也好，大企业家也好、小工友也好，强壮也好、孱弱也好……妻子都应该接受他，爱他的优点，宽容他的缺点；让他知道他是家中最重要的一分子，有地位，也被尊重。

光爱他没有用，许多相爱甚深的夫妻仍然避免不了分离，因为爱有时会导致轻慢，尊敬却是天长地久的夫妻之道。"举案齐眉""相敬如宾"是老祖先留给我们的最好遗产。

但是，丈夫不是上司，除了敬他，也要爱他；闺房里的"书眉之乐"才能真正圈住男人的心。

尊敬可以使一个男人变得刚毅不屈，变得更有信心，更有斗志，可以面对世界的任何挑战。

爱可以缓和一个男人峥嵘不驯的冲动，引发他的柔情。有一个男人写过一段话，他说："爱是一种一个人所能找到的最伟大的力量，有了它作支持，即使全世界转而反对我，我也将一无所惧，不会有孤单、无助、绝望的感觉……那是说，有一个人我可以依靠，有一个人在我身边，有一个人永远给我坚强的意志和动力；当我受伤，有爱和我同行，我就可以痊愈；在爱面前，我不须隐藏，也不会不诚实。因为我可以毫无顾虑地说出我心中的话，而且我将被接受、被尊重——这就是爱，使两个人、两颗心合二为一的爱。"这段话应该对所有自称"爱"丈夫的女人有所启示！

做丈夫的情人

恋爱时，你每一次见他，都带着欢悦的心情，你让他觉得他在你心中的地位至高无上；恋爱时，你为了与他约会，可以几个钟头以前就开始做准备，因为你希望自己在他心目中十全十美；恋爱时，你很少固执己见，因为那时你是爱情的俘虏，你让他感觉你温婉可人；恋爱时，他吻你，你以热情的拥抱回答；恋爱时，你不自私，你记得他的生日，牵挂他那一场小小的感冒……这一切一切，仍然是婚后的你所应该继续保持的美德。如果你疏忽了这些，别忘了也许有另外的女人仍在做同样的努力，并且，"很想"取你而代之！

不忠的男人常常有一个"理直气壮"的借口，他们说：既然得不到妻子的关怀、家庭的温暖，那么，他们没有理由不可以到其他地方去寻求其他女人的慰藉。

假如你希望丈夫像婚前一样爱你，你要先像婚前一样爱他。当你还是你丈夫的情人时，他不是总尽量制造与你单独相处的机会吗？那时他如果不能赴约，他不是会千方百计地通知你吗？……如果他现在变成了一个不推不动的"木头人",很可能是因为你先粉碎了自己在他心中的形象。

使这个"木头人"改变态度,如从前一样爱你的方法,不是抵制他,是拥抱他、欣赏他、赞美他……你们是经由恋爱才到一起的,当年相爱的情景应该仍历历在目,你应该仍懂得如何"做你丈夫的情人"!

培养夫妻间的幽默感

有一位专门处理离婚案件的法官说过一句话:"如果所有的夫妻都能具有幽默感,那么,我的工作至少可以减轻一半。"的确,没有一对相处融洽的夫妻之间不带有幽默感,幽默感使他们化干戈为玉帛,是他们处理彼此之间冲突的润滑剂。虽然,幽默感不一定能减少夫妻之间的摩擦,也不能使已经发生的冲突消失,但是,至少它可以帮助他们愉快地面对现实。

幽默感可以帮人渡过险境,也可以消灭火药味。一个妻子,在她的丈夫即将和她发生一场"大战"之前,忽然一本正经地跑去看时钟,然后对她丈夫说:"不行,医生说这时吵架对身体不好,我们最好把这个问题保留起来,明天再吵好了!"她的丈夫被她逗得忍俊不住,结果两个人一起大笑起来,针锋相对的紧张气氛化成了一个亲爱的拥抱。

你愿做这样一个妻子吗?你愿意把悲剧转为喜剧,把暴戾化为祥和吗?幽默感是维持婚姻幸福的良方,但是,这剂药要下得适时适地,慎勿把冷嘲热讽的态度当作幽默感,否则你可能会严重地伤害了你的丈夫。

不管横在你们面前的事情有多糟,且用轻松幽默的心情面对它。

任何事情只要缓一缓,就都会有商量的余地。幽默感能帮助你们遇到阻力时弯曲而不断,碰到礁石时会转弯而不至于玉石俱焚。

何谓"娇妻"

所谓"娇妻",是虽然手指上已经戴着他赠你的结婚戒指,而仍注意修饰,仍然期待他,仍然尊重他是一个"男人"的女人。

无论你是一个职业妇女,还是一个家庭主妇,想要成为你丈夫心目中的娇妻,尊重他本人及他的喜好是最重要的一环。

数学家的妻子可以不懂他那些深奥的理论,但是,她对丈夫的事业保持关心,因为她爱他。球王的妻子每赛必到,她也许并不热衷于球赛,然而,她丈夫的生活重心在球场上,她就把自己的眼光移向那里。

"娇妻"乃是欣赏丈夫、尊重丈夫、满足丈夫的人,你若是够资格称为一个娇妻,自然你就会得到一个理想的丈夫。

暖流可以融化冰山,娇媚的女人可以引发男人"护美"的侠骨柔情,当你丈夫轻轻叩门的时候,请你梳好你的头发,投进他怀里,对他说:"我是如何急切地在等待你!"

了解第一

除了身体的结合之外，在精神上、思想上，你也能和你的丈夫合而为一吗？

"了解"能帮助一对触礁的夫妻找到改善的线索，因而度过危机；也能让一对关系"还不错"的普通夫妇成为一对灵肉完全交融的亲密伴侣。婚姻的幸福与否、融洽与否，了解你的另一半，是最重要的先决条件。

罗勃·路易斯·史蒂文生曾经说过："婚姻是一场长久的谈话，双方永无止境地倾诉心声。"

人的思想会随着他遭遇的每件事，而时时做不同的调整和转变，所以不管你"自以为"了解你丈夫多少，你永远必须和他进行这场持续终生的"长久谈话"，并且，你必须专心注意地倾听他所发表的意见。

不要以为自己稳稳地知道他下面将要讲的是什么，不要把三分之二以上的注意力集中在你自己将要说的下一句话上——用耳朵听，做一个好听众，你才能了解你丈夫；然后你再用嘴巴讲，表明你心里真正的感受，这才能使丈夫也了解你，你们的心灵才能真正拥抱在一起。

夫妻之间如果缺乏沟通，不能了解配偶心里的爱好、思想感受和经验，在婚姻关系上，就不可能有日新月异的成熟和长进，而这场有如马拉松赛跑一般的婚姻，也就无法继续下去了。

当然，夫妻之间的性格不可能完全相同，但是，要了解你的丈夫，使你们的关系更密切、更稳固，你必须先要对他的爱好发生兴趣。

有一个非常厌恶运动的妻子，偏偏嫁了一个热爱棒球的男人，整个夏季，他不断地谈论那些国手的名字及他们的球技，这对她几乎是一种精神虐待。有一天，因为报纸上全都是有关棒球的新闻，她不可避免地阅读了一些，那天晚上，她随便和她丈夫聊起了那些新闻中的一两件趣事，她的丈夫不敢置信而又充满兴奋地注视她，他多么高兴她"关心"他的爱好——为了这个意外的收获，从那以后，这位妻子开始涉猎有关棒球的种种知识，现在，她也变成了一个棒球迷，和她丈夫成了知己。不仅如此，他们还因此变成了一对无话不说、志同道合的好夫妻。

了解彼此的情感活动也是重要的，这样，在他沮丧时，你知道他可能遭遇了哪一类不如意的事，你可以设法解除或分担他的烦恼；而在你不高兴时，他也能明白是什么拂逆了你的心意，因而设法改善。

总之，沉默是错误的，沉默的婚姻必须付出同床异梦的代价，这代价太大，不值得。保持你们之间"长久的谈话"，向对方倾吐，以及倾听对方的意见，坦诚交谈有助于了解，而了解有助于婚姻的美满。

跨越鸿沟

丈夫认为"我是一家之主，妻子应该服从我"，妻子认为"这不公平，我有我的权利，为什么我必须迁就你"；丈夫认为"我辛苦了一天，回到家来，希望有一个舒舒服服的环境，可以坐下来看看电视"，妻子认为"我闷了一整天，现在你该带我出去散散心"；丈夫认为"我打牌只是一点小娱乐，这是我的自由，你不要干涉我"，妻子认为"我讨厌搓牌哗啦哗啦的声音，我也不喜欢独守空闺或半夜起身为你开门"……不管是什么，小小的分歧常常演成大大的冲突，常常在应该亲密无间的配偶当中划下一条又深又宽的鸿沟。

每个人都站在自己的立场上，坚持自己的意见，谁也不肯为谁设身处地地考虑一下，谁也不肯牺牲一点自己的权益，调整一点自己的态度来适应对方，这就是夫妻之间争战不休的主因。

热战还好，起码互相开了火，还可以宣泄一下心头的愤恨；而冷战却会使战争僵持到底，永远不得和解。

要避免夫妻间的鸿沟产生，或要跨越鸿沟，消弭争端，你必须知道你们"分而不合"的原因，以便着手改善；你必须了解世界上没有十全十美的人，一旦结了婚，两个自由自在的人就都失却了无拘无束的自由，谁都必须容忍另一个人的要求，谁都必须承认冲突、摩擦是婚姻中的正常现象——如果你们不肯调适，你们就不该结婚，否则，就得放弃一点"我"的权益，而多为"他"设想，为整个婚姻的和谐关系而努力。

当你与你的终身伴侣之间划下了鸿沟时，你不妨检讨一下，你是否尽了最大的努力来容忍他（她）？你是否曾设身处地地去了解他（她）的心情和感受？你是否曾以不自私的态度来和他她相处？你以为他她是存心与你过不去吗？

吵架吵问题

吵架是婚姻中的常态，没有一对恩爱夫妻不曾吵过架，吵架可以帮助他们了解对方的观点，消除双方的歧见并且达成协议。

具有建设性的吵架只"吵问题"，只针对问题的重点集中火力，而不会把争论的范围愈扯愈大，甚至"旧账新算"。

夫妻之间要学会理智地吵架，当你受到伤害或感觉不满时，不要把这种不平压抑下来，让它在心中由小分歧酿成了大风暴才爆发出来，应该立刻发作，立刻解决，才不至于动摇婚姻的根本。

在引发战火或还击之前，花几分钟时间想一想，你为什么生气？应该生气吗？他为什么抨击你？伤害你？开始争吵以后，你也要学会中止吵架的自制能力；最后，你也要有"求和"的勇气，如果你错了，承认错误可以"小事化无"，也无损于个人尊严；如果他错了，你也不要因胜利而沾沾自喜，唠叨不休。

一哭二闹三上吊是最要不得的吵架方式，女人的眼泪虽然可以使男人心软，梨花带雨虽然惹人怜爱，泛滥的泪水夹以泼悍的姿态却会逼使男人离家。

口不择言以及人身攻击是吵架时最忌讳的。很多夫妻吵到后来，伤害对方最深的往往不是原来的问题，而是对方吵架时的态度和言语，这比吵架的起因更能动摇你们的婚姻。

吵架吵问题，你不应该因为自己情绪低落或对另一件事、另一个人生气而迁怒到你最亲爱的人身上。一旦吵架是不可避免的，你也要懂得吵架的艺术，"吵架吵问题"就是你在每一次开火之前要对自己再三强调的金言。

争取宠爱的十大窍门

你的配偶将和你共度终生，你和他的感情将影响你们的子女，致力于争取丈夫的爱情实非琐碎之事。

你如何争取丈夫的宠爱呢？婚姻顾问为你列出了十大窍门：

以鼓舞代苛求

人们说："一个丈夫若受到苛求，他情愿住到露天的屋顶上，也不愿回到家里来。"喋喋不休的苛求会让男人愈发沉溺于不良嗜好之中，如果你能接受一个"真实的丈夫"，以鼓舞代苛求，丈夫将成为世界上最快乐、最爱你的人。

随时赞美

假如你真爱你丈夫，现在就告诉他；假如你感受到他的好处，随时赞美他。女人爱听甜言蜜语，男人同样需要这些，即使他的个子不超过五尺，也不妨让他觉得自己"高与天齐"吧！

满足他的口腹之欲

没有一个男人喜欢一年到头吃"家常便饭"，你必须在烹饪艺术上下一番功夫，以博取他的宠爱。当他发现离开你他可能吃不到一顿称心如意的晚餐时，他这一辈子就要定了你。

保持窈窕的身段

所有的丈夫都希望他的妻子是一个曲线玲珑的女人，如果你的吨位超重，你必须立即采取行动来消除身上那些不受欢迎的脂肪，否则，恐怕你整个人都不会再受欢迎了。

衣着翻新

没有比长年累月穿同一套衣服、同一件睡袍更令人意兴索然了。精心刻意的穿着可以带来罗曼蒂克的气氛，使他对你永远保持新鲜的爱情。

做他的"性对手"

有位医生提醒妇女们："不要老是按照同一模式，在同一时间中做爱。"

让你们的性爱有生气，而不只是无可奈何地发泄，以及冷冰冰的回应。性生活不协调是感情不睦的导火线，聪明人知道，家务事也包括对丈夫肉体上的安慰。

争取时间，做事有计划

一个做事漫无秩序的妻子绝对不可避免地成为一个黄脸婆。如果你能每天花几分钟时间把待做的事依缓急先后计划一下，就可以省却许多无谓的忙乱和彷徨，只要你切实利用你的时间，你就可以完成丈夫所期望于你的一切事务。

量入为出

不要埋怨丈夫赚的钱不够多，要在有限的收入中审慎支出，依照预算处理家庭财政，使经济生活安定乃是减少夫妻龃龉的好方法。

妥善照顾家庭

被丈夫喜爱的妻子通常也是儿女的好母亲。把家整顿好，把孩子教养好，你自然就拴住了丈夫的心。

保持自信

若你不能爱自己，你就无法爱人，也无法让人爱你，因为你一无可取，也一无可予。你接受你丈夫，同时也要接受你自己，自信能使你做到你想要做的任何事。

争取宠爱的一切窍门必须建立在平衡的心理和自信上，当你认识自己，接受自己，发挥你的才能、优点和魅力时，你就能比所有的女人都更美丽。

勿因孩子忽略了他

天下的父亲都会爱他的孩子，但是，当孩子占据了他妻子的大部分注意力时，他也会吃醋。与自己的儿女争宠，这事一点也不稀奇。

有一个妻子一再地拒绝和她的丈夫单独外出旅行，理由是她不放心把两个孩子交给别人，最后的结果是：他们离了婚，她带着孩子不快乐地过着日子。

有一个丈夫则埋怨他的妻子，自从生了孩子以后，永远把孩子放在第一位，从来没考虑过他想什么，需要什么，也没有给他温暖和慰藉，让他觉得她根本不在意他的存在，结果，他在另一个女人怀里找到了新的爱情。

同样是亲人，女人竟给他们如此不公平的两种待遇！她对她的孩子太容忍、太溺爱，而对她的丈夫太苛求、太忽略。

妻子忽略丈夫的借口总是："我怎么有时间应付他的纠缠呢？水槽堆满了待洗的碗盘，大孩子滚在地上哭闹，小儿子在摇篮里需要换尿片，我怎么有时间、有情绪和他情话绵绵呢？"

事实上，正因为有这么多事待做，你才更需要和你的丈夫"携手""同心"。

无论孩子们是否会把屋顶掀上天，无论院子里的草是否长到客厅里来，只要你愿意，你总可以挤出时间先让他尝点"甜头"，之后才能要求他去"镇暴"，去除草，对不对？

当你第一次脱口说出"我怎么有时间……"时，记得，这就是你要开始灌你先生迷汤的时候了——那个是你丈夫的男人，正满心委屈地恨不得成为你的小儿呢！

做个甜蜜的"战友"

生活就是战斗，现代生活尤其如此。

战斗要赢得胜利，就必须有紧密合作的伙伴；而伙伴难求，这是每个人都曾感受到的。

一个人在成年以后，结婚之前，往往是匹马单枪地面对任何挑战。因为这时，父母认为你已经长大，有足够的能力去解决你所遭遇的问题；而你通常也不愿接受父母太多的帮助，何况有些难题也不是轻易就能向父母开口的。当然你会有同学，有朋友，甚至有兄弟姊妹，可是他们也正同样地面对生活中各种压力与挑战，根本就不能和你紧密合作，并肩作战。不少人在婚前会有一阵失落感，多少是由这种心理上的孤单所造成的。

尤其对一个女性来说，在漫长的人生路上，总要到了结婚之后，才算是真正找到一位终生的战斗伙伴。因为不论是同学、朋友、兄弟姊妹，就算他们多么愿意和你并肩应战，但终有一天，仍要分道扬镳，奔向各自的前程。因此，唯一能和你冲出火网，共尝战果的，只有一个男人，那就是——你的丈夫！

也因此，不论你已婚未婚，在心理上，你必须先有充分的准备——死心塌地、好好做你丈夫甜蜜的"战友"！

但"做个甜蜜的战友"，只是一种心愿而已；至于如何达成这个心愿，不论是观念上还是做法上，都还有许多是必须虚心去学习和实践的。

孤独的特权

和丈夫志同道合，会使丈夫加速成功。同样，妻子也应该让丈夫有自己的嗜好，来变换生活的调子，松懈紧张的情绪。

丈夫有嗜好，还有一个更大的优点，就是嗜好能使丈夫有真正属于自己的时间。孤独是"人"的特权，对于"人"是非常重要的，你不能否认丈夫也是"人"！

由于家庭主妇常常有机会独居，所以不能了解孤独对男人的重要。男人需要孤独，并不是说真正的孤单，而是指真正属于自己的时间。至少让他们可以觉得，他是不受拘束的。

获得孤独的方法很多，有的人从钓鱼中可以得到这种气氛，有的人却需躲在车库中洗车，或读武侠小说才能得到。

妻子帮助丈夫获得孤独的最好办法，就是帮助丈夫培养一个嗜好，如集邮、手工艺、摄影……或许你会认为丈夫的嗜好很无聊，又浪费时间，但你千万不要流露出来，让他尽情去发展吧！

把情绪转变，用新的力量去从事新的工作，这就是娱乐的价值。

夫妻二人本来就不可能有完全相同的意见、希望和想法。唯有彼此尊重对方的兴趣，才能把结婚的意义提升到最高境界。

帮助丈夫培养一份嗜好是重要的，但是，职业心理学专家们叫人注意一个信号，即对业余兴趣比本职更热心时，意思就是说他在工作上发生一些困难了，为了逃避现实，他便对嗜好开始下功夫。如果你的丈夫有这个倾向，你应该和他一起来分析原因，并找出问题的所在。

孤独是人的特权，好的嗜好，特别能让丈夫获得孤独的快乐。

幸福的丈夫，拥有孤独的特权。与被妻子骑在头上、无事不受管制的丈夫比较起来，他将是更容易成功的一个男人。

家，不只是个窝

对女性来说，"太太"这个宝座是颇令人向往的一个目标。尤其是对婚姻生活存有甜蜜幻想的女孩，能成为一个家庭的"内政部长"，更是她梦寐以求的理想。

但有多少人，结婚没几年，就已经开始感叹婚姻生活的无情了——丈夫已不是婚前体贴的爱人，对于这个家的幸福，他到底贡献了多少心力？家，对他而言，是不是只是个吃饭、睡觉的窝呢？

其实，家庭幸福与否，绝不是由丈夫来决定的，也不是周围环境所使然的。最重要的，还是在于妻子本身的观念、努力与智慧。由于社会体制的改变，家庭主妇的地位已有了很大的变化。大部分家庭主妇都受过中等以上的教育，许多主妇也同时兼有职业妇女的身份。但这些对于男人需要一个"妻子"的心理并没有什么分别。

在男人的观念里，妻子是大地。大地给他安定，给他营养，给他包容。若说社会是一个战场，是一个紧张的舞台，那么家就是心里的绿洲，是追求安慰的场所。它绝不只是一个吃饭、睡觉的窝而已！

所以，为了让丈夫的心理能获得休息，使疲劳消失，滋生明日的活力，为人妻的你，就必须努力安排，使家庭成为休憩的场所。

起跑点，避风港

你的先生，要在什么样的环境里，才能把一天的劳累完全忘怀呢？怎样的家庭，才能成为丈夫力量的源泉呢？这是一个极重要的问题，因为家庭往往能左右先生们的情绪，并直接影响到他是否能够成功。

而一个家庭气氛的好坏，完全操纵在你的手里。你可以创造出温暖、甜蜜的家庭，也可以扭转丈夫和孩子们对家庭的印象。我们来告诉你，一个家庭应该具备哪些条件，才能成为丈夫工作的起跑点与避风港。

1. 休养的气氛。任何人都会因工作而产生紧张。回到家里，若能松弛这份紧张的情绪,那么,第二天他才能充满新的力量,去迎接新的工作。

2. 舒服的气氛。女人一般都喜欢漂亮的桌子和椅子,精巧的家具,以及许多装饰品等。但对于疲倦归来的男人来说,这些高贵又美丽的家具,永远不及随便可躺下或可跷二郎腿的破沙发来得可爱。

3. 整洁的气氛。大部分男人认为住在整洁的木板房子里,比住在凌乱不堪的豪华套房里要舒服得多。从来不按时吃饭,乱七八糟的厨房,堆满盘子的水槽,污臭难闻的浴室,脏得令人畏惧的被单,这样的家庭,很容易把丈夫"保送"到酒馆或其他女人的怀抱里去。

男人对于自己并不讲究,但他却看不惯妻子的过分懒惰。

4. 明朗安静的气氛。家庭的气氛如何,可以影响丈夫的工作成绩。

让先生们尽量感觉到,家里是最舒服的地方,这也是把丈夫的心留在家里最好的方法。要知道,当丈夫在工作时,人人都在挑他的毛病,只有回家时才有热爱他的天使来侍候他,使他消除疲劳,精神爽快,第二天又有新的力量去工作。这种家,怎能叫他不爱恋?

快乐是成功的基石

社会学家常对家庭主妇说:"早上上班时,妻子无论如何都要微笑着送丈夫出门。"

早上被微笑送出门——这种充满关怀的爱情,可以影响丈夫一天的工作情绪。快乐的丈夫,当然比别人更容易成功。

温柔体贴的爱心,是使丈夫快乐的源泉,也是联系婚姻幸福的绳索。

有些妻子美艳绝伦,但她的容貌并没有系住丈夫的心。原来她误以为容貌是吸引丈夫的唯一因素,所以她只注重外表的化妆,而忽略了内在的美。事实上,这种虚荣的爱情,只不过使丈夫觉得婚姻是痛苦的羁绊罢了。

真正讨丈夫喜欢的妻子,即使鬓发如银,也不怕丈夫变心。这种妻子懂得如何牺牲自己,来迎合丈夫的心。在她的天地里,丈夫的快乐永远是她最大的成就;反过来说,拥有一位温柔体贴的妻子,又何尝不是丈夫的最高荣幸呢!

温柔体贴

在新西兰的乡下,某个墓地里,有一块墓碑上刻着这样一句话:"她是温柔又体贴的女性。"

世界上再也没有一块墓志铭,能比它更具体地道出丈夫对太太的怀念了。那位丈夫一定是以满怀的感伤,写下了这几个字。当时他的脑海里必然浮现了妻子生前那微笑着迎接他回家的面孔、饭桌上的热菜、充满了爱与满足的气氛……

专家们说，有个使丈夫快乐的妻子，他的成功机会会比别人多几倍。换句话说，妻子的温柔和体贴，和丈夫的成功，有很大的关系。

许多妇女深爱丈夫，但她们并不知道，怎样来使自己的丈夫高兴。他们希望对丈夫好，但言行却与心理所想的不符。当丈夫要外出时，她啰唆不停；在丈夫要求安静时，她唠唠叨叨。她就像一个独裁者一样，要训练别人来适应她自己。

让丈夫的日子过得快乐些，不是件难事，但仍需花费一番心思。

一个成功的女秘书，必定知道怎样来讨上司高兴，她们费心地寻求使上司开心的方法，也极力避免那些上司不喜欢的事物。她们宁愿牺牲自己的嗜好而不去惹恼上司，在这一点上，妻子应该向秘书小姐看齐，因为丈夫是你的，你该比秘书更会侍候他才对。婚姻生活的幸福与否，是由妻子能不能使丈夫快乐来决定。

美国前总统艾森豪威尔的夫人说："女人最重要的，是记住使别人快乐的方法，常让别人高兴。"这虽然是微不足道的事，但效果却非常大。任何一种完美，都是由无数的忍耐和小牺牲换来的。而这就是幸福婚姻的秘诀。为丈夫的快乐而牺牲自我的妻子，必能得到更大的报酬。

古巴有名的外交官巴布朗先生的夫人也深信这个真理。巴布朗先生虽然是一个有名的顽固的人，但他们夫妇恩爱异常，两人之间的爱情、信赖和罗曼蒂克气氛，在外交圈里令人羡慕。因巴布朗夫人处处使丈夫开心快乐，丈夫也只得纠正了固执来顺服她。巴布朗夫人怎能创造这个奇迹呢？这就是"牺牲小我"的大力量。比如，巴布朗先生不高兴时，她便不去理会他，也不去高声谈论其他的废话。她所穿的衣服，没有一件不是丈夫喜欢的，包括颜色、质料和剪裁；她自己比较喜欢看轻松的小说，但因为丈夫爱读政治、哲学、历史方面的书籍，为了追随丈夫的脚步，了解丈夫的思想，她也细心地去研读这些高深的书。

本来巴布朗认为赠礼物给女人是最幼稚与俗气的事，但是有一年的"情人节"，他例外地买了一盒漂亮的巧克力糖，红着脸献给爱妻。对于这份出乎预料的礼物，他的妻子像孩子一样高兴地跳了起来。从那天起，赠物给妻子，便成为巴布朗先生的一大乐趣。有一次，他为了想看看娇妻打开香水盒时高兴的脸，让秘书加班两个钟头去包装。因为巴布朗夫人时时刻刻都在为使丈夫快乐而努力，当然丈夫也想尽了办法使妻子快乐，两人的婚姻生活自然就美满无比了。

使丈夫快乐的妻子，就像巴布朗夫人一样，快乐必会来到她们身旁。

怎样才叫作体贴丈夫呢？简单地说，就是使丈夫舒适自在，为他准备好他所需要的一切，不要让他为琐事烦心。能使自己适应丈夫的需要，尽量协助丈夫得到休息和轻松的生活，就是对他的成功尽了最大的贡献。

把握时间的方法

任何一个做丈夫的，都喜欢精神饱满的太太，而对那些整天疲惫不堪、毫无生气的妻子感到头痛。或许你也在头痛，一天只有 24 小时，既要做沉重的家务事，又要侍候丈夫、照顾子女，怎不令人筋疲力尽呢？

工作效率低是一般主妇的通病，为了改善你的工作效率，节省宝贵的时间，你应该分析你从前的做事方法（很可能过去你根本没有所谓的方法），以便知道缺点的所在。下面一些方法，可以帮助你节省时间：

1. 记录一周的工作时间表，然后查查看，到底哪里浪费了时间和劳力。

2. 研究你讨厌的工作，是否方法不当，以致令你讨厌它。关于这点，你不妨请教丈夫，看有没有改善的方法，男人对于省力、省时常常具有特别的见解。

3. 安排一个新的工作时间表。合理的时间表，可使工作减轻，除去疲劳与混乱，对主妇们很有帮助。

4. 研究尽量节省时间的方法，如你不需要天天上菜市场，一次买一周的菜，便可省很多时间。把一周的菜单排好，不但可以避免天天伤脑筋，又可让全家人每天摄取不同的营养。

5. 把零碎的时间化为有用，如打毛衣、油漆门窗等。

6. 同时进行两种工作。当饭未熟或肉未炖烂的时候，不要呆呆地等在厨房里，不妨利用时间看看报纸，算算菜钱，或者一边陪孩子玩，一边做针线等。

7. 工作不熟练，应该下决心去学习。譬如一开始你不懂烹饪，不知道如何拟定一周的菜单，你就必须找食谱来研究。

8. 要懂得买东西。善于购买特价品及统筹购买，都是技术问题，为了省钱省时，你必须学会这些技术。

9. 尽量不要中止工作。热衷于一件工作时，可以不去理会门铃或电话铃，久而久之，你的朋友们便会在一定的时间找你或打电话给你。并且对于你的善用时间，他们也会表示敬佩的。

你也许会遗憾，一天为什么不能有 24 小时以上的时间呢？其实，你真正该遗憾的是，你每天浪费掉的那些时间。

怎样治疗唠叨的毛病

请家人协助你改正
当你又唠唆不停或摆出臭脸时，请他们罚你的钱，一次五元或十元皆可。

一件事只谈一次
比如说请先生帮你做事时，如果连请几次而他仍然无动于衷，那意思就是说，他不喜欢做这件事，这时，多说无用，反而引起他的反感。

凡事都以和平方法解决

当你对先生提出要求时，试着这么说："亲爱的，如果你能帮我把这事办好，晚上我烧你最喜欢的红烧肉谢你。大家都夸你好，常帮太太的忙。"然后拜托他做事，一定能达到目的。

要懂得幽默

具有幽默感的人，一定和任何人都合得来。不要为一点点事生气或哭泣，凡事都宽大为怀地接受吧。

怒火中烧时要镇静

丈夫有什么不对使你心生怒火，先不要叫，写在纸上吧。等到恢复平静时，再和他理论。

适应丈夫的"非常时期"

受人尊重，是男人梦寐以求的。尤其是当他陷入"非常时期"的时候，这种欲求更是强烈。

某些时候，由于工作上的需要，丈夫突然变得忙碌起来，每天回到家已三更半夜，并且假日还要加班……对于妻子来说，这是一段寂寞难耐的时光。

有些太太不能忍受寂寞，整天在丈夫耳边絮叨埋怨，搞得丈夫心力交瘁，工作、家庭两边难。如果你是聪明的妻子，这时不但要让丈夫没有后顾之忧，还要给予丈夫更多的支持与信赖，衣食住行更要特别照顾他。至于你自己可以参加妇女活动，学习各种技艺来充实自己，扩大生活圈。

还有些时候，你的丈夫会接到一项新职务，必须远调到外埠去。这时，你可能会为不知如何适应新环境而烦恼，但你千万别忘了，此时丈夫正迫切希望你称赞他的新职务呢！新环境的适应并不如你想象的困难，丈夫的荣誉才是最重要的。

有些男人为了兴趣，或为了养家，不得不从事特殊的工作。例如，在家里工作，或在夜间工作，对于妻子来说，这也需要特别的耐心。如果你丈夫的工作正是如此的话，你不妨读读下面的四小节，我们将提供一些建议。

陷入忙碌的重围

忙碌，或许是丈夫的兴趣，也或许是他的责任，妻子应该用宽大的态度，一边鼓励他，一边忍耐暂时的寂寞生活。

你该怎样来帮助和适应丈夫特别忙碌的时期呢？下面所列的几点，或许对你有所帮助：

1. 饭菜尽量能适应他激烈的劳动量，宁愿多餐少吃而不要暴饮暴食，晚间可以准备夜宵，最好是容易消化的食物并注意食物的营养价值。

2. 你必须学习独立的生活能力，一手包办所有的家事，这样可使丈夫专心致力于本职工作。

3. 当你必须要特别照顾丈夫不得不疏远你的朋友时，把详细情形说明给你的朋友听，让他们了解你的苦衷。

4. 让你的丈夫知道，你愿意尽最大力量帮助他，这样可使他在没有后顾之忧的愉快心情中进行他的工作。

5. 告诉你自己这正是"非常时期"，如果你们可以渡过难关，快乐的日子就在眼前。

特殊的工作时间

有一位太太，因为丈夫晚上上班，白天睡觉，她不能适应，硬使丈夫辞去了待遇优厚的夜间工作。结果不但白天的新工作收入大为减少，丈夫对新工作也毫无兴趣，天天过着苦恼的生活。现在他们失去的不仅是成功的机会，连家庭的幸福也没有保障了。

当你要休息的时候，丈夫才开始要工作，或从事特殊任务，这对你实在是需要特别适应的。

当你要嫁给司机、海员、警察、飞行员及报社记者、编辑等特殊职业者的时候，你就该知道你可能遭遇到的困难，你不但要能耐得住寂寞，更应该养成独立的个性，一个人去追求生活的乐趣。

很多女人都羡慕大明星、大作家、大事业家的太太。但她们并没有想过这些名人的太太们，还有比在记者们面前微笑、接受访问之外更大的责任。

如果你丈夫的工作环境特殊或工作时间与别人不同，而你因此常觉困惑的话，请注意下列几点：

1. 如果这是短暂的现象，那么，你就该微笑着忍耐过去。

2. 如果这是长期的生活，你不但要忍耐，更要努力去适应这一环境。

3. 只要是正当职业，都有"成功"的希望。如果你知道这是丈夫成功的必需条件，你应该学习接受这种生活。

4. 你必须了解，生活是多面性的，不可能永远是完美的。不论是多么丰足的生活，都有它的长处与短处，如果你对目前的生活不能满足，换了一个环境，你照样不会感到满意。

"在家里上班"

丈夫一天 24 小时都在家的话，对妻子是一项很大的负担，因为一切家庭生活，均需以他为中心。此时，你要特别注意下面这些事：

1. 尽量使丈夫在家里觉得舒服。自己努力去做分内的工作。并且，不常常去探问他在做什么。

2. 让他专心工作，不要吩咐他做开门、抱小孩等零碎工作。总之，你当他不在家就对了，除了火灾以外，不要惊动他。

3. 不要太紧张，男人在工作不顺利时常常发脾气，这时你该用镇静明朗的态度对待他。

4. 应酬不可太多。不要在他工作的时间内招待朋友们到家里。

5. 要使孩子们愉快自由。叫天性好动的孩子们一天到晚都安静是办不到的，你应该和丈夫商量好，安排他的工作时间和孩子们自由活动的时间。大家互相尊重，一个家庭才有幸福快乐可言。

如果你能注意上述几点，保证你能使丈夫在家工作得很顺利。

迁调到外埠

为了自己不愿变换环境，便不高兴丈夫被迁调到外埠，或到外埠谋生的妻子，可算是第一等愚昧的妇人。有人说这种顽固的太太正是丈夫成功的绊脚石。

有不少男人，就因为有了这种顽固太太，而白白失去成功的机会。当然，重新适应一个新环境，是件不容易的事。

如果你需要搬到外地去的话，请记住下面四点：

1. 新地方的一切和从前是完全不一样的。也许你觉得丈夫在新地方的职位不如从前，但请你不要失望，也许现在的职位，晋升的机会比从前更多呢。

2. 不要悲观。也许新环境的一切设备都不如从前，但你必须设法适应现状，或设法改良。

3. 设法适应新环境。

4. 要善于利用新环境与新机会，努力去认识新朋友。

意志集中，力量集中

一个家庭就像一个国家，难免会遭遇到困难和危机。在这种情况下，最要紧的是每一位成员都要集中意志，结合力量，才能突破困境，度过危机。

因此，要做个"好"太太实在很不容易，你必须能与先生同甘共苦；尤其是在先生陷于极端困难时，你必须较以往献出更多的爱，集中你坚强的意志，结合共同的力量，一步步地冲出困境，才能有共尝甜美果实的一天。

定下目标，向前看齐

"爱你的丈夫，不是看着他的眼睛，而是观看同一方向。"这是赠给有上进心的夫妻的一句话。

没有目标，便无法成功。有些人没有一个确定的愿望和理想，只盼望自己的环境得到改善，于是茫然就业，糊里糊涂结婚生子，毫无目的地度过一生。

所以，作为妻子的你，要帮助丈夫成功，第一步就是"决定人生的目标"。先让你的丈夫看清楚他的最终目标后，再协助他去达到这个目的。

拓荒精神的背后

很多伟大的女性，信赖丈夫，也相信自己，随着丈夫离乡背井，面临危险、困苦、病痛与死亡而不惧。这种女人不会因怀念以前的安定生活而打退堂鼓，也不因为眷恋故乡的亲人，而厌恶这种什么都欠缺的生活。

拓荒勇士的妻子们，跟随着丈夫进出荒野，留下了光荣的历史。她们留给子孙们无数的遗产，其中最宝贵的，是不屈不挠的信心与毅力。

想要帮助丈夫成功的妻子们，也应该具备这些拓荒英雄的妻子们的优点，明知危机重重，但为了丈夫的事业前途，仍然毅然前赴，与丈夫同享苦乐。一个有抱负、有远见、有勇气接受新的考验，随时准备帮助丈夫的妻子，对丈夫来说，实在比什么都重要。

成功就是做自己愿意做的事。如果你的丈夫对他的工作不满意，即使待遇很优厚，若他想要辞掉这份工作，去从事自己喜爱的工作时，妻子也必须有接受的勇气和高度的忍耐与爱心。

莎士比亚说过："怀疑是叛逆者，怕冒险的话，将失去就要得到的无限财富。"

你若要使丈夫成功，便应该鼓励丈夫去冒险，而你自己也要毅然地接受因冒险而发生的各种危难。

妻子·白衣天使·母亲

天下的天鹅一般白，每个男人都需要自己的另一半在不同的时候扮演不同的角色。

当他们事业忙碌时，他最需要的是一个温暖而舒适的家，这时他需要你扮演的是"妻子"的角色。

当他在奋战中败下阵来，他又需要你以"白衣天使"的姿态出现，用纤手和灵药来治疗他的创伤。

当他受到委屈时，他需要太太扮演的是"母亲"的角色，用慈爱的双手抚慰他的心灵，并为他指引该走的路。

也许你会说："为什么太太该这么倒霉，要这样处处小心，步步为营，把先生捧得像个宝！"

这话固然不错，但古今中外成功的伟人，哪一个被赞叹为"伟大的父亲"呢？女性有此殊荣，我们怎能不来发扬光大！

那么，你该怎样来扮演"妻子、白衣天使、母亲"的多重角色呢？下面的建议也许能启发你。

做个最佳的听众

老王下班回家以后，很高兴地对太太说："今天经理叫我去，提到要我担任新的工作……""噢，那很好。"他太太心不在焉地回答，"老王，早上有人来修理水管，你知道吗？他说有个水龙头需要换，你等下去看看好吗？""好好！你听我讲嘛，经理有意提拔我，这下我可要……""别吹牛了，听我说吧，你该关心一点老二的功课，这学期他成绩真糟糕，我毫无办法。"这时老王已经没有兴趣再提他自己的事了，兴奋的心情只有吞进肚子里。

难道他的妻子提出这两个问题不对吗？不，决不，她也需要有人听她的话，只是她提出来的时间不适当。她可以先分享老王的喜悦，然后再让老王分担她的烦恼，这样不是两全其美吗？

做丈夫的最佳听众，不但能带给丈夫极大的满足和安慰，许多时候，也会带来意外的收获。

什么叫作最佳听众？大体说来有三个条件：

1. 不只用耳朵，也用眼、心、全身来听对方说话。注意听对方的话，用耳朵听，用眼睛听，更用心去听。你想，如果听你讲话的人，手乱动，眼睛向别处看，身体又倾歪抖动，你会做何感想？如果注意力集中，必定注视着说话的对方，身体向前，脸上也随谈话的内容而出现不同的表情。

2. 问题要问得好。什么样的问话是好的？就是具有暗示性的问题。直接性的问话有时显得不礼貌。好的问话会给谈话带来活力与刺激，这是想做"最佳听众"的人所必须具备的条件。谁都知道，很多丈夫不喜欢妻子啰唆，但是妻子如果能巧妙地把自己想知道的事，用几句话问他，就能让自己得到满意的答案，又满足丈夫的发表欲。好的问话会缓和紧张的气氛，对谈话的进行，有调节作用。你必须记住，人对于自己的事情，永远比对天气或别人更关心。所以，好的问话，也应该以对方为中心。

3. 保守秘密。先生们不喜欢与太太谈公事，多半因为怕女人话多，会轻易地把重要公务泄露给别人。

做最佳听众，并不是一定要谅解丈夫职务上的一切。只要妻子关心他的工作，了解他的困难就够了。

鼓励你的丈夫

19 世纪末，美国密歇根州德城的电力公司，聘用了一个周薪 11 美金的年轻人。他每天工作 10 小时，回家以后也经常躲在屋后的小房间研究制作"马达"，做农夫的父亲以为儿子是在小房间里玩耍，邻居们也叫他"饭桶"。后来没有人想到他的研究，会有成功的一天。但是，他却有唯一的同情者，那便是他那年轻的妻子，每天夜晚，妻子到小房间来帮他提灯照明、烧开水，即使天寒地冻，她仍不屈不挠地协助丈夫，深信他的研究必获成功。

1893 年，是这个青年在小屋里头研究的第三年。当他正迎接他自己 30 岁生日的一天，邻居们被一连串的怪声惊醒了，原来那"饭桶"和他太太坐在没有马的车上，在公路上行驶。大家看到这奇妙的东西，一个个竟目瞪口呆地站立着……这"饭桶"就是当今全世界公认为汽车之父的福特先生。"汽车"便是这样发明的，在这发明的过程当中，我们要说福特夫人占有极大的功劳。

50年以后，有人问福特："来世希望投胎成什么？"福特回答说："只要能和我太太在一起，变成什么都无所谓。"

每一个男人都需要完全信赖他的妻子，无论是顺利的时候，或者身处逆境。如果连妻子都不信任自己的丈夫，那么，世界上还有什么人会相信他呢？

信心就是积极的原动力，信心绝不容许失败，信心更会把对方失去的"自信"挽回过来。

广结人缘好铺路

丈夫给人的印象，不一定就代表他真正的为人，但别人都习惯于拿印象来衡量一个人，所以你必须帮助丈夫，使他广结人缘，处处给人好的印象。

当我们说"某某人是个好医生"，或"某某人非常能干"时，我们不一定真的知道他的实际能力，我们称赞他们的理由，多半是由于听到他们的太太这样说。

有些太太很善于制造对丈夫有利的空气。比方说一位律师的太太对邀请他们出席晚宴的人说："谢谢你的邀请，我们很愿意参加，但我丈夫为那有名的贷款案正忙着哩……"

另一位太太或者这么说："我先生下周要在医师大会上演说，他实在太忙，连我都几天没能好好跟他说话呢！"

很简单的几句话，却把丈夫形容成一个重要的大忙人，这岂不让人觉得丈夫很能干吗？当然谦卑的人，不愿意自夸，但是太太讲的话，只要恰到好处，听者绝对不会引起反感。

太太不但要让人注意丈夫的优点，也要随时弥补丈夫的缺点。

对事业专心的人，对其他事往往都很陌生。这样的人大都不会谈天或开玩笑，因为他们没有资料来源。这时，丈夫就更需要一个能干的妻子了。话题丰富的太太，很自然地会使丈夫加入谈话的气氛里。"我想起他曾来过我们这里。对了，你记不记得他是哪一天来的？"就这样，丈夫也加入谈话了。只要是自己关心的问题，任何人都会谈得津津有味。

专心于事业的男人，也不善于记人名。太太不要责备丈夫健忘，你该做他的"备忘录"。当丈夫搜尽枯肠也想不起对方是何许人时，这时提醒他一句，丈夫一定会感激不尽的。

妻子很少有机会，能在事业上直接帮上丈夫的忙。但妻子却绝对可以帮助丈夫广结人缘，使丈夫到处受欢迎。

量入为出，有爱万事足

家庭经济的筹划，是构成婚姻幸福与否的关键之一。无论你们的收入是多少，最重要的，你必须有"量入为出"的观念。

夫妻间最想从对方那里得到的，并不是物质的满足，而是不渝的爱情。

如果你爱你的丈夫，那么你不要嫌他赚的钱少。懂得预算的主妇，必能有效地运用有限的收入，使全家人过快乐的生活。

爱，是一种责任。许多夫妇婚姻失败，整天处于纷争扰攘或冷漠敌对的状态中，究其原因，可发现他们并不懂爱的真谛。他们自私地认为，结婚是保送自己去过"被人爱"的生活和满足自己无边的欲望。事实上，爱的责任在于给予对方爱情和避免使对方受到经济拮据之苦。丈夫收入的多少，并不是你们婚姻成败的关键，最重要的，在于夫妻彼此能否表现爱情。下面两节，我们将告诉你如何建立预算制度，以及如何使爱成为最大的支持。

有效地运用有限的收入

有效地运用丈夫的收入，是使丈夫成功的最好方法。

在实际生活里，做丈夫的如果对金钱没有观念，太太便会大伤脑筋。相对的，爱浪费的妻子，也同样让丈夫烦恼。

入不敷出的家庭，是最危险的。尤其处在这个时代，生活费的膨胀，教育费的提高，每一个人都觉得钱不够用。所以，在收入难望提高的情形下，你要做的，不是梦想中奖，而是以有限的收入来分配家用。有预算地用钱，即有计划的生活，对家庭中的每一个人都有保障。

预算并不会拘束你的生活，更不是无意义的来记载已经用过的金钱。预算可使钱用在最需要的地方，预算可以告诉我们何处是浪费，何处可以节俭；预算可说是经济的向导和助手。对孩子的将来，以及退休以后的生活，预算更能提出有效的保障。

如果你的生活还没有建立预算制度，应该从今天开始建立。

那么，怎样才能有效地运用有限的收入呢？

1. 把所有的支出，一笔不漏地记下来，直到你完全能够控制开支为止。

2. 预算要适合家庭的特殊情形。先列好支出表，再填上每月固定的支出，如房租、保险金、水电费等。然后再预算教育费、交通费、医药费等必要支出。预算是需要一点技巧的，也要有坚毅的决心。预算虽然不能让人绝对满意，却可以使需要时有钱用，不必要的开销省略掉。

3. 至少要储蓄收入的百分之十。每个月至少要将收入的百分之十储蓄起来，以防意外，或是为了买房子、买车子等用途作准备。专家们说，当你把每月收入的百分之十储存起来，数年以后你的家计就会变得很宽裕了。

4. 要预防万一。很多经济专家们，都劝人必须存有一笔基金，这笔钱的数额大约等于普通时候三个月的薪水，以防万一，但节省时不能太勉强，也不要一下子把所有的钱都存下来，应该分月摊存。

5. 把预算当作全家人的责任。专家们说，预算要看全家人的需要而改变，人对钱的态度是因他的经验、气质、教育而不同的，故全家人要常在一起讨论预算，才能够使每个人都学到用钱的办法。

6. 研究保险。为何需要人寿保险？一次付款与分期付款的得失在哪里？你知道吗？你应该对这方面有一点认识，并视家庭的需要来投保。

金钱虽非万能，但如果知道钱的有效运用方法，对你的家庭幸福，当然有所帮助。在丈夫的收入尚未提高以前，你应该先学会善用现有的收入的方法。

情至深处无怨尤

爱，是精神的最大倚靠。缺乏爱的孩子，就像饿肚子的人一样，对于发馊的饭也会狼吞虎咽。这就是为什么许多少年，对犯罪特别感兴趣的原因。

没有爱，甚至健康的成人也会有阴暗孤僻的个性。爱的力量比原子弹更厉害，爱也是奇迹的源泉。你对丈夫的爱情，是使他成功的最重要因素，怎样才能使你们夫妻永浴爱河呢？

1. 天天要表现你的爱情。不要等到最后关头才表白你的爱，因为往往在那时候已经无法挽回了。

"爱你在心口难开"，只会阻碍夫妻爱情的发展，并不会增加你的含蓄之美。作为一个现代妻子，看见先生拖着疲惫的身子回来时，应该懂得说些体贴入微的话，比如说："来，先坐下休息，我拧个毛巾替你擦擦脸。"

有人把夫妻之间缺少爱情的表现，比喻为"难以下咽的晚餐"。的确如此，人不只是吃面包就可以满足的，有时还爱吃涂满蜂蜜的小蛋糕！

2. 避免因小失大。有些太太患了洁癖，这种人一定要把孩子弄得干干净净，家里也整理得整整齐齐，不然就不舒服。这种毛病的后果是，只能注意到小地方，而忽略了大局。为一点小事而竭尽心力，以至于影响了夫妻间的关系，正是"因小失大"！

3. 要有宽大的心怀。真正相爱的人决不吝惜爱情，爱是宽大无私的。有的太太对任何事都可以忍受，但对爱情却缺少宽大与忍耐。

4. 任何小事都要表示感谢。男人并不因婚姻关系，而把请太太看电影，替太太服务，或送衣服认为是理所当然的事。而你也不要把丈夫当"工友"，或理当为你服务的"下人"。

5. 要做懂事又体贴的妻子。当丈夫想在家休息时，太太打扮得漂漂亮亮，

吵着要去看电影，这就是无理的要求了。如果妻子有宽厚的爱情，一定会适应丈夫的需要，而把自己的渴求放在其次，这样，丈夫必定会感激不尽。

"情至深处无怨尤"。爱能创造奇迹，也是力量的泉源；反之，若没有爱，什么富贵、名誉，都是徒然的。

注意亮起的红灯

红灯止步，是现代人普遍具有的安全常识，但在婚姻生活中，缺乏这种常识的人实在是太多了！

当你驾车或步行过街的时候，看到红灯亮起，自然就会停下脚步，等危险过后再继续通过；婚姻生活也正是如此，不同的只是，婚姻是两个人携手走在人生的道路上，而人生的道路比闹区的十字路口更杂乱无章，当红灯亮出危险的讯号时，你非但自己要立即止步，也得拉紧你那一半的手，不叫他让危险袭倒；并且，你们还得左顾右盼，观察危机是从哪方面来的——是针对着你，还是针对着他？抑或是冲着你们两个而来。

化解危机，你们才能在姻缘道上走得更稳，携手同心；否则，可能这一段姻缘，就要中途夭折了！

你是好妻子吗

任何一个女人在婚后，没有不试图"做"个好妻子的，但是，你是不是一个好妻子，却得由男人来"判断"。

《堂·吉诃德》的作者塞万提斯说，女人需要具备从字母 A 到字母 Z 等 25 种美德，才称得上是好妻子。这 25 项要求是这样的：

和蔼可亲（amiable）
慷慨大方（bountiful）
恒久不变（constant）
勇敢（daring）
令人爱怜（enamored）
忠实（faithful）
时髦、优雅（gallant）
令人尊敬（honourable）
出色（illustrious）
珍惜的忌妒（jealous）
仁厚（kind）
忠心耿耿（loyal）
温软甜美（mild）
高贵（noble）

热心（obliging）
智虑（prudent）
不多话（quiet）
富有（rich）
能分享参与别人（share）
真诚（true）
了解（understand）
豪气勇敢（valiant）
智慧（wise）
保持身心年轻（young）
热忱有兴趣（zest）

当然，很少有人能完全具备这25项"苛求"，女人不是圣人，真实的女人是会吃醋的，有时很软弱，有时也并不忠厚，而更多的时候是相当迷糊的。男人爱女人，不因为她接近圣女，而因为她有小小的缺点，这些缺点使她更为人性化和女性化。尤其是后者，更是一个好妻子应该拥有的最基本的条件。

你对丈夫有真爱吗

熟读好妻子守则，对你并没有多大用处。你要做个适合你丈夫的、独一无二的好妻子，就必须先自问，你真爱他吗？

如果你一直在埋怨他付出给你的太少，那么，检讨一下，会不会是因为你一向吝于给他爱呢？

公式化地、沉默地、消极地爱你的配偶绝对不够。别以为他应该知道你是多么爱他，如果你不一再地、明显地表现出来，他从哪里了解他始终是被钟爱的呢？未经表白的爱，只是一种心态，它永远得不到回音。

婚姻中的一切都是对等的，但这对等却不是样样事物都保持五十与五十之比，而是说，在某些方面，可能你要付出七十，而他才给你三十；而在另一方面，他会给你八十，而你只需付出二十。你可以放心，你永远不会付出得太多，因为你的配偶绝对会更多的，或至少是等量地给你回报。

有真爱便可以使婚姻中的施与爱在来来去去中保持平衡。要拥有美好的婚姻关系，请先自问，你是否对丈夫有真爱？

许多婚姻问题专家都发现，婚姻破裂的一个重要因素，乃是丈夫缺乏妻子的真爱。

男人要觉得自己被重视、有权威，他才会舒坦；否则，他就很容易变成一个脾气暴躁、挑剔配偶、埋首工作、把自己和家庭都弄成焦头烂额的人。

男人不会低声下气地向妻子求乞爱情，除非妻子自动给他——所以，如果一个妻子真爱她的丈夫，她必能正确地估计并适当地对丈夫表达爱意。

真爱丈夫的妻子,会事事以丈夫为先,时时提醒自己,你给了对方什么?而不要求对方给你什么。

当你学会了真爱的艺术,你就会惊喜地发现,你们夫妻的感情是在一日千里地向前跃进着。

你试图改造他吗

世界上没有两个人的个性是完全相投的,也没有任何一对夫妻可能对每一件事情都产生一致的反应。婚姻需要调适,却不能强硬地改造配偶来适应自己。

作为妻子的你,最好不要存有改造丈夫的奢望。但是,你也不必绝望,以为这一辈子他再也不会改变。一个人的天性虽然改造不了,一个人的态度却是可以借着温和的指引来加以纠正的。

不论对什么样的问题,你都没有必要"认命",尤其是婚姻这种一辈子的大事。

你要知道,一个成功的婚姻,一个好的丈夫是可以期待的,只要你愿意接受并且容忍对方的需求、喜好或憎恶,只要你不斤斤计较付出之后要立即收回代价,你将逐渐发现,你有一个和你理想相去不远的丈夫。

完全的婚姻生活必须事事以对方为前提,这跟婚前的自我主义是完全不同的,也不是每个人都能很快就适应的。因此,结婚之后,你也许会很惊异地发现,他竟有如此多的"恶习"!而从这时起,你下了一个错误的决心,要改造他,你开始提出许多要求:你要他戒除打牌的习惯;不可以和朋友一起喝酒;裤子脱下了不能随便丢到沙发底下;看电视之前必须先洗澡;洗过手之后才可以吃饭……是的,没有人可以说你的要求过分,但是全部做到了这些,一个男人也不见得就算是一个完美的丈夫。

坚持改造男人的后果,一定是逼他离开你,既然你不愿意得到这个苦果,何不换个方式,用另一种态度来调整彼此的关系,让他自动改变他的态度来适合你,这种渐行渐近、愈来愈成熟的婚姻,不更合理吗?

要拥有一个完美的婚姻,你应该面对真实的婚姻关系,承认夫妻双方都可能各有自己的人格。不要老想改造他,要跟他一起来适应婚姻生活,不要总是要求"他该怎么做",你该先反省"我该怎么做"。

如果你能为对方着想,他当然也会为你着想,这样,双方便能在相互体谅下走入更成熟的婚姻境界里去。

你常怀念以往的情人吗

这是一个肯定的问题,只要婚前曾跟男孩甜蜜过,一个女人在婚后仍会怀念她过去的情人。尤其在婚姻生活进入单调、枯寂的低潮时,特别会想起往日情人的体贴与柔情。

　　如果你是成熟的，你可以坦然承认，你偶尔会怀念以往的情人，这不是罪恶；相反的，一个能把过去付出的感情连根斩除的女人才真正可怕。问题是，如果你在夫妻争执之后，立刻想到你的旧情人，很可能就会让你对现实生活产生更多的不满，这就危害到你的婚姻了。

　　距离产生美，旧情人不需要和你共同应付柴米油盐那种全无情调的日常生活，所以他在你的心目中能历久弥新。倘若你在夫妻龃龉时，负气地拿旧情人来和共赴现实患难的丈夫相比，不但你会愈发失望，你的丈夫也会大受伤害。

　　一个聪明的妻子，虽然偶尔会想起旧日的情人，并因此有意乱情迷的片刻，但她不会真的就此背弃丈夫。因为她明白，旧情人是自己淘汰不要的，而丈夫，才是她一辈子要生活在一起的。

你感到"悔不当初"吗

　　只有在婚姻中遭遇挫折时，一个女人才会有"悔不当初"这个念头，不幸的是，在婚姻生活中，令人沮丧的挫折却总是不断的。如果"常常"陷入早知如此悔不当初的情绪里，就会严重影响婚姻现状，使婚姻生活亮起危险的红灯。

　　其实，产生"悔不当初"这种想法，倒不一定是婚姻本身发生了什么大差错，往往只是因为你对婚姻生活期望过高，而使你发现婚姻并不如想象中那样甜蜜所引起的反应而已。

　　要对付这种情绪，首先要"接受现状"，然后力图改进。你应该扫除过去的成见，降低对婚姻的要求，检讨自己是否曾在这场婚姻中做了什么建设性的工作。婚姻和一切合伙经营的企业没有两样，它是要泯除私见、彼此合作、为共同利益而努力，才能长久兴旺、永远不衰的，如果你根本不曾付出努力，你怎能埋怨它不符合你的理想？

　　另外，你也应当站在丈夫的立场，设身处地地为他想一想，他何尝不是希望给你一份充满温暖的家庭生活，如果你觉得跟他在一起的日子完全一无可取，是不是辜负了他对家庭的贡献，并且严重地伤害了他的自尊心？

　　与其"悔不当初"，不如从今天开始来改善婚姻，倘若你只是耽于自怨自艾的空想，而不能实际地采取行动，那么，即使时光倒流，你有机会重作选择，你仍然会失望，仍然会"悔不当初"。因为一个不肯调适改善婚姻的人，本身就是造成婚姻失败的最大因素。

你们相互了解吗

　　男人和女人，基本上是两种完全不相同的动物。男人不了解女人何以能利用两根棒针，一上一下地就编出无数翻新的毛衣来，而女人也不懂何以男人缝不好一个扣子，却能够在写作或上班之外，不声不响地把你的电熨斗一下子就修好了！女人可以在男人不在家时，把前一天晚餐剩下来的残羹剩菜当作一天的主食，而男人在吃一顿好饭之后，却可以把整个人生观都改变过来——男人看女人，女人看男人，都是"莫名其妙"的，你敢说，你了解你的配偶吗？

所有的妻子都希望丈夫不断地对她示爱、不要有外遇、了解她为家庭付出的牺牲和劳动、知道她是为了全家人的利益才锱铢必较，而所有的丈夫却总是忘了应该不时地把双手搭在充满委屈的太太肩上，他们只听见妻子一直在抱怨，一直在唠叨，一直在逼他一遍又一遍地说"我爱你"，却不去体会那个为他放弃一切，终日在煤气灶、洗衣机与婴儿的奶瓶、尿布之间穿梭的女人，是多么需要他的一句安慰……

是的，所有的婚姻问题当中都免不了一句"他（她）不了解我"的控诉，而所有的外遇事件中也免不了一句"我终于找到一个了解我的人了"！多少婚姻中的危机皆因"不能了解""相互误解"！这究竟是托词，还是确实如此重要呢？

事实上，要完全地、彻底地了解一个"异性"是不可能的，但是，亲近如夫妻，却绝对可以凭借爱来沟通彼此的思想和差距。

你们不妨试试看，在对方努力投合你或你的喜好时，感谢地说一句好听的话，比如说："我知道你在用心，我也珍惜你这份心意。"你不能否认，这也是了解的一部分，对不对？

长长的一生中，每天多发掘一点对方的真爱是一种美丽的期待。婚姻，就是这种充满喜悦的、划得来的投资。问题是，在彼此还太年轻，而又一下子就陷入单调、不愉快的一面时，应该培养一种在了解之前先别误解的"宽容"。

你们常在争吵中度日吗

没有一对正常的、美满的夫妻是不曾吵过架的，如果有哪对夫妻宣称，他们从未吵过架，那么，他们若不是在说谎，就是根本不爱对方。有爱，才有争吵，抑制愤怒而杜绝表面的冲突并非健康之道，它会使一个原本正常的女人变得唠叨、神经过敏，甚至患上偏头痛，而一个男人，则会从其他方面求取慰藉，而避免和妻子接触。这些后果，不是比争吵还要糟糕许多吗？

争吵是婚姻中正常的现象，它表示你们对某些事物持有不同的意见，所以你们暂时合不来，并不是说，你们再也无法相处、你们的婚姻就此完蛋了！因此，争吵本身不需要特意避免，但是，在某些时候，避免争吵却是明智之举。例如：

孩子们在场的时候：父母的争吵可能会在子女心中造成永久的伤害，使他们终生没有安全感与自信心，并直接影响他们未来的婚姻。

疲惫不堪的时候：深夜或筋疲力尽之时，人的情绪常会因一点小刺激而失去平衡，这时若引起争吵，双方都无法清晰地思考，以及理智地表达争执的论点，而容易流于不相干的谩骂。

刚刚争吵过后：每次争吵之后，一定要有一段冷静的时间去思索彼此的对错与立场，以便调整自己的观点，如果争吵太频繁，就会变成意气之争了。

喝酒之后：酒后胡言，特别会说出伤害人的话，说者虽然神志不清，听者却永难忘怀。所以，你应该避免和醉后的丈夫发生争执。

开车的时候：开车的人必须全神贯注，与正在驾驶中的人争吵会分散他的注意力，并且会使他不自觉地加快车速、乱闯红灯，甚至于酿成大祸。

在能拿到武器的时候：最正常的人，在盛怒之下，也会失去理智，用随手拿到的武器伤害对方。生命的悲剧一经酿成就无可挽回，即使不死，谁能忍受一个抡刀砍杀的丈夫或妻子？

夫妻间的争吵应该是有建设性的，目的是要达成一项双方均能融洽相处的协议。但是，争吵时一定要学会控制自己的脾气，学会不会造成永久伤害的争吵方式。

要适可而止。当双方对所争论的主题都说出了自己的感受之后，争吵应即停止。

要避免人身攻击。千万不要说出"怎么你总是这样没出息"之类的话。

要避免攻击对方的亲戚。争吵时不要把不相干的人扯进来，比如说你批评丈夫的时候，千万别说："你就像你那个刻薄的妈一样……"

要使用适当的语言而不依凭暴力或耍赖。如果你毫不讲理，只是尖叫、乱扔东西、赖在地上哭叫不休，这是故意激怒对方，叫对方看不起你的争吵方式。

要避免迁怒。如果你是为了孩子生气，别把他扯进去。

要避免言语刻薄。争吵时，语气仍应保持温厚，讲理而不恼羞成怒。

不要把余怒延续到第二天。当天争吵，当天结束；否则，睡不好觉的旺盛肝火，又会让你们针锋相对起来。

学会让步。当你不想再吵下去的时候，你应首先让步，成熟的理性可以让你让步而不自以为伤及自尊。

别翻出陈年旧账。这种方式会使你们的争吵没完没了。

不要认定意见不合必定是对方的过错，如果对方肯改变意见，问题就解决了。若你总是责人而不自省，争吵将永不停息，直到婚姻破裂的那一天为止。

所以，争吵可能使你们团结得更紧密，相爱得更彻底；争吵可以使你知道他心里究竟在想什么，也可以让你把自己的不平反映给他，争吵可以使你们更加了解。但是，当心，别触犯了禁忌，把争吵变成了争战，那就有百害而无一利了。

婚姻生活的危险期

不管多么美满的婚姻，都可能会有一段危险期，这就是心理学上公认的"婚姻低潮"。在这个时期内，夫妻彼此之间的新鲜感减弱了，生活也定型了，经济情况也由结婚初期的拮据渐趋安定了，这时，两个自以为是"老夫老妻"的男女，再也不注意对方了。太太的新发型，先生看不见；先生的笑话，太太也不能领会；这两个人已经适应了婚姻生活，有了爱情的结晶，旁人或他们自己都以为这桩婚姻成功了，但这也就是婚姻低潮的来临。

两个不再互相需要、互相吸引的个体，会不知不觉地走到一条死巷里去。如果没有外来的引诱，他们很可能就此再不相爱却也平安无事地度过一生；倘若受到诱发，那么，婚姻生活的危险期就正式来临了。

没有人知道这个危险期将在何时来到，它是因人而异的。如果一对夫妻终生致力于互相适应、互相体谅，保持对婚姻与家庭的责任感，拒绝外界的引诱，那么，他们的危险期可能永远不会降临；相反的，如果夫妻双方彼此不肯忍让，洞房之夜也可能即是危险期的开始。

如何度过低潮期，享受柳暗花明又一村的第二度爱情呢？我们且来听听专家的警告：

1. 沉闷的婚姻会导致外遇事件。多年的婚姻生活会使夫妻之间的一切变成例行公事，在这种单调、乏味的低潮中，一个第三者会使婚姻生活的危险期立即来到。

2. 嫉妒的意识会促成另一半的不贞。因为担心丈夫有外遇，而对他的行动过度猜疑，不停地监视丈夫以观察他是否对其他女性发生兴趣，反而会促使丈夫向外发展。

3. 没有安全感，不能应付并解决婚姻中复杂问题的夫妻，可能逃避到婚姻外的爱情世界里，而造成婚姻生活的危险期。

4. 怀孕时为了确保胎儿的安全，拒绝和丈夫同房的妻子，会使丈夫感觉因新生命的降临而自己受到轻视，以致引起外遇的问题。

5. 丈夫出差的时候，因为客地寂寞，所以受引诱的机会也较多。因此，当丈夫出差前，不可引起争执，而归来时，也应表现出欢迎的热情。

6. 当丈夫性能力减弱时，不要对他表示失望，否则会使他向外发展，以求证实他仍是"男子汉"。

婚姻生活的危险期不完全是由男人主动引发的，女人也会有这种时候，当你自己在度过多年的婚姻生活之后，忽然又对异性发生了兴趣，别忘了，这可能是生理经期和体内激素调节造成的"非常时期"，在这非常时期当中，对异性产生的迷惑、迷恋，并非真爱，应该控制自己，不要让粉红色的遐想演成了"桃色事件"，破坏了家庭幸福。

当然，婚姻生活的危险期是要夫妻共同来避免的，下面是专家研究调查之后提供的八个方法：

1. 夫妻双方应以彼此为重，切不可让其他的感情（如对父母或儿女的爱）超越了夫妻之爱。

2. 夫妻双方必须培养个人的兴趣，避免过分依赖对方。

3. 夫妻双方对于另一半的"需要征兆"应保持警觉。

4. 夫妻双方均应注意仪容、修饰外表、锻炼体格。

5. 夫妻之间有摩擦时，应正视问题，坦白讨论，而不怀恨在心。

6. 夫妻双方必须彼此迁就，多做适度的让步。

7. 夫妻双方均应有固定数额的零用钱，可以随意支用。

8. 夫妻双方在对方成功时，应引以为荣；在对方失败时，应做对方的支柱。

测验自己的危机程度

婚姻问题专家克伯屈说："婚姻并非如我所常听到的，以有情人终成眷属那句话来收场，因为结婚不是静态的结束，而是动态的开始。"这话说得不错，结婚只是单身生活的结束，却是共同生活的开始和至死方休的过程，这种关系必须靠人为的努力，才能使它愈来愈巩固，愈来愈坚强；如果婚姻中的危机出现，而不求挽救，本来应从配偶方面获得的需要和满足转求之于他人，婚姻关系势必粉碎。

下面是导致夫妻失和最常见的困扰，你不妨检讨一下，你的婚姻，是否已经出现了这些危机：

1. 夫妻中一方或双方习惯于挑剔对方。自己内心的焦虑不能合理解除时，往往会以挑剔对方来谋求出路，结果自己的焦虑虽然暂时解决，却增加了配偶的愤怒和不安。

2. 夫妻之间习惯于责怪对方。对自己能力不及或处理不妥之事，不能面对现实自我检讨，而把责任推诿到配偶身上。

3. 夫妻之间习惯于把不快的情绪转移于他人。夫妻吵架，迁怒子女，结果双方又因子女无辜受累而引发争执，形成恶性循环的家庭关系。

4. 夫妻感情冷淡，有互相抵制及敌对的倾向。冷漠是对对方不再关怀；抵制是拒绝对方的要求；敌对是采取使对方难堪的言语或行动。

5. 夫妻一方或双方角色混乱。例如，夫代妻职，妻代夫职，或丈夫对妻子要求母性的庇护，妻子对丈夫要求父爱等。

6. 夫妻之一方社会功能高度不良。比如说配偶有严重的孤僻现象或精神病态的人格，势必会引起婚姻关系的困扰。

7. 夫妻之间互相轮流惩罚的倾向。例如，夫妻之一方给予另一方挫折和敌对的感受时,另一方则"静候"时机以牙还牙,这种破坏性的行为模式,双方均应避免。

8. 夫妻之间性生活不协调。例如,妻子性冷淡、丈夫性能力弱,双方之一缺乏对性爱的兴趣或性欲过强,或有自淫的嗜好等。

9. 夫妻之间习惯以刻薄的对话来代替关怀的问询。

10. 夫妻之一方或双方极端无法适应婚姻生活。

11. 夫妻之一方或双方常常重复述说过去不愉快的经验。

12. 夫妻之一方或双方常常把配偶拿来和别人比较,而自觉选错了对象。

如果你发现你的婚姻出现了上述或其他的危机,应当立即和你的丈夫(妻子)做一次心对心、面对面的交谈。从今以后,两个人各持一个记事本,把当天对方的优点和缺点忠实地记录下来,然后在临睡前交换检讨一下——这是一种挽救婚姻危机的新方法,简单实际并且非常有效。只要你们确有挽救婚姻的诚意,试行一段时间之后,你会发现,记事本上他的好处居然还不少。

难偕白首话离婚

爱情原是最甜蜜的,婚姻也是人生最神圣庄严的一桩大事。然而离婚率的剧增,已普遍使人对婚姻的神圣产生怀疑了。

其实,离婚并不是现代的特产。旧式小说如《红楼梦》,古诗词如《孔雀东南飞》《钗头凤》,就已写出自古以来婚姻的复杂性,以及家庭爱情的恩怨。只不过现代维系婚姻生活的观念,由于受到外来思想潮流的冲击,加上内部社会形态家庭结构的转变,已经逐渐脱离家庭伦理的道德观念。把持不住的人,往往不能坚持爱情的承诺,以及婚姻的契约。于是,动辄离婚便成了现代人的作风,也成了现代家庭悲剧的主要因素。

夫妻之间有了裂痕,难道非离婚不可吗?其实不然。所谓"婚前睁大眼睛,婚后半闭眼睛",夫妻间发生争执或冲突,不妨大事化小事,小事化无事。学着适应对方,关起门来谈家务事,协力排除障碍,即使是怨偶,也可化为佳偶。在婚姻旅途中,遭遇困难是必然的现象,懂得珍惜,也就不会轻易闹婚变了。

为什么他们要离婚

同是那个人,为什么当初能够如此容忍他(她)、眷恋他(她),如今却想各奔东西呢?

婚变原因有多种,如教育程度、职业、家庭背景、种族、宗教信仰及婚前的了解不够。较难破镜重圆的是有第三者介入。

先生有外遇

人是个多边发展型的动物,他可以同时喜欢两个以上的人,只不过喜欢的程度有多有少而已。稳定型的人，或许会因宗教、道德的约束，以及婚姻的束缚，悄悄地把"心意"埋藏起来；活泼型的人，就无法安全地保藏住这份"秘密"，当他（她）感觉到自己非行动不可时，婚姻就亮起了红灯。

"第三者"或许是个很纯的人，她在偶然的机会中爱（被爱）上某人。"第三者"也可能是个动机不良的人。不管她属于哪种类型，第三者多半是不被大众所同情的。

当然，有些事情不是你所能预料的。比如，你确实是个贤妻良母，但是他却厌倦了朝夕不变的生活，他开始像猎狗一般，四处找寻猎物，这只能归罪于他的"不忠"，或者套句俗话说是"孽缘"。但不管怎么说，如果因素很单纯，并且你也不想离婚，只要你愿意以"爱心"感动他，迟早有一天，你还是会成功的。

初听到先生有"外遇"，那种愤怒，简直无法用笔墨形容，只感觉到头昏眼花，心里有根筋在抽动，热血沸腾，恨不得立刻抓住他，问他："我哪点对不起你，你为何竟如此对我？"然后是想立刻找那个女人，警告她："你再不离开他，我将不与你干休。"这种反应是正常女人的反应，有这种反应，显示你仍深爱着他，你不容许任何人破坏你的家庭幸福。

当你意会到如此时，第一个要做的是，应该反省你是否有不能满足于他的地方。例如：

是否因为你不再需要他，使他感觉到"寂寞"，而出去寻找另一个伴侣呢？

是否因为你不再具有吸引力，致使他去寻求更美艳的女士呢？

是否因为你不曾为他织造一个爱巢，让他觉得结不结婚都如此，于是想再继续过去的"自由"生活呢？

当你发现一切都不是因为上述的原因时，你不妨反省反省，他是否最近常说："你为什么要那样，而不要这样？"如果确是如此，请快改进。

第二步要做的是，你必须立刻换上最好的新装，换个发型，整理家务，以超乎过去的耐心，对他更好。这样，逐日不间断地做下去，他必会回心转意的。

学历不相当

夫妻之间受教育程度相同，思想相近，离婚率就比较小。先生学历高，妻子学历较差，离婚率也不高。最令人担心的，是先生学历低，太太学历高。

有一位太太是某大学中文系毕业的学士，她毕业以后，因为成绩优良，被校方留下来担任助教。在从事助教工作期间，她考进了中文研究所。当她获得硕士学位的同年，又考上中文研究所博士班。就这样她的学业一直很顺利，她的事业也很顺心，因为她拿到博士学位后不久，便成为某大学有名的教授了。

反观她的先生，从某专科学校机械科毕业后经人介绍，进入某民营公司，担任机械部门的管理工作，待遇不低，地位却不高。他整日接触的是胸无城府、腹无点墨的小工人，谈的是硬邦邦的机械问题。但太太所属的圈子与他截然不同，她的圈子是充满灵气、谈论诗书古文的人士，一派淑女绅士作风。

最初，她并不觉得有什么不好，但是每当其他同事问他："先生在哪儿高就啊？"她就支支吾吾说不出口，脑中反应的是他那一双油腻的手、粗俗的语言。

在他这边，最初也以妻为荣，有个贤妻在大学教书有何不好？久了，总也觉得有那么一点怪，因为每当他说"我太太是教授"时，别人投给他的那种眼光却是那么唐突，总带点揶揄的成分。渐渐地他避免谈到她，她也尽量不提他，然后他们彼此间感觉到各自生活在各自的圈子里。有宴会时，他不与她同行，她也不喜欢和他一起出席，两人各憋着一份心事。

有一天，为了家务上一点小事，他说："你就不能分点心在家吗？"她回答："我那么忙，你又不是不知道。"这句话严重地损伤了他的自尊。

他们越来越不能相容，只有协议离婚。

这对夫妻离婚，错在彼此的学历相差太悬殊。事实上，有许多夫妻学历相差一点点，并没有影响婚姻的实质生活。

教育程度不相同，导致离婚，颇令人同情。因此，在选择对象时，这个因素不能不加以考虑。

寂寞难耐

这种情形以商人、船员、军人及医生的家庭，发生率较高。问题出在"寂寞"。

一般大企业家，能在家里享受家庭温暖的时间并不多。他们有绵绵不断的"应酬"，有解决不完的"公务"，这些事情几乎占据了他们全部的时间，根本抽不出时间与妻子闲话家常，沟通心灵。如果妻子是个终日无事的家庭主妇，整日面对的是满室的空白，以及满心的苍白，难怪她要懊悔嫁为商人妇了。

至于船员妻子、医师妻子与军人妻子，就更是如此了。

他们是否有成功的婚姻呢？有！而且绝大多数因为生活安排得宜，婚姻非常美满。

有位轮机长妻子，自从结婚，连生三个孩子后，就不再生育子女，专心养育这些"小萝卜头"们。她的先生一出航就一年半，这四百多个无先生相伴的日子，她过得怡然自得。

她为宝宝们织小毛衣，为宝宝们制作精美的点心，偶尔，也会与邻居的太太们逛街，不管怎么忙，她每天一定拨出两个小时念英文和写文章。

她总觉得时间不够分配，总认为精力透支太多。因此，那些"寂寞""苍白"的字眼，不会在她的生活中出现。

生活习惯不能协调

有一位名音乐家，由于与妻子的生活方式不能协调，新婚不到三个月，便离婚了。

这位名音乐家的夫人，有乱丢东西的习惯，无论穿过或没穿过，总是随手一扔，连玻璃丝袜都挂得到处都是，先生不能忍受这种个性，于是要求离婚。

因生活习惯不能协调，导致离婚的例子千奇百怪。例如：

丈夫爱吹口哨，妻子却感到沮丧，于是要求离婚。

丈夫嫌太太老在食物中放过量的盐，并感到妻子在促使他早日得肾脏病，因而要求离婚。

看电视时，丈夫总是把假牙弄得吱吱作响，太太无法忍受，终于要求离婚。

丈夫喜欢模仿某人的动作，使太太的健康受到影响，所以太太要求离婚。

这些理由也许很可笑，有些甚至不值一谈，但是他们却振振有词地要求离婚。显而易见，离婚的真正原因，大部分是由于彼此之间的爱情不够深，或者是因深刻了解后，才想分开的。这正应验了中国社会中流传很广的一句话："因误会而结合，因了解而分离。"

婚前了解不够

彼此的认识过于短促，也容易造成离异。这种情形最易发生在媒妁之言的婚姻中。例如，年近四十的单身男人，在"家"的吸引下，找来一位媒人，请求代为物色年轻貌美的乡下女子。他们往往在经过一次相亲，收取丰厚的聘金后，便结为连理。

他们婚前彼此并没有来往，既不知对方个性如何，更不知对方的生活习性，婚后各种争端就引发出来了。比如，她嫌他窝囊，光吃菜不吃饭，太奢侈了；而他也嫌她光会做事，不知打扮，说话太粗俗，简直无法带出去见人。这种婚前不了解，婚后又缺乏耐性培养感情的婚姻，相处一日即觉厌烦。

前面已提过，许多中外联姻的悲剧，是因为认识不够造成的。例如，崇洋女子，希望到太平洋彼岸镀金或观光，千方百计地亲近回来的留学生或洋人，碰到一个对她稍有意思的，就紧抓不放，也不管他到底有没有固定职业，品德是否良好，爱心够不够，反正只要能出国就行。没想到毛病就这样出来了。

初到国外，只有三天蜜月假期，而后先生继续攻读学位，她在家整理家务。一两个礼拜内，还觉得兴奋，第三周过后，发现家用不够，维持生计起见，还得出外打工，帮助先生缴学费和维持生活。

夫妻间的学历相差又多，他谈的她听不懂。当初她所幻想的"夫人命"，全泡汤了。

这种离异最可怜，有家归不得，怕家人讪笑；留在国外，又没有前途可言。

"老小姐"急着嫁人，因为了解不够，仓促成婚，也会造成悲剧。

红颜白发的悲剧

豆蔻年华的少女，愿嫁一个两鬓皆白的男人，大致有几种原因：

1. 她可以获得社交与经济上的安全。
2. 也许她对性生活有畏惧感，嫁个年纪大的先生，在"性"方面，多半不会有过分的要求。
3. 小女孩需要父亲型的丈夫，以满足幼时所不能完全得到的"父爱"。

风韵犹存的中年妇女，爱上年轻小伙子，也有几种因素：

1. 证明自己仍然具有女性的魅力。
2. 重温早期豆蔻年华的旧梦。

小伙子会爱上老妈妈型的女人，主要因素是女方可以提供给他完全的母性保护感。

在理论上来说，双方背景相同的结合，这种婚姻应该最平稳。不同背景的人相结合，也有幸福圆满的，不过中间可能要经过一段挫折。

还有一点不可逃避的冷酷事实：年龄相距悬殊的夫妻，有一方必定会先行衰老，而失去某些生理机能。也许有一天，怀有母性爱的一方，需要对方的照顾，当年依偎在安全翅膀下的女孩，到头来需要照顾年老体衰的丈夫。双方是否可以适应这种改变，实在很难预料。

丈夫的年龄一定要比妻子大吗？心理学家和婚姻专家认为，妻子比丈夫大两三岁，是正常的婚姻，并且还有优点。

这些优点包括：

根据发展心理学的研究，女人比男人早熟，但从生理方面来看，女人对"性"的感受比较"迟钝"。年轻的少女对于"性"的感受要比三十岁左右的女人差，如果妻子年龄比丈夫略长，往往在性生活上，能够比较和谐，而且能享受乐趣。

女性平均寿命比男性长，如果在夫妻的年龄上能突破传统的看法，两个人共同生活的时间可以增长。

由于目前适婚男性比女性少，如果大家能够接受女大于男的观念，适婚女性的压迫感，就不会那么强烈了。

根据美国一项研究调查报告显示，妻子比丈夫大五岁以内，离婚率最低；丈夫比妻子大十三岁以上，离婚率最高。至于相差二十岁以上的老夫少妻，婚姻能够美满的则少之又少了。

醋桶爆炸及其他

这种情况最容易发生在同属一个职业圈子的夫妇。尤其是妻子蹲在先生职位之上的情况。

男性有统驭的习性，他们喜欢指导"附属于"自己的另一半，如果在同一间办公室中，太太地位比先生高，先生那股酸味，简直忍耐不下来。久而久之，不是先生有了外遇，以谋心理的平衡，就是太太受不了别人的闲言闲语，而闹离婚。

另一种妒忌心理，我们可名之为"醋劲"。醋劲多半发生在女人身上。先生看路过女性的小腿，她受不了；先生与她谈另外一个女人，她气死了；这种女性，不是过分爱自己的先生，就是先生有"前科"记录，但更多是太太本身，心胸比较狭小。

离婚的一般理由已如上述。有些人必须要求离婚，是因情况到了非常严重的地步，如第三者的介入等。但如先生吹口哨，太太受不了，就要求离婚的情形，理由实在太牵强了。

死谏可以阻止吗

如果你想离婚，我们请你先仔细分析一下该不该离婚？能不能挽回？或者离了以后，你的去处如何？

当婚姻发生危机，或已经到了不可挽救的时候，我们希望你先不要考虑"自杀"。

自杀是弱者的行为，自杀是逃避现实，不负责任的做法。

上帝赐给人类美好的生命，每个人都应好好利用这短暂的人生。如今因为出现小小的挫折，就利用手段了结美好的生命，岂不是太对不起生你、育你的父母了吗？

自杀的痛苦，可以由你身边亲友发生的事实或者报章杂志的报道中，略知一二。

因为婚姻出现危机，企图自杀的妇女，个性多半属于专情、比较悲观的人。她们的生活圈子多半不广，只限于小小的活动范围。因此，当她意识到另一半将从她的生活中消失时，就忍不住想自杀，以保全面子上的光彩，使生活不再受打扰。

离婚不能避免吗

聪明的女士一旦发现婚姻有了危机，应该有三种态度：

1. 设法挽救颓势。

2. 无法挽救时，不妨考虑离婚，以活得更美好，让大家看到自己并没有因为这些小问题倒下去。

3. 如果不愿离婚，自己应该重新安排生活，减少对婚姻的依赖性。

设法挽救颓势，也就是我们常说的"亡羊补牢"。

所谓亡羊补牢，是指找出婚姻触礁的症结，针对问题发生的原因，予以改善。

用耐心挽回他

丈夫有了外遇，要求与你离婚时，你不妨先找到第三者，暗中观察第三者之所以使他迷惑的原因，学学人家的优点。当然这需要"耐性"，而且需要"自然"，不要仿效得太过火成为"东施效颦"，欲盖弥彰。

耐性需要工夫来修养。一日不成，一月不成，也要保持耐性，继续等他回头，即使一年也要等。

很多因为第三者介入，导致婚姻亮起红灯的家庭，都是在耐心与爱心的诱导下，使他回头的。

这种例子，发生在社会上每一个角落。幸运者，一年半载，就可以把他由别人的怀抱中抢回来。不幸者，等了二三十年，最终仍毫无所获。

所以我们说，你在考虑离婚前，先得分析自己愿不愿离，如果有八成令你实在不甘心离婚的理由，那不妨采取"等"的态度，以加倍的爱心，十足的耐心，把家务处理得井井有条，子女教养得宜，随时欢迎他回来。

当然，在"等"的日子里，你会流下很多"悲苦"的眼泪，或许你会叹道"人生有何意义"，可是这是你心甘情愿的。

碰到这种情形，你应该同时考虑重新安排自己的生活。如果过去从来没有社交圈子，这时你可以多与过去的老友往来，多参加有益的活动，如下棋、写作、插花、学古筝等。

你的心理还要有个准备："不管我的等待是否有成果，我要一直等下去，而且毫无怨言，我愿接受这种类似独身的生活。"

慧剑斩情丝

有些亮起红灯的婚姻，实在是到达无可挽回、非离不可的境界了。这种情况，令人同情，但对双方来说，并不可怜，因为已经是没有爱情的婚姻了，大家何苦互相刁难呢？不如好聚好散，各自去重建爱巢。

双方都愿意离婚时，这是最好的安排了。但若有一方不愿离，情况就显得比较复杂。举例来说，一方有了要好的朋友，另一方却不能好好地放对方一马，非要求这个、要求那个不可，这种等待离婚的日子简直令人不堪忍受。

拖着不离总非上策

有位先生，在一个宴会场合中，诉说自己的不幸。

这位先生脾气柔顺，一根肠子直通到底，从不会隐瞒自己的所作所为。他与女朋友认识半年后，双双走入礼堂。

婚后，才发现自己娶了个母夜叉。他说："我们结婚一周后，有一天，朋友为庆祝我脱离单身生活，约个牌局，我同意了。那个晚上，我打牌打到深夜十二点钟才回去，回到家，按门铃，她不开，再按，她从里头蹦出一句话：'你喜欢打牌，就去做牌鬼好了！'说完，她睡她的觉，把我给扔在孤寂的寒夜里。我只好找个小旅馆休息。"

这件事，在他当初看来，以为是太太撒娇，由爱生妒，也就不很在乎。哪知一而再，再而三的纵容，却使她变本加厉。

这位可怜的先生说："我和她结婚八年来，她打我的次数，数都数不出来，而我只回过三次手。每逢她追问我的行踪或永无休止地打电话到办公室来查勤，我就烦，我默默发誓'有一天，一定要娶个温柔的太太。'"

"去年夏天，我认识一个纯洁美丽的女孩，初见面，我就被她温婉的气质所吸引，我从不对她隐瞒我的家庭生活，我的本意是大家是朋友，不必为家务事烦心，哪知聊得愈久，我们相互吸引愈深。"

"我实在爱她，她也爱我，所不同的是我们男人把婚姻视为生命的一部分，女孩把婚姻视为生命的全部，既然这样，我只有把全部实况，告诉我的太太，希望她有个合理的解决。"

"谁知道一说，我的生活步调更加复杂了。太太不肯离婚，女朋友不愿离开我，太太每天查问我的行踪，来个盯人政策，使我和女孩见不了面。为了女孩的幸福，我恳请她另外找个好先生，忘掉我！她执意不肯。如今我的生活真是充满晦暗。"

有人问这位先生："你为什么要把实情告诉太太？"这位先生说："我不能毁掉一个女孩的幸福，要么，我就娶她；要么，只有忍痛分离。"

由此可见，他的本性是善良的。造成他与女孩能有热烈的感情，主要原因，还是心理学上所说的"补偿作用"。太太既然无法让他获得美满的感情，只有追寻外来的爱情。

一方不肯离婚，这宗婚姻只有拖在那儿。但今后，这对夫妻还有那个女孩三人都将生活在万般痛苦之中，拖着不离，实非上策。

离婚并不可耻

有些人不幸而遭到丈夫遗弃，非诉诸离婚不可，这个事实不管你接受不接受，它的到来势在必行。因此，一旦你离婚了，大可不必唉声叹气，这在人生来说，并不是最严重的挫折，也不是一件可耻的事。重要的是，你必须继续温暖你的人生。

第一天就要坚强

离婚的第一天生活，必定非常的不对劲。因为本来你们俩共在一个屋檐下，共看一台电视，共享一顿饭，如今因一方有某种原因，必须离开你，而你也同意了。这时你要接受的是"一个人"的独身生活，此时的独身生活与当年未结婚的生活，又有多么大的不同。当年是有理想、有朝气的小姑娘，经过这些年的婚姻生活，你的年华已逝，你的理想或许被现实生活折磨得非常平淡。因此，当你离婚时，最初面对的，将是空白的墙，苍白的人生，你活得非常失望、淡漠。

如果因为生活苍白，你就埋怨自己的命太苦，遇人不淑，那未免小题大做。谁可预料你的未来生活呢？更何况塞翁失马，焉知非福。

离婚第一天，你要做的事，是把任何可能触发你悲恸的事物，从记忆中、从生活中完全除去。譬如，把挂在客厅的结婚照取下来，挂上你快乐、安详的生活照，把他的衣物或书籍搁在房间的另一角，或者全部扔弃，眼不见为净。

然后，不妨喝杯饮料，坐下来，重新策划未来的生活。或者干脆睡个甜美的午睡，让紧张的脑筋松弛一下，再安排今后的生活。

使未来变得更愉快

"使未来变得更愉快"！这样你才不会因为婚姻生活的不幸，而枯萎了你的美好生活。

平心而论，离婚后半年内的生活，将很难适应。

但是这只是时间问题，仍不涉及大原则——你原来的生活形态、原有的思想。因此，如何在这半年中，重新安排生活，是最重要的课题。

过去，或许你不喜欢唱歌，不喜欢下棋，对插花、弹琴没有兴趣，如今你可以尝试培养一些兴趣。

举例来说，你们家有盆景，过去因为生活繁忙，你没有空为它们剪枝、施肥，如今你可以为它们松土、接枝、施肥、剪枝了，慢慢地做，细细地磨，从中，可以体会很多人生的真谛。

再交友时要谨慎

离婚后的交友态度尤应慎重。第一次的婚姻，已经使你如此的痛苦，第二次婚姻你能不慎重吗？

离婚妇女的交友，与年轻人谈恋爱的心情又有所不同。年轻人为结婚而结婚，为理想而结婚，他们的结婚，多半是憧憬美好的未来。

离婚者再谈婚姻，多半是为找寻生活上的慰藉，他们对金钱、名利的观念可能非常淡然。

第二章

家政与家务

怎样建立美满幸福的家庭

家庭，是当今社会的基本细胞，几乎没有一个人是能超然于家庭之外的。我们在家庭中诞生，在家庭中成长，在家庭中生活和休息……家庭与我们每个人都息息相关。因此，必须重视家庭的研究、分析、管理和建设。

社会学对家庭所下的定义是什么呢？

家庭是人类历史上最早的社会机构和体制。现在的家庭，都是在社会的政治、经济、传统观念和习俗的影响下形成的。如果说家庭是社会的细胞，那么夫妻就像是细胞核。它首先发展着亲密的两性关系，然后发展着亲朋关系。社会开始是以夫妻和直系亲属为主的各种关系间的相互往来，进行着物质生产、积累、分配和消费活动。

家庭维护着法律和社会秩序，承担着社会责任，如生育后代、养育和培训儿童、抚养亲人，除此之外，家庭还具有生产的职能。这种职能，在相当长的一个历史时期是不会被社会所包办代替的。因此说，家庭绝不是一味的依赖、追求享乐、追求特权的场所。抱定这种错误观念建立家庭的人，所得到的后果往往事与愿违，甚至使个人或家庭败落。这一切都说明，严肃、认真和正确地认识家庭是多么重要。

家庭学，是一门科学，是社会学的重要分支，它把家庭作为研究对象。它研究家庭，以及家庭与社会之间的相互关系，说明家庭的结构、职能、发展演化的历史规律，探讨如何建立美满幸福的家庭，如此等等。

既然家庭学是一门科学，那么在研究它时，为了尽量精细地衡量家庭的好坏，也制定了许多定量的或定性的标准。例如，我国家庭婚姻研究会通过对我国家庭状况的调查研究，提出了一个"五好家庭"的标准，即处理家务好，邻里关系好，教育子女好，亲戚关系好，工作学习好。这个家庭标准，应成为衡量我们每一个家庭是好是坏的尺度，也就成了我们每个家庭建设和追求的具体目标。

我们知道，夫妻是家庭的核心，夫妻关系的好坏，是家庭好坏的窗口。因此，搞好夫妻关系，对于争当"五好家庭"是至关重要的。夫妻关系怎样才能处理好，有各种各样的具体要求和方法，而周总理和邓颖超同志提出的夫妻关系的"八互"，是我们中华民族处理夫妻关系的定量和定性的最好标准。这"八互"是：互敬、互爱、互信、互勉、互助、互让、互谅、互慰。

社会学家又提出家庭的两种定性的标准，即"自我感觉美满的标准"和"外人感觉美满的标准"。

"自我感觉美满的标准"的内容是：

1. 夫妻相互爱慕；
2. 家庭管理充分；
3. 能够合作解决家庭困难；
4. 姻亲关系适当；
5. 适当的性生活调节；
6. 夫妻都有向前发展和舒畅的感觉。

"外人感觉美满的标准"的内容是：

1. 这个家庭看着是过日子的样子；
2. 这个家庭是自给自足，不依赖他人的；
3. 这个家布置得适当；
4. 他们对孩子照顾得很好，孩子们既健康又有教养。

家庭的定标是因时、因地、因习俗、因思想意识不同而不同的，但是总有一些普遍的客观标准，也就是大多数人认准的社会规范。家庭幸福美满，才能有力地促使社会进步。

家庭应具有的气氛

家庭是社会生活的基本单位，它是由婚姻关系和血缘关系联系着的，是社会的细胞，是时代的缩影。现代家庭应具有一种活泼、开朗、快乐的气氛，主要表现在以下十个方面：

1. 家庭的每个成员都十分关心世界和国家大事，收听收看新闻节目，已成为生活中不可缺少的内容。
2. 文化生活不断提高，柜里有藏书，桌上有报纸，墙上有名家书法作品，看电视，听现代流行歌曲，观看文体表演和比赛，使家庭充满欢乐和轻松的气氛。
3. 关心社会新闻，围绕一个焦点人物或一件新事，各抒己见，议论不休，探讨人生，明辨是非。
4. 业余爱好丰富多彩，生活情趣十分广泛，并且能够做到互相尊重，互相协调，互谅互让，和睦相处。
5. 家庭成员，无论是夫妻之间，还是父子、母子之间，能够平等相待，互相交谈，对话简洁、幽默，开展批评与自我批评。
6. 男不躁，女不哗，讲究文明礼貌，不说粗话、脏话，语调平和、安稳。
7. 钱权共享，量入定出，各取所需，留有余地。
8. 父子两代人互相关心和帮助，"代沟"在逐渐缩小，社会交往不断扩大。
9. 穿着打扮美观大方，饮食科学，居住舒适，生活规律化。

10. 为家庭成员过生日，气氛热烈。

生活的新内容是什么

时代在前进，人类的物质文明和精神文明也在向前发展。当代生活的新内容丰富多彩，主要表现在以下六个方面：

1. 提倡自立，反对依赖。青年人步入社会后应该自谋职业，独立生活，尤其是那些条件比较优越的家庭，更不能娇宠自己的子女，使其养尊处优、好逸恶劳。

2. 提倡以爱情为基础的婚姻，反对包办代替、勉强凑合的婚姻。男女平等，恋爱自由，双方应有崇高的理想，共同的信念，一致的情趣，执着的爱慕，无私的给予……使现代人类的爱情，远远超脱于单纯肉欲的诱惑和情欲的驱使，而升华到崭新的精神境界。

3. 提倡计划生育和优生，反对早婚早育。

4. 提倡惜时和节约，反对铺张浪费和无谓的应酬。做事要有计划，讲效率；少开会，开短会；无事少串门，减去不必要的应酬。多参加社会交际活动，注意守时，不搞大吃大喝。平时注意计划开支，养成勤俭、朴素、储蓄、投资的好习惯。

5. 提倡高尚的娱乐，反对低级趣味。娱乐活动内容十分丰富，如看电影、电视、读小说、写诗、观看体育比赛、养花、书法、集邮、下棋等，对人的身心健康极为有益。而赌博则害人害己，污染社会，决不可涉，否则后果不堪设想。

6. 提倡文明、卫生，反对脏、乱、差。不随地吐痰，不随地乱扔碎纸脏物，搞好环境卫生，保护生态环境。

家庭不和怎么办

家庭不和的原因很多，如经济、家务、性生活、业余情趣、孩子等，但主要在于夫妻关系如何。如果夫妻双方能在愿望、态度、情操方面互相调节，以满足双方心理的、生理的、文化和社会的需要，做到以下八点，就能够使家庭和睦幸福。

1. 互补。夫妻间一个刚强，那么另一个则要柔弱些；一个马虎，另一个则要细心一点。唯有各取所长，协调互适，方能长期和睦相处。

2. 容忍。容忍又称"自我克制"。容忍的是彼此之间的差异。夫妻间的兴趣和爱好可以不一致，但并不意味一定互相排斥。如果双方互相容忍，互相影响，还会使家庭生活丰富多彩、妙趣横生。

3. 沟通。双方应经常交流思想及信息，深化感情，杜绝无名怨怪情绪的出现。

4. 缄默。当夫妻的一方对另一方大动肝火时，申辩理由犹如火上加油，这时另一方最好保持缄默。如能耐心等待对方冷静下来后再用心平气和的态度去解释或多做自我批评，对于冲突的解决大有好处。

5. 回避。双方互相避让容易引起冲突的事物。

6. 转移。自己主动把消极情绪转移到别的地方，不能冲对方发泄。消除障碍的最好办法就是转移注意力，去看书、散步、聊天等。

7. 反射。当一方犯了过失，另一方立即用自己过去的过失比较，相互抵消。

8. 合理化。当一方犯了过失，另一方不去责备，而是将对方的过失合理化，缓解原来可能激化的矛盾，大事化小，小事化了。

婆媳不和怎么办

现实生活中，许多家庭里，婆婆疼爱媳妇，媳妇孝敬婆婆，彼此密切合作，使家庭和睦幸福。但是，也有一些家庭，婆媳不和，矛盾重重，生活很不愉快。那么，怎样才能处理好婆媳关系呢？

1. 生活上要互相关心。媳妇年轻，应多关心婆婆，在经济上，每月多给婆婆点零花钱；根据老人的生活习惯和爱好，多买一些婆婆爱吃的食品；婆婆生病时，媳妇主动陪护婆婆去看病、取药，做点可口饭菜，买些饮品和水果，更要从精神上多安慰老人，使老人早日恢复健康。婆婆也要关心媳妇，在力所能及的情况下，帮媳妇做些家务，照看孩子等。

2. 态度上要互相尊重。婆媳关系应建立在互相平等、互相尊重的基础上。媳妇首先要尊重婆婆，对老人要热情、有礼貌，说话要和气，对婆婆有意见时，要心平气和地与婆婆谈心，交换意见，不能顶撞和背后议论婆婆。婆婆也要尊重媳妇，支持媳妇工作，对媳妇有意见时，要当面讲清，以理服人，以情动人。

3. 感情上要互相信任，做到感情融洽，互相信任，不能乱猜疑。婆婆不要怀疑媳妇有小金库，只顾娘家；媳妇也不要怀疑婆婆偏袒其他妯娌和小姑。婆媳之间有了不同意见和看法，要互相谅解，多做自我批评，多看对方的长处和优点。当一方发火时，另一方要保持冷静，回避一下或心平气和地解释，千万不能对着干。

4. 婆婆对媳妇和儿女要平等相待，不能厚一个，薄一个。媳妇对待婆婆要和亲生父母一样。

5. 年轻媳妇，遇事应尽量征求并尊重婆婆的意见。如果意见不一致，婆婆一时思想不通，要耐心地做说服、解释工作，不要生硬地顶撞，更不能不把婆婆放在眼里，自管自做。

妯娌不和怎么办

妯娌之间，由于来自不同家庭，性格各异，又了解不深，相互之间往往容易产生误会，发生矛盾，那么，妯娌不和应该怎么办呢？

1. 分析不和原因。妯娌不和多数是由一些家庭琐事造成的。有的媳妇私心较重，不喜欢和妯娌、公婆等一起过大家庭生活，总想自己过清净日子，于是行动上表现异常，引起妯娌之间的猜疑、不满。时间长了，你这样，我也这样，针尖对麦芒，自然会产生矛盾。也有的因孩子发生口角，也有的是由于家务活分工不明、经济不平等等原因引起的。

2. 一个家庭，是一个小集体。家庭成员都应齐心协力，把这个集体建设好。妯娌间不能因为生活习惯、性格爱好等不同而不友好相处。妯娌彼此是同志又是姐妹，应当讲风格、有礼貌、少猜疑、不计较、互相关心、互相尊重。

3. 在生活上互相照应。比如，谁的工作较忙，没时间照顾孩子，别人应主动帮助；谁要是妊娠、生孩子，但缺少经验，生育过的人应帮助做好孕期保健、产前准备等，在月子里给予细心照料；不管大人孩子生病，都要热情陪护去看医生、取药，并做些可口的饭菜，多做些家务。

4. 在家庭经济方面，既要合理负担，又不能斤斤计较。妯娌与老人都在一起居住的，要商定一个办法，由谁当家，每个月都交多少钱，穿衣由谁负责，零花钱多少，定个基本原则，然后，大家照着办；如果分居，老人又没收入，需要子女赡养，应通过协商，确定各家应承担的义务。

5. 妯娌一起生活，要珍惜建立起来的友谊。不要因为一点小事而发生口角，要学会忍让，克制自己；不能在背后议论人，传小话，以免引起分歧；互相之间有意见，多做自我批评，求得和解；不要因为孩子发生吵闹，使妯娌间产生隔阂；要关心自己的孩子，也要疼爱别人的孩子。

姑嫂不和怎么办

俗话说："缝衣少不了线连针，家和离不开姑嫂亲。"在一个家庭里，姑嫂关系好，对婆媳关系及整个家庭的和睦，都会起到十分重要的作用。那么，姑嫂应怎样相处呢？

1. 当嫂嫂刚进门时，生活不太习惯，小姑子应热心帮助嫂嫂熟悉、适应新的生活环境，主动介绍老人的性格、口味等。在母亲面前，小姑子应多讲嫂嫂的优点和长处，不搬弄是非，努力促使婆媳关系融洽。

2. 嫂嫂应像亲姐姐一样关心小姑子，特别是在她恋爱、结婚时，更应帮助出主意，当参谋。当嫂嫂工作忙，需要加班时，小姑子应帮助嫂嫂做些家务，如接送孩子。姑嫂之间互相帮助，才能建立起亲密的感情。

3. 小姑子不要跟嫂嫂争衣物和饮食；嫂嫂也要同样关心小姑子，支持小姑子的学习和工作；谁在经济上遇到困难时，都要无私地给予援助。

4. 在嫂子和母亲发生矛盾时，小姑子应站在中间立场，不要站在任何一边，更不要帮任何一边说话。应采取中立态度，分别做好双方的思想工作，这样姑嫂之间既不会产生分歧，又能加深彼此的了解，使彼此关系更加亲密。

5. 姑嫂之间有意见分歧时，要互谅互让，学会克制自己。自己再不顺心，也不能出口伤人，更不能背后发牢骚，或指桑骂槐，而要通过摆事实、讲道理的方法来解决。

6. 姑嫂虽然不是亲姐妹，但只要以心换心，就一定能建立起真挚的感情，亲如手足。

兄弟姐妹不和怎么办

兄弟姐妹手足情，彼此和睦相处，家庭才能幸福。如果互相吵闹，矛盾重重，应该怎么办呢？

1. 兄弟姐妹之间应当互相关心，互相体贴，互相帮助。全家人要做到长爱幼，幼尊长，亲亲热热，和和气气，心情舒畅。

2. 兄姐在弟妹面前，应以身作则，严格要求自己，努力成为父母的得力助手，要多做些家务，遇事要宽宏大量，不与弟妹们斤斤计较。

3. 兄姐要关心弟妹的思想、学习和生活，耐心诚恳地帮助他们解决遇到的各种问题。切不可流露出不耐烦或不愿回答的神态，以免使弟妹敬而远之。

4. 发现弟妹们有了错误，不要在父母面前斥责他们，否则会伤害他们的自尊心，从而引起他们的反感。

5. 当弟妹们进入了恋爱阶段时，兄姐应主动关心他们的生理和心理的变化，促进他们身心健康成长，并为他们在选择对象问题上当好参谋。

6. 兄弟姐妹之间，如果有非亲生的，更要注意团结友爱，千万不能歧视和冷落他们。

7. 长大成家后，会出现一些新问题，如赡养父母问题，继承遗产问题，分配住房问题等，都要友好协商，合理安排，切不可斤斤计较，争吵不休。

8. 兄弟姐妹之间发生矛盾时，要互谅互让，多做自我批评，通过交谈，消除分歧。不要有理不让人，无理搅不休。

9. 彼此在不同工作岗位上，应同心同德，互相帮助，互相促进。

父母子女不和怎么办

父母关心子女，子女尊敬父母，是中华民族的传统美德。父母子女之间，和睦相处，关系亲密，生活才能安定、快乐。如果父母子女之间，产生分歧，应该怎么办呢？

1. 子女不要忘记父母的养育之恩。有的父母有劳动能力，可以帮助子女带孩子，做家务，子女一般对他们比较好。可是，一旦父母年纪大了，丧失了劳动能力，就把父母当成包袱，推来推去，甚至打骂、虐待、遗弃，这是极不道德的，也是法律所不允许的。

2. 父子之间出现思想差距和矛盾时，做子女的要注意自己的态度、方式和方法，通过同老人交谈、接触，使之逐步消除，切忌急躁、简单、粗暴，使矛盾激化，在感情上伤害老人。

3. 在日常生活中，子女说话、办事时，都要尊重父母，养成叫"爸爸""妈妈"的习惯。外出时，也要打个招呼，让父母知道自己的去向，免得挂念。

4. 当父母身体不适或者患病时，应当及时送老人到医院，请医生诊治。如需住院，应妥善护理，为老人买些水果、罐头，增加饮食营养，使老人早日康复。

5. 子女在婚姻大事上，应主动征求父母的意见，把对象的年龄、工作、人品等情况如实地作以介绍，认真听取父母的意见和建议，父母也应体谅子女的心情，不能强迫和包办婚姻。

6. 对于年老丧偶的父亲（或母亲），做子女的要多加体贴和照顾，生活的安定，会减轻老人的孤独寂寞之感。当老人要再婚时，应积极支持，并对继母（或继父）表示尊敬、关怀和照顾。

7. 子女应关心老人，对老人多年形成的生活习惯要理解，不能硬性改变。应该注意老人的心理变化，关心老人的身体健康，使老人晚年生活丰富多彩。

继父母继子女不和怎么办

所谓继父母，就是俗称的后父母。夫妻一方或双方所抚养的前夫或前妻所生的子女，就是继子女。在这样的家庭中，继父母与继子女之间的关系融洽，家庭就和睦、安乐。那么，继父母继子女不和怎么办？

1. 按照《婚姻法》的规定，继父母对继子女有抚养教育的义务；继子女对继父母有赡养扶助的义务。继父母不履行抚养义务时，未成年或不能独立生活的继子女，有要求继父母付给抚养费的权利；继子女不履行赡养义务时，无劳动能力或生活困难的继父母有要求继子女给赡养费的权利。

2. 应当看到，继父母与继子女，能从两个家庭重新组成一个新家庭，是不容易的，也是一种缘分。所以，应当珍惜这种情谊。彼此应当亲热些，互相体贴关怀，使家庭和美幸福。

3. 双方应当热忱相待，互相尊重。继子女更应尊重继父母，在称呼上最好叫"爸"或"妈"，不要叫"叔"或"姨"。这样，能够消除彼此之间的疏远心理，给双方增加亲密和美的感受。

4. 在吃穿住等日常生活问题上，应该平等相待，特别是继父母在对待亲生和继子女时，一定要不分亲疏远近，一样待遇，谁也不多心眼，整个家庭自然就会亲密无间，充满欢乐。

5. 如果继父母与继子女之间发生矛盾时，亲父或亲母应出面做好子女的思想工作，心平气和地交换意见，消除误解，以便增进团结，使新家庭更加和睦。

邻里不和怎么办

远亲不如近邻。邻里和睦，对每个家庭都有好处。邻里之间经常打闹、打架，既影响两个家庭的生活，也影响其他邻里家庭的安定，那么，怎样才能处好邻里关系呢？

1. 邻里之间，抬头不见低头见，接触十分频繁，所以应当讲究文明，礼貌相待，努力做到互敬、互信、互助、互让，和睦相处。

2. 邻里之间，往往由于工作不同，家境不同，脾气性格各异，兴趣爱好不大一样，容易产生分歧，但只要相互尊重、关心和谅解，是可以友好相处的。

3. 要互相帮助。比如，邻居是双职工，家中无老人，对他们的孩子要多加关照；邻里家如果有谁突然生病，应及时帮助送医院就诊；尤其是青年人，对老年人或者单身邻居，更应多帮助他们干些体力活。

4. 互相照顾。目前城市住房比较紧张，有的几家人共用一个厨房，为了处好关系，都要互相照顾，互谅互让，对于水、电、卫生等都要关心，公共地方应保持整洁干净。

5. 互相谅解。邻里之间，如果发生这样或那样的分歧、吵闹，要积极沟通，切忌搬弄是非，火上加油。邻里矛盾多因生活小事引起，本无什么大的利害冲突，只要双方平等协商，互相谅解，完全可以得到妥善的解决。

6. 以身作则。邻里相处，应以身作则，严于律己，宽以待人，不能私心太重，斤斤计较，总想占便宜。

7. 不可搬弄是非。搬弄是非是破坏邻里和睦的祸根，一定要戒除这种不良现象。如果发现有人在邻里间说长道短，恶意中伤，毁人名誉，应严肃制止，批评帮助。

8. 邻里交往时，可以"亲如一家"，但不能"干涉内政"。在经济上要清清楚楚，借钱借物要按时归还；有人吵架，一定要劝解，不能站在某一边观看。

9. 谁家内部有了矛盾，大家都应热心帮助劝解，让大事化小，小事化了，使矛盾迅速解决。

儿女不孝敬老人怎么办

孝顺老人，赡养老人，是我国人民的传统美德，也是我国《宪法》明文规定的公民义务。但是，有些儿女不孝敬老人该怎么办呢？

1. 思想教育。教育青年人应该把尊敬、赡养老人，当作自己应尽的义务和崇高的品德。不能把繁重的家务全推给老人；不能把体弱多病的老人拒之门外；不能把失去劳动能力的老人撵这儿赶那儿，兄弟间互相推脱，谁也不管；更不能虐待、打骂老人。

2. 不忘父母养育之恩。有些年轻人不尊敬老人，忘记了老人当年把自己养育成人，一口水，一口饭，不知付出多少心血和汗水。自己成家立业后，忘掉年迈的父母，甚至嫌弃老人，这是一种极不道德的行为。

3. 兄弟多人的，要共同承担赡养老人的责任，不能你推我、我推你，像踢皮球似的，踢来踢去，谁也不管，老人愿意住在谁家，就让他住在谁家，然后，其他兄弟姐妹出钱供养，让老人过一个幸福的晚年。

4. 依法办事。《婚姻法》明文规定："子女不履行赡养义务时，无劳动力或生活困难的父母，有要求子女付给赡养费的权利"，以保证老有所养。"禁止家庭成员间的虐待和遗弃"。《刑法》还规定："对于年老、年幼、患病或者其他没有独立生活能力的人，负有抚养义务而拒绝抚养、情节恶劣的，处5年以下有期徒刑、拘役或者管制。"年轻人应当遵守国家法律的有关规定，自觉地履行孝敬、赡养老人的义务。

5. 给下一代做出表率。在一个家庭里，对待老人的态度如何，会直接影响着下一代。年轻的夫妇，要关心、体贴老人，孝敬老人，给下一代做出表率，使敬养老人的家风一代传一代，这对树立良好的社会风气也会起到重大作用。

家庭经济困难怎么办

家庭经济紧张、困难，一般原因是劳力少，工资低，闲人多，或者有重病患者，以及发生意外等。除积极创收外，讲究合理地安排家庭消费，把钱用在刀刃上，避免金钱和物资的浪费，也是十分必要的。

1. 避免盲目性消费。家庭消费必须有计划，做到量入为出，对计划外的开支应当深思熟虑，不能随便花钱。不能听人家说什么便宜就抢购，而自己并不急需或不适用。

2. 节制有害性消费。例如，吸烟、酗酒等，既浪费钱财，又损害健康，还会污染环境，带来不少麻烦。

3. 减少大意性消费。例如，只吃肉类而不愿吃蔬菜；给小孩子买一些高档名牌的衣物；蔬菜买多了吃不完烂掉；房间里人走不关灯，或者开灯睡觉；水烧开了不及时关掉热源等。

4. 限制积压性消费。例如，衣服买多了因款式落后不能穿用；米买多了生虫子；本来有自行车，又去买一辆新的，结果旧车出不了手，物品失去了使用价值等。

5. 制止突击性消费。家有喜庆不要大操大办，逢年过节不要暴饮暴食。这样既能防止经济上的浪费，又可避免给人体健康带来危害。

6. 利用再生性消费。有些用品在使用中能创造出新价值，或有利于创造新价值。例如，购买缝纫机自己缝制衣服；购买洗衣机，能节省时间和体力，可腾出时间用于学习等。

丈夫酗酒怎么办

酗酒是一种不良嗜好。发现丈夫酗酒，妻子应做到以下几点：

进行劝阻

在劝阻时，要讲究方式方法，不能硬逼。逼迫丈夫，当时答应下来，过后一来酒瘾，又什么都忘了，还会照样喝。所以应耐心说服，防止反复。

可以请父母和亲友帮助

大家一起来，一次不行，两次、三次，对他进行批评和帮助，让他慢慢有所醒悟，直到彻底改正。

讲清危害

酒中含有大量酒精，能降低大脑的抑制过程，使人反应迟钝，动作失调，出现嗜睡、昏迷，严重时使呼吸中枢麻痹而死亡。长期酗酒会造成肝硬化、胃溃疡、胰腺疾病、糖尿病、高脂血症等。更重要的，酗酒会造成性欲减退、阳痿、不育，下一代智力低下等不良后果。

理解丈夫的心理

喝酒是多年养成的习惯，想一下子戒掉，也不容易，心里也很痛苦。妻子应当体贴和关怀丈夫，帮助丈夫树立信心，想方设法坚持到底。要知道，戒酒是完全可以做到的，关键在于自己要有毅力和决心。

寻找有效方法

戒酒，要慢慢来，不必急躁，不一定一点不喝，可以一点一点减量，尤其朋友到一起，劝酒要适可而止，不要非醉不停，最好是多喝饮料少喝酒。

日常监督

发现丈夫不守信义，除劝说外，也要批评、帮助。通过批评，提高认识，下定决心，彻底改正。

丈夫赌博怎么办

赌博，是社会的一种恶习。青年人绝不要沾染上这种不劳而获、损人利己的违法行为。发现丈夫赌博成性，妻子应做到以下几点：

1. 对丈夫晓之以理，动之以情，讲明赌博的危害。《刑法》第303条明确规定："以营利为目的，聚众赌博或者以赌博为业的，处以三年以下有期徒刑、拘役或者管制，并处罚金。"如果继续赌下去，以身试法，不仅会断送自己的美好青春和灿烂前程，还会受到法律的制裁。另外，赌博也坑害他人、危害社会，是对青少年思想的腐蚀。

2. 抓住苗头，坚决制止，对有赌博行为的丈夫，哪怕是一两次，也决不能麻痹大意，迁就姑息，任其自流。因为赌博就像吸鸦片一样，是逐渐上瘾中毒的，越来越大，一旦犯瘾，就不好改正。在一开头就下决心制止比较容易。

3. 帮助丈夫树立正确的人生观。一个人赌博成性，是缺乏理想和上进心的表现。因此，应帮助他刻苦学习，努力工作，把自己的全部精力用在事业上。

4. 培养广泛、高尚的业余情趣。例如，参加业余学习，观看文体比赛，养花，看电影。把丈夫从赌博的泥坑中拉出来，用丰富多彩的美好生活吸引他，让他跟上时代的步伐，成为一个有志气的公民。

5. 在自己劝说、批评、帮助等无效的情况下，可以请丈夫的父母或亲友，特别是他最信赖的人帮助做工作，必要时还可以请他单位的领导和组织出面，大家共同努力做好他的思想转化工作。

6. 注意反复。赌博误人青春，一失足而堕深渊，恶习难改。因此，要时刻监督，不让他重犯。

7. 如果丈夫屡教不改，赌博成瘾，危及家庭，损害夫妻关系，那么，妻子就应果断与其离婚，不要把自己的幸福毫无价值地投入赌徒身上，与其苦口婆心规劝，不如与之一刀两断。

夫妻分居两地怎么办

社会生活中，夫妻两地分居是难以避免的，如军人家属、地质工作者、筑路职工、流动工程工作人员等，他们天南地北，四海为家，分居已是家常便饭。那么，怎样正确对待呢？

1. 排遣相思之苦。夫妻双方应有意地把彼此的思念加以分散、淡化一些，把注意力转移到事业或学习上去。对工作精益求精，力求在工作中有所成就，进而填补自己的空虚和彷徨。

2. 读书学习。选择一些书刊，让书本成为自己的知心朋友，在寻求知识中领略到无穷的乐趣，无暇再有寂寞、孤独、度日如年的感觉。

3. 丰富生活。认真选择自己感兴趣的业余爱好，努力钻研，在业余天地里大显身手，学绘画、学摄影、学裁剪缝纫、学烹饪、学养花等。丰富多彩的生活，会给独居生活带来充实感，也是给予对方和自身的安慰和补偿。

4. 处理好实际问题。一般说来，在家的一方，处理生活中的具体事情较多，在外的一方须多加体谅，多给予关心和帮助。例如，在经济上节省些，给家中爱人经常寄钱或寄物，以示不忘夫妻之情；逢年过节、亲人生日、结婚纪念日等要给予问候、祝贺；在探亲期间，要多多表达相爱之情，要多陪爱人出去玩玩，吃点美味佳肴，多做些家务等，以补偿爱人独自在家操持家务的辛劳。

夫妻吵架忌搬兵

夫妻生活绝非诗一般的浪漫，也并非鲜花一般美丽。夫妻生活是由无数烦琐、劳累、重复和无趣所组成。双方在这平庸的家庭生活中必然会遇到各种问题，也必然会暴露双方在一些问题上看法的分歧，这就要引发双方的争论。

如果这时一方心情不好，或一方对对方有不满情绪时，这种争论就会发展为争吵、吵架。夫妻吵架如果认真分析，真正源于大原则问题的并不多，大多起因于鸡毛蒜皮的小事。而这些小事若在恋爱时，双方只会戏言一笑了之。可现在夫妻双方却都"认真"起来，大有争个高低之势。所以，夫妻之间吵架是常事。因为夫妻双方都是家庭的主人，都要为家庭负责，对迎来送往、收入支出、交际活动、家务劳动……都会发表个人观点。这种吵架不见得都是坏事，但吵架升级、感情化、扩大化，而且天天吵，这就危险了。

有的女士有件"法宝"，夫妻吵架便回娘家搬兵，找来父母兄妹齐上阵，向丈夫猛烈还击，以多战少，大获胜利。这种夫妻吵架就搬兵的做法，在一些农村、山区和文化落后的地方颇为盛行，只要女儿回来搬兵，不问其所以然，娘家人便挥戈上阵，轻者把男方臭骂一顿，教训一回；重则大打出手，为女方出气。于是，许多女士在问：夫妻吵架搬兵到底好不好？

不好！这是肯定的回答。但也有例外，如果夫妻吵架是原则大事，如女方受婆婆虐待、凌辱，遭丈夫打骂；或丈夫不走正道，终日赌博、酗酒、嫖娼；或丈夫违法犯罪，坑蒙拐骗偷等。女方为了教育、改造、惩办丈夫，回娘家搬兵是可以的。这是正义战胜邪恶，守法对付违法的举措，靠人多势众，对男方会产生巨大的威慑力量，便于教育男方。

但对于夫妻间小事引发的"局部战争"，大可不必搬兵，因为：

1. 封死退路。女方搬兵，是向丈夫表明要与其决一死战。如果娘家人来了，也参战了，丈夫仍是不服，甚至与娘家人还理论理论，这时，娘家人就处境尴尬，进退维谷。更重要的是，如果妻子不搬兵，丈夫在吵架到一定程度时，也许会去女方家求援，让女方家人做做女方工作，使夫妻缓和矛盾，停止"战争"。这样，女方便有了体面的退路，即便熄灭战火，也不是屈于男方压力，只是听娘家人劝说罢了。可娘家人参战后，男方直接与娘家人交火，不论胜败，他都不会再去娘家人那里求援了，因为娘家人已用行动表明自己站在女方一边。所以，搬兵结果封死了女方自己的退路，不利于尽快结束"战争"。

2. 激化矛盾。夫妻之间的事，除大原则问题外，一般来说娘家人不便参言，更不能评判孰是孰非。然而，由于女方搬兵参战，娘家人由二线上到前线打仗，直接与男方交火，会使男方非常反感，甚至产生敌意。就这样，夫妻间的矛盾激化了，使本来可以解决的、缓和的矛盾更加尖锐，为双方感情埋下祸根。

3. 伤害面子。男人最讲面子，他可以在家中挨妻子骂，但不容她当众说他一个不是。妻子搬兵参战，娘家人共同声讨男方，使男方的形象在娘家人眼里歪曲了，面子受到伤害，因而使男方的自尊心遭到极大的损伤，从而，或"破罐子破摔"，与娘家人血战到底，与妻子吵架到底，决不认输；或嫉恨娘家人，断绝关系，为今后夫妻关系投下可怕的阴影。

既然夫妻吵架搬兵不好，那该如何做？就一般夫妻吵架而言，应采取"三就"原则：

1. 就地解决。夫妻间吵架，尽量在自己家中进行，不要到庭院吵，不要去邻居家吵，更不可回娘家搬兵。就是把吵架的影响面缩到最小程度，尽量不让别人知道，就地吵架，就地解决，不扩大化。

2. 就事解决。夫妻吵架要坚持就事论事，千万不可东拉西扯，千年谷子万年糠一起来，使吵架的争论议题变大、变质，这样就会越吵越厉害。就事论事，是做饭问题，就争论做饭的事，其他卫生、花销、交友、嗜好……都不要讨论，否则必然复杂化，扩大化，而且也争论不清。

3. 就两人解决。夫妻吵架是两个人之间的事，是非曲直两个人最清楚。何况，夫妻又不同于其他人，是感情联系体，有些事夫妻之间可以吵得面红耳赤，但别人一介入，双方都会不满，有时还会帮倒忙，反而激化两人间的矛盾。所以，夫妻之间吵架，一定要在两个人之间研究解决，不要找娘家人，也不必请朋友、同事参与，否则适得其反。这种教训很多很多，夫妻双方都应警惕。

做好家庭的日常管理

家庭管理是一门科学，包括组织、决策、指导、协调、研究和实施家庭生活的一切方面，其目的是充分发挥家庭延续后代、教育、经济、生活、安排休息时间的功能。

具体来说，家庭的日常管理主要包括以下九项：

1. 家庭经济管理。经济是家庭幸福生活的物质基础。搞好家庭经济管理，必须从勤俭入手，正确处理好收入和支出、需要和可能、长远和近期、消费与投资、家庭和个人等方面的关系，做到量入为出，略有节余，实行核算、监督，使之有计划性和前瞻性。

2. 家务劳动管理。家务劳动繁杂多样，要处理得井井有条，应坚持科学设计、见缝插针、适可而止、讲求效率的原则，分工协作，大家动手，凡有劳动能力的家庭成员，均要分配一定家务。

3. 家庭饮食管理。要懂得一些菜肴的烹调知识和操作技巧。懂得家庭常用菜谱、食物的选购、储存、加工、卫生及配餐等知识，使饮食做到多样、可口、营养、合理。

4. 家庭物质管理。应做到掌握家电的使用，懂得衣物的洗涤、熨烫、收藏方法，懂得食具和饮具的保养及清洁方法，懂得食物的保存常识，懂得家庭藏书知识等，做到物尽其用。

5. 家庭环境管理。搞好家庭环境，会使人心情舒畅，身心放松，有益于健康。例如，居室的色调、家具的配置和摆放、灯具的安装、窗帘的选择等，都应协调、美观、赏心悦目。

6. 家庭娱乐管理。要处理好物质需求和文化需求的关系，重视家庭文化和智力的投资。对子女的娱乐，要做到有指导性、计划性和节制性。

7. 家庭安全管理。要管好煤气、电、水、化学物品、易燃物品、有毒物品、药品等，做好防火、防毒、防漏水漏气、防盗等工作。

8. 家庭废旧物及垃圾管理。应懂得一些废物利用的常识，修旧利废，物尽其用，变废为宝。及时清理废旧物并卖出，节省空间，增加收入。

9. 家庭档案管理。这一条极为重要，包括现金、存折、有价债券、各种证件、证书、凭证、借条、欠条、收据等，都要分类妥善保存。

建立并用好家庭档案

家庭档案管理，是现代家庭中非常重要的管理内容。管好用好家庭档案，会使家庭生活在更文明、更科学、更有序的状态中，大幅度提升家庭生活的内在质量。

由于每个家庭所处的条件、家庭成员的职业、工作性质、社会地位、兴趣爱好、富裕程度、追求目标等不同，家庭档案的种类也有较大差异。

一般家庭档案可分为九类

1. 家庭成员活动经历材料。比如，干部履历表、职工登记表、职称申报材料、招聘登记表等。

2. 证件材料。比如，学历证书、任命书、职称证书、获奖证书、进修证明、技术等级证书等，要保存好。当然，户口本、房证、临时居住证明、身份证等，更要保存好。

3. 有价证券及凭据材料。比如，存折、债券、股票、买大件物品的凭证、购买住房的审购表、保险单据、租赁合同、各种契约及合同、交费收据等。

4. 购置家具带来的材料。比如，汽车、电脑、摩托车、电视机、电冰箱等的说明书、保修卡、付款票据等。

5. 影集、录音带、光碟等。比如，家庭成员合影、影集，夫妻新婚光碟，与同事、朋友的合影；有关学习、工作、娱乐方面的留影、留言、录像等。

6. 学习、炒股、写作及从事第二职业或健体强身、娱乐活动的材料。比如，日记、读书笔记、资料剪贴等。

7. 创作、革新和科研材料。比如，创作手稿、发明创造的草图、科学实

验的记录、科学种田、科研成果、做买卖时的收支记录等。

8. 书信材料。比如，家庭成员与亲朋故友、同学、战友及公事往来信函等。

9. 实用卡的材料。比如，电话磁卡、取款磁卡、信用卡、优惠卡、炒作股票专用卡等。

家庭档案的三个特点

1. 家庭档案与国家、团体及单位档案既有区别又有联系，是国家、团体及单位档案的补充、延伸，不少材料是国家、团体及单位档案所没有的孤本、独份。因此，它也是重要的社会财富。

2. 家庭档案不同于一般家庭藏书、资料，它是家庭最重要的经济财富和精神财富，是家庭生活正常运作的基本保障，是家庭成员进行某些工作、应聘、报考的依据，同时，也是在必要时维护家庭或成员个人权益不受侵害的武器。家庭档案的建立，是现代家庭文明建设的重要标志。

3. 家庭档案是多种材料的综合体，既有文书性的，也有科技性的；既有凭证性的，也有参考性的；既有通用性的，也有专业性的。应由家庭成员亲自管理，分门别类，登记注册，科学存放。特别重要的材料，要单独存放，妥善保管，必要时，可以买一保险箱存放。

存放时的注意事项

1. 经常使用的与不经常使用的分开。比如，身份证、电话磁卡、股票卡、信用卡等这些常用的，就应与保险单、房产证等分存。

2. 重要的凭据证件，使用时一般不应交出原件，只交复印件，以免丢失。必须用原件时，也应用完后迅速拿回放还原处。

家务劳动规律化

家务劳动虽然重复、烦琐、多样，但是只要用心计划，科学安排，对大量可以重复的家务活，仍然可以摸索出一套规律，按规律办事，既省时，又省力，还能减小劳动强度。

1. 对每天重复的家务，如起床后收拾房间、洗漱、帮助孩子穿衣服、做早饭、吃饭、送孩子去幼儿园等，按照规律，合理组合，以一定程序，并有意识地遵守，就会养成习惯。

2. 对周、旬、月重复的家务，如油、盐、醋、粮食等的采购，可以尽量让它们同时用完，以便集中采购；确定日期（月初、月中或者月末），做好计划，尽量一次性买齐，一同解决；应把这些家务写在台历上，到时候就办，逐渐形成规律。

3. 对季度重复的家务，如时令衣物的更换，要根据不同质地衣物的不同洗涤方法，分类进行存放和收藏，收藏日期等都要有个规定，并建立一个备忘录，以防止穿用时为找一件衣裤而搬动所有的箱子、翻遍所有的柜子。

4. 对年度重复或稳定不变的家务，如大扫除、家具位置的调整、图书资料的整理等，可在年末或年中集中处理。对大扫除、家具调整这类复杂家务，要详细制订计划，最好把日期定在家庭成员相对集中的一天，规定程序，先干什么，后干什么，谁来干，几点开始，几点休息等。人口多的家庭，要针对个人特长，分工合作。

家务劳动，一旦形成规律，就会觉得事事如意，把干家务当成一种乐趣，干起来得心应手，有活抓紧时间干完，然后好好休息、娱乐、学习，有张有弛，有劳有逸，这样会使家庭成员在干家务中充满欢乐。

怎样协调家务活

协调，是任何一种组织都需要的。家庭是社会的最基本组织，只要不是单身，总是由若干人组成，这就需要相互配合，也就是协调。

1. 协调，不可忽视。家庭与其他社会组织不同，都是自家人，办什么事情总是好说好商量。因此，协调常常被忽视。也有人认为，在家里协调是可以自然实现的。其实，并非完全如此，好多兄弟打架、婆媳矛盾、夫妻闹离婚等，绝大多数都是由鸡毛蒜皮的小事开始，因没有注意主动协调，才逐渐闹大的。

2. 协调，需要分工。远古年代，男耕女织，是以家庭为单位进行生产劳动分工；当代，虽说讲男女平等，但家务劳动也要根据家庭成员的身体、特长、能力、忙闲等条件合理分工。大男子主义不对，女权主义也不对。自私、懒惰、攀比要不得，最好是夫妻分工协作，共同承担。当然，分工要从夫妻各自特点出发，不能搞平均主义。

3. 协调，需要权威。在一个大家庭里，若有一位有尊严、明智、说话有号召力的家长，当然很好；若长者年老不能理事，或不愿理事，晚辈中就要推荐一个有权威的"明白人"来主管家务。小家庭，夫妻也可以谁有能力谁当家。一般地说，应该让妻子当，丈夫尽管在外面有能力，干家务事未必能力强，再说，在家听妻子的安排，不仅能促进夫妻和谐，也能使身心得到休息。最糟糕的是，一家人谁也不能做主，一盘散沙。俗话说，家有百口，一人主事。同样糟糕的是谁都想要做主，不知听谁的好。

4. 协调，在于沟通。我以为你没买菜，你以为我没买菜，结果买了双份，吃不完烂掉；我以为你烧了水，你以为我烧了水，结果暖瓶空空。办一件事前应相互沟通，一件事情该谁办谁办，免得互相依赖而出差错。

家庭物品 ABC 管理法

现代社会生活节奏加快，在工作之余还要处理各种事情，如教育子女、参加学习、第二职业、旅游探亲、做饭洗衣等，在对管理家庭物品上不可能花太多精力。因此，ABC 管理法正是提高家务劳动效率的一个行之有效的方法，并且适用于每个家庭。

所谓 ABC 管理法，即是"重点管理"少数关键的 A 类物资；"粗放管理"大量廉价、普通的 C 类物资；"一般管理"介于 A、C 之间的 B 类物资。

1. A 类物资，一般包括家用电器，如电脑、电话、电冰箱、彩电、洗衣机、电饭锅、吸尘器、电风扇、空调机、净水器、高档沙发、高级衣料等；还有户口本、身份证、毕业证书、职称、技能证件、房产证、保险凭证、有价证券、存折、现金、金银珠宝、字画文物等重要物品。这些东西分类存放，精心保管，安全使用，不会费劲而其效果则极为显著，会使日常生活顺顺当当，心境平和；如果丢失或损坏，就会对家庭生活、工作和学习，立即产生重要影响，破坏心境。所以，要格外注意，不可掉以轻心。

2. C 类物资包括油盐酱醋菜等，虽然不值钱，但使用效率高，每天离不开，因而也应放置得整齐有序。如果随便乱扔，早晨上班时，发现皮鞋脏了，要擦点鞋油，东找西找，却找不到，必然导致生活秩序的混乱，给生活带来一些不必要的麻烦。日常用品管理好，放在固定地方，使用起来就方便多了。

3. B 类物资是介于上述两者之间的物品，如一般衣物、家什、被褥等，只进行一般管理就行了。

当然，所谓"贵重""重要""普通"，是因人、因时、因地制宜的，在不同的家庭里，就可能有不同的标准。拿电视机来说，在温饱型的家庭看得很贵重，可在豪富型的家庭里，冰箱、彩电、录像机可能都不重要了。

注意排除家庭污染

家庭污染源有多种。有做饭或取暖烧煤而产生的二氧化硫、一氧化碳、氮氧化合物；穿久了的衣服鞋袜，发馊的饭菜，吸烟放出的尼古丁；木质家具黏结剂散发出的甲醛气味，装饰房间所用各种涂料散发出的有毒气味；家庭成员的疾病、用药造成的气味或垃圾及各种噪声等。

那么，怎样排除这些污染呢？

1. 厨房灶具上方，应安装排烟罩或装上能向外及时排烟的排气管或能开启的门窗。总之，通风要良好。

2. 注意室内的通风换气。所有房间都应该经常性通风换气，把污浊空气排出去，让新鲜空气流进来，保持室内空气清新。

3. 注意室内清洁。人进屋前，最好先把身上、脚上的灰尘和脏物清除一下，更衣换鞋入屋内。从事冶炼、化工、医疗、放射性工作的人，下班后要洗手、洗澡，更换衣服再回家。

4. 拒绝或限制吸烟。家庭成员不应吸烟，吸烟的家庭成员要戒烟，戒烟前吸烟应到室外。来客一般不用烟招待，如客人吸烟，走后应立刻开窗通风换气。

5. 自我降低噪声。与人交谈不要高声大嗓，以对方听清为准。听广播、看电视，要把音量调到中音以下。

6. 注意搞好室内外绿化。有庭院的居民，应多种植花草树木，或搞庭院立体经济，这样既美化了家庭居住环境，也能增加收入。没有庭院的居民特别是住在楼房的居民，应充分利用现有条件，在室内适当放置些盆栽花卉。

7. 重视外污染源对家庭环境的污染。例如，周边工厂排放的粉尘、毒气、污水、垃圾和噪声等，应向政府有关部门提出建议，尽快治理改善；如不见效，可以组织起来，拿起法律的武器，到法院告他们，起诉造成污染的单位和个人，保护生态环境，捍卫自己的权益，索赔受到的损害。绝不可姑息迁就，听之任之，无所作为。

家里失火怎么办

居家过日子，几乎每天都要和火打交道，炊事、取暖、吸烟、驱蚊、照明等，都离不开火。俗话说，水火无情。一定要防患于未然，避免失火。如果一时不慎引起火灾，应该怎么办呢？

1. 迅速报警，火警电话119。报警早，损失小。失火后，先报警。不可只顾抢救，一旦火势扩大，不仅自家难保，自身危险，还会危及四邻，损失更大。

2. 报警后，尽力灭火。根据自家及失火情况，果断采取有效方法，进行现场扑救。

3. 面对突发失火，应保持冷静、机智、果断，多动脑筋，防止火势蔓延。

4. 迅速切断电源，将附近存放的易燃易爆物品立即搬到室外，放到安全地方。

5. 家用液化石油气发生火警，要关闭阀门，然后用浸湿的被褥、麻袋等进行堵盖，扑灭火焰；也可以采用二氧化碳、干粉等灭火器进行灭火。

6. 如果管道天然气失火，迅速拨打119求助，关闭上游阀门，切断气源。

7. 保护现场，先抢救证件、现款、存折等有价证件、证券及贵重物品。

8. 注意安全，关心家中老、幼、病、残者，护送他们脱离险区。

9. 如果住在楼房，突然遇到楼下失火，切不可惊慌失措。如果浓烟太大，千万不要开门，以免火借风势窜到屋里。此时，可迅速找出绳索，一头拴在牢固物体上，一头拴上水桶等物，让老人孩子或女人站在桶里，缓缓放下，躲开危险区。

10. 无论如何，不可从高层楼上跳下。不然，十有八九会摔死。一定要坚持，等待救火云梯来救人。

查明火灾原因，认真吸取教训，树立预防在先，消除隐患，措施到位、严防火灾发生的意识。

家里被盗怎么办

目前，有些地方特别是城市，社会治安恶化，入室行窃的职业犯罪分子十分猖獗。对此，必须防范警惕，放松不得。

一旦家里被盗，应该如何处置呢？

1. 保护现场，迅速报警。可拨打110求助，也可直接到就近派出所报案。
2. 配合公安、巡警人员，提供线索，以便早日破案。
3. 分析原因，采取措施，吸取教训。
4. 对家庭每个成员进行反被盗教育，提高警惕，注意防范。对孩子的教育要经常进行。
5. 加固门锁，如喜欢小动物，可养条狗，狗是人类的朋友，也是看家护院的忠诚卫士。
6. 家中的贵重物品及有价证券要妥善保管，藏好、锁好，可能的话，应买一个保险箱把应放入的都放入。家中只宜放些周转资金，以供花费，大笔钱款应存放银行或投资，可获得以钱生钱、保值增值的目的。
7. 有生人敲门时，要问清楚，若家中只有老人小孩或单身妇女，请不要开门，哪怕是相识但不熟悉的人也不能放进。
8. 每次离家前，应按顺序仔细检查门窗是否关好，灯是否关上，水龙头是否关紧，燃气开关是否关好，炉内火是否压好等。无事防有事，绝不可麻痹大意。

如何使现金保值增值

通货膨胀是人们关注的热点，怕物价上涨，纸币贬值，同样面值的钱买到的商品相对少了。人们也更关心，手头的存钱如何才能保值增值，使手中的钱生出更多的钱来。以下介绍人们常用的几种办法：

1. 如果储蓄，选择哪种方式最合算？说到手中存钱保值增值，多数人还是先想到银行存款。因为银行储蓄是不用投资者操心费力的最简便的投资方式。然而，需提醒的是，由于市场经济的发展，银行业也走进了市场。因此，那种认为只要存入银行的钱，就一定会保值增值的认识，也应该有所改变了。换句话，存入银行的钱，也不是百分之百地保险。如果银行经营不善，也会亏损甚至倒闭破产，存入银行的钱就有可能血本无归。这就要求储户在存钱之前，要慎重地选择经营好、信誉高的银行，这才能保证自己存钱的安全。

想把钱存入银行生息以保值增值的观念要改变。因为已开始征收银行存款利息征收税，保值增值的目的难以达到。因此，应考虑其他保值增值办法。

要选择一下最佳的存款方案。存入银行的钱是否会贬值，取决于两个方面的因素：一是物价上涨的幅度；二是存款利率的高低。需注意的是，与利率相比的物价，一般说来不能只看一两种商品的价格，而应该看综合反映物价水平的零售物价总指数。当零售物价总指数上涨等于同期银行存款利息率时，银行存款现在的购买力与过去的购买力持平。当零售物价总指数上涨率高于同期银行存款利率时，银行存款就会贬值。这是指一般情况而言的。如果银行存款是为购买一种物品而进行的专项储蓄，比如买房子、买汽车等，这时货币购买力的衡量，就不应用零售物价总指数，而应该用欲购物品价格的上涨率了。那么怎样存定期存款获利多呢？有没有一个一般的选择最佳方案的原则呢？有，它就是最长存期和最短存期的差距越大，利息就越多。比如，要存5年的，正好有5年存期的，那就存5年，此时利息最高。要存6年，就要选5年期和1年期的，不要存两个3年期。如果想存7年定期，存一个5年和两个1年期要比存两个3年期和一个1年期得的利息多。到底选哪种办法好，可以垂询业内行家。一个家庭有五万八万元的存款，就应认真研究一番，因为方法选择不当，利息损失就相当大。

2. 敢"炒"善"炒"才能使钱更快增值。储蓄虽然省力风险小，但得到的回报也较低，再征收利息税，所得就更少。如果通货膨胀率高于储蓄利率的话，所取得的利息实际上不足以弥补物价上涨给你带来的损失，此时应积极寻找更有效的投资方式。可以"炒"股票，也可"炒"汇。炒股，风险虽大，但效益也高。

这里介绍几种躲避风险的方法，不妨一试。

（1）申购新股。这种方法投资风险极小。只要中签，一般情况下都会有较高回报。虽说中签率较低，但是一年只要能中一到两个签就行。用这一方法要有耐心，不能指望买一次就能中签。

（2）参加基金投资。这种投资方法风险也极小。投资基本也同股票一样在股市购买。它是将中小投资者手中的小额资金集中起来，委托具有投资知识和管理经验的专家及机构，进行投资组合，以实现最佳效益。它不需付出大量资金和时间，也无须去证券交易所进行烦琐复杂的证券走势分析，是适合工薪阶层的一种大众化、集体化的投资方式。如今投资基金在沪深两证券交易所公开发行，可以申购，而中签率又较高，中签后可以不卖出，权当作储蓄，每年的利率要远高于银行1年储蓄利率。

（3）炒股票。为了降低炒股票的风险，可以采用限幅法，即确定一个股价变动的幅度作为买进卖出的决策指标，当股价涨到这一幅度上限时就及时抛出，下跌到这一幅度下限时就果断买进。只要保持心平气和，就能很好地运用此法。再者是保本投资法。投资者根据自己的经济承受能力，将资金注入股市后，首先在心目中确定"本"的数额，即不允许亏损净赚的那部分，然后据此再确定获利卖出点和停止损失点，这样可以避免盲目追涨杀跌。

3. 收藏也是保值增值的好办法。文化艺术品历来被视为"软黄金"，与股票、债券、期货、房地产并列为投资热中的"五朵金花"。在国际上被学术界认可的艺术家的作品，通常以每年30%～50%的涨幅增值。凡·高创作的《鸢尾花》，1947年卖出价为8万美元。40年后价格骤升了700倍。收藏名人字画需雄厚

资金，收藏邮票则几乎人人都可以去做。但字画只涨不跌，而邮票有涨有跌。

4.黄金和珠宝也是保值增值物。货币一旦贬值，同时也就会出现实物升值的效应。假如通货膨胀率为12%，就是说手中的钞票每年贬值了12%。如果把钞票变成实物，实物比票子相应增值了24%。及时购置你需要的物品，也是保值的有效手段。当然，也不能买些不需要的物品存放家中。那样，会因为物品更新换代而失去保存或使用价值。于是，可以购买黄金和珠宝用于保值增值。用黄金保值增值是人们传统的做法。当科技不发达的年代，我国又实行计划经济时，黄金确实是保值的利器。但是，我国自1993年9月1日开始实行浮动定价，与国际黄金市场实现了接轨，黄金市场逐步开放，黄金将告别货币身份以普通商品的身份进入市场，其保值作用也就随之大为削弱，用黄金保值不再是利器了。当然，买点金饰品也是可以的，但那是黄金和艺术的结合，增值靠的是艺术性。

有钱可以买珠宝。这是个好主意。由于珠宝产地稀少，资源奇缺，特别是由于它不可再生，只能是越采越少，所以价值屡升不跌。例如，红宝石在近10年价格一直上涨，蓝宝石、祖母绿、猫眼石的价格也在节节攀升，被冠以"宝石之王"的钻石更是被投资者与消费者看好。

5.办实业，一试身手。随着个体、私营经济的发展，个人实业投资逐步成为对社会经济的一种直接投资方式，并且随着市场经济的发展，这种投资方式越来越为人们主动接受。办个实业，不仅是为社会创造财富，使自己赚更多钱，也能充分体现自己的人生价值。可以学一下东南沿海地区，有些人把投资办实业作为自己的第二职业。他们往往都有自己的一份正式工作，但又和一些朋友或某企业联手开办公司办企业。干什么行业？应抓住一条：干自己熟悉的、懂行的。千万不可干自己不熟不懂的行业。再有，可先试探地干，先体验一下，由小到大地干。

如果你手中钱较多，可以同时进行几项投资，搞好投资组合和投资的均衡性，以取得投资的最佳效益。一个均衡的投资组合应该包括：股票、债券、物业、储蓄，把资金投在不同的方向上，其风险也会随之分流，收益也能保持稳定。"东方不亮西方亮，黑了南方有北方"，可以避免由于把鸡蛋装在一个篮子里，一旦篮子打翻，鸡蛋将全部砸烂的最糟糕的局面出现。

第三章

衣食住行

穿着打扮须应时

穿着打扮须应时,是充分体现现代人高度文明和素养的重要一环,同时,也是着装配饰的基本规则之一。简而言之,应时的含义是指,人们的着装配饰必须遵循社会上约定俗成的穿着方法和搭配。同时,着装与服饰不仅在使用方法上应合乎规范,还须合乎固定的搭配方法,以便在服饰的总体效果上追求完美与和谐。

人们常说:"穿衣贵在搭配。"与服饰的穿用之法相比较,搭配显得更有难度,但又是不容忽略的。

人们知道:穿西服套装通常应当配深色皮鞋,深色袜子。如果以布鞋、旅游鞋、白色袜子配西服套装,显然不伦不类。

训练有素的白领丽人,在穿西服套裙时,肯定都会同时穿上一双长筒或连裤式的丝袜,而绝不会去穿袜口暴露在外的中筒袜或短袜。

常佩戴首饰的人都懂得:在普通情况下,一只手上佩戴一枚戒指足矣,而且浑身上下同时佩戴的首饰不宜超过三种。若是一只手上佩戴的戒指多于一枚,浑身上下佩戴的首饰多于三种,则往往会主次不分,使首饰扮靓之功效锐减。

在穿着打扮上不应时,经常会被认为素质低,没有品位。因此,对此既要认真学习,掌握应时常识,又要加以遵守,才能有助于你在服饰方面表现出高超的审美品位,为社会所公认。

量体裁衣

1. 体胖腰粗的女子选择衣服时要注意衣服的花纹图案,腰以上的式样和花纹图案最好呈倒梯形,裙以下的式样和花纹图案呈正梯形,这样的长裙可以使胖腰身不显得那么突出。

2. 横线条图案往往给人以矮胖的感觉,直线条图案则给人以瘦长的感觉。因此,体型矮胖的可选直线条衣料;体型瘦长的可选横线条的衣料。如果体型属于上短下长或下短上长的,可依此原理,利用两种线条图案的衣料上下搭配。

3. 臀部特别丰满,并伴有臀位下垂的女子穿直裙或旗袍裙,就不大相宜,如改穿质料平挺的百褶裙,便能将臀部的缺陷掩盖一些。

4. 腿短的女子千万别选短裙,这会自暴其短;相反,穿一条长过小腿的裙子,就会使别人捉摸不透你的腿究竟是短还是长。

5. 臀位下垂而又腿短的女子,最好选腰身设计得高一些,裙身长一些的衣服。这样,就可以把臀部的缺陷稍加遮掩。

6. 裤腰加宽或将裤腰的中上部裁成尖形,可使腰细的女子相对显得腰粗一些;相反,把裤腰裁得窄一些,则可使粗腰不显突出。

7. 颈细肩宽的,外套应选深色的,衬衫则应选浅色的。因为浅色可给人以丰满感，深色则给人以窄小感。同样道理，臀部肥大的，下装宜选深色。而上身长，下身短的，一般来说上装的颜色应比下装深些。

体型与服饰

虽然人的身材常常会有些不足，但选择好服饰可以"一俊遮百丑"，突出自己的优点，遮掩自己不尽人意之处。

粗颈：不宜穿关门领式或窄小的领口和领型的衣服，不宜用短而粗的紧围在脖子上的项链或围巾。适合用宽敞开门式领型，但不能太宽或太窄。适合戴长珠子项链。

短颈：不宜穿高领衣服，不宜戴紧围脖子上的项链。适宜穿敞领、翻领或低领口的衣服。

长颈：不宜穿低领口的衣服，不宜戴长串珠子的项链。适宜穿高领口的衣服，系紧围在脖子上的围巾。宜戴宽大的耳环。

窄肩：不宜穿无肩缝的毛衣或大衣，不宜用窄而深的V形领。适合穿开长缝的或方形领口的衣服，可穿宽松的泡泡袖衣服。适宜加垫肩类的饰物。

宽肩：不宜穿长缝的或宽方领口的衣服，不宜用太大的垫肩类的饰物，不宜穿泡泡袖衣服。适宜穿无肩缝的毛衣或大衣，适宜用深的或窄的V形领。

粗臂：不宜穿无袖衣服，穿短袖衣服也以在手臂一半处为宜，适宜穿长袖衣服。

短臂：不宜用太宽的袖口边。

长臂：衣袖不宜又瘦又长，袖口边也不宜太短。适合穿短而宽的盆子式袖子的衣服，或者宽袖口的长袖衣服。

小胸：不宜穿露乳沟的低领口衣服，适合穿开细长缝领口的衣服，或者穿水平条纹的衣服。

大胸：不宜穿高领口的或在胸围打碎褶的衣服，不宜穿水平条纹图案的衣服或短夹克。适合穿敞领和低领口的衣服。

长腰：不宜系窄腰带，不宜穿腰部下垂的服装。以系与下半身服装同颜色的腰带为好。适合穿高腰的、上有褶饰的罩衫或者带有裙腰的裙子。

短腰：不宜穿高腰式的服装和系宽腰带，适合穿使腰、臀有下垂趋势的服装，系与上衣颜色相同的窄腰带。

宽臀：不宜在臀部缀口袋，不宜穿大褶或碎褶的膨胀裙子，不宜穿袋状宽松裤子。适合穿柔软合身、线条苗条的裙子或裤子，裙子最好有长排纽扣或中央接缝。

窄臀：不宜穿太瘦长的裙子或过紧的裤子，适合穿宽松袋状裤子或宽松打褶的裙子。

肥臀：不宜穿长裤或紧瘦的上衣，适合穿柔软合身的裙子和上衣，或穿长而宽松的上衣盖在苗条的裙子外边。

粗大腿：不宜穿绷得紧的裤子或不及膝盖的短裤，也不宜穿又瘦又紧的针织裙子，适合穿腰边紧而下边宽松的裙子与上端打褶或直腿的裤子。

短腿：不宜穿太长的上衣或长度在小腿肚中部的裙子，适合穿短上衣，高腰外衣，或穿同一种颜色的配套的衣服。

脸型与服饰

服饰不仅是生活必需品，还是美化生活的装饰品和艺术品，用以表现人体和装饰人体。由于人的脸型不一，在选择服饰时则应根据自己的脸型特点而确定最适合自己的装扮。

长脸：不宜穿与脸型相同的领口衣服，更不宜用V形领口和开得较低的领子，不宜戴长而下垂的耳环。适合穿圆领口的衣服，也可穿高领口或带有帽子的上衣，可戴宽大的耳环。

方脸：不宜穿方形领口的衣服，不宜戴宽大的耳环。适合穿V形或勺形领的衣服，可戴耳坠或者小耳环。

圆脸：不宜穿圆领口的衣服，不宜穿高领口的马球衫或带有帽子的衣服，不适合戴大而圆的耳环。最好穿V形领或翻领衣服，戴耳坠或小耳环。

肤色与服饰

巧妙地运用服饰的色彩，可以扬长避短，突出个人的美，掩盖个人的缺憾，这是衣着打扮的高招，具体运用服饰协调肤色的方法如下：

面色红润：适合穿茶绿或墨绿色的衣服，不宜穿正绿色服装，否则会显得俗气。

肤色偏黑：适合穿浅色调、明亮些的服装，如浅黄、浅粉、丹白等色彩的服装，这样可以衬托出肤色的明亮感。不宜穿深色衣服，要避开黑色服装，否则会使面孔显得更加灰暗。

皮肤粗糙：适合穿杂色，纹理凸凹性大的织物，如粗花呢等，不宜穿色彩娇嫩，纹理细密的织物，如金丝绒及拉毛衫等。

气色不好：适合穿白色衣服，显得健康。不宜穿青灰色，紫红色服装，否则会显得憔悴。

年龄与服饰

服饰深受青年人青睐，禁忌很少。但少女应尽量少穿过于华丽的服装，这会使少女失去纯真、天然之美，反而显得俗气。而中、老年的服饰就有一定的限制，要尽量体现出雍容、高雅、华丽、冷静的气度。在色彩上，不宜太纯，可以选择明亮的彩调，如暖色中的土红、砖红、驼色、红棕色，冷色中的湖蓝、海蓝、翠绿等，这些都是比较鲜艳的色彩。其他一些高明度色彩，如蛋青、银灰、米色、乳白色，十分淡雅、明快，能表现中、老年人特有的气质。甚至黑、白、灰色也能组成非常和谐的色调来。在款式上，不宜线条复杂，以简洁为佳；有适当的放松度，不宜穿着紧裹身体的服装，既不舒服，也不利于健康。但也不要过于肥大。在面料上，趋向含蓄、高雅、比较挺括，以中档和高档为宜，能体现中、老年成熟干练、庄重大方的气度。

恋爱与服饰

步入爱情的芳草地，感情炽热的男女双方，都要以最美的形象出现，服饰便成了恋爱双方精心考虑的大事。

男士的服饰比较简单，总体要求是：整洁、新鲜、活泼、大方、得体。因此，男士只要穿着干干净净，新颖合体、款式大方的衣服，女士就挑不出什么毛病。然而，女士的服饰却格外引人注意，既要色彩明朗、和谐，款式又要简洁、大方。

谈恋爱经常出入三种场合：家庭、娱乐场所、旅游风景区。

自己家里：无论房间、家具是什么色调，只要女士穿上暖调的浅色服装，如黄的、绯红的、乳白的、浅粉色的无领针织衫、高领平毛或丝绸衬衫等，都会给人一种非常亲切温暖的感觉。

男友家里：到男友家里做客，一定要注意穿着整洁、庄重。去之前检查一下自己的鞋、袜及大衣领子等地方有没有污迹。因为男友的家人、邻里很容易注意到这些地方，以免留下不好的印象。

娱乐场所：女士服饰的要求除了典雅、大方、活泼外，女士穿的服装款式和风格应尽可能与男友协调，颜色以冷调的淡雅为主。比如男士穿一套深烟色西装，女士穿一套浅驼色的西服套裙装，这样就显得非常和谐，给人一种明朗美的感觉，这就是常说的情侣装。

郊游：这时女士服饰色彩应与大自然的色彩相辉映，充分地显示青春活力。服装的颜色以暖调艳丽为主，如橘红、金黄、嫩黄、紫红、彩花、彩格等。款式则以松散型为最佳，显得欢乐活泼，轻松洒脱。

职业女性的穿着原则

到目前为止，职业女性的服装一直成为争论的问题，但大家一致认为，职业女性的穿着必须遵循以下几项原则：

1. 套装确实是目前较适合职业女性的服装，但过于花哨、夸张的款式绝对要避免，极端保守的式样，则应加以配饰点缀，使其克服死板之感，若是将几组套装巧妙地搭配穿着，不仅是现代的穿着趋势，也是符合经济原则的装扮。

2. 品质的讲究是职业女性穿着的基本原则之一。所谓品质，是指服装选用的布料、裁制手法、外形轮廓等项的精良与否。高品质的套装则为职业女性首选。

3. 过分性感或太暴露的时装，绝不应出现在办公室中，不仅会招来不必要的麻烦，更会使人留下"花瓶"的印象。

4. 现代职业女性的生活形态非常活跃，需要经常注意服饰的变化。所以，职业女性应懂得如何巧妙地装扮自己，以免除时装变化带来的陈旧感。

5. 现代穿着是讲究整体美的。在适当的时间、地点和场所着合宜的装扮，是现代女性必须注意的。除了服装应讲究外，从头到脚的装扮的整体美更是要特别留心。因此，职业女性要在自己穿着的整体美上下功夫。

6. 职业女性也应同其他女性一样，保持对时装特殊偏爱的习性。凡是能体现职业女性风韵和光彩的时装，职业女性都可以穿一穿，从中选出最适合自己的装扮来。

7. 最适合办公时间的穿着依次是：裙套装、西装，或裙子配上衣、西装配短外套。

8. 最好的办公服装颜色是：灰、炭灰、中等蓝色、深蓝、骆驼黄、黑、深褐、灰褐、深黄、深红、褐、白。

9. 连体袜：除了肤色或近于肤色、浅咖啡色之外，其他颜色均不恰当。

10. 化妆：以淡妆为主，但要涂口红。

11. 首饰：点缀性一两件，要小巧、简单，不可珠光宝气，似贵夫人。

女士如何选择内衣

乳罩与三角裤，是女士必用的内衣，总的要求是：窈窕、轻柔、魅感。内衣是女士贴身之物，可修饰体型，凭添妩媚，是夫妻情绪最好的调节剂。懂得生活情趣的女士不会忽视内衣的重要性。

乳罩

乳罩就装饰效果而言，可分为半衬垫式和无衬垫式。无衬垫式乳罩因乳房大部分没有衬垫物，所以曲线比较纤巧，胸部较丰满的女士倍觉贴身；胸部不够健美的女士，应选用半衬垫式乳罩。因其下半部的衬垫可托起乳房，补救女士的不足。

乳罩的大小应以胸围尺寸为准，乳罩的色彩也很讲究，宜选用与自己皮肤接近的颜色，也可以选一些个人喜欢的鲜艳色。

三角裤

女士选内裤时须注意以下三个问题：

（1）三角裤应宽松，穿着舒适。因女性外阴部分泌物较多，外阴部的皮脂腺和汗腺丰富，如紧身内裤摩擦刺激，可能引起外阴瘙痒、湿疹和外阴炎症等。所以，不要穿紧身三角裤。

（2）三角裤以棉织为宜。因化纤品内裤容易引起女性外阴瘙痒、膀胱刺激症等，会出现尿频、尿急和尿痛等异常症状，所以以选用质地柔软且遇湿不坚硬的棉织品内裤为佳。

（3）三角裤的色调，以个人喜欢为宜，可选一些较鲜艳的色彩。

休闲装

假日里人们或去公园游玩，或去郊外野餐，或家中朋友相聚，或去外地游览名胜……休闲本为放松，所以衣着也应宽松。无论春夏秋冬，时装行列中都有休闲装。休闲装自由搭配，将传统与现代结为一体，体现出崇尚自然、崇尚个性、追求轻松、追求自由的浪漫风情。

夏季的T恤衫已成为休闲时装中的"大众情人"。短裙、短裤、贴身松紧裤也是休闲装的品种之一。目前，长裙在休闲装中向短裙、短裤提出了强劲的挑战，后开衩、双面开衩、叠加单开衩、背心式、十字背带式等长裙纷纷登台亮相，质感、外观均显柔和、飘逸、舒适、垂挺的效果。

休闲装也在求新、求雅。工薪阶层与那些长期在紧张繁忙的社交中周旋的大款、老板、老总们，无不为单调的硬领白衬衫加领带所苦恼。尤其是夏季，如何用服饰来营造出一个舒适、轻松、悠闲的生活环境，休闲时装，特别是T恤衫则创造了轻快、浪漫的男士风范，让男士偏爱，而且也直接影响女士休闲装的搭配。T恤与短裤裙、背心裙、背带裙相配穿着，更显出女性柔美风韵和可爱的洒脱，创造出一种新女性形象。

春秋季和冬季的休闲装，唯扬长避短的羊毛针织衫与夹克衫莫属。各种弹性裤、衣已成为休闲的主体。永恒的牛仔在休闲装中独占一席。长裙时兴时衰，衣衫有长有短，唯独牛仔装永远走俏，年年领风骚。毛衣麻布相配，用仿钻石饰物来装饰，朴素之中显高雅，跋山涉水也相宜。毛织物质感柔且雅，穿上这样的休闲装去休闲，气派、潇洒又舒适、轻松。

情意浓浓的情侣装

情侣装即情侣双方一致认同某一款式，色彩更适合自己的装束，使二人之间显露一种和谐之美感，以及情侣间为表达爱的深刻而刻意追求或寻找一种着装上的统一。穿上情侣装，情侣们更加情意绵绵。

色彩统一、款式有别，或款式统一、色彩有别

情侣们往往对色彩和款式的要求是很挑剔的。因为色彩和款式代表着一个人的性格及情感。例如，一套服装的色彩是土黄色和咖啡色调，女士的着装则是咖啡色的无领连袖上衣，配以长而窄的土黄色长裙，围一条同一色调花型纱巾；而男士的着装则是土黄色夹克衫或羊绒衫，着咖啡色西裤，配一条同色调花型领带，这种组合给人以统一和谐之美。

追求热烈和强调个性

性格开朗、具有青春气息的情侣们，更注意服装的色彩，图案的明快热烈和标新立异个性化。如夏日去海滨游泳，春天郊游，加上室内健身运动的盛行，印有各种几何、动物图案的短袖、中袖、长袖T恤衫十分流行。此时，女士配以紧身色彩图案鲜艳的高弹力花裤和运动鞋，男士着灯芯绒短裤，宽松运动裤和运动鞋，散发出一股无法抵挡的蓬勃朝气。

情侣统一的个性化装束更体现现代人的各种审美思潮与追求志趣的同步，气质与个性的统一，即使奇特或怪诞，看上去倒也合情合理，个性分明。

追求浪漫

春暖花开的季节，情侣们的着装随意浪漫。少女的服装是各种领型的衬衣或宽而长过膝的印花水洗衬衫，有时常将下摆在腰际扎成一个蝴蝶结，配以可长可短的敞开的外套，下身是印花或提花的紧腿裤或碎花长裙，背一只草编大提包；少男则身穿水洗衬衫，敞开着的大摆便装，下着宽松水洗布裤或牛仔裤，裤子的口袋、裤口是格布、花布的边；双方再配以木质装饰物。这种着装的随意性、图案的统一性，给人以洒脱、浪漫、自然美的感觉。

追求典雅

色彩朴素，造型简洁明快，是成熟女士、男士的最佳选择。女士可着一件长过臀部的西装上衣，配以过膝盖的后开衩西装长裙，整套服装有少而精的装饰物，如机绣图案或金属饰件。男士则着西装或便装，配隐条西裤，双方服装的色调以灰色为佳，如蓝灰色、绿灰色、驼色等。这种完美的搭配，不仅显示情侣的素雅、高贵，而且在差异中取得异曲同工之效。

追求服饰统一

一对情意绵绵的情侣，心灵的感应是相通的。一块手表、一枚戒指、一只手镯、一条项链，还有胸花、眼镜、帽子、提包、鞋、领带、围巾等饰物，不仅是装饰和点缀，还可以利用它调整平衡，强调情侣间的和谐美，从而流露出一种含蓄的情感统一。

体现家庭情趣的居室装

当今，大多数女士都懂得在不同的场合、不同的时间、处理不同的事务时，要选择相应的着装，这是服装文化发展到一定程度的必然表现。

有位女士去见一位朋友，对方刚从外面回来，身着深蓝色短装短裙，显示出职业女性的风度。但对方说声"稍候"，便闪进卧室，几分钟后，她身着米色羊毛长裙，披着乌黑的长发，她微微一笑："刚才没来得及换衣服。"

现代人生活在高效率、快节奏的信息社会中。因此，营造一个安逸、舒适的家庭环境，使紧张的神经和疲惫的身体得到充分的放松和休息，是非常必要的。这样，居家着装就显得更为重要了。

准确地讲，居室装因着装目的不同，也有很大的差别。有在家工作的室内装，有卧室用装，厨房用装，也有在家中接待客人时的着装。但它们都有一个共同的特点：方便、舒适、得体。

1. 服装的式样以宽松为主，避免太合体的款式。想穿得舒适，就不该受衣服的束缚。所以，这类服装都不注意尺寸规格，穿着感觉活动方便自如，心情愉快即可。

2. 要在惬意中见情趣。现代居室装都是比较浪漫的式样，常常用花边、刺绣作装饰，或者用动物、蔬菜、水果等变形图案来装饰围裙、袖头、衣襟等部位，目的是调节家庭气氛，增加生活情调。

3. 面料选择要以天然纤维为主。居室装多数是贴近皮肤穿着。从服饰卫生学的角度讲，天然纤维织物的透气性、吸湿性都有利于身体健康，而且不刺激人体皮肤。真丝绸、全棉精纺、棉麻混纺及丝棉混纺的料子都是最佳的选择。

4. 色彩宜淡雅些，并且要注意与环境色相协调。现代居室装比较注意色彩、风格，女士们的装扮如果不考虑环境，有时会感到很不和谐。例如，古典式风格的居室，一般色彩都比较沉稳，以深色调为主，这时女士们着装就应该选择柔和的中间色，以偏暖色为最佳，淡色调有古典式花纹的长身型服装也很理想。

5. 注意夫妻服装的风格一致。和谐的家庭气氛需要全家人共同创造，夫妻及孩子的服装要有共同点，以强化家庭生活情趣，增添幸福美满之感。夫妻间可以选择同种材料、类似的式样或款式相同，颜色有所区别。

随着社会的发展和进步，女士们对着装的要求与品位也在提高，在家里穿得舒适，也要穿得漂亮。选择居家服装，是和美家庭的一道风景线。

时装皇后——裙装

被服装设计大师誉为"时装皇后"的裙装，它以理想的造型，多变的款式，从古至今风靡世界。当今它又出现了一个令人瞩目的新潮流——设计师们的构思重点落在胸、腰、背、臀、摆等部位上，以突出柔和的曲线美，表现女性的形态和身段。

背带裙——将裙子美的视线向上移，让人们注意穿着者的胸部，并以其不同的几何造型，使穿着者更加青春靓丽，更具女性魅力。这种裙款以年轻的淑女着装效果最好，有一种校园风格，使人感到恬静、幽雅、纯真；职业女性穿着也具品位，且既文静，又充满朝气，作为休闲服穿着，舒适又自然。女性身材较好者穿着背带裙将别有韵味，就是肩部窄者，也可选用宽背带裙来拓展肩部视线，以显示肩宽、腰细和较丰满的臀部三者之间的比例美。

胸部丰满者可将视线向背部转移，在背部背带造型上做文章，而前身背带造型则越简练越好。腰比较细者背带系结可放在腰上，以弥补腰部的空荡。

近来，时装在抛弃一切多余修饰的前提下，设计师们将裙摆剪裁开来，使人们的视线移向里边，外边则不加任何多余的修饰，彻底避免纷乱无章的视觉效果。这种开衩裙以一种特殊的剪裁结构，令人们耳目一新。包身裙的开衩部位不单单只是后开衩，还有前开衩、双侧开衩等。碎褶裙、斜裙、大褶裙改为下半部开衩而且是多方位的，其制作很简便。

高腰节长筒裙——这是一种把色彩、质地和款式推到中心位置去的一种优美的造型设计，使女性性感十足；同时，将使三围比例优美女性的形体得以最佳展示。高腰节长筒裙是面向年轻女性的全新时装，它的良好外观与质量，高雅的风格，自然的选择，必将赢得更多女性的青睐。这种裙不设腰节，有时是通过缉钉装饰性的串带襻来美化腰节，或用装饰裙兜来美化长筒裙。

无论是背带裙、开衩裙，还是长筒裙，面料应采用有松紧、有弹力、有垂感、有一定重量的织物。色彩以棕色、红棕色、秋香色、灰色、深蓝色、铁锈红色、玫瑰酒红色、米色、乳白色为主流。高科技织物内含金属光泽的布料更适合于做开衩摆大的裙子，真丝绸做长裙更具有飘逸感，而重磅麻纱会使波浪长裙垂荡感更美、更迷人。

雍容华贵的仿裘皮装

冬日里，白雪皑皑，银装素裹。在繁华的都市广场、街道、花园中，人们穿着风格各异、姹紫嫣红的冬装，而具有独特生命力的冬日仿裘皮时装，更以其高贵、雅典、华丽的非凡气派独领风骚。

仿裘皮时装华丽、舒适、轻柔、保暖，风行得令人如痴如醉。夺目的仿裘皮斑斓溢彩、雍容华贵；各色的牛皮、羊皮，手感似丝绸，更胜毛呢。因此，仿裘皮装更被人们看作是冬装的首选。

穿着仿裘皮服装，要展示出穿着者自身的综合素质，即修养、气质、风度等。仿裘皮时装从款式上分有绅士型、高雅型、青春型、浪漫型等。不是所有的人穿上仿裘皮装都好看。选购、穿着仿裘皮装一定要考虑着装的场合，要注意自己的言谈举止。不要认为穿着仿裘皮时装就是身份、档次的象征，最为重要的是要注意自身整体服饰风格的统一。

穿着仿裘皮长大衣，应选配仿裘皮时装帽子与手袋；穿皮革服装应选蛇皮、漆皮手袋更为合适，在色彩上也最好统一。穿仿裘皮长大衣，女士以穿毛呢裙子、长筒靴最为协调。穿短皮装可配穿西裤或牛仔裤。另外，穿仿裘皮服装应注重整体服饰配件的选择，如围巾、手套、发饰等，都应以华丽、庄重的格调为主，不宜花哨。发型和化妆也应该讲究，才能更加显示出穿仿裘皮者的气质。

春季服装的选择

大地回春,百花争艳。人们总想添置一些漂亮的春季服装,把自己打扮得像春天一样美丽。如何选择春季服装,做到"一衣在身,入室生辉"呢?

一般来说,春季对衣料质地的要求是轻、软、爽。在选择春季服装过程中,还要注意"三美",即形美、色美、意美。

形美就是形式美,或叫造型美。衣着作为"流动的艺术品",选择时要注意艺术效果,也就是要符合自己民族的艺术规律和艺术标准,具有自己民族的风格。

色美即色彩美。色彩分冷色和暖色,各人可根据自己的年龄、性别、性格、爱好、皮肤和发色等选择色彩。一般来说,绿、蓝、青、紫称为冷色,这种色调有清新、淡雅、素静的感觉,一般适用于中老年人。红、橙、黄称为暖色,这种色调具有热烈、明快、艳丽的特点,适合女青年和儿童穿着。青蓝色给人以纯朴、沉静、稳重的感觉,是与我国人民的皮肤、发色非常协调的色彩,男女老少皆宜。

意美即意境美。要注意服装造型内容、图案等表现感情、意境的东西,力求健康和庄重。

夏季服装的选择

夏日,阳光灿烂,百花盛开,为人们展现一个绚丽的世界。夏季里人们经常在户外,选择服装显得十分重要,那么,如何选择夏季的服装,才能更好地体现人们的风姿?

1. 女装职业化。夏季里,对于女士来说,各种裙装、长短上衣将唱主角。一身长及小腿的薄料长裙配上一件款式简单、裁剪合体的上衣,会使女士风情万种。颜色根据自己的肤色、身材、喜好而定。女装职业化是当今的倾向,职业女装给人的感觉是明快、简洁、潇洒中带着优雅,女士的穿着不妨向职业化靠近。要穿出自己的风格与特点,服装的质地不能不重视,从面料的种类、颜色、花式及手感,到面料的厚薄、挺括、价格都应仔细研究,比较后再决定是否购买。

2. 简洁风格。当今女装流行简洁风格,然而简洁并不意味着单调、粗糙,简单的东西往往透着大方与豪放,衣着也是如此。女装繁多的装饰已经黯然失色,多数设计回归简洁线条,新的穿着趣味在于通过整体搭配与层层叠叠的穿法,创

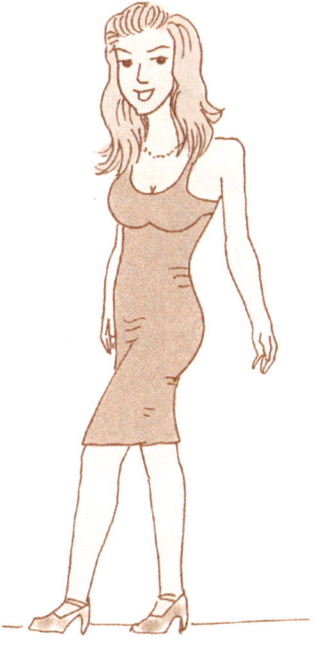

造服装空间。颇受女士欢迎的女装,多具有简简单单、错落有致,或长长短短、重叠搭配的纯粹的服装组合趣味。

3. 浓艳不宜。城市的建筑与绿化不适合浓艳的色彩,如果女士着大红大紫,浑身上下五彩缤纷,浓妆艳抹,那是对环境的破坏,而不是靓丽。女士们不妨试试藕荷、米黄、豆绿、奶白等柔和色,这种色调的衣料,若加工精细、做工讲究,穿上它们,靓丽的女士们会为自己和所处的环境平添无限风情。

美的获得完全在于自我追求和创造,服饰穿着是一项十分细致入微的工作,发挥自己的想象力与预见性,把自己打扮得得体、浪漫、优雅,让裙装为女士们创造一丝清爽,让岁月闪光,那么,女士们就会拥有一个亮丽的夏季。

秋季服装的选择

选择入时而又得体的秋装主要应注意颜色、造型、个人形体和周围环境。

俗话说,远观颜色近看型。一件衣服远远望去,首先映入眼帘的是服装颜色,因而服色是显示服装美的重要手段之一。秋装的颜色不仅是要满足个人对颜色的喜好,更要考虑自己的衣着与秋天自然色的关系,即两者应有的互相对比、互相衬托的作用,以使服饰更鲜明、协调。造型美是服饰美的又一表现手段,造型美是通过穿着者的形态、周围环境及时代潮流综合体现出来的。

近年流行的时装,颜色及造型更丰富多样,但应视个人体型、年龄、职业及喜好慎重选择,以便取得掩瑕显瑜、与形体美相得益彰的穿着效果。这里择几例女秋装介绍如下,以供参考。

1. 蓝印花布外衣:选用具有我国传统的民间艺术风格的蓝印花布面料,巧妙地把有花部位放置在贴袋、前肩、袖口等处,使蓝白图案对称地分布在这件秋装上,构成特殊的风格,并且从色彩上看,蓝白色与金黄色的秋景形成强烈的对比,使这素雅的蓝白色成为夺目的第一色!若制作时有兴趣,不妨再在衣领、前门处加镶白色布边,穿着时配以红色针织内衣那色彩便会更加明快、典雅。

2. 青年运动衫:选用丝绒横条图案的面料制作。制作时在衣领、袖口、下摆等处配镶针织松紧带,颜色须与面料色条中的一色相同,以求服色和谐。

青年运动衫式样活泼,色调明快爽朗,具有强烈的时代感,女士穿用最能体现青春的风韵。

3. 衬衫式青年装:这种青年装造型为直线型。灰蓝色的衣料上缉以金黄色线迹图案和从胸部向上逐渐加宽前门外翻边(直至前领口)的装饰工艺,可以增强该款式的潇洒和奔放,显出朝气蓬勃的穿着效果。

4. 长马甲:原先人们都把马甲当作内衣,因此较短小、贴身,近年来流行把它穿在外面。长马甲的特点是:穿起来给人以修长、飒爽的感觉,并且合体、省料、穿脱方便，使用率较高，是目前青年、中年及老年人都喜爱的秋装之一。较多地采用米白色面料，镶深咖啡色斜条色边，配以金黄色金属纽扣，色彩柔和，易与其他衣服搭配穿用。

5. 中式领镶边秋装：此种款式是以薄呢或古香缎为面料，领、襟、摆等的外沿镶以黑色缎条；束腰式，于腰节处断开，下部用斜料缝制，稍呈喇叭形；窄袖口，袖口亦饰以喇叭形宽边。色彩的选择上多倾向于米色薄呢或橄榄绿色古香缎，前者还可配咖啡色镶边料。袖口上所饰的宽边一般5～6厘米宽即可，用斜料缝制。

这种中西式的镶边女装穿在身上给人以典雅、华贵之感，故被一些女士当作礼服。

冬季服装的选择

许多人都说冬天里的女人最漂亮，这句话很真切。冬天里的大衣、长靴，漂亮的滑雪服、雪地靴、长围巾、呢帽子……包裹出白雪中靓丽的身影，为爱美的女士们提供了把幻想变为现实的空间，也为都市的冬季描绘了一幅流动的风景线。

冬天里总少不了大衣，大衣与套装是内外结合的好搭档，在温暖的房间里，穿条薄呢长裤、一件收腰式短上衣或高领套头的羊毛衫，外出时套上长至小腿的精美大衣，方便而实用。依据自己的身材选择至膝的中长大衣也很实用。用鲜亮的明黄、耀眼的大红、成熟的紫色、乳白色与橘黄的面料，以及格子面料做成的滑雪服等，款式有派克式外套，短至腰间的夹克，长到膝盖的大衣，与加了棉絮的滑雪长裤配套，在灰蒙蒙的冬雾中，表现出了都市人对雪和大自然的热爱。

当女士们身穿羊绒大衣，头戴款式别致的呢质小帽，脚蹬各式流行的皮靴时，体现的是女性的典雅之美。这种文雅的着装形象，几乎永远是时髦的装扮。

如果再配上仿裘皮围巾、仿裘皮小帽，又会增添富贵、华丽的风采。在冬季很多人都喜欢穿皮革大衣，仿裘皮帽子和皮质手套是不可缺少的，选择时可根据衣服的款式和颜色来确定帽子的款式及风格，如果它们的格调不相符，将会给人以不伦不类的感觉。休闲的式样配色彩鲜艳的羊绒小帽和手套，正统的款式可以戴暖融融的仿裘皮帽子。

在冬季备两条颜色不同的羊绒围巾是很有必要的。它既可御寒，又是可以灵活运用的点缀物，戴得好，完全可为服装锦上添花。当女士穿一件黑色大衣时，戴条橘黄色或大红色的围巾，就能使女士的脸色更漂亮。而黑色或咖啡色围巾又能使鲜艳、跳跃的衣服增添几分沉稳，使视觉效果更加完美。况且，围巾又没有固定的佩戴模式，只要佩戴时用心去揣摩服装的式样，创造一种最佳的、新颖的戴法，也许会使平淡的服装增色几分，收到意想不到的效果。人物形象的美与丑就在于整体的协调性，恰恰是细微之处表现出着装者的情趣和品位。

因为冬季的服装品种比较多，从头到脚、到手上戴的都缺一不可，弄不好会有重叠、烦琐的感觉。所以，在冬季要装扮自己时，一定要突出重点，力求统一、协调。要想引人注目，整体完美应该以一件衣服或一部分饰物为主，其他服装处于辅助、陪衬的地位。切记不要把流行的物品都堆在一套服装中，那样往往会适得其反，不但整体形象缺少了个性，而且会给人以俗气、缺乏审美观的印象。想表现时尚感又体现一种优雅气氛，就应以某一局部的流行来带动整体的不落伍，最好的办法就是寻求色彩的最佳组合，避免五颜六色的搭配。一般全身不要超过三种颜色，如果必须超出就要用黑色、白色或金、银色，因为这些颜色能与所有颜色协调。

搭配是一门学问，愿所有女士都把自己打扮得高雅、潇洒、迷人，使自己具有无穷的魅力。

首饰的种类

首饰，是装饰人们仪表的饰物，能与人的全身装束浑然一体，并显示出典雅美观的特点。

时装首饰是随着时装款式、色彩的变化而流行的一种装饰品。这种饰物，除了金银、珠宝等贵重材料制成的以外，还有骨刻制品、珐琅制品、料器制品等。目前，市场上出售的时装首饰，中高档以金饰品为主，比较普及，经过镀金处理的各种镶钻首饰也很受欢迎，其品种主要包括以下几类：

1. 花卉型。主要以名花异卉、树木果实为题材，造型别致，又具有自然风趣，如富丽堂皇的牡丹、洁白如玉的马蹄莲等。

2. 动物型。主要取材于大自然中各种动物。这种动物造型活泼、生机盎然，如笑容可掬的小熊猫，活泼可爱的小松鼠等。

3. 纹样型。主要是利用各种曲线变化设计成的装饰。这种装饰品构思隽巧，纹饰流畅，具有很强的时代感，作为服饰的点缀能起到画龙点睛的作用。

金项链的选择与佩戴

金项链和戒指是配套使用的。如果有了一只可心的戒指，再配上一条别致的项链，将会使装饰更加协调。

项链的种类很多，从质地上分，有金、银、铜、玉、骨等多种；从款式上看，有镶宝石的，有机制链条式的，带坠的等。

那么，怎样才能选择一条合乎理想的项链呢？这就要从女士的脸型、服装款式来加以考虑。女士的面孔处于人体所要美化的中心位置，是一个人重要特征的所在部位。这样，接近面孔的领子款式，项链的线条，对于调整脸型来说，是极重要的。

就脸型而言，最理想的是椭圆形，但是，有这种脸型的人毕竟是少数。怎样才能把自己的脸型打扮得更美呢？这就需要借用装饰的办法，突出个人认为美的地方，而使自己的缺陷居于不显眼的位置，比如，脸型瘦长的人，如果穿着高而紧的领型，就可以把颈部掩饰起来，而突出面部，视觉上便感觉到面部变宽，使脸型得到相应的调整；相反，如果采用V字形领，则使人的脸型有被拉长的感觉。

与服装的装饰效果相类似，一条精美的项链，同样可以使面孔产生一种圆满感；相反，如果女士选用一条91厘米长的项链，人们的目光将随着项链的V字形线条而移动，其效果将使女士的脸变得更长。就一般情况而言，瘦长脸型的人适宜选用短项链或双层项链，而不适宜选用长项链。四方脸型的人不适宜穿着直线式高领服装，戴短项链，因为横切的线条会使四方脸型显得更加突出。如果选一条中长项链，将会使面部形象得到改善。至于圆脸型，应忌戴横向切割的圆线条项链，因为这种项链会增强宽和圆的感觉。而使用长项链比较合适，因为V形线条将会使圆脸呈现椭圆形的感觉。

当然，除了金项链之外，绿色的翡翠项链，深红色的珊瑚项链，蓝绿色的松石项链，洁白的骨刻项链，银白色的珍珠项链……都是极为名贵的装饰品。人们佩戴后都会产生整体美感，更增添女士典雅、潇洒的风度。

金戒指的选择与佩戴

金戒指品种很多，常见的有马蹬戒、素圆戒、环面闪光戒、菱形戒、龙凤戒等。马蹬戒、素圆戒造型简单，具有豪放、挺劲的气派，适用男子戴用。闪光戒、菱形戒造型别致，饰工精巧，华丽中显露清秀，适于女性佩戴。

挑选戒指，因用途不同，在K数、造型上也应有所区别。例如，挑选订婚戒指，人们大都喜欢选购24K纯金圆形戒指，这是因为圆形寓意着圆满、美满、始终如一，纯净的成色象征着爱情的纯洁真挚、高尚无邪。如果用于日常佩戴，则以18K和14K金戒指为好，因为这种合金戒指具有价格便宜、硬度高、耐磨损等优点。

如果女士们已购买了一只称心如意的戒指，就应当了解一般的佩戴习惯。

通常，将戒指戴在左手上，至于戴在哪个手指上，也有不同的含义：戴在食指上表示未婚，戴在中指上表示求婚或已在热恋之中，戴在无名指上表示订婚或已婚，戴在小拇指上则表示是独身一人。

戒指除了纯金和K金素圈品种外，还有一种嵌宝戒指。所谓嵌宝戒，是指镶嵌有钻石、珍珠、翡翠、玛瑙、木变石、孔雀石、金星石、芙蓉石。

金饰品的保存

金饰品是用黄金制成的装饰品，且有很高的保值性，使用后应妥善保存。戴金戒的人平时应注意不要和酸性、碱性的物质接触；戴金项链，睡前应把项链摘下，放到干净的丝绒手绢上。K金戒指和项链因含有一定量的银，和硫酸接触后，容易发生化学反应。因此，用时要避免和香气、臭气接触。如果发现饰品表面染上污垢或变黑发乌，可用牙刷蘸少许牙膏或蘸清水加少量酒精，轻轻刷，直到发亮为止。

如何选钻戒

每一对新人在结婚前一般都要买一枚钻戒作为信物，从挑选的钻戒中可以反映出新娘的性情与欲望。

1. 选择橄榄形钻石的新娘：属于"事业型"，性格非常大胆且外向，做事有冲劲，工作雄心大，常将事业放在第一位，家庭则属次要。喜欢寻找刺激及新挑战，不渴求婚姻生活。因此，追求者需要有极大的耐心去适应她。

2. 选择梨形钻石的新娘：属于"理想对象型"，性情比较活泼，勇于创新，喜欢接触新事物、新朋友，工作热心，容易适应新环境，处事成熟，懂得给予对方充分的自由和尊重，不失为男士心目中的理想对象。

3. 选择方形钻石的新娘：属于"渐进型"，比较保守，非常自律，处事严谨，有领导才干。喜欢将居室或工作的地方安排得井井有条。在爱情方面讨厌太激进的追求者。

4. 选择圆形钻石的新娘：属于"贤妻良母型"，持家有道，性情温和，平易近人，喜欢有规律的生活。由于容易满足现状，在工作方面可能缺乏进取心，这种女性特别注重安全感。

5. 选择心形钻石的新娘：属于"艺术型"，非常敏感，具有丰富的想象力，性情喜怒无常，容易冲动。在爱情方面非常专一，容易被甜言蜜语所感动。香水和鲜花等礼物最能打动她的芳心。

6. 选择卵形钻石的新娘：属于"个人主义型"，性喜独立，喜欢与众不同，但不太极端，富于创造才能，热心工作，同时喜爱家庭生活。

怎样选购礼帽

礼帽的帽檐宽，帽筒深，可与多种服装搭配，选礼帽首先要同服装的"身价"搭配得当。穿呢西装、呢大衣一定要戴挺括的呢制礼帽，才能显得高雅，不要戴中长纤维礼帽。着仿毛西装时，既可以戴化纤礼帽，又可以戴呢制礼帽。穿西装不能戴牛仔帽。至于穿皮夹克，不宜戴礼帽，否则，会给人不舒服的印象。其次，戴帽要注意姿势，不能把帽边压得太低，左右帽边可略斜一点。女青年戴呢帽适宜与大衣、风衣配套。

如何选择裙子

夏天，女士们穿着裙子既风凉又美观。然而选择什么样式的裙子更合适呢？仅就长短来说，有时就能带来感觉上的变化。短裙能使人感到轻松活泼；长裙使人感到文雅、稳重。但也要根据不同年龄、不同性格认真选择，才能恰到好处。例如，小女孩应穿短裙，这样就会显得更加天真活泼；青年女子的裙子应当稍长一些，使人感到文雅；中年女子穿的裙子长度要适中，才显得美观大方；年纪较大的女同志，则应选择肥大一点的裙子，式样朴素才有风度。不论是紧身裙、百褶裙，还是环口喇叭裙、西装裙、连衫裙等，花样和色彩与身材和年龄陪衬恰到好处才能既美观又大方。

怎样保养丝绸衣服

丝织品与棉麻织品不同，穿着时应有所讲究，否则容易损坏。

丝绸有天然纤维、人造纤维和合成纤维之分。这些丝织品，从外表看都很轻飘、柔软，但因原料不同，性能并不一样。

天然纤维丝织品，是由蚕丝织成的，它的主要成分是蛋白质。穿着真丝衣衫，对皮肤有保护作用，且真丝吸水性好，夏天穿着，感到凉爽、舒适。但蚕丝强度较差，在碱性溶液里，蛋白质易被水解。因此，蚕丝织品不宜用碱性大的肥皂洗涤，也不宜用力搓洗，应该用中性肥皂水轻轻漂洗。另外，盐也能使蛋白质分解，夏天穿真丝衣服，应经常换洗，以免汗水浸渍，出现黄褐色斑点。真丝的耐光性能比棉布差，洗好后应挂在通风处晾干，不宜在阳光下暴晒。真丝织品容易遭虫蛀，应存放在干燥的地方，并放上卫生球。真丝一般不宜做儿童服装。老年人活动较少，穿真丝衣衫既舒适，又不易损坏。有的人用真丝面料来做冬天的棉衣或罩衣，穿起来很服帖、美观。

人造纤维丝织品，有粘胶丝、醋酸丝、铜氨丝几种。人造丝性质较接近天然丝，吸湿性较强，有利于排除汗液，对皮肤不会产生刺激。人造丝较便宜，且花样品种较多。

合成纤维丝织品，指涤纶、锦纶、丙纶等。合成纤维强度比人造纤维和天然纤维都高，在湿态下强度不变。其耐腐蚀性好，不易发霉及受虫蛀。耐光性能与棉织品相似，是丝织品中最耐用的一种。合成纤维弹性很强，织品不折不皱，做成衣服，保形性好，不用熨烫，自然平服。

但合成纤维吸湿性能较差，透气性能不好，穿在身上会有闷热感，不适宜做贴身衬衣。可是，合成纤维丝织品易洗、快干，比较耐穿、耐洗、耐晒，适合在不太热的季节里穿着。

樟木箱子不能存放化纤织物

樟木箱散发出的浓郁樟脑气味，能驱虫防蛀，是保存毛皮、呢制衣物的珍贵家具，但樟木箱切忌存放化纤织物。因为化纤织物放入樟木箱内，会发生化学反应，损伤其密度，影响使用寿命。特别是素色和白色的化纤织物更易污染变色发黄，留下黄斑，无法去除。

为什么有些人会将化纤织物放入樟木箱中保存收藏呢？有两种原因：一是由于有些人不知樟木箱不能存放化纤织物，一时疏忽，将化纤织物和一般棉织衣物一齐误放进樟木箱内；还有些人听说通过试验证明，在条件适宜时，蛀虫也会蛀蚀化纤织物。因此，就将化纤织物（以素色和浅色为多）特意放在樟木箱内存放起来，以防虫蛀。殊不知，这样却适得其反，会使化纤织物老化损伤，素色的化纤织物也会变色泛黄。

化纤织物正确的收藏方法是，先将其洗净晾干，以达到杀虫灭菌的目的，使蛀虫无适宜的生存条件，然后放入一般木箱、衣橱中存放起来即可。只要没有蛀虫生存的条件，是不会被虫蛀蚀的。但要注意，化纤织物一般也不要直接接触萘丸（俗称卫生球），否则会与萘丸发生化学反应，损伤化纤织物密度，严重的还会把化纤织物溶成小孔，使衣物变质损坏。

熨维纶衣服不能垫湿布

熨烫维纶衣服不能垫湿布，否则会使织物变形变硬。

维纶布和维纶织物，是维棉与天然棉的混纺织物，商品名叫"维尼纶"。它在干燥情况下熨烫性能较好，但在潮湿情况下，却变得很差。当水温上升到80℃时，强力下降5.6%；水温上升到100℃时，强力要下降12%；超过100℃就会软化，并产生强烈的收缩现象，使织物变形变硬，影响美观和穿用寿命。

哪些衣料不宜暴晒

人们穿的衣服用料，主要有天然纤维和化学纤维两大类。由于它们的功能、特性不一样，因此，晾晒的方法也就不一样，有些衣料是不宜暴晒的。

全毛料、腈纶、氯纶衣服，洗涤后可在日光下晾晒。但羊毛长时间受到日光照晒，会失去光泽，降低强度和弹性。

棉布和混纺毛织品衣服，洗涤后虽然可以放在日光下晾晒，但应及时收好，以免过分暴晒使纤维受损伤，缩短衣服的使用寿命。

柞蚕丝、涤纶、丙纶织品衣服，洗涤后可以先在日光下晒至五六成干，而后移挂在阴凉通风处。

蚕丝、锦纶织品、粘胶纤维衣服，洗涤后不能暴晒，应晾在阴凉通风的地方。

洗涤腈纶膨体纱的窍门

洗时，先用洗衣粉或皂片将脏东西洗去，拧干，然后在阴处晾干。再将烧开的水倒入盆中，把晾干的膨体纱浸入，上下拎起挑动三五次，然后置水中，待水冷却后取出晾干即可。

用这种方法洗涤的膨体纱，伸直度、松度、弹性都与未洗前没有区别。

穿用风雨衣的学问

风雨衣(简称风衣)下雨天穿过后，要擦去雨滴，挂在衣架上晾干，切不可日晒。在收藏时最好用熨斗熨烫一下，既能保持平整，又可保持防雨功能。风雨衣一般不必经常洗涤，必须洗涤时，需要先用微温水浸湿泡透，再放进中性肥皂或洗衣粉溶液中轻揉。袖口、领子等脏处可用毛刷轻轻刷净。千万不能用汽油等有机溶剂擦洗。洗后必须用清水漂净，避免残留的洗涤剂影响衣服的防雨性能。风雨衣面料虽经过化学防水处理，但洗过几次后防雨效果仍会减退，这时，可买防雨浆给风雨衣上上浆，便会恢复防雨性能。

怎样干洗毛料西服

毛料西服笔挺，衣襟衣肩平整，穿起来美观大方。如果衣服脏了，一般宜干洗，不宜湿洗。干洗既方便，又迅速，且不变形，不走样，不脱色；湿洗则容易使西服里的衬布起皱纹，变形，易缩短，而且还可能掉色。下面介绍几种干洗的方法：

1. 除灰尘。用毛刷把毛料西服上的灰尘轻轻地打掉，然后，再用毛刷从上往下轻轻地刷。

2. 擦油泥。西服的领子、袖口等沾有油泥的地方，都擦上汽油。这样，便于在干洗时，使沾油泥较多的地方容易洗净。

3. 干洗的操作。用 3 份汽油，7 份清水，都倒在盆里，搅匀，把毛巾放盆里浸湿后，再拧干，把西服的一面铺在桌面上，再把毛巾铺在西服上，然后，用电熨斗均匀推压。湿毛巾含有汽油，用电熨斗一烫，西服上的污物就会迅速蒸发消失。这样干洗完一面后，再干洗另一面，连续烫洗两三次，整件毛料西服就干净了。

4. 熨平整。把西服再熨一下，就是把西服吸进的水分完全烫干。这样，西服既干净又平整。

呢子服除尘妙方

请您将呢子服平摊在桌子上，把毛巾在洁净的水中浸湿，拧干，铺在衣服上，然后用手在毛巾上轻轻地拍打，每块地方拍打 10 下左右。这样，积在呢子服装里的尘土便被弹出来，沾在湿毛巾上。这种方法简单、方便，而且对呢子服装无损害。

如何打扮孩子

儿童，是祖国的花朵，是父母的希望。怎样把他们打扮得格外美丽大方呢？服装和美是有着密切联系的，而色泽与美更是不可分离。只有科学地根据孩子们的肤色来选择服装，才能使你的小宝宝更加惹人喜爱。

假如你的小宝宝是一个皮肤嫩白的小姑娘，那么就请你选择颜色柔和的服装，如一件橙色的上衣，再配上一条深色的裤子。如果是件白上衣，就请你再配上一条橙色的裙子，这样可以使她显得更加漂亮俊俏。除此之外，藕荷色、青莲色或浅玫瑰色的服装，会使她显得文雅、洁净。嫩黄色、粉红色和娇绿色的服装，会使孩子显得更加娇嫩，天真活泼。

假如你的小宝宝黑瘦，皮肤又比较粗糙，那么你就不要选择那些黑色、紫色、深蓝色和光滑的服装。瘦孩子穿这些颜色的服装，会显得更消瘦。土黄色或浅米黄色的服装，能使人对孩子粗糙黑色的皮肤在视觉上有所缓解。

假如你的小宝宝是一个胖娃娃，请尽量不给孩子穿白色的服装。因为白色衣服能使人体产生一种扩大和前倾的视觉，会使孩子显得更加肥胖，所以可以给孩子穿些直条或带小花纹图案的衣服。

假如你的小宝宝脸色有些苍白，头发有点发黄或发灰，最好给孩子穿些白色的衣服，这样可以使孩子显得白胖健壮。千万不可选择绿衣服，绿色会使孩子的脸发黄或显得更加苍白，给人留下一种不健壮的感觉。

宝宝的服装也要根据季节变化加以选择，如冬天给孩子多穿些深色的，如红、橙、黄三种颜色的服装，这样会给人一种温暖的感觉。而炎夏则为孩子选择些白色、蓝色或其他较浅的衣服，能给人凉爽的感觉。

生活需要美，祖国的花朵更需要美！年轻的父母们，快运用色彩科学的艺术，让多彩的服装来衬托出孩子们那俊俏的笑脸吧！

胖人穿衣"五忌"

1. 选择面料忌太厚或太薄。因厚料有扩张感，会使人显得更胖；太薄又容易显露肥胖体型。最好选择那些柔软而挺括的面料，如华达呢、哔叽、毛涤纶、棉涤纶等。

2. 选择色彩忌浅淡无光。应以深色为佳，因为深色具有收缩感，会使人显得削瘦，如深色而有光泽的藏青、蓝灰、绿灰、咖啡色最好。

3. 年轻而较胖的妇女忌选用大花纹、横条纹、大方格衣料，应选择小花纹和直条纹的衣料，这样可避免产生体型横宽的错觉。

4. 衣服款式忌花式繁多、条纹重叠，要力求简洁、朴实。

5. 忌穿关门领式或窄小的领口和领型。因为胖人一般具有脸盘大、颈短粗的特点，穿关门领式的衣服或窄小的领口和领型会使脸型显得更大。最好用宽而敞的开门式领型。但也忌太宽或太窄，否则会衬得胸部过宽。

羽绒制品应该多晒

随着人们生活水平的提高，羽绒衣、羽绒被、羽绒枕等各种轻暖美观的羽绒制品纷纷涌入家庭。使用羽绒制品除了日常保养外，最要紧的是应经常放在阳光下多晾晒。

羽绒制品的内填物是由家禽的羽毛（高级的纯用羽绒）经抽剥、打碎、整理、和洗、漂白等工艺制成的。其保暖性极佳，却也极易吸潮。在雨雪天气或室内，羽绒服吸度很高，而羽绒又是动物质，即使在冬天，也很容易因过分潮湿而发霉变质。所以，羽绒被、羽绒枕等天天与人体直接接触的羽绒制品，应每隔3~5天在阳光下晒一次，既去潮气又可使之保持松软状况，使用时倍觉温暖。羽绒衣也应每隔一周左右晒一次，轻轻拍打一下，使之轻柔。如果淋雨，更应好好地晒一次，既可使穿着舒适，又能延长其使用寿命。

收藏仿裘皮大衣要注意防潮

收藏前，应选择干燥天气，将仿裘皮挂在室外晾晒一下（忌长时间烈日下暴晒，以免毛面褪色，皮质硬化），然后用拧干的热毛巾或用干净软布蘸溶剂汽油顺毛擦搓毛绒，也可撒上适量的食用干面粉，用刷子顺毛擦刷，最后挂起晾干，用藤条抽打衣里儿和轻拍毛面，附在毛上的粉尘即可震落。

在一定湿度和温度条件下，霉菌和蛀虫有可能滋生繁殖，使仿裘皮发霉、虫蚀。因而仿裘皮服装在收藏之前一定要晾干后再用宽肩衣架挂入干燥、宽敞的衣橱内，不要装在塑料袋内长期受闷，也不要捆扎、压叠。衣橱内可放些樟脑丸或挥发性除虫剂。在大伏天，还应将仿裘皮衣拿出来照上述办法晾晒一两次。

平时应挂放在避光处，以免光对皮毛产生氧化作用，致使毛绒色泽减退。

如果仿裘皮服装出现破口、裂缝和霉烂、变硬等现象，应及时送专业店进行修补。

怎样洗掉衣服上的沥青

在日常生活中，有时不小心会把沥青油沾染在衣物上。沥青油沾染衣物后千万不得用汽油洗刷。因为，这样会导致沥青油氧化变硬，沾染牢固。

沥青油沾染衣物后，可先将被沾染部位浸泡在豆油里约20～30分钟后取出，用双手适当用力揉搓可以除掉。如一次不能彻底除掉，可再浸泡一段时间后取出，继续揉搓，待全部除掉，再用汽油洗刷豆油，这样就容易洗掉了。

怎样做棉衣更暖和

您以为完全使用新棉絮做的棉衣最暖和吗？不见得。最好的方法是在外层放旧棉絮，靠里子的一面用新棉絮，这样做的棉衣才更暖和些。因为，外面的一层旧棉絮，纤维压得紧密，能够阻挡寒风侵袭；里面的新棉絮松软多空隙，能够防止身体的热气外流。

衣物烫黄怎样补救

棉织物烫黄时可马上撒些细盐，然后用手轻轻揉搓，再放在太阳底下晒一会儿，用清水洗净，焦痕即可减轻甚至完全消失。

丝绸烫黄时可用少许苏打粉掺水调成糊状，涂在焦痕处，待水蒸发后，再垫上湿布熨烫，即可消除焦黄斑。

巧除服装"结头"

西服或丝绸衬衣如在显眼的地方有"结头"，可用针在紧靠"结头"的旁边扎下去，并用线在"结头"上绕两周，最后用手在衣服的反面把针拉下，"结头"随着针和线乖乖地藏起来，衣服表面就会变平整光滑了。

穿着小常识

1. 领带皱了，可以卷在圆筒状啤酒瓶或茶杯上，待第二天使用时，皱褶就消失了。

2. 绒衣、绒帽、大衣领等毛绒倒伏时，可将绒面对着热气，用毛刷梳刷复原。

3. 皮鞋面上有污垢时，可用生蛋白擦拭鞋面，即可去污。

4. 牛皮鞋面不慎划出小豁口时，只要涂上适量的大蒜汁就能粘牢。

5. 擦皮鞋时，如能先在鞋面上抹上醋液，则擦油后皮鞋特别光亮。

6. 收藏的牛皮鞋最好晾两天，再在鞋内放上卫生球，就能防止蛀虫。

衬衫领口如何保洁

新买来或新做的的确良衬衫，穿之前，在领口、袖口上用棉球蘸上汽油轻轻擦洗一二遍，等汽油挥发后，再用清水洗净。这样，衬衫领口和袖口即使沾上了污渍，也很容易洗净。

怎样编制家庭食谱

有些家庭开始编制家庭食谱，这是值得提倡和推广的好事。其一，利于有计划地去采购食品；其二，可从人体对营养的需要出发，有益于健康；其三，便于考虑家庭成员的口味和喜爱，注意主副食的品种和花样，丰富生活情趣。

制定好家庭食谱并不是难事，只要能从以下几方面着手，就完全能够办到。

1. 必须学习和初步掌握有关营养学的基本常识。比如，人体需要哪些营养素，都需要多少？各种食物里都含有哪些营养素，食量多少？也要学习和掌握烹调技术，学会能做一般大众食谱上的主副食。

2. 编制食谱时要从实际出发。不仅要从当地、当时的市场上副食供应实际情况出发，还要从家庭成员对营养的不同需要的实际出发。比如，对于老年人、孕妇、小儿和慢性病人，要懂得并掌握这些人应该多吃些什么和少吃些什么，这样才会制定出符合全家人需要的食谱。

3. 编制食谱以一周一次为宜，不宜过长或过短。编制时，可以先征求全家人的意见，并结合家庭的经济条件。一日三餐要贯彻"早餐要吃饱，午餐要吃好，晚餐要吃少"的原则。一般家庭，以成年人为例，每天每人肉蛋类100克左右，大豆制品150克左右，蔬菜500克左右，主食500克左右，即可满足生理需要（从事体力劳动者应适当增加）。为了把食谱制定得更合理和科学，开始时先请医生或营养师们看一看，提提指导意见，还是很有必要的。

一日为何三餐

世界上大多数国家的居民都是一日三餐，但几百年前一日两餐却是很普遍的现象。东西方的文化与食品有很大差别，但从一日两餐过渡到一日三餐几乎是同时进行的。人类从一日两餐过渡到一日三餐，不但与生活水平的逐步提高有关，而且从生物学角度来看，过渡到一日三餐是合理的。

1. 生物钟与一日三餐。人类的一日三餐一般是在早晨、中午和晚上。现代研究证明：在这三个时间里，人体内的消化酶特别活泼。这说明，人在什么时间吃饭，是由生物钟控制的。

2. 脑与一日三餐。人脑每天耗能量很大，而且脑的能源供应只能是葡萄糖，每天大约需要110~145克。而肝脏从每顿饭中最多只能为大脑提供50克左右的葡萄糖。一日三餐，肝脏为人脑提供的葡萄糖数量正好与大脑的需要量吻合。

3. 消化器官与一日三餐。固体食物从食道到胃大约50~60秒的时间，在胃中停留4小时左右才到达小肠。因此，一日早、午、晚三餐，每餐间隔4~5小时，从消化上看也是合理的。

早餐的重要性

在我国民间早有"早餐吃得饱，中餐吃得好，晚餐吃得少"的谚语。现代医学研究证明，这些饮食经验是很符合人体生理要求的。早餐与人体健康的关系十分密切，一个人从头天晚上到第二天早晨，其时长达10多个小时，临早餐时已肚子空空，如果早餐吃得不好或不进早餐，人的脑子与体力就很难支撑一上午的工作和学习，且可因血糖过低而头晕目眩、浑身无力，天长日久还会形成营养不良、贫血等病患。所以早餐一定要营养丰富些，多吃一些蛋白质含量较高的食物，如豆制品、花生米、牛奶、鸡蛋等。而早餐吃得饱仅是占第二位的要求，要好中求饱，而不是单纯地吃饱，更不宜吃得过饱。

脑力劳动者的膳食营养

哪些食物对脑力劳动者最好呢？有以下几种：

1. 大豆。它含有高达40%的优质蛋白。
2. 鸡蛋。这是已知天然食物中最优良的蛋白质食品之一。
3. 鱼和虾。蛋白质含量为15%~20%。
4. 肉。肉可以刺激食欲，促使消化液分泌。
5. 蔬菜和水果。这是钙、磷、铁和胡萝卜素、核黄素、抗坏血酸的主要来源，尤以绿叶菜和橙黄色蔬菜更好。

最好和最差的食品

10种含有最丰富营养的食品是：苹果、鳄梨(牛油果)、香蕉、花椰菜、鸡、鱼、柑橙、马铃薯、脱脂奶、粗面包。

10种对健康最不利的食品是：咸肉、糖果、巧克力、罐头咸牛肉、蛋黄、肥猪肉、猪牛肉混合香肠、炸薯片、熏肉和全脂奶制品。

受欢迎的新型食品有哪些

下列新型食品近些年来较受消费者青睐。

1. 寿翁食品。以大豆蛋白为主要原料，配加花生、芝麻、何首乌、红枣等，具有低盐、低热量、高蛋白等优点，而且易消化。

2. 低盐食品。各地食品厂竞相生产低盐酱油、低盐豆瓣酱、低盐咸菜等。能减少重盐食品导致的血管阻力引起的心脏病和高血压等病的威胁。

3. 乳精蛋白食品。这种食品含蛋白质达80%，特别适用老年人食用。

4. 人造奶酪食品。经低温溶剂脱脂后的豆粉和浓缩蛋白可配制成多种奶酪食品。

5. 花粉食品。含有多种氨基酸蛋白质和无机盐、维生素，营养价值高，是老、幼、病人或运动员们较好的保健食品。

6. 乳酸食品。由纯双叉乳杆菌接种牛奶灭菌后制成。是目前国内较流行的乳品饮料，易消化，含合成维生素 B，有抗癌和降低胆固醇的作用。

做主食的秘诀

做米饭的秘诀是水、火恰如其分。做米饭时，不停地用中火加热，水不断地向米中浸透，达到60℃时，米淀粉中易溶于水的直链锁状分子先溶出来，开始糊化。倘若温度不继续上升，便会做出里生外熟的"夹生饭"。当温度不停地上升到100℃以上，米淀粉中的支链结晶也被破坏，β 淀粉完全转变成 α 淀粉，饭就做好了。

加多少水，要视米的新、陈和饭干、稀而定。如做干饭，加水约为米的一倍左右。加热要先中火，再强火，然后弱火或停火。加热20多分钟时，水被吸收、蒸发，余下很少，这时靠锅底传热，温度很快上升到100℃，再煮一会儿，可用弱火或停火进行焖饭。

会做饭的人，做出的饭松软、味香，又可节省燃料。做饭时本来温度已达到100℃，再煮一会儿，则可用弱火或停火焖饭了，这时倘继续用强火，一者饭易焦煳，再者浪费燃料。蒸馒头、蒸包子也是同样道理，达到蒸熟的程度后，倘继续用强火，一者蒸煮过时食物失去味道，再者浪费了燃料。

怎样办好春节家宴

办春节家宴，最好是少而精，不尚厚味，宜鲜香清淡。在原料上，除选购适量的鸡、鸭、鱼、虾、精肉外，还要买些金针菇、木耳、干笋、香菇及足够的鲜蔬。

菜肴要选用带有年节气氛的菜名，如"满园春色""全家福""如意卷""龙凤""元宝"之类。这些动听的、有冬尽春来、吉祥如意美好含义的菜名，会更加增添节日情趣。

在菜肴花色的安排上，应当有荤有素，有下酒的冷盘、炒菜，又有佐餐的大菜和汤菜。一般5~7人的一席家宴，配置小冷盘二三个，炒菜三四个，大菜和汤各一个。菜色应该红、白、绿、黄都有。从口感或口味上讲，香脆的油炸的菜肴、柔软细嫩的菜肴都要有，甜、咸、酸、辣口味俱全，要搭配合理，花样齐全。除一时不易煮烂的菜肴需事先预制外，一般炒菜都应现吃现炒，既可保持营养，又能保证到口鲜香。

上菜次序除冷盘先上，热菜后上外，还要注意荤菜后上，以免倒胃口，鲜、咸菜宜先上，可以开胃。虾仁、蟹粉之类鲜香突出的菜放在第二、三道为好。油炸菜可插在中间，肉食菜后再上蔬菜。大菜之后，再上汤菜，这样会吃得舒适愉快。

哪种面食吃法好

北方人多爱吃面食，但面食在加工中由于方法不同，营养成分会受到破坏。据实验证明，烙制的面食维生素B_1只损失21%，维生素B_2只损失14%，而尼克酸几乎不受损失。蒸制面食，维生素B_1损失30%，维生素B_2损失38%，尼克酸只损失9%。炸制面食营养损失最严重，维生素B_1几乎全部被破坏，维生素B_2和尼克酸也大约损失一半。煮的面食虽然也损失一部分维生素，但绝大部分溶解在汤里，只要把面汤充分利用起来，所失掉的维生素就会得到补偿。

油炸食品危害大

油炸食品丰富多彩，诸如油条、油饼、麻花、油糕、江米条……可谓色香味俱佳，深受人们喜爱。可您知道吗？油炸食品不仅会使营养成分遭到破坏，还会产生多种有害的物质，危害人体健康。

我们知道，用油炸食品时，要将油烧开。油的沸点为120℃。油经长时间或反复的高温，会发生氧化、水解、热聚合等一系列化学变化，成为劣化油。劣化油含有醛、酮、低级脂肪酸、氧化物、环氧化物、内脂和热聚合物等多种化学成分。而这些化学物质随油炸食物被人食入后，有的对人体酶系统有破坏作用，能使人中毒，有的长期蓄积人体组织内，可诱发癌症。经高温油炸的食物会使很多营养成分受到破坏，维生素A、维生素D和维生素E遭受损失，供热量下降，必需脂肪酸被破坏，影响维生素B_1的吸收利用，影响食物的消化吸收，因而食物的营养价值大大下降。

要想避免油炸食品对人体的不利影响，最好的办法是在油锅内放些水。水的比重比油大，所以水在锅底，油在上部，加热时水烧开了只有100℃，这样用水温传导加热，油的温度就不会太高。用这样的油温，完全可以把食物炸熟。用这种方法不仅能保持油中的营养素不遭到破坏，而且能够避免产生有害物质。还有，在炸制食品时，油用过两次后就应改作他用，更换新油。

喝啤酒的学问

喝啤酒也有学问。正确的喝法是：

1. 检验质量。优质黄啤酒（淡色啤酒）色泽透明，呈金黄色，液体；优质黑啤酒（浓色啤酒）色泽红褐。如发现失光、浑浊、沉淀现象，说明质量下降，过度浑浊说明已变质，不宜饮用。

2. 品尝其味。啤酒的泡沫以白、细、多、久为佳。香中带苦是啤酒的特色。淡色啤酒蛇麻花的香味较浓，味道醇正适口；浓色啤酒麦芽香味较重，口味浓郁醇厚。

3. 餐具卫生。喝啤酒的餐具，切忌沾有油腻，否则会使泡沫很快消失，降低啤酒质量。夏天最好冰镇，不仅清凉爽口，而且能保持泡沫的稳定性，使二氧化碳气体多而持久。

啤酒多喝也会醉人，特别是酒量不大的和初喝酒的女士更应少喝。

调味品的作用

调味品大致可分咸、甜、酸、辣、鲜、香六类。

咸味调味品有食盐、豆酱、酱油、腐乳汁等。咸味乃调味品中的主味，菜肴大都以咸为主，然后配合其他味道。它有提鲜、解腻、除腥、去膻、防腐的作用。

甜味调味品有糖类、蜂蜜及各种果酱等。甜味按用途仅次于咸味，在我国南方，也是一种主要调味品，它能增加菜肴鲜味，并有抑制其苦涩的作用。

酸味调味品有各种食醋、番茄酱、山楂酱等。酸味在一些菜肴中也很重要，特别是在我国山西省，必不可少。它有很好的除腥、解腻能力，并能促进食物中钙质的分解。酸味与味精配合，能使菜肴更鲜美；与辣味、甜味配合，其"酸辣""糖醋"的味道别有风味。

辣味调味品有辣椒、胡椒、葱、姜、蒜等。辣味能刺激胃液分泌，增进食欲，并有很好的除腥、解腻及通窍的作用。湖南人尤其嗜好吃辣椒，辣味是湘菜的特点。

鲜味调味品有味精、虾仔、鲜汤等。鲜味能增加菜肴的鲜美，可使味淡或无味的原料滋味突出。

香味调味品很多，有酒、花椒、香菜、芝麻酱、花生酱、玫瑰、茴香、八角及各种香料、香精等。香味能增加菜肴的芳香，有冲淡腥膻，解除异味的作用。

正确使用味精

味精，也叫味素，是我们烹调菜肴时常用的调味品。但使用要正确，不能每菜必用，更不能多用、滥用。

味精的主要成分是麸氨酸钠，是一种易溶于水的物质。菜肴中的鲜味是味精溶解后产生出来的，但并不是放得愈多，味道就愈鲜。如果使用不当，还会出现相反的结果，甚至影响身体健康。所以一定要因菜制宜，适时放入。

1. 蒸、炖鸡、鸭、鱼、虾等肉类食物时，不宜放入过多的味精，否则会使这些肉类失去原有的鲜味。

2. 温度过高时不宜放入味精。当120℃时，味精会产生一种叫作焦化麸氨酸钠的毒物。因此，最好在汤菜或炒菜出锅前，70℃~80℃时放入味精。此时，味精溶解得最快、最多，味道也最鲜。

3. 拌凉菜时，应先将味精放入少量的开水中搅拌，待溶解冷却后，再均匀地倒在凉菜中。切不可将味精直接撒在凉菜上，那样，味精溶解慢，鲜味也不突出。

4. 碱性食物不宜使用味精。

家庭与色彩

色彩的巧妙布置，能给生活增添乐趣，使人心情自若，神经得到休息和调解。因此，怎样挑选和巧妙地布置家庭色彩，也是一门科学。

色彩一般可分成两大类。一类是暖色，包括红、橙、黄色；另一类呈冷色，包括蓝、绿、紫色。在日常生活中，房间的墙壁，各种生活用品，究竟用哪一种色彩好，这要根据多方面情况来选择。

蓝色能给人一种空旷、安定、凉爽的感觉。假如你的居室比较狭小，就可以大胆地选择这种色彩来油刷墙壁。门窗的颜色要用绿色。若居室宽敞，就不能选用这种色彩了。因为这样会显得空旷、散乱，如果选用灰暗的或深沉的色彩，就会使空荡荡的大房间显得紧迫。

小图书室、学习室最好选用黄色。因为黄色明亮开朗，令人心旷神怡。在一些生产环节特别是枯燥乏味的厂房里，墙壁涂上这种色彩，可减轻烦闷和疲劳。

老年人的居室及用品，一般不要选择红色的。因为长期生活在红色的居室里，会使人的血压升高，脉搏加快，情绪易于激动，容易感到疲劳。因此，老年人的居室一般可选用乳黄或奶白色。因为乳黄和奶白色能给人一种明快、清新、幽静的感觉；此外还有降低血压的作用。红的颜色也不是不可用，一般可用于点缀和衬托，以增强色彩的明暗对比。

卧室、餐厅的墙壁，最好选用橙黄色。因为橙黄色醒目，知觉度强，能刺激人的食欲，使人快乐地饱餐一顿。餐厅切忌刷成红色，这样容易造成内分泌系统的紊乱。

家具的色彩，与墙壁的色彩相互衬托。由于家具大多是赭色的，因此墙面最好不采用过于鲜艳的色彩。一般可用浅黄或奶黄。室内色彩布置总的原则是以温暖、柔和、恬静、偏暖的中性色调为宜。一般也可选用较为稳重、沉静的棕色、黄棕色或乳黄色。

把新房布置得更美

布置新房是建立家庭的开始，也是新婚夫妇的一大乐趣。在居住面积还不宽裕的条件下，想使新房美观舒适，就要精心布置了。

新房的布置讲究家具、窗帷和各种装饰物色彩的相互协调。色彩对居室的美化作用很重要。色彩不仅给人赏心悦目的感受，还影响人的情绪。年轻人活泼好动，浅色调的居室，配上造型新颖、色彩浅淡的家具，有明快、清爽之感。家具的选择也要讲究少而精。住房小，家具陈列不宜多，有条件的应尽可能采用多功能组合式家具。一套组合柜既有书桌、书柜，又有衣柜、电视柜、酒柜等，这组柜就可以解决问题了。另外还要注意家具之间的色彩一致，这样可以使房间显得整洁、明亮。窗户是房间的眼睛，因而配以精美的窗帘，可以装饰、美化房间，还可以调节光线。一般来说，窗帘的颜色要与屋内布置的主色调相和谐。如果窗帘色调、花型能和床单、沙发套、椅套协调起来，新房就会显得宽敞整齐。

此外，一些小巧的摆设也可对新房起到微妙的美化作用。例如，在室内放一两盆花草，摆几件精巧的工艺品，床头、墙上挂一两幅风景画，都可以增加室内平和、优雅的气氛。

当心居室环境污染

在日常生活中，人们十分注意饮食起居对于身体健康的影响。然而对家庭环境的污染给身体带来的危害，却往往不够重视。美国环境保护署一位工作人员曾带着一架空气污染测量器，经过多方面的测验证实：污染和粉尘浓度最大的地方，既不在街道上，也不在工厂区，而是在自己家中。由此可见，居室环境的污染是影响健康不可忽视的因素。

家具是居室不可缺少的组成部分。然而用木屑人造板或树脂板等制作的家具,多数是用酚醛树脂作黏合剂的。这些物件遇热以后就会散发出一种有害的醛气体。此外还有一种脲醛泡沫塑料,有时也会散发出甲醛气体。这些气体浓度高时就会使人头涨、作呕,甚至出鼻血。再者,如皮肤不断分泌的各种有机物、衣袜不洁、烹调时产生的各种高温气体等,也都会引起居室环境的污染。长期吸入以后,都会对大脑皮层产生刺激而使人产生头痛、恶心和食欲不振等症状。

还有人测验:即使是在安静的房间里,每立方米空气中的尘埃量也约有 0.12～0.50 毫克。而人员密集、流动性大的百货商店,竟可高达 1.6～9.7 毫克。

为了减少室内空气的污染,在日常生活中必须经常打开门窗,以更新室内空气,减少粉尘。据测验发现,在不开窗的时候,有时每立方米的空间竟有 1.9 万个病菌。而开窗通风以后,则可使病菌减少到 5800 多个。可见,经常开窗不仅能减少室内空气中的粉尘,还能大大减少在空气中飘浮的病菌。

打扫室内卫生时,最好采取湿擦法,这样也能有效地减少空气粉尘的含量。另外在室内外栽花种草,不仅能美化环境,而且能大量吸附粉尘,净化空气,这也是一举两得的美事。

水泥地板装饰方法

水泥地板因受建筑材料和施工质量的限制,使用一段时间后,常有沙砾脱落,原有的光泽被磨掉了。怎样弥补这些缺点呢?

有一种简便易行的装饰方法:先把地板脱掉的沙砾、脏物扫干净,再用水把地板上的灰尘刷净,用适当大小的无褶厚纸(最好用牛皮纸)放在水面上,将其一面润湿,然后用调好的面浆或胶质糨糊将纸粘在地板上,湿面朝下。这样可使纸粘贴平整,若纸不厚可粘双层。粘纸后即可在纸上刷常用的地板漆,刷两次后便有晶莹透澈的光泽,视觉如地毯。

此法优点:不掉漆,好擦,隔凉,颜色可根据房间布置风格调定。

怎样制作和粘接装饰板

装饰板在家庭里应用很多,如门扇、窗台、窗帘盒盖等,还有立柜、高低柜、五斗橱、写字台、饭桌、椅子等大都需用装饰板。为了使大家用上美观、光滑、经久耐用的装饰板家具,或搞好室内装潢,这里将制作和粘贴的方法介绍如下：

需用材料

玻璃片一块，越大越好；涤纶薄膜和木纹纸或大理石的装饰纸；牛皮纸（有条件可用玻璃丝布代替）。

所需树脂胶配方是：（重量比）不饱和聚脂树脂306#，100克。

过氧化环己酮糊液1号催化剂（H），4克。

萘酸钴（加速剂E），2克。

施工方法

先将玻璃片擦干净放在桌子上，在玻璃片上铺放涤纶薄膜，接着搅好树脂胶配料，倒在涤纶薄膜上，再用刮板（3毫米厚软塑料）刮胶；要求刮得均匀，不要漏胶。然后，把装饰纸（木纹纸）铺在有胶的涤纶薄膜上，再往木纹纸上倒树脂胶，刮胶；刮平后再往有胶的木纹纸上铺牛皮纸，用光滑木片把多余的胶赶出来，将里面的气泡排除掉。稍等片刻，用刀片在涤纶薄膜四周起开，用双手揭一头，这样整张的装饰板就做成了。最后，要求在20℃～25℃条件下，固化6～8小时。

注意事项

（1）应注意原材料的易燃性，绝不能把催化剂和加速剂直接混合，否则会发生猛烈的爆炸。所以，在配料时应先把聚脂树脂和催化剂混合搅拌均匀。然后再用加速剂搅拌均匀。

（2）随配随用。由于胶凝较快，一般应在30分钟内用完。

（3）树脂一次使用时不要配得太多。树脂黏度太大时，可加适量苯乙烯（<10%）稀释。

粘贴装饰板的施工方法

将装饰板按照你所需要的尺寸裁好，先用乳白胶涂刷在装饰板背面（牛皮纸上），再将乳白胶涂刷到所要粘贴的地方，然后将装饰板铺好，进行压实，赶除气泡。最后铺一层干布，用电熨斗进行烫熨，促使乳白胶快速凝固，这样粘贴比较牢靠。

刷油漆的技巧

在刷漆之前，首先要使墙壁充分干燥，一般表面湿度不能超过8%，即手摸不能有潮湿的感觉。如果正值雨季，或者急着要用，可以涂塑料漆，但湿度仍不能超过15%。另外，墙壁表面温度要在5℃以上，涂料也要在12℃以上，否则刷完不容易干，即便干了也会很快掉皮。

墙裙的高度通常是1.2米，也有1.4米的，这就要按原来的底子而定。油漆的色彩，为了美观协调，要从房间朝向及家具面材的实际情况出发。往往是朝南房间用中性色——暖灰、乳白；东西向房间用冷色——豆绿、鸭蛋青；朝北房间用暖色——米黄、淡红。

油漆分为透明和不透明两种。刷在水泥面上，只要用不透明的脂胶漆、酚醛漆、调和漆就可以了。一般每10平方米用铅油成品约3.5～4千克，调和漆为1.5～2千克。

刷漆之前，要清除灰尘及表面脏物，较大空洞应用腻子填补（可用8份石膏粉配5份光油加清水调成）。先刷一遍油漆，干后再刷一遍调和漆。讲究一些的，可多加一道铅油漆。刷的质量，以不流、均匀、表面平整、光线柔和为佳。

油漆水泥地面，操作程序和墙面差不多，只是底子油一道，面漆要刷三道。油漆则用醇酸漆、地板漆，干后打地板蜡。地面颜色最好用深色耐脏的墨绿、赭红等色。

窗帘的选用

俗话说"窗户是建筑的眼睛"，而窗帘则是窗户的"睫毛"。窗帘可以控制室内日照、通风及噪声的吸收，有时还可以遮挡窗外视线不得入内的作用。有了窗帘，除保持室内舒适性、封闭性之外，还可赋予室内新景观，改善室内"小气候"的作用。所以窗帘是室内环境装饰的重要组成部分。

窗帘的形式是多种多样的。在选购窗帘的时候，首先要注重发挥窗帘的功能，不要单纯追求式样的美观。冬天，多层窗帘形成空气层，能有效地阻止室内暖空气和临窗冷空气的对流，有较好的保暖性。盛夏，采用半悬式窗帘、百叶窗，以及具有浓厚地方色彩的竹帘或珠帘，能取得良好的通风效果；在酷日当顶时，关闭窗扉，挂上白色窗帘，可以反射大量的辐射热，保持室内低温，使室内有阴凉宜人之感。

多数家庭只挂一层窗帘，因而窗帘质料不宜太厚，要有一定的透光性，但也不能过薄，以晚上开灯后从户外看不清室内的活动为宜。用花布做窗帘，可以打破室内沉闷单调的气氛。不过，切忌颜色过于强烈，图案过于琐碎，要考虑到窗帘起伏打褶后的纹样效果，并顾及到窗帘纹样效果与床罩、沙发面料等色彩相呼应，以取得高雅、和谐的效果。

窗帘用双层的更佳。外帘的材料应力求轻柔、稀疏，透气性好，以白色为宜，淡雅的素色亦可。内帘的主要作用是隔音保暖、遮蔽阳光。因此，要求质地厚实、柔软而能蔽光。窗帘织物的花纹要有变化，色彩应含蓄沉着，这样可以起到丰富室内空间的艺术效果。

家庭窗帘巧悬挂

人们称窗户是居室的"眼睛"，而窗帘则是窗户的"睫毛"，是有一定道理的。窗帘的色调处理得当，能增强居室的美感。不同的色调，给人以不同的感受。例如，暖色调（橙、红、黄等色），常使人感到热烈、兴奋，给居室带来温馨的气氛；冷色调（绿、蓝、紫等色），则感到幽雅、宁静，会使室内环境凉爽宜人。光线偏暗的朝北房间，挂上红栗色、黄纳色窗幔，迫窄的居室就会变得明亮、高雅。明亮的朝南正房，挂上抽纱空花的浅蓝色、天蓝色窗幔，能把室内强烈的光线调节成纤细而柔和的漫射光，既可挡住烈日的照射，起到遮阳避暑的作用，又能保持室内的亮度，显得更加宁静。而湖绿色、墨绿色窗幔，会使房间显得更富有朝气。白天可用纱幔或布幔，以不影响阳光的柔和，不妨碍空气流通为适宜；晚上则应用较厚的窗帘遮住窗户。

家具、墙壁的颜色与窗帘色彩协调，可以使人赏心悦目、心情愉快。小面积的住房，应使墙面、家具和窗帘色调接近，同一色相而明度略有不同。注意：红绿不协调，青橙不协调，黄紫不协调。在摆放新式平滑家具的房间里，窗帘不要有褶纹和绉边。

窗户对面比较开阔或有绿色植物，就应该只留下侧面的窗帘，以使室外的景色与室内相互辉映。不然，有时微风袭来，窗帘就会婆娑起舞，有碍对室外景色的观赏。如果在窗帘的上方，设置一个窗帘盒，窗户的主体造型就美观、丰富多了，它不仅能给漂亮的窗帘锦上添花，还有助于窗帘保持清洁。玻璃窗帘悬挂在玻璃窗外面，它能在阳光达到玻璃窗之前快速吸热和散热，阻挡75%的太阳热量，而又不影响视野。经测定，与不悬挂这种窗帘的房间对照，夏季能降低室温9℃～12℃，冬季能增高室温2℃～5℃。

厨房的设计布置

厨房，是重要的活动空间。良好的厨房环境，使厨房内物品摆放井然有序，清洁宜人，不仅大为改善进餐者的心境，而且可以增强人的食欲。

厨房需要进行收藏的物品，大致可分为食物、调味用品、炊具、餐具及杂物等。食物的收藏分为干燥食品及冷冻保鲜食品两类。分别收藏在橱柜与电冰箱内。粮食、面粉、糖等干燥食品，尽可能收藏在调理柜内。罐头类的食物，适合放在比较浅的柜内。调味品应放置在显而易见之处，因使用频率高，操作中要求方便及时。因此，这类物品的收存应做到标签醒目，位置明显，相对集中，分类清楚，伸手可取。一般安置在炉台旁的台面或吊柜壁面的调味搁板上最为合适。

厨房器具包括餐具和炊具两大类。其收藏的原则是，越是常用的越应放于取用方便的位置。形状不同的可根据其大小搭配放置，以合理利用空间。玻璃等易碎器皿，应放在视线可见，便于拿取的位置。重的器具一般放在底部，轻的放在上部，以利于稳定安全。

厨房收藏杂物的垃圾桶安置在水槽下方柜内，打开柜门时垃圾桶自然开启，很是方便。

厨房中的毛巾、抹布、案板、刀、铲勺等，使用频繁，且潮湿带水。因此，除了拿取方便外，还要注意通风、防潮及防滴水的处理。

洗完的餐具带水放进柜内不好，一个个用毛巾擦干又费事，且毛巾本身必须保持干净，否则反而不洁。因此，常用餐具洗后可利用架于水池上的网筐直接控干。亦可在吊柜内设一活动沥水架，不用时还可以折叠收起。

卫生间的安排

卫生间通常是房间中最小的一间，而一般装修设计中往往忽略了卫生间的巧安排。结果是一些日常用品乱堆在一起，或塞在一小柜里，或随便放在浴缸和洗脸盆边缘上。因此，卫生间应合理安排，再配合其他设备和布置，才能创造出一个令人满意的生活空间。

一般说来，卫生间的空间不大，但收藏和使用的物品却不少，主要有洗涤品、手纸及清洁用品等。

存放的方式，主要有开放式收藏架、储物柜、各种附件和挂件。开放式收藏架能使清洁用品取用方便，但物品放置在收藏架上会给人以凌乱的感觉，对此，可用装饰帘加以美化。架的材质一般由金属、喷塑和人造板材制成。

储物柜有多种形式，其中带镜面的收藏柜是卫生间中首选的收藏家具。将小件物品放置于柜内，一物两用，会节省不少地方。若空间进深较大，还可以利用墙面一侧增设储物柜，柜门最好设计成开门形式。由于卫生间是室内湿度最大空间，因此收藏柜的表面要具有防潮性能。卫生间还有其他附件、挂件，都是用来收藏必需品的。其中有毛巾架、肥皂盒架、纸巾架、吸盘挂钩及网状小挂架等。这些附件由不同的材质制成，从木制到塑料、金属材质都有。因此，在选择上，在颜色和设计上应符合卫生间的主题。

面积较大的空间，可直接利用成套的储物收藏柜或完整的单体柜。这样，不但可以收藏大量物品，还能保持空间视觉的整洁功效；相反，狭小的卫生间直接设置收藏柜组，会产生累赘、沉闷的感觉，使空间变得更小，影响舒适性。因此，可采用带有镜面的小型收藏柜，再配用网架、挂钩等作为物品收藏的器具。在物品类别上应以少为佳。

作为收藏周期性物品的网架或吊柜，可沿着浴缸上方挂放，或设在卫生间的墙面高处。较浅的网架或网筐用来放置瓶、杯类等细小的物品；而大的空格内则放置一些颜色不同折叠整齐的浴帽、浴巾、浴衣等装饰性、趣味性较强的收藏品，以增加卫生间的情趣。

为增加收藏空间，洗面盆上方增设化妆镜，镜面两侧可做成搁架或带拉门形式的柜体。上面可以收放不常用的物品，而镜面周围又能储放零星的漱洗用品，既保持卫生间的整洁，又增加了物品的收藏空间。下面的空间由于有排水管，若制成储物柜以收藏一些杂物则最为合适。在坐便器的水箱上方增设小柜，用以放置卫生纸，兼有装饰效果。

家庭浴室的装饰品位

用热水淋浴一下，可洗去一天的疲乏与劳累；在暖融融的热水中小憩片刻，舒散筋骨，恢复精力。现代人的日常洗浴，已不再仅仅是去脏除污，而是一种休息，一种调节，一种享受了。

然而，真正要通过浴洗达到身心放松的目的，浴室小环境的合理美化是十分必要的。家庭浴室，是住宅单元中一块特殊的小天地，既不必富丽堂皇，耀眼夺目，也不可漠然忽视，简单了事，其装饰重点往往立足于美观、舒适、方便、惬意，塑造出一个高层次的消费品位。

首先，浴室色彩的安排。浴室的色彩效果是由墙面、地面材料和灯光等融汇组成。清晰、单纯的暖色调，如乳白、象牙黄或玫瑰红墙体，辅以颜色相近、图案简练的地面，在柔和、弥漫的灯光映衬下，不仅使空间视野扩大，暖意倍增，而且愈加清雅洁净，怡心爽神。灯具应用玻璃或塑料密封好，有可靠的防水性与安全性，造型上，尽可根据自己的兴趣与爱好挑选，但安装时，应注意不宜过多，不可太低，以免累赘或发生溅水、碰撞等意外。

其次，浴室用品的选择。现今的住宅设计越来越重视浴室的使用功能，并相应作了扩大。但这种扩大仅就浴洗而言，如果摆放一时不用的盆桶坛罐等杂物则会失去意义。要想装饰具有高品位，不论面积狭小或较阔，都应简洁、宽松，置身其中有一种可以自由伸展手脚的舒畅、愉悦的感觉，面积不大时，宜用封面为玻璃镜、内层陈列化妆品的多功能洁具箱，且平整嵌入墙面，能拓展活动空间，防止因杂乱、拥挤产生的紧迫与压抑感。

最后，浴室空间的布置。为避免空荡、冷寂，在面积超出 6~8 平方米时，不妨在面盆上方安装化妆吊柜，离水源较远处挂置储衣箱，或划出一块地方作为日常更衣之用。此外，还可以适当引进健身器械，先锻炼身体，再泡个热水澡。有兴趣的话，角落处放一盆绿色植物，感觉到自然生动，恬淡安谧，轻松随意。

家庭浴室，一处独特、宁静的港湾。缺少它的美化，居室装饰便显得不和谐、不完整，而芬芳、舒适，艺术观赏与实用方便相结合的洗浴氛围，无疑能倍添生活的温馨与乐趣。

阳台的利用与美化

城市中的住宅楼，每户人家大多设有一两个阳台。一般与厨房相通的阳台，多用来做服务阳台，在阳台上可以储藏粮食、食油、蔬菜、水果，存储一些过了季节的生活杂品等。

如果服务阳台是封闭式的，这一小空间便

可以充分利用，使其成为厨房的补充，除冬季外，还可以在这里操作备餐。据此，可以根据面积大小添置些必要的家具和设备。例如，可做成轻便格架，在格架上放置木板，可以充当储藏柜使用。木板的间隔可根据存放物品的大小来设计。

服务阳台还可以采用木材制作各式柜类家具。例如，采用高至顶棚的，由顶柜、小立柜组成的储藏柜，柜门可做成百叶形式，有利于物品的防尘、防晒，又便于通风。需要通风的物品可放置在开敞的格架上，需隐蔽收藏的可放入柜门内。还可以把储藏柜设计成翻板式，翻板翻折下来可形成较大台面，供择菜、切菜、调理或其他临时需要时使用。

与卧室、起居室相通的、朝南或朝东方向的阳台，称为生活阳台。因光照时间长、除可供晾晒衣被外，还可以通过不同的设计使它变为多种用途的家庭户外活动空间。对于居住楼房的人们，特别是对于居住在高层楼房的老人们来说，这个阳台是一块珍贵的活动"小天地"。

遮阳。为防止仲夏时节阳光的照射，可以利用比较坚实的纺织品做成遮阳篷，遮阳篷本身不但具有装饰作用，还可遮挡风雨。遮阳篷也可用竹帘、苇帘来制作。遮阳篷最好做成可上下卷动或可伸缩的，以便按需要调节阳光照射的面积、部位和角度。

家具。供休息、餐饮使用的阳台，放置少量的家具还是必要的。由于阳台的面积和承重量都有限度，因此，阳台上的家具宜选用轻便的折叠家具、格架和茶几。较大的阳台也可选用钢管家具等，或耐寒、耐热、耐水的家具。在气候湿润的地区，则可采用藤竹家具。

绿化。阳台是最适合家庭养植各种花草的地方，盆栽植物可置于阳台栏板上，但应注意安全，应设护栏，以免花盆坠落伤人。设有花池的阳台可将花盆放进花池内，或直接将花草植于花池中。在花池旁设置垂直的绳索、塑料管线等，种植葡萄、爬山虎等具有攀缘性能的植物，一方面美化了阳台，另一方面在盛夏季节还能起到遮挡阳光的作用。

装饰。除绿色植物、花卉等能起到装饰阳台的作用外，阳台的侧墙面、地面也是装饰美化的重点。例如，在整齐有致的侧墙上挂置富有装饰韵味的陶瓷壁挂、挂盘、雕塑等装饰品，地面可以铺上地板砖，以增添阳台的舒适感。

水泥墙面怎样钉钉子

如今，不论是公共建筑还是私人住宅，大都是水泥预制板墙或者是砖砌墙，表面用水泥砂浆抹面，这可就带来个问题：要在墙上钉个钉子、安个挂钩可真不容易！难中求易，就需要开动脑筋了。

如果想挂比较重的东西，最好在砌墙时就在需要位置放置木砖（用木头做的砖），钉钉子就在上面钉；第二种办法是用电钻安装上麻花钻头在墙上直接打孔（注意，打的孔要比钉子稍小一点），然后钉上钉子；第三种办法是用"黏合胶"将挂钩固定到墙上，像环氧树脂、酚醛——丁腈橡胶、聚氨酯胶、聚丙烯酸酯胶等都可以。黏合时，可用木板或塑料板做底板，并把墙上涂料和杂物铲除干净，粘上后几小时就凝固了。

家庭花卉设置

俗话说："室雅何须大，花香不在多"。实践证明，科学设置花卉能使室内显得雅而不俗，景观宜人，产生美的效果。

室内花卉的设置，首先要根据房间的大小、朝向和光照等条件进行选择。一般说来，较大房间可选择大、中型尺寸，枝叶畅垂，茎叶扶疏的花卉。或席地而放，或置于花盆架上。如果空间空阔，再置以悬吊花卉，就会造成一派蓬勃旺盛的生机。小的房间，则宜选择小型艳丽的花卉，置于案头、窗前或阳台上，这样看去既不拥挤，又能起到恰当的点缀作用。从色彩、形态、神韵上，则要看能否与房间的不同用途相协调，并形成具有不同自然美的室内景观。

如客室内选择万年青、铁树、芭蕉、橡皮树等，这样可使会客室显得庄重严肃；餐厅则应选择嫩绿的八角金盘，诱人的金橘，秀丽的菊花、月季、芙蓉等，这样能使餐厅显得欢快活泼，增进食欲；书房则应选择清幽雅静的文竹，苍翠的小龙柏及其他竹类等，宜于陶冶人的性情，激励人的求知欲望。至于那些花色淡雅，香气幽远，沁人心脾的珠兰、米兰、四季桂、桅子、茉莉等，无论是厅堂或是居室都很适宜。

当然花卉的设置还要考虑同家具摆放的协调性和一致性。一般直线型家具则应选择杆株、富有曲线美的花卉做陪衬，这样可以形成强烈的线条对比，减少花卉与家具的雷同感，使家具显得更加峻拔庄重；横式的搁板、书橱、柜子，一般可在其边角悬一盆垂吊花卉，如吊兰、垂盆草之类，家具就会显得雍容华贵，富有生机。

总之，室内花卉的陈设摆放，既要做到有情有理，物景相当，协调自然，美而有趣，又要有舒展开阔的远景和情趣横溢的近景；既要有幽静典雅的神韵和摇曳多姿的魅力，又要有模拟自然的盆花和山石植物融为一体的观赏效果。只有这样，才能使室内装饰富有不似自然而胜似自然的巧夺天工之美。

居室冬季的立体绿化

居室冬季绿化应以盆栽花木为主，并适当配以山石盆景、桩景、瓶插等，创造一个清新、幽雅、生机勃勃的环境。应视房间的大小、高低、寒暖、阴阳、色彩情况，以及花木的生理特性，全面考虑绿化方案。

1. 会客室绿化布置。客室要突出热烈和欢快的气氛。应以常绿的大型、中型花木为主，并辅以观花、观果植物，如蒲葵、龟背竹、棕竹、松、柏、竹、梅花、蜡梅、山茶等，应尽力避免放置有刺的植物。花木品种要多而不乱，并利用博古架、花架、花篮、花搁架，使绿化向空间发展，如茶几、窗台可安置小巧艳丽的观花观果植物，墙角可放香花——报岁兰、梅、蜡梅等，博古架可放小型盆花或盆景。

2. 书室绿化布置。书室绿化要突出素雅，创造清静宜人的气氛。案桌上可放蟹爪兰、水仙、君子兰及文竹等；几架、书柜上可放置佛手、橘子、石榴等观果植物；而桌旁、柜侧、门旁则可放低矮或中等的常绿花木。

3. 卧室绿化布置。卧室绿化要突出小巧、俊逸、幽香、雅致。松、柏、梅、竹、佛手、棕竹、文竹和山水盆景、树桩盆景均适宜卧室摆放；水仙、兰花等香花类更为合适。花木几架一般以古朴为好，但亦应适当考虑与家具、陈设的格调相配合。也可适用自然树桩做成花架，突出古色古香的气氛。

4. 窗台绿化布置。南向窗台，阳光充足，气温较高，是冬季养花的理想地方。为了扩大窗台面积，可以装置活动的搁架，利用螺丝固定。此处可放置喜暖喜阳的花木；也可将其他室内花卉定期移到这里，接受光照。花卉摆设要高低错落，前部花木适当升高，以利采光。

5. 室内空间绿化。绿化向空间发展，可形成立体观赏效果，既可扩大绿化面积，又可增加观赏艺术价值。绿化的主要方式有：

（1）悬挂。可将盆钵、框架或具有装饰性的花篮，悬挂在窗下、门厅、门侧、柜旁，并在篮中种植吊兰、常春藤、鸭趾草及枝叶下垂的植物。

（2）运用花搁架。将花搁板镶嵌在墙上，上面可以放置一些枝叶下垂的花木。室内一些不适宜挂字画，而又需装饰的墙面，如沙发侧上方、门旁墙面等，均可安放花搁架。

（3）运用高花架。高花架占地少，易搬动，灵活方便，并且可将花木升高，弥补空间绿化之不足，是室内立体绿化理想的器具。有了它，室内一些边角，各种器具间隙就可利用起来。

阳台花草数牵牛

家庭，是美满幸福的象征，它给人们以温暖和安宁。如果在您家的阳台上栽上一盆牵牛花，当您劳累之余，信步阳台，看到那秀丽清雅的花朵，展绿叠翠的叶片，会倍觉心旷神怡，兴味盎然；更会感到幽美、恬静，以致疲惫荡然无存，好像为第二天奋发工作做好了准备。

人们爱牵牛花古今有之，宋代陆游《浣花女》中就有"青裙竹笥何所嗟，插髻烨烨牵牛花"的诗句，描述一个少女头戴牵牛花而更添姿色。鲁迅先生非常喜爱牵牛花，1905年他在日本留学时，就在住宅中种了牵牛花；30年代在上海时，他家中也有一盆牵牛花。文学家叶圣陶，早在30年代，就在《北斗》杂志创刊号上发表了题为《牵牛花》的散文，说："种了这种小东西，庭中就成为系人心情所在，早上才起，工毕回来，不觉总要在那小立一会儿。"

叶老对牵牛花的喜爱也是可想而知了。

牵牛花属旋花科，一年生草本植物。茎蔓柔弱，攀附支架而上，花有蓝、红、紫、白，从夏到秋，花开不绝。晨曦时，它就张开美丽的花朵，像一支支小喇叭，吹奏起晨曲。它的茎蔓虽无卷须，但却是爬高能手，天天向上。它的茎以逆时针左旋方式抓缠住攀缘物缠绕而上，如果您和它开个玩笑，强迫它以顺时针的右旋攀缘，它是不会"听"您的话的，它将不屈服地慢慢纠正过来。

牵牛花不择土质，适应性强，栽培管理容易，只要有一"窝"立足之地，便可种植，尤其适合阳台上栽培，进行垂直绿化。它叶茂花繁，四处缠绕，披绿成荫，不仅能吸附尘埃，还能挡住炎炎烈日，使之不能直射室内。牵牛花的种子成熟后叫"黑丑""白丑"，可供药用，具有逐水消积之功，主治水肿、腹胀、脚气及大便不畅等症。鲜叶揉烂外敷，可治毒虫咬伤；根茎阴干后，冬季熬水可治冻疮。当今世界，工业发达，环境污染严重，可爱的牵牛花对光化学氧化剂非常敏感，是理想的监测光化学烟雾的活仪器。日本东京都曾发生三次光学烟雾污染，用牵牛花都监测到了，并与仪器测定的结果相一致。

如果您有兴趣在阳台上栽一盆牵牛花，它将成为您的忠实朋友，使您在 8 小时以外，能得以欣赏美丽大自然的风光，达到消除疲劳，陶冶性情，增添生活乐趣的目的，并学到种种科学知识。

吊栽黄瓜美化居室

很多家庭都喜欢养吊兰，那翠绿色的叶子从高处垂下来，确实给家庭增添了春意。尤其当阳光照进来，光彩斑斓，颇有生色。不过，假如您把吊兰换成黄瓜，那它不仅同样可以使室内春意盎然，而且别具风味，还能随时给您的家庭提供鲜嫩的黄瓜，尤其是在冬季，定会使您的客人羡慕不已。

室内吊栽黄瓜并不难，像一般种黄瓜一样，先浸籽催芽（温水泡 10 个小时左右），芽露出后，播种到有营养的土内（以牛皮纸或小塑料袋装土均可）。初种时温室应高一些，最好放在25℃～30℃的温暖处，三天后小苗就可出齐，温度可维持在 25℃，约一个多月后再移入盆内（以直径 27 厘米左右为好）。土质仍有较高的肥力，但氮肥不可过多，否则光长叶不结果。待秧长到四五片叶时，再把吊盆移到阳光充足的地方，室内温度不宜低于 23℃。适当喷水，适当追肥或喷叶面肥，这和一般栽花没有多大差别。待长到八九片叶时，要打尖憋瓜，这样两个月后，就可以吃到鲜嫩的黄瓜了，一盆能结黄瓜 5 千克左右。

怎样盆栽葡萄

葡萄不仅适宜于果园和房前屋后栽植，也可在直径 25 厘米的花盆和木箱里栽植。盆栽葡萄，可放在院内，也可放在楼房平台上，当盆景欣赏。既可美化环境，又能吃到可口、味美的葡萄。

盆栽葡萄必须选择适合中、小型架式的优良品种。在葡萄发芽前，把结果母枝剪留4～5个芽，从花盆底孔插入。盆内放好有机肥，然后放在阳光充足又避风处，适时灌水，保持一定湿度。为刺激生根，待葡萄开花后，在距离盆土10～15厘米的枝条处进行环剥（宽度约0.5厘米左右），到8月可长出根系，这时盆栽葡萄就培育成功了。

在管理盆栽葡萄时，一要及时作好支架，并对新梢和其他枝进行摘心。二要经常灌水，以调节生长和结果的关系；果多要适当疏果，并适当疏枝，剪梢，除卷须，以便改善架面通风透光性能，使花芽充实饱满。三是秋后要像果树放树窝子那样，把盆内土倒出换上肥沃的新混粪土，到立冬前移入屋内，等来年清明后移出，使之自然开花、结果。

家庭摆设要常搬

家庭摆设陈年不变，废旧物品挤满了居室的空间，易使人产生拥挤、杂乱无章之感。摆设常搬，易剔除旧物；清掉垃圾，就会使所有物件清洁一次，卫生死角亦能除尽。东搬西挪会有助于您对居室的摆设构思出最佳的综合设计方案，从整体上、色彩上、气氛上，将房间布置成舒适的生活场所。

家庭摆设的内容千变万化，而形式美的原则只有一条：既变化多样，又和谐统一。变化容易，因为各种用具多种多样，色彩、造型、质感都千差万别，任您随意选择，但要做到和谐统一，就颇费心思了。现代家庭居室摆设综合设计，应结合居室环境、空间等诸因素，以摆放有层，排列有序，叠合有韵，拼合有章，款式灵活多变，简单实用为原则。也可根据个人爱好、职业、年龄、习惯、居室条件，进行组合变化，还可随季节的变化，居室的采光、通风、采暖等情况，随时改变形式。

怎样使室内下水道没味

一般楼房住户内水池的下水道，常常不是直通管道的，而是由一个铁管伸向下面，下面另有一个通下水道管的铁栅栏，水流下后再经过这个口进入下水道。这样一来，水池放下来的水往往洒在管口外，夏季不断放出霉味，洗刷以后顶多能保持三五天，既有味又麻烦。那么怎样使室内的下水道没味呢？

方法是：找一个细长的薄塑料口袋，上口套在水管上扎好，下底用剪刀剪几个小口，然后把它放进下水道管道里，上面再用一块塑料布蒙好，再盖上铁栅栏盖就行了。这样上面有水落下来，可以直接送入管道，即使塑料袋内残余物发霉也传不出霉味，你可以试试。

沙发的使用和保养

随着人们生活水平的不断提高，作为高档家具的沙发逐渐在家庭中普及。为延长沙发的使用寿命，必须注意以下几点：

1. 由于沙发布、灯芯绒、线呢等面料一般色泽较浅，容易沾污，而且不能拆下来洗净，因此，新沙发最好另做布套。

2. 沙发面里和弹簧上面是用麻布和棕丝、棉花制成，使用时要防止水浸入沙发内，以免棕丝、棉花受潮霉烂，影响使用寿命。

3. 沙发座簧是用绳子固定的，不能受剧烈冲击。因此，不要让孩子在沙发上激烈跳动，以免弹簧断裂或松开。

4. 由于沙发比一般家具稍重，因此，在搬动时不可用力硬拖，以免损坏沙发脚。

5. 面料是人造革的沙发，要防止划破，否则难以补缝，有碍美观。

怎样清除沙发面料上的灰垢

房间陈设的沙发床、椅，尽管大部分盖有罩巾，但仍有部分裸露在外，尤其是有婴幼儿的家庭，会有更多的地方和机会将其弄脏。如面料为人造革材料时，可以用湿布蘸去污粉及清水擦拭。但面料如是粗花呢等棉麻制品时，就不易采用上述方法了。有些人喜欢用汽油或氨水来清除面料上的污染物，实践证明这些做法是不可取的，因为这些方法会使有的面料局部褪色和产生不易除净的片斑，且气味刺鼻，特别是一些绒面织物则容易失去原来的特色。

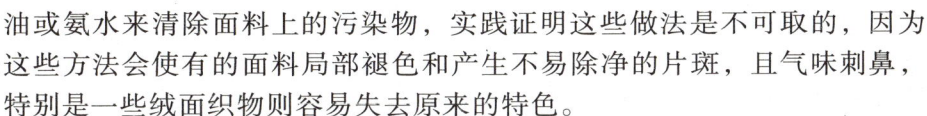

正确的除污方法

先用干毛刷将欲除污面料干刷一至两遍，清除表面尘土（亦可用微型吸尘器进行），除尘面积要大于污染部分。再用一把短毛刷蘸纯酒精（浓度90%以上即可）在污染部位轻刷。注意第一遍切不可用力，以免将部分污物刷入织物纤维内反而不易清除。数十分钟后酒精彻底挥发才可稍用些力刷第二遍。一般情况只需刷一遍即可，污染程度较严重时，刷两三遍即能得到理想效果。

上述方法可用于面料布的一般性污染。如属化学性污染，应根据不同情况分别选用清洁剂。

寒冬室内防干燥

在严寒的冬季，室内放了暖气或火炉，空气比较干燥。对人体最适宜的空气相对湿度是30%～60%。如果相对湿度太低，会给人体健康带来许多不利因素，它会使人的口腔、鼻黏膜受到刺激，这时空气中所含灰尘就大大增加，一些细菌、病毒有了繁殖、传播的便利条件。大部分由人类携带的病菌在空气的相对湿度低于25%或高于65%时，繁殖最快；而湿度在30%～50%时，其伤亡最快。所以严冬季节除注意室内保暖以外，还要注意室内湿度调节。

调节室内空气湿度的简便方法是买个加湿器，使热气不断地蒸发到空气中去。如果是暖气取暖，可以在暖气上放个水槽。还可以经常在地上喷些水，或在室内摆几盆水，晾些湿衣服或湿毛巾。如果喜欢养鱼种花，既能观赏，又能调节空气，更是一举两得。

家庭冬季节能与保暖

1. 门的四周钉上一圈厚3毫米左右，宽30～40毫米的黑胶皮，钉时边沿凸出胶皮10毫米左右，关门时凸出部分正好遮压门缝。这样，可使室内热量损耗减少30%。

2. 如果室内用火炉或者烤箱取暖，炉台上经常放置一盆水，能使室温提高2℃～5℃。同时，室内湿度提高，增加了舒适感。

3. 有暖气的房间，窗台上放置几盆常绿花草，并经常保持盆土湿润，这样，房间里湿度相对稳定，空气清爽宜人，也能增加舒适感。

适合家庭使用的灭火灵

造成民房火灾的原因是多方面的。防火也得做好多方面的工作，其中包括家中要备有应急的灭火器材。现在有一种"投掷式灭火灵"最适合于扑灭煤气炉、液化石油气、电器，以及易燃气体、液体引起的初起火灾。"灭火灵"内装有化学干粉灭火剂，这些化学干粉本身无毒，无怪味，不易变质，绝缘性好，而且能适应潮湿，有效期一般在5年以上。一旦发生火情，只要将"灭火灵"投掷在起燃点上方墙壁，使瓶瓷外壳破碎，干粉剂覆盖火焰上，瞬间即可使火苗熄灭。或可从"灭火灵"底部，用力撕破防潮纸，取出干粉剂，用力撒向火焰，亦会收到同样的灭火效果。但使用"灭火灵"时必须注意投掷的准确性，如果偏离目标，干粉剂洒落不到着火点上，就不能达到灭火的目的。

第四章

生儿育女

孕期的营养储备

准妈妈和宝宝所需的营养成分

1. 脂肪。脂肪中不仅含有可以预防早产、流产、促进乳汁分泌的物质，而且对胎儿各个器官的发育都有着不可替代的作用，它是构成大脑组织的重要营养物质，主要来源是平常所吃的植物和动物的脂肪，坚果、鱼虾和动物内脏。脂肪在被吸收时产生的不饱和脂肪酸也是准妈妈和胎儿所必需的，它最充分的来源就是动物性脂肪，譬如新鲜的家禽、鲤鱼、竹节虾等，特别是鱼类，除了拥有比其他动物肉类更丰富的不饱和脂肪酸，而且含有另一种更能健脑的物质——DHA。DHA是组成脑组织的重要成分，能够促进大脑发育和神经兴奋的传导，增强记忆力，有防止脑老化等功效。所以，孕妇在妊娠中应注意经常摄取这一类脂肪酸类食物。

但需注意的是，脂肪的摄取一定要适量，过多的脂肪会导致血液中的胆固醇增高，还会使孕妇过度肥胖。孕妇在摄入脂肪时，以植物性脂肪为好，动物性脂肪为辅，多吃瘦肉和鱼类，尽量不要吃肥腻的肉类。

2. 蛋白质。蛋白质能够促进细胞分裂和造血，对胎儿的生长发育有着极其重要的作用。足月胎儿体内的蛋白质含量在400～500克，这些蛋白质全部依赖母亲在怀孕期间的摄取。一般来说，孕妇每日蛋白质的供给量在80～90克为最佳，瘦肉、鱼类、家禽肉、鸡蛋白、豆类、花生油、豆腐是富含蛋白质的食物。

3. 热能。孕妇的热能增加每日在150千卡为最佳，随着孕期的推后、基础代谢的增加，热能的补充应增加到220千卡～440千卡。以目前多数家庭的生活水平来说，只要保持每天按时按量吃饭，就能保证热量的需求。需要注意的是，孕期中的热能储存量不可过多，否则会导致妊娠后肥胖和胎儿过度肥胖。

4. 维生素A。维生素A是一种值得所有孕妇注意的营养元素，因为这种营养元素多吃则有害，适度则有益，适量的维生素A可以促进胎儿大脑的生长发育；缺乏维生素A则会使胎儿智力低下、角膜软化，准妈妈皮肤干燥、乳头干裂；过量的维生素A则会导致中毒。在胎儿发育形成关键期，准妈妈如果摄入过多的维生素A，可引起胎儿畸形。准妈妈每天的维生素A最佳摄取量应在3000国际单位为最佳。

5. B族维生素。B族维生素可以帮助吸收蛋白质、脂肪和碳水化合物，保持神经系统健康。如果孕妇缺少包括维生素B_1、B_2、B_6、B_{12}和叶酸在内的B族维生素，可能会造成胎儿精神障碍，出生后易表现出哭闹、不安和烦躁等症状，也可能引起胃肠蠕动减弱、便秘、消化液分泌减少、食欲不振等现象，还会使孕妇的早孕反应明显，致使母体吸收营养的能力变差，造成胎儿在各方面都不能摄取到充足的营养，最后影响其生长发育。一般来说，孕妇每天应摄入 1.8 毫克的维生素 B_1 和维生素 B_2，1.5 毫克的维生素 B_6。

6. 维生素 C。维生素 C 对胎儿骨骼、牙齿的正常发育，造血系统的健全，机体抵抗力的增加有着重要的促进作用。人脑中维生素 C 的含量远远高于在其他组织中的含量，孕妇如果充足地摄取维生素 C，则能够提高胎儿的智力。一般来说，孕妇每日的维生素 C 供给量应该以 100 毫克为宜。

7. 维生素 E。维生素 E 可以有效保护细胞膜不被破坏，防止不饱和脂肪酸出现过氧化，从而可以有效防止脑细胞发生活性衰退。如果孕妇无法摄取足够的维生素 E，就会妨碍胎儿的大脑发育，影响大脑功能，造成脑功能障碍，使脑的活动能力减弱，胎儿出生后智力下降。

8. 钙质。钙质的缺乏会使人对各种刺激异常敏感，情绪容易激动，心情烦躁不安，而孕妇的这种情绪变化会直接影响到肚子里胎儿的脑发育，使未出生胎儿的脑发育产生障碍，而在胎儿出生后还会出现烦躁、智力低下，以及先天性软骨症、先天性佝偻病等病症。此外，缺钙对孕妇本身也有着直接的影响，会导致孕妇的脑力活动不能持久，精神难以集中，还可能出现手足抽搐等症状。因此，孕期补钙不可忽视，建议孕妇每日钙质的供给量在 1500 毫克。

9. 碘。碘是人体合成甲状腺激素最重要的原料，碘缺乏对孕妇和胎儿来说，最大的危害是会导致孕妇体内合成的甲状腺素供应不足，从而造成胎儿的碘缺乏病，胎儿出生后会表现出智力低下、语言障碍、耳聋和运动神经障碍等症状。因此，孕妇不能不注意碘的摄取，除了平常食用含碘的食盐加工食物外，更要在饮食中经常食用海带、紫菜类海藻植物，建议孕妇每日摄取的碘量不低于 200 微克。

10. 铁。铁是构成人体血红蛋白的主要物质之一，参与氧的转运、交换和组织呼吸过程。铁的缺乏会导致人体心跳加快、疲倦、无力、头晕、记忆力减退和思维不集中等。如果孕妇缺铁，将造成胎儿宫内窒息、胎死宫腔、流产、早产、产后胎儿营养不良等。孕妇每日铁的摄入量应为 28 毫克最佳，补铁要从怀孕一开始就要进行，从每天要摄入 0.8 毫克的铁随着怀孕月份的增加，到怀孕后期每天要补充 10 毫克。黑木耳、动物肝脏、芝麻酱等食物中都含有丰富的铁。

11. 锌。锌对机体具有重要的生理功能，是促进胎儿生长发育的必需元素之一，孕早期缺锌可干扰胎儿中枢神经系统发育，孕晚期缺锌，可使胎儿的神经系统发育异常，还会影响最终的生产过程。孕早期锌的供给量应保证在 11 毫克左右，到了孕中晚期应增加到 16 毫克。

12. 硒。硒可降低孕妇血压，消除水肿，改善血管症状，预防和治疗妊娠高血压症，抑制妇科肿瘤的恶变。此外还能预防胎儿致畸。大蒜、芦笋、蘑菇、芝麻和许多海产品中硒的含量都是较高的。

13. 锰。妊娠期缺锰会引起胎儿产生多种畸变，特别是严重地影响骨骼发育，出现关节重度变形。含锰较高的食物有糙米、米糠、核桃、麦芽、花生、木耳、口蘑、紫菜、马铃薯、大豆粉、葵花子、莲子、松子仁、榛子、麦粉、高粱等。

14. 镁。镁对胎儿肌肉健康至关重要，也有助于骨骼正常发育。当孕期血中镁增加时，可抑制子宫平滑肌的活动，有利于维持妊娠至足月。孕后期若体内镁含量下降，可能会导致阵痛。建议孕期镁的供给量每日保证在450毫克，绿叶蔬菜、糙粮、坚果都是镁含量较为丰富的食物。

15. 铜。铜对胎儿的生长，骨骼强化，红、白细胞的成熟，铁的运转，胆固醇和葡萄糖的代谢，心肌收缩，以及大脑发育都有着重要作用。因此，铜的补充在妊娠期必不可少，特别是在胎儿出生前的3个月就更为重要，含铜量高的食物包括海鲜、动物肝脏、粗粮、坚果、大豆、马铃薯、豌豆、红色肉类、蘑菇及番木瓜、苹果等。

准妈妈的均衡营养

为什么有的时候明明已经很注重饮食了却还是被医生告知营养不足或不均衡？很多准妈妈可能都有此疑问。根据临床调查，约有80%以上的准妈妈都存在体内营养不均的情况。这就说明，虽然准妈妈们注意到了营养的补充，但只注重一种或几种营养元素的摄入，而忽略了多种营养元素的均衡摄取。为此，准妈妈们有必要了解，如何才能使各种营养元素的摄入达到一个均衡的状态。

要保证孕期的均衡营养，首先，要养成良好的饮食习惯。准妈妈在孕期一定要做到不偏食，不挑食，不暴饮暴食，少食多餐，不能只拣自己爱吃的食物吃个没完，不爱吃的食物一概拒绝。

其次，孕期要特别重视对叶酸、铁、钙、锌、DHA、蛋白质、维生素及各种微量元素等营养素的补充。优质蛋白质和适当的能量供给，充足的无机盐、微量元素和维生素供给，是胎儿生长发育的需要，也是母体的需要，所以要保证其均有摄入。豆类和奶制品可以提供优质蛋白质、钙、维生素，孕妇每天应该摄取大约1000毫克的钙，相当于3杯脱脂牛奶的量；豆类制品中含有足够的蛋白质，喜爱素食的孕妇不妨坚持食用；瘦肉中的铁质含量很高；花生等坚果类食物含有益于心脏健康的不饱和脂肪，但其热量和脂肪含量比较高，所以每天摄入量控制在30克左右为最佳；核桃中含有丰富的钙质和维生素，多吃不但有利于胎儿的血液、骨骼形成和中枢神经系统发育，还能有效减轻孕妇气喘和腰酸背痛等现象；水果和蔬菜的微量元素丰富，孕妇应保证每天必须摄入多种不同的蔬果类食物。

胎儿肥胖畸形与营养

胎儿的肥胖大都是由于母亲在孕期大补特补造成的。很多准妈妈在怀孕时，一改平日里的饮食节制，开始大吃特吃，再加上缺乏必要的运动，造成营养过剩进而导致自体和胎儿的过度肥胖。有些家庭会认为，有个"胖宝宝"才是好的，所以给孕妇食用过多的营养食品。但殊不知，这些对孕妇和胎儿都是不利的。

首先，营养过剩导致孕妇自身体重增加，从而加重其身体各器官的负担。其次，过度的营养还会影响胎儿的神经系统发育，甚至使本来正常的胎宝宝变为肥胖儿、巨大儿，给生产造成一定的困难，危及母婴的生命。

除了胎儿肥胖之外，胎儿畸形在一定程度上也和准妈妈摄入的营养素不当有关，维生素、无机盐和其他一些微量元素如果摄入过多的话，就会影响胎儿的正常发育。例如，大剂量的维生素A会导致胎儿腭裂、无脑等先天畸形，过量的锌会影响铁的吸收，过量的铁同样会影响锌的吸收。因此，准妈妈在孕期增加营养补身体也要按照一定量来，只有保证各种营养元素摄入的比例适当，量度合理，才有利于其吸收利用。

准妈妈要少吃的食物

1. 甜食。糖类在人的体内代谢时，会消耗大量的钙，而孕期钙的缺乏就可能影响胎儿牙齿、骨骼的发育成长。而且食用过多的甜食，如巧克力，极易使准妈妈产生饱腹感而影响食欲，不利于对营养元素的摄取和吸收。此外，过多食用含糖量高的食物，还有可能引发妊娠糖尿病等一系列妊娠病症。

2. 菠菜。经常会有人向准妈妈建议：菠菜里含有很多的铁，你应该多吃菠菜。但实际上，准妈妈们是不宜经常食用菠菜的。虽然菠菜富含铁质可以补血，又富含大量的维生素C等多种营养，但菠菜里的铁质并不算多，而且还含有一种叫草酸的物质。草酸在体内会影响钙、锌在肠道的吸收，食用过多菠菜的话就会导致准妈妈体内的钙锌缺乏，钙缺乏会影响胎儿的骨骼和牙齿发育；锌缺乏会使孕妇食欲不振，不能为胎儿摄取丰富的营养，从而影响胎儿的正常生长发育。

3. 酸菜等腌制食品。有些准妈妈在怀孕早期时，由于胃口不佳，特别偏爱食用一些酸白菜、酸萝卜等开胃，可需要注意的是，腌制类食品准妈妈是不宜多吃的。这是因为，腌制食品内大都含有大量的食盐、糖、亚硝酸盐，有些发酵的腌制食品内还可能含有一种叫黄曲霉素的致癌物质，对准妈妈和胎儿都是极度有害的。而且孕妇摄入过多食盐的话，还可能引起水钠潴留，诱发或加重妊娠高血压综合征。

4. 山楂。山楂酸甜可口，开胃助消化，一向备受准妈妈的喜爱。但山楂虽好准妈妈却不宜多吃，因为山楂中所含的某些成分对子宫肌肉有一定的刺激作用，易造成子宫收缩、流产。特别是那些曾经发生过自然流产、习惯性流产，以及有先兆流产征兆的孕妇，在怀孕时更要少吃山楂，以防引发不测。

5. 冷饮。准妈妈贪食冷饮对自身健康和胎儿的发育都有害处。这是因为，过多摄取生冷饮品食物不仅会伤及脾胃，使营养吸收受到影响，无法保证自身和胎儿的营养需求，而且太多的冷刺激还会使口腔、咽喉、气管等部位的抵抗力下降，从而诱发上呼吸道感染。另外，冷食的刺激会使得胎儿躁动不安，所以准妈妈们即使感觉燥热，也一定要节制冷食的食用。

6. 螃蟹。螃蟹味道鲜美，营养丰富，是很多孕妇喜欢选择的食物。然而，吃螃蟹对孕早期的孕妇有一定危险。因为螃蟹容易使子宫肌肉收缩，引起阴道出血，甚至发生流产，特别是蟹爪的流产作用更为明显。而且，螃蟹中胆固醇的含量很高，患有妊娠高血压综合征的孕妇更不宜多吃。否则会加重对血管的损害，导致日后患上心血管疾病。

7. 油条和其他油炸类食物。油条、油饼等油炸类食物在制作时需要加入一定量的明矾，明矾中含有铝，高浓度的铝对人的大脑有很大的损害性。常吃油条的话明矾就会在身体里蓄积，进而体内的铝也沉积下来，当铝通过胎盘进入胎儿体内时，便可导致胎儿的大脑发育受到损害，增加智力低下儿的发生率。

8. 浓茶、咖啡和其他含咖啡因饮料。咖啡因会导致准妈妈的神经兴奋、心率加快、血压增高，并且这种作用会通过胎盘直接传达给胎儿。胎儿在子宫内主要是呈睡眠状态，太多的兴奋刺激会引起胎儿躁动，不利于胎儿的健康发育。此外，咖啡因中所含的咖啡碱是维生素 B_1 的"天敌"，对其有破坏作用，从而导致孕妇体内维生素 B_1 缺乏，影响心肌代谢功能。

9. 方便性加工类食品。方便性加工类食品的脂肪含量很少，经常以这些食品为主食，会使孕妇的体内缺乏必需脂肪酸，而必需脂肪酸是胎儿大脑发育需要的重要营养成分。此外，这一类食品为了保证其色泽和味道，会在制作的过程中添加大量的食用色素、香精、香料和防腐剂，这些物质对准妈妈和胎儿的危害也都是非常大的。

10. 烧烤类食物。烧烤类食物固然味道鲜美，但在烧烤的过程中，食物中的维生素、氨基酸、蛋白质等营养成分会遭到破坏，并且在烧烤的环境中还会产生一些致癌物质。因此，准妈妈还是尽量远离烧烤食品。

准妈妈忌食的食物

1. 辛辣热性作料，如辣椒、花椒、胡椒、小茴香、八角、桂皮、五香粉等，这些作料容易消耗肠道水分而使胃肠分泌减少，从而造成胃痛、痔疮、便秘等症状。孕妇一旦便秘，解便时由于过度用力使腹压增加，压迫子宫内的胎儿，易造成胎动不安、早产等不良后果。

2. 含咖啡因的饮料和食品。孕妇如果大量饮用就会出现恶心、呕吐、头痛、心跳加快等症状。此外，咖啡因还会通过胎盘进入胎儿体内，影响胎儿发育。茶叶含有较丰富的咖啡碱，饮茶将加剧孕妇的心跳速度，增加孕妇的心、肾负担，不利于胎儿的健康发育，也尽量不要食用。

3. 味精。味精是平时很普通的调味品，但是孕妇就要注意少吃或不吃。味精主要成分是谷氨酸钠，血液中的锌与其结合后便从尿中排出，味精摄入过多会消耗大量的锌，不利于胎儿神经系统的发育。

4. 含乙醇浓度高的食物，如白酒。

5. 人参、桂圆等大补食材。中医认为，孕妇多数阴血偏虚，食用人参会引起气盛阴耗，加重早孕反应、水肿和高血压等；桂圆辛温助阳，孕妇食用后易动血动胎，所以不宜食用。

6. 有可疑农药、重金属污染的食物，如未经质检的水果、蔬菜、奶制品和肉类制品。

7. 未经煮熟的鱼、肉、蛋等食物。生的鱼、肉等食物中往往含有绦虫、囊虫等寄生虫，直接食用这些食品可以使人感染疾病。生鸡蛋的蛋白质不易被蛋白水解酶水解，不易被肠道吸收，而且生鸡蛋常常被细菌污染，直接食用很容易得肠胃炎。经烟熏、腌制、烧烤的食物也应尽量不吃。

8. 含有添加剂的食品，如罐头食品。添加剂是导致畸胎和流产的危险因素，所以准妈妈要远离这些食品。

准妈妈的饮食与胎儿视力

女性在怀孕期间和哺乳期间的膳食习惯都会直接影响到宝宝的视力发育。例如，准妈妈如果缺乏维生素、锌，那么宝宝就可能会罹患眼部神经炎、营养不良性弱视等。

油质鱼类富有一种构成神经膜的要素，被称为Ω-3脂肪酸，Ω-3脂肪酸含有的DHA与大脑内视神经的发育有密切的关系，能帮助胎儿视力健全发展。孕7~9个月到出生前后，胎儿如果缺乏DHA，会出现视神经炎、视力模糊，甚至失明。因此，准妈妈在怀孕期间多吃些油质鱼类，如沙丁鱼、鲭鱼，宝宝就能够比较快地达到成年人程度的视觉深度。准妈妈应保证每个星期至少吃一次鱼，最好购买鲜鱼自己烹饪，不要选择鱼类罐头食品。

除了油脂类鱼之外，准妈妈还应多吃含胡萝卜素的食品及绿叶蔬菜，以防止维生素A、B族维生素、维生素E缺乏，尤其是妊娠反应剧烈、持续时间比较长、影响进食、经常呕吐的孕妇，更要注意维生素和微量元素的补充。此外，缺钙的孕妇，生的孩子在少年时患近视眼的概率高于不缺钙的3倍。因此，怀孕期间补充足够的钙也是非常必要的。

孕期食物选择的常见误区

1. 价钱越高，营养越好。很多人常常会认为越贵的营养品，其营养就越好。但事实上并不尽然，营养品的价格取决于生产成本和市场需求。因此，选择营养品更应考虑自己是否需要，不可盲目追求高价格。

2. 以零食、保健品代饭。有些孕妇认为，只要营养品摄入够量了，少吃饭也行。但事实上，这样的做法对自身和宝宝都是很不健康的，因为营养品大都是强化某种营养素或改善某一种功能的产品，单纯使用还不如普通膳食的营养均衡。

3. 水果代替蔬菜。水果口感好，食用方便，并且富含维生素 C、矿物质和膳食纤维，深得孕妇喜爱，所以很多人认为吃水果越多越好。一般来说，水果中所含水分中有 10% 是果糖、葡萄糖、蔗糖和维生素，这些糖类很容易被孕妇吸收。如果水果吃得太多，孕妇同样有可能会发胖，血糖增高。所以，吃水果还要有个度，一般每天吃水果总量控制在 500 克为最佳。

4. 只要是有营养的东西，摄入越多越好。孕期中加强营养固然正确，却绝非多多益善。过多摄入营养会加重身体的负担，并存积过多的脂肪，导致肥胖和冠心病的发生。体重过重还限制了体育锻炼，导致抗病能力下降，并造成分娩困难。过多的维生素 A 和维生素 D，还能引起中毒出现胎儿畸形。

5. 补钙只能靠喝骨头汤。很多老人认为，孕妇补钙只能通过猛喝骨头汤达到效果。但按照营养学的标准，喝骨头汤补钙的效果并不理想，因为骨头中的钙不容易溶解在汤中，也不容易被肠胃吸收。相对而言，具有活性成分的钙片、钙剂更容易为人体吸收。人体每天必须吸收的钙是 1500 毫克，如果膳食平衡的话，大多可以通过食物摄取。而喝了过多骨头汤，也可能因为油腻等，引起孕妇不适。

6. 多吃动物胎盘好安胎。有的孕妇平时稍有点磕磕碰碰，就觉得身体不适，便要医生给她打安胎针，还有的信奉"吃什么补什么"的道理，四处搜罗动物胎盘来进补。其实，需不需要打安胎针是有严格的诊疗标准的。安胎针补充的是孕酮，动物胎盘、卵巢里也含有孕酮。这种激素在孕妇出现阴道少量流血等流产先兆时，能够起到稳定妊娠的效果。但是，如果没有流产先兆却使用人工合成孕激素类的药品，一旦过量，就可能影响胎儿生殖器官的发育。

7. 妊娠期吃糖易患糖尿病。有的准妈妈担心患上妊娠期高血压、糖尿病，从怀孕开始就拒绝吃糖、巧克力，这完全是出于对妊娠期糖尿病发病原理的误解。正常人摄入的碳水化合物在体内会转化为葡萄糖，如果有剩余，则会通过胰岛素的作用，转化为糖原储存在肝脏或变为脂肪。而在妊娠期间，胎盘可以分泌物质对胰岛素进行抵抗，以保护胎儿获得充分的糖供应。如果孕妇摄入的糖越多，胰岛素消耗的就越多，而遭遇胎盘分泌物质的"抵抗"也就越多，直至不堪负荷，才可能出现糖尿病症状。所以，正常女性特别是偏瘦的女性根本不需要对糖避之不及，肥胖女性及以前在妊娠期曾患有糖尿病的孕妇，虽然的确不宜多吃糖，但也不需要一点糖都不碰。

8. 呕吐厉害就要多吃零食。怀孕初期常有呕吐、恶心和胃口不佳等症状，嗜好多吃酸、吃辣。为压制孕吐，有的准妈妈索性餐餐吃话梅、果脯等零食。但实际上，这样并不能缓解孕吐。孕吐是由于胃酸分泌不足、胃肠功能下降失调才会出现的。虽然酸辣口味的食物可以刺激胃酸分泌，但如果长期大量食用，终究可能损害肠胃功能。如果孕妇孕吐得厉害，应尽快到医院检查，并进行治疗才能缓解症状。

营养食品的合理选择搭配

孕妇的生理代谢与普通人不同，因而，孕妇所吃的食物品种应多样化、荤素搭配、粗细粮搭配、主副食搭配，且这种搭配要恰当。副食品可以选择牛奶、鸡蛋、豆类制品、禽类、瘦肉类、鱼虾类和蔬果类。总而言之，孕妇不能挑食；还要适当补充铁，防止贫血；补充钙、磷等有助于胎儿骨骼及脑组织发育；补充钙质可经常吃些牛奶、豆制品、骨头汤和小虾皮等。合理的饮食搭配，不仅能够充分保证孕期营养的全面摄取，还能更好地帮助营养元素的消化吸收。

1. 维生素C和铁搭配：含铁多的食物主要有动物肝脏、黄豆粉、全麦食品、芝麻等。富含维生素C的食物有西蓝花、青椒、苦瓜、鲜枣、柠檬、柑橘、草莓、猕猴桃等。可以餐前吃橘子、猕猴桃或鲜枣等含维生素C丰富的水果，或就餐时吃点菠菜炒肝、青椒炒肉等。

2. 维生素E和硒搭配：小麦中的硒几乎都可利用，虾、葵花子、腰果、葡萄干中也含丰富的硒。富含维生素E的食物包括芝麻、杏仁、红薯、菠菜等。二者搭配在一起，如加芝麻的全麦面包，是最佳选择。另外，将多种坚果混合在一起吃也是个好办法。

3. 锌和维生素A搭配：锌有助于帮助人体吸收维生素A，富含维生素A的食物有动物肝脏、奶油、黄油、胡萝卜、绿叶蔬菜、番茄等。含锌的食物有蛋黄、海带、芝麻酱、瘦肉、牡蛎等海产品。菜肴上的搭配可以是西红柿炒鸡蛋、羊肉炖胡萝卜等。不过，动物肝脏每周吃2～3次即可。

4. 每天至少选择苹果、香蕉、桃、梨、柿子、草莓、葡萄、橙子、橘子当中的两种。

5. 每天至少在菠菜、油菜等绿叶蔬菜中选择两种，胡萝卜、青萝卜等萝卜类蔬菜中选择一种，黄瓜、苦瓜等瓜类蔬菜中选择一种，以及其他类型蔬菜，如土豆、西红柿、辣椒、豆角、蘑菇、茄子、藕中选择一种。

6. 每天至少在小米、大米等米食中选择两种，小麦面、玉米面等面食中选择一种，红豆、绿豆等豆类食物中选择一种。

7. 每天至少在肉蛋类食物中选择一种。

除此之外，孕妇还应在每天的饮食中注意豆类食物、坚果类食物、油类和水的摄取搭配。

孕早期的营养原则

妊娠各个时期的营养原则都是由该时期孕妈妈的生理状况决定的，在孕早期，胚胎生长发育速度缓慢，胎盘及母体有关组织增长不明显，母体和胚胎对各种营养素的需求比孕中、晚期相对少。而胚胎正处于细胞组织分化增殖及主要器官形成阶段，易受不良因素的影响，大多数孕妇会有早孕反应，出现食欲不佳的现象。

针对孕早期特点，孕早期的膳食要以重质量、高蛋白、富营养、清淡少油腻、易消化吸收为宜，多补充奶类、蛋类、豆类、坚果类食物，保证蛋白质的摄入量，尽可能选择自己喜欢的食物，饮食安排上可以选择少食多餐，以瘦肉、鱼类、蛋类、面条、牛奶、豆浆、新鲜蔬菜和水果为佳。每天加两三次辅食，注意不要摄取热量过多的食物，也不宜食用油腻、油煎、炒、炸、辛辣刺激等不易消化的食物，适当吃些酸的食物可以帮助增进食欲。孕早期的膳食营养强调营养全面、合理搭配、避免营养不良或过剩。

综合以上，孕早期的营养摄取要遵从以下原则：

1. 全面而合理的营养。应避免偏食，摄取胚胎各器官、组织形成所需要的各种营养素，包括蛋白质、脂肪、糖类、矿物质、维生素和水，同时还应考虑早孕反应的特点，要适合孕妇的口味。

2. 保证优质蛋白质的供应。孕早期胚胎的生长发育及母体组织的增大均需要蛋白质，孕早期是胚胎发育的关键时期，此时蛋白质、氨基酸缺乏或供给不足能引起胎儿生长缓慢，甚至造成畸形，而早期胚胎不能自身合成需要的氨基酸，要由母体供给。蛋白质主要靠动物性食品来进行补充，因此肉类、蛋类、奶类、鱼类要在饮食中占一定比例。如果孕妇不愿吃动物性食物，可以补充奶类、蛋类、豆类、坚果类食物。

3. 适当增加热能摄入。孕早期的生理特点决定了热能的摄入量只要比未孕时略有增加就可以满足需要，胎盘需要将一部分能量以糖原形式储存，随后以葡萄糖的形式释放到血液循环，供胎儿使用。热能主要来源于脂肪和糖类，脂肪主要来源于动物油和植物油。植物油中如花生油、大豆油、芝麻油、玉米油等既能够提供热能，又能满足母儿对脂肪酸的需要，是理想的烹调用油，糖类主要来源于面粉、大米、小米、红薯、玉米等。

4. 确保无机盐、维生素、矿物质的摄取。无机盐、维生素和矿物质对保证孕早期胚胎器官的形成与发育有重要作用，准妈妈应摄取富含钙、铁、锌、磷的食物，如奶类、芝麻、海带、木耳、花生、核桃等。呕吐严重者还应多食蔬菜、水果等碱性食物，以防止发生酸中毒。

孕中期的营养原则

孕中期是胎儿迅速发育的时期，处于孕中期的准妈妈体重迅速增加。进入孕中期以后，准妈妈的食欲逐渐好转，很多准妈妈纷纷开始大规模的营养补充计划。但是，即使营养补充，也不能不加限制地过多进食，否则不仅会造成准妈妈身体负担过重，还可能导致妊娠糖尿病。

孕中期主要保证的是钙、磷、铁、蛋白质、维生素的摄入量，并适当增加粗粮及含钙食品，不宜摄入过多的碳水化合物。

孕中期的营养摄入原则：

1. 荤素兼备、粗细搭配，食物品种多样化；避免挑食、偏食，防止矿物质及微量元素的缺乏；避免进食过多的油炸、油腻的食物和甜食，防止出现自身体重增加过快。

2. 保证适宜的脂肪供给。脂肪开始在腹壁、背部、大腿等部位存积，为分娩和产后哺乳作必要的能量储存。因此，孕妇应适当增加植物油的量，也可适当选食花生仁、核桃、芝麻等含必需脂肪酸量较高的食物。

3. 多吃无机盐和微量元素。孕中期是孕妇血容量增加速度最快的时期，营养不当的话很容易形成妊娠性贫血，故应当多吃含铁丰富的食物。此外，孕妇从孕中期开始，对钙的吸收和储存也开始加速，应多吃含钙丰富的食物，补充奶类及奶制品、豆制品、鱼、虾等食物；另外，孕中期对碘的需要量也会增加，多吃海带、紫菜等富含碘的食物。

4. 适当注意补充含铁丰富的食物，如动物肝、血和牛肉等，预防缺铁性贫血，同时补充维生素 C 也能增加铁的吸收。

5. 增加维生素的摄入量。孕中期对叶酸、维生素 B_{12}、维生素 B_6、维生素 C，以及其他 B 族维生素的需要量增加，应增加食物的摄入。这就要求孕中期选食米、面并搭配杂粮，保证孕妇摄入足够的热能和避免硫胺素摄入不足，同时还应注意烹调加工合理，少食多餐，每日 4～5 餐以满足孕妇和胎儿的要求。

孕晚期的营养原则

到了孕晚期，胎儿生长到了最迅速的阶段，此时需要的营养素最多，同时准妈妈的食量增加，体重增长到了最快的时候。随着胎儿的长大，使母体受到压迫，胃容量相对减少，消化功能减弱，准妈妈们常常会有胃部不适或饱胀感。因此，孕晚期的饮食宜少吃多餐，多吃清淡可口、易于消化的食物，减少盐的摄入量。

孕晚期的营养摄入原则：

1. 增加蛋白质的摄入。首先应增加蛋白质的摄入，此期是蛋白质在体内储存相对多的时期，这要求孕妇膳食蛋白质供给比未孕时增加，应多摄入动物性食物和大豆类食物。

2. 保证足量的钙和维生素 D 的摄入。孕期全过程都需要补钙，但孕晚期的需要量更要明显增加，每日应摄入 1500 毫克。因为胎儿的牙齿和骨骼的钙化加速，体内钙的一半以上是在孕晚期最后两个月储存的。补钙同时还应增加维生素 D 的摄入，以促进钙的吸收。准妈妈在孕晚期应经常摄取奶类、鱼和豆制品，最好将小鱼炸或用醋酥后连骨吃，饮用排骨汤。虾皮含钙丰富，汤中可放入少许。

3. 必需脂肪酸的摄入。孕晚期是胎儿大脑细胞增值的高峰，需要提供充足的必需脂肪酸以满足大脑发育所需，多吃海鱼可利于 DHA 的供给。

4. 充足的水溶性维生素。孕晚期需要充足的水溶性维生素，尤其是硫胺素，如果缺乏则容易引起呕吐、倦怠,并在分娩时子宫收缩乏力,导致产程延缓。

5. 脂肪和碳水化合物不宜摄入过多。孕晚期绝大多数孕母由于各器官负荷加大,血容量增大,血脂水平增高,活动量减少,总热能供应不宜过高。尤其是最后一个月,要适当控制脂肪和碳水化合物的摄入量,以免胎儿过大,造成分娩困难。

孕期应克服的饮食习惯

怀孕期间,很多准妈妈都一改往日顾忌,随心所欲大吃大喝,特别是平日里为保持苗条身材,禁食某些美味食品和刻意节食的女性朋友。但是,为了自己和胎宝宝健康,准妈妈在饮食方面还是要做一些节制的。以下几种饮食习惯尤其应当避免:

1. 暴饮暴食。孕期当然需要加强营养,但绝对不能暴饮暴食,不能摄入过多含油量、含糖量高和难以消化的食物,否则容易导致消化不良、急性肠胃炎、急性胃扩张、急性胆囊炎和急性出血性胰腺炎等消化系统疾病。

2. 饭后忽视运动。如果孕妇光吃不运动,贪睡懒起,不仅会营养过剩,还会导致体重超重,过于肥胖,从而增加心脏、肾脏负担;或者导致胎儿过于巨大,引起难产。但需要注意的是,孕妇在饭后也不宜立即展开活动,最好的活动时间是饭后半小时。

3. 长期吃素。孕妇长期吃素很不利于胎儿的健康发育,孕妇如果不注意均衡摄取营养,会对母体和胎儿产生很大的影响。

4. 偏食。孕期如果偏食,摄入的营养素单一,那么体内会长期缺乏某些营养物质或微量元素,造成营养不良,使妊娠并发症增加,如贫血等。同时,母体不能为胎儿的生长发育提供其所需的足够的营养物质,很容易造成流产、早产、死胎、胎儿宫内发育不良等,有的婴儿出生后也由于先天不足瘦小多病,难以喂养。另外,婴儿还可能因为在胎儿期缺乏营养造成脑组织发育不良,以致智力低下,即通常所说的低能儿。

5. 不吃早餐,饥一顿饱一顿,吃饭时狼吞虎咽,边吃饭边喝水或其他饮料,贪食过冷或过热的食物。

孕期要做的检查

孕期常规检查

孕期的常规检查主要包括体重、血压、尿检、血液化验等。在确诊妊娠之后,准妈妈应定期到医院做孕期检查,不同的时期,检查的内容不同,并且随着孕期的增加,检查得越为频繁。

1. 妊娠12周以内(孕早期)。建立产科病历及母婴保健手册,并做好身高、体重、血压、全身体检、盆腔检查等基本检查,以及血、尿常规,血型,肝功,甲、丙肝抗体,乙肝五项,甲胎蛋白,梅毒血清反应,弓形体,风疹病毒，巨细胞病毒、疱疹病毒抗体检查，血糖等化验检查。对可能存在的高危患者进行初步筛查，决定是否能够继续妊娠。如上述无异常，则4周内再进行复诊。

2. 妊娠13～27周（孕中期）。孕中期平均每四周做一次产前检查，主要测量孕妇的体重、血压、宫高、腹围、胎位、胎心率，并进行血、尿常规化验，医生应指导病人学习数胎动，进行胎教。

除此之外，通常在孕14～20周进行唐氏综合征筛查；孕20～24周内，进行彩色超声波检查，判断胎儿有无畸形；孕24周以后开始进行妊娠糖尿病筛查。

3. 妊娠28周至临产（孕晚期）。孕晚期的检查正常情况下应为每两周一次，到第36周后每周一次，主要测量孕妇体重、血压、宫高、腹围、胎位、胎心，孕32周后还要进行骨盆测量，同时做好血和尿常规的化验检查，孕38周时需查血凝四项。每周进行一次胎心监护，临近预产期时，做B超检查，检测胎儿大小，胎盘及羊水情况。

优生筛查

优生筛查主要包括：巨细胞病毒、单纯疱疹病毒、风疹病毒、弓形虫、乙肝病毒、人乳头瘤病毒、解脲支原体、沙眼衣原体、淋球菌、梅毒、艾滋病病毒等。目前临床中常做的有优生四项筛查和优生六项筛查：

优生四项筛查——巨细胞病毒、单纯疱疹病毒、风疹病毒、弓形虫筛查。

优生六项检查——巨细胞病毒、单纯疱疹病毒、风疹病毒、弓形虫、人乳头瘤病毒、解脲支原体筛查。

尽管每家医院的筛查项目不一定完全相同，但筛查的都是临床中最容易感染的病原体。一旦孕妇感染了这些病原体当中的一种，就有可能造成胎儿的宫内感染，从而导致孕妇流产、死胎，或是造成胎儿畸形及胎儿的一些先天性疾病。因此，优生筛查十分重要。

目前，优生筛查的结果判断来自于孕妇的病毒抗体水平检测结果，检测报告单上结果通常是：××病毒抗体IgG阴性或阳性、IgM阴性或阳性。

抗体IgG阴性：孕妇没有感染过这类病毒，或感染过但没有产生抗体。

抗体IgM阴性：孕妇没有活动性感染，但不排除潜在感染。

抗体IgG阳性：孕妇既往有接种此类病毒疫苗史，或曾感染过此种病毒。

抗体IgM阳性：孕妇近期内曾经受过此种病毒的活动性感染。

孕前和孕期主要检查孕妇血中的IgM抗体。因为就目前临床检验结果来说，约有40%的活动性感染造成了胎儿的宫内感染，并且在我国女性中，巨细胞病毒、单纯疱疹病毒、风疹病毒、人乳头瘤病毒的感染率很高，既往感染率高达90%。孕妇中各种病原体的活动性感染在3%～8%，但也有一些IgM抗体不高的孕妇可能有潜在感染，也可能造成胎儿的宫内感染。

但是，在化验单上，不要一看到有加号（+）或阳性结果，就认为有胎儿的宫内感染。抗体的阳性并不意味着受到感染，抗体阴性也不意味着不会感染。IgG抗体阳性，仅仅说明孕妇曾经感染过此种病毒，并可能对此种病毒已经产生免疫力。有些接种过病毒疫苗的孕妇，在检测时也可能会出现IgG抗体阳性，如接种过风疹疫苗的妇女，就会出现风疹病毒IgG抗体阳性、接种过乙肝疫苗的妇女会出现乙肝表面抗体阳性。所以，在筛查的过程和结果的判定上，要仔细辨别清楚，哪些是保护性抗体，哪些是非保护性抗体。

STORCH 筛查

STORCH 筛查指的是对梅毒、弓形虫、风疹、巨细胞病毒、单纯疱疹，以及其他病毒的筛查。新生儿感染病毒的途径有两个，一是宫内感染，也就是先天性感染；二是后天感染，指的是胎儿在分娩过程中在经过产道时直接遭到感染，或出生后吸入带病毒的乳汁、输血、手污染、接触物品等。孕妇一旦感染这些病毒，就可能造成胎儿的宫内感染，进而导致孕妇流产，或是胎儿畸形。但通常孕妇对这些病毒的自然感染率还是比较低的。只要能够提高机体抵抗力，改变既往的生活方式，就能够减少发生感染的机会。

AFP 检查

AFP 是人体在胚胎时期血液中含有的一种特殊蛋白——甲胎蛋白的缩写，成人只有在怀孕或是肝脏发生病变时，AFP 值才会增高。孕期的 AFP 产生于卵黄囊和胎儿的肝脏，经胎儿尿液进入羊水再经胎盘渗入或经胎血进入母体血液。当胎儿神经管畸形时，羊水和孕妇血中的 AFP 均升高。所以，孕期的 AFP 检查主要用于检测胎儿是否存在畸形，或是患有其他神经性疾病，如无脑儿。AFP 降低可见于唐氏综合征。所以，AFP 也常作为唐氏综合征的检测手段。建议在怀孕 16 周左右进行一次 AFP 检查。

当 AFP 值超出正常水平，有可能意味着胎儿神经管有缺陷，也有可能是双胞胎，或是怀孕时间比预测时间长；AFP 值低于正常水平，则意味着实际怀孕时间可能比预测时间短，也可能是胎儿患有先天愚型（亦称 21- 三体综合征）。

AFP 一次检测结果异常时，孕妇最好进行再次复查。由于导致 AFP 水平升高或降低的原因很多，所以，AFP 的一次异常并不完全代表胎儿异常，应有两次以上的阳性检验结果，或其他附加检验结果佐证才能做最终判断。目前的临床统计表明，大多数 AFP 筛查结果异常的孕妇，都在接下来的检查中被排除了疾病的可能，所以孕妇大可不必紧张，影响自己的情绪。

孕期糖尿病筛查

孕期糖尿病检测是将 50 克葡萄糖溶于 200 毫升水中，5 分钟内喝完，1 小时后抽血检测血糖，若血糖测试结果大于 7.8 毫摩尔/升，则进一步作 75 克的耐糖试验，以确定诊断。

一般来说，建议孕妇最好都能在孕 24～28 周之间进行一次糖尿病筛查，特别是年龄大于 35 岁、超重或肥胖、患有高血压、曾分娩过巨大儿、有过胎停育史、家族中尤其是父母和兄弟姐妹有糖尿病史的孕妇，更需要进行检查。根据临床判断，糖尿病筛查结果为阳性的患者中，仅 25% 为妊娠期糖尿病患者，因而当筛查结果显示阳性时，孕妇也不必太过着急，但也不可心存侥幸，还需进行进一步检查。一旦证实患上妊娠期糖尿病，早期的干预治疗对孕妇和胎儿都非常重要。

B 超检查

B 超检查是一种较有参考价值的判断胎儿发育的方法，通过 B 超检查可以测定胎头至胎臀的长度，推算胎儿孕周；测定胎头的双顶径、头围、腹围及股骨长度，判断胎儿是否发育正常；了解胎盘情况，判断有无胎盘早期剥离、前置胎盘等危险情况；测定羊水量；检测胎儿有无畸形。整个孕期孕妇将做 2～3 次 B 超检查，孕 8 周前通常不需要进行，如遇有阴道流血及腹痛者，需做排除宫外孕、葡萄胎、肌瘤流产的 B 超检查；孕前或早孕时有盆腔包块或子宫肌瘤的病人，也需要 B 超检查进行协助诊断。医院的超声检查报告单一般包括胎囊、胎头、胎心、胎动、胎盘、股骨、羊水、脊柱和脐带的检查结果：

1. 胎囊：胎囊只在怀孕早期见到，在孕 1.5 个月时直径约 2 厘米，2.5 个月时约 5 厘米为正常。胎囊位置在子宫的宫底、前壁、后壁、上部、中部都属正常；形态圆形、椭圆形、清晰为正常；如胎囊为不规则形、模糊，且位置在下部，孕妇同时有腹痛或阴道流血时就有流产的可能。

2. 胎头：轮廓完整为正常，缺损、变形为异常，脑中线无移位和无脑积水为正常。BPD 代表胎头双顶径，怀孕到足月时应达到 9.3 厘米或以上。按一般规律，BPD 值在孕 5 月以后基本与孕龄相符，即妊娠 28 周（7 个月）时 BPD 约为 7.0 厘米，孕 32 周（8 个月）时约为 8.0 厘米。孕 8 个月以后，平均每周增长约为 0.2 厘米为正常。

3. 胎心：有、强为正常，无、弱为异常。胎心频率正常为每分钟 120～160 次之间。

4. 胎动：有、强为正常，无、弱可能胎儿在睡眠中，也可能为异常情况，要结合其他项目综合分析。

5. 胎盘：胎盘的正常厚度应在 2.5～5 厘米之间，胎盘钙化一项报告单上分为Ⅲ级，Ⅰ级为胎盘成熟的早期阶段，回声均匀，在孕 30～32 周可见到此种变化；Ⅱ级表示胎盘接近成熟；Ⅲ级提示胎盘已经成熟。越接近足月，胎盘越成熟，回声越不均匀。

6. 股骨：指胎儿大腿骨的长度，正常值应与相应孕龄的 BPD 值差 2～3 厘米，如 BPD 为 9.3 厘米，股骨长度应为 7.3 厘米；BPD 为 8.9 厘米，股骨长度应为 6.9 厘米等。

7. 羊水：羊水深度在 3～7 厘米之间为正常，超过 7 厘米为羊水增多，少于 3 厘米为羊水减少。

8. 脊柱：胎儿脊柱连续为正常，缺损为异常，可能脊柱有畸形。

9. 脐带：正常情况下，脐带应漂浮在羊水中，如在胎儿颈部见到脐带影像，可能为脐带绕颈。

孕早期 B 超可见内容：

4 周：胎儿只有 0.2 厘米。受精卵刚完成着床，羊膜腔才形成，体积很小。超声还看不清妊娠迹象。

5 周：胎儿长到 0.4 厘米，进入了胚胎期，羊膜腔扩大，原始心血管出现，可有搏动。B 超可看见小胎囊，胎囊约占宫腔不到 1/4，或可见胎芽。

6 周：胎儿长到 0.85 厘米，胎儿头部、脑泡、额面器官、呼吸、消化、神经等器官分化，B 超胎囊清晰可见，并见胎芽及胎心跳。

7 周：胎儿长到 1.33 厘米，胚胎已具有人的雏形，体节已全部分化，四肢分出，各系统进一步发育。B 超清楚地看到胎芽及胎心跳，胎囊约占宫腔的 1/3。

8 周：胎儿长到 1.66 厘米，胎形已定，可分出胎头、体及四肢，胎头大于躯干。B 超可见胎囊约占宫腔 1/2，胎儿形态及胎动清楚可见，并可看见卵黄囊。

9 周：胎儿长到 2.15 厘米，胎头大于胎体，各部表现更清晰，头颅开始钙化，胎盘开始发育。B 超可见胎囊几乎占满宫腔，胎儿轮廓更清晰，胎盘开始出现。

10 周：胎儿长到 2.83 厘米，胎儿各器官均已形成，胎盘雏形形成。B 超可见胎囊开始消失，月牙形胎盘可见，胎儿活跃在羊水中。

11 周：胎儿长到 3.62 厘米，胎儿各器官进一步发育，胎盘发育。B 超可见胎囊完全消失，胎盘清晰可见。

12 周：胎儿长到 4.58 厘米，外生殖器初步发育，如有畸形可以表现，头颅钙化更趋完善。颅骨光环清楚，可测双顶径，明显的畸形可以诊断，此后各脏器趋向完善。

母血唐氏症筛查检查

母血唐氏症筛查检查是通过抽血，检验母血中甲胎蛋白及人类绒毛膜促性腺激素，据此算出胎儿为唐氏症儿的危险比率，再针对高危人群安排作羊膜穿刺检查。母血唐氏症筛查检查多在孕 15～20 周进行，建议怀孕女性都应检查。唐氏症是常见的胎儿染色体异常，通过此筛查可早期发现，及早处理。

SMA 基因检测检查

SMA 是脊髓性肌肉萎缩症的简称。根据统计，脊髓性肌肉萎缩症带原率约为 3%，在国内仅次于海洋性贫血，为第二常见的遗传疾病。该项检验相对简单，只需抽取 2～3 毫升全血即可。SMA 基因检测检查随时都能做，建议在孕10～14周或第一次产检时进行，特别是有脊髓性肌肉萎缩症家庭史者更需进行此项检查。脊髓性肌肉萎缩症目前尚无治愈的方法。因此，提早筛查可以避免出现遗憾，减少家庭巨大的医疗负担。

胎儿生理评估检查

胎儿生理评估检查利用的是超声波检查，包括对羊水量、胎儿呼吸运动、胎动、胎儿肌肉张力、非压力试验第五项检查，每个项目正常时给予2分，如果最后结果低于6分，就表示胎儿发育异常，需进一步检查。胎儿生理评估检查通常在孕29周左右进行，主要针对于产检时发现胎儿生长迟滞和怀疑有胎儿窘迫情况的孕妇。

乙型链球菌筛查

乙型链球菌可能造成早产、羊膜腔炎、产后感染、胎儿及新生儿感染等，如发现细菌即可进行治疗。因此，建议孕妇最好能在孕36周左右时进行一次乙型链球菌筛查。该检查采取的方式是采集阴道及肛门口检体，进行细菌培养检测，目前有些医院已采用OIA光学免疫法，能够进行快速检验。

绒毛膜细胞检查

绒毛膜细胞穿刺采样检查是在超声波导引下，经由子宫颈或腹部，以导管或细长针，穿入胎盘组织内，吸取少量的绒毛，可作为染色体、基因或酵素的分析，以诊断胎儿染色体或基因异常，通常在孕9～12周进行，用于检查胎儿是否患有遗传性疾病，其准确性很高。绒毛膜细胞最佳检查时间要早于羊膜穿刺的最佳检查时间，能够尽早对胎儿异常作出判断。如果家庭有特殊疾病家族史，或高度怀疑胎儿存在染色体基因异常，就有必要进行绒毛膜细胞检查。需要注意的是，虽然绒毛膜细胞可早期发现胎儿染色体异常，但造成流产率高于羊膜穿刺。

羊膜穿刺

羊膜穿刺多在孕16～21周进行，用来检查胎儿排到羊水中的细胞，以预知胎儿是否有神经管缺陷，或某些遗传性代谢疾病。该试验结果对判断染色体是否畸形，具有较高的准确度。年龄30岁以上的高龄孕妇、前次怀孕有过染色体异常胎儿者、准爸爸妈妈一方家族中有先天性或遗传性疾病病史，有过流产、死胎、死产史和母血唐氏症筛查结果显示为高危人群者有必要做羊膜穿刺检查。

检查时，医生在腹部超声波的导引下，利用特殊长针，经孕妇之腹部进入羊膜腔，抽取少量的羊水。羊膜穿刺一般不会增加母亲早产、流产和胎儿异常的概率，可以安心进行。

胎儿镜检查

胎儿镜检查是用来检测胎儿是否有某种严重的先天畸形的检查方法，目前多采用长15～20厘米、直径1.7毫米、套管直径2.2毫米的直视针镜，可视角度为 70°，视野为 2 ～ 4 厘米，带有细的导管用以抽取胎儿的血样，也有的运用活检钳，可夹取胎儿的皮肤或者胎膜检查。

在进行胎儿镜检查时，医生将胎儿镜伸入子宫腔内，直接观察胎儿的全身及体表各部位，能够一目了然地对胎儿做出畸形与否的诊断。通过取胎儿的皮肤，可诊断白化病；取胎儿的肌肉，诊断假性肥大肌营养不良或者进行性肌萎缩症；取胎儿的血液检测，诊断血红蛋白病；用微量方法进行病理、生化、DNA（脱氧核糖核酸）分析，可以诊断染色体病等 50 多种遗传性疾病，发现病症时还可通过对胎儿输血、宫内给药等方式为胎儿进行治疗。

一般来说，胎儿镜检查在孕 15 ～ 20 周都可做，但以孕 18 ～ 20 周间进行最适合。因为孕 15 周时胎儿过小，失血 1 毫升就相当于全身血容量的 15%，胎儿很难受。等到孕 18 周时，胎儿已发育得较大，胎盘子体面的血管较粗，较容易采血，而且胎儿的血容量已增多，失血 1 毫升不及全身血容量的 5%，因而对胎儿的影响小，更为安全。同时，此时的羊水量相对较多且澄清，进行穿刺时不易损伤胎儿，而且视野清晰，可以观察到胎儿大部分体表情况，诊断胎儿是否有体表畸形。

需要值得警惕的是，胎儿镜检查操作过程中偶尔可以引起羊水感染、脐带创伤、胎盘早剥、母子间血液渗漏等并发症，对孕妇和胎儿都有一定程度的风险。临床统计胎儿镜检查致使流产的比率达 6%，所以在进行胎儿镜检查时，一定要由技术高度熟练的医务人员操作。正常妊娠者只要没有异常情况，则不必做这种检查。

脐静脉穿刺检查

脐静脉穿刺是通过孕妇腹壁，从脐带中抽取胎儿血样品进行检验，可诊断胎儿是否患有贫血症，是否感染某些病毒或其他病原菌，如风疹、弓形虫、单纯疱疹病毒、巨细胞病毒等；通过对胎儿血液酸碱度、氧含量、二氧化碳含量和碳酸氢盐含量的测定，了解胎儿是否有宫内发育迟缓现象；还可以通过对白细胞的分析，提供染色体数目。

检查时，孕妇取平卧位，排空膀胱后由医生通过超声波观察胎儿情况后选择穿刺部位。通常，根据胎盘位置不同，穿刺位也相应不同，可以经由胎盘直接进入脐血管，由胎盘、羊膜腔进入脐血管，还可经由羊膜腔进入脐血管。脐静脉穿刺检查并不是所有孕妇都需要做，只有那些经遗传咨询门诊就诊后，医生确定需要进行脐血相关检查的孕妇有必要进行此项检查，检查时间一般在孕 26 ～ 30 周之间。

分娩前和分娩

如何推算预产期

由于每一位准妈妈都难以准确地判断受孕的时间，所以，医学上规定，以末次月经的第一天起计算预产期，其整个孕期共为280天，10个妊娠月（每个妊娠月为28天）。预产期主要有以下几种计算方法：

1. 根据末次月经计算：末次月经日期的月份加9或减3为预产期月份数；天数加7，为预产期日。例如，末次月经是2月1日，预产期则为11月8日〔2+9（月份），1+7（天数）〕。

2. 根据胎动日期计算：如果记不清末次月经日期的话，可以依据胎动日期来进行推算。一般胎动开始于怀孕后的18~20周。计算方法是：初产妇是胎动日加20周；经产妇是胎动日加22周。

3. 根据基础体温曲线计算：将基础体温曲线的低温段的最后一天作为排卵日，从排卵日向后推算264~268天，或加38周。

4. 根据B超检查推算：医生做B超时测得胎头双顶径、头臀长度及股骨长度即可估算出胎龄，并推算出预产期（此方法大多作为医生B超检查诊断应用）。

5. 从孕吐开始的时间推算：反应孕吐一般出现在怀孕6周末，就是末次月经后42天，由此向后推算至280天即为预产期。

6. 根据子宫底高度大致估计：如果末次月经日期记不清，可以按子宫底高度大致估计预产期。妊娠4月末，子宫高度在肚脐与耻骨上缘当中（耻骨联合上10厘米）；妊娠5月末，子宫底在脐下2横指（耻骨上16~17厘米）；妊娠6月末，子宫底平肚脐（耻骨上19~20厘米）；妊娠7月末，子宫底在脐上三横指（耻骨上22~23厘米）；妊娠8月末，子宫底在剑突与脐的正中（耻骨上24~25厘米）；妊娠9月末，子宫底在剑突下2横指（耻骨上28~30厘米）；妊娠10月末，子宫底高度又恢复到8个月时的高度，但腹围比8个月时大。

预产期是胎儿安全出生的时间范围，而不是精确的分娩日期，所以，准妈妈们不要把预产期这一天看得那么精确，孕37周后就做好分娩的准备，但也不要过于焦虑，听其自然，如到了孕41周还没有分娩征兆出现，可以到医院进行住院观察或适时引产。

入院前应该准备的物品清单

很多医院都为产妇提供专业的待产包，每家医院待产包内的物品不大相同。准妈妈在入院前，可以先了解一下生产医院是否有待产包及待产包内的物品，再根据需要列一份需自行带入医院的物品清单。可以参考以下清单：

妈妈用品：

1. 牙膏、牙刷、漱口杯、香皂、洗面奶、护肤品、梳子、镜子、发夹等（视个人需要而定）。

2. 擦脸、身体和下身的毛巾若干条；擦洗乳房的方巾多条；给宝宝喂奶、喝水时垫在下巴处的小方巾（或白纱布）多条。

3. 用于洗脸、清洗下身的脸盆2个。

4. 棉内裤2~3条；喂哺胸罩2条；宽松背心2件；便于哺乳的前扣式睡衣或开襟衫；束腹带1条；长保暖外套1件；舒适拖鞋1双（如果春秋冬可备棉线袜）；1件在走廊里行走时穿的长袍；回家时穿的内衣和宽松的外衣。

5. 产妇特殊或加长加大的卫生巾、卫生棉、面巾纸、一次性内裤。

6. 杯子、汤匙、盆碗、吸管、吸奶器等食具。

7. 水果汁、蜂蜜、葡萄糖，以备饥饿和产时吃的巧克力。

8. 手表、手机及其充电设备，日记本、笔等。

9. 必要的证件，如身份证、医疗保险卡、母子健康手册、产检记录、住院押金等。

宝宝用品：

1. 宽松摁扣式或系带式的纯棉耐洗内衣多套。

2. 纸尿裤或者尿布、隔尿床垫；棉花棒，眼耳鼻肚脐的护理品；浴巾、浴盆、水温计、护肤品、洗衣液。

3. 方巾至少10条，喂奶、洗澡、洗臀、洗脸都要分开。

4. 湿纸巾及白纱布条，用来擦宝宝的臀部。

5. 柔软舒适的帽子、手套、脚套、外衣，视季节准备2~3套。

6. 毛巾被、外包抱起用的小被子和被褥各1~2件。

7. 奶瓶、奶瓶刷、奶嘴刷、2~3个奶嘴。

8. 婴儿奶粉，尽量选择好品牌的奶粉给宝宝备用。

9. 指甲刀、消毒锅、暖奶器。

容易忽视的预备事项

宝宝即将出生，全家人不免集体"出动"，做足一切准备，等待宝宝降临。但越是忙乱就越有可能出错，常常可能是数人集中精力做一件事而忽略了其他的事。除了必要的物品准备之外，还有哪些非常重要的事情，是容易被孕妇及其家人忽略的呢？

首先，孕妇入院的相关病历、证件及住院的押金费用，一定要确保带齐全。可以事先将所有的相关材料整理到一起，和入院要带的衣物用品放在一起或是放在随身的包里，以免临时慌乱丢三落四。

其次，很多孕妇都是出现临产征兆时动身去医院，因而最好提前熟悉从家里到医院这段路程的路况，包括正常情况下通过这段路需要的时间、何时通行比较顺畅、何时可能拥堵、如果自家没有车或遇上限行的话出租车是否好找、有没有备选路线，等等。

再次，要提前分配好家人的工作，如孕妇入院分娩都有谁能陪护、出现临时状况有谁可以替补、谁负责给产妇做饭等，可以根据需要事先排好一个陪护轮班表。

最后，对于在职的准妈妈，还需提前做好工作的交代工作，检查下工作是否提前安排好了，是否已经向领导告知你的预产期和休假安排等。

除了事务性的准备，有些临产的征兆也是容易被准妈妈忽视的。除了最常见的见红、腹痛、破水的产前征兆外，当发现阴道分泌物增加、出现规律性的腹肌痉挛、腰腹部和骶尾（尾巴骨）或耻骨（腹部下的骨头）有痛或酸胀感、有宝宝要从你的下部掉出来的感觉时，也意味着宝宝可能就要出世了。

分娩开始的征兆

分娩开始前出现的征兆在医学上称为产兆，常见的有子宫收缩、见红、破水。在医学上，有了产兆，还不是正式临产，还要有一个过程和一段时间，每个人的情况不同，进入临产时间长短不一。但当出现产兆时，最好是立即到医院，静待分娩的到来。

1. 见红：当宫颈扩张后，原先封堵宫颈的黏液栓从阴道排出，通常不止一块，呈粉红色，俗称"见红"。胎儿要离开母体，胎头会不断向子宫颈口移动，随着包着胎儿的包膜与子宫的剥落，血液就会混着其他分泌物从阴道留出。见红是由于宫颈上的毛细血管破裂造成的，每个人的情况不太一样，有些孕妇不会出现见红现象，也有些孕妇在妊娠早期和分娩过程中都会出现这种现象。

2. 破水：当胎儿头向下压迫羊水膜时，就会造成破水，羊水会突然涌出来，但通常是慢慢地流出来。检查是否为羊水可以看它的颜色和气味，如果是无味透明，或呈乳白色的液体即可确定为羊水。孕妇还可以试着收缩肌肉，如果仍然无法控制液体的流出那么就可以认为是破水了。一旦出现破水，孕妇应尽量减少排尿的次数，停止一切活动，不能洗澡，垫上干净的卫生巾或卫生棉，无论有无其他临产征兆都必须立即去医院。

3. 宫缩：宫缩是临产前的重要先兆，作用是推挤胎儿通过产道顺利娩出。在分娩前数周，子宫肌肉变得较为敏感，会出现不规则的子宫收缩，这种宫缩通常持续的时间短、力量弱或只限于子宫下部，经数小时后又停止，不能使子宫颈口张开，称为假阵缩。而临产的子宫收缩则是有规则性的，初期间隔时间大约是10分钟一次，孕妇感到腹部阵痛，随后阵痛的持续时间逐渐延长至40～60秒，程度也随之加重，间隔时间缩短，约3～5分钟。当子宫收缩出现腹痛时，可明显感到下腹部很硬。一旦出现这种规律性宫缩的话，就要立即和医院取得联系，及时入院。

值得注意的是，临产先兆出现的先后顺序是因人而异的，并且对于每一个孕妇来说，临产先兆的表现、感觉也不尽相同。有的产妇直到宫口开全，也不破水，胎头还高高地浮着，产妇有些紧张，担心不能顺产，可一阵剧烈的宫缩来临，胎头下来了，紧接着破水，几乎在破水的同时胎儿娩出；有的产妇先见红，后出现有痛宫缩；有的产妇先有少量羊水流出，直到上产床分娩时才真正破水，先前的只是前膜囊破了；有的产妇是从痛性宫缩到规律性宫缩过渡很快，宫口较快打开，整个产程紧锣密鼓；有的产妇则是开始腹痛强烈,宫缩频繁,但当真正到了产房后腹痛却开始减轻,宫缩间隔延长,强度减弱,胎儿监护一切正常,又回到产房待产。

决定分娩是否顺利的因素

决定分娩过程是否顺利主要有产力、产道及胎儿三方面的因素,这三个重要因素既相互联系,又都有它的特殊性,各因素间始终存在着矛盾,如能相互适应则分娩就能够顺利进行。

产力

产力是指将胎儿及其附属物从子宫内推出的力量,包括子宫收缩力、腹肌膈肌收缩力和肛提肌收缩力。

1. 子宫收缩力

子宫收缩力就是我们常说的宫缩,它是临产后的主要力量,能迫使宫颈短缩、子宫颈口扩张,胎先露下降及胎儿、胎盘娩出。宫缩从分娩开始一直持续到分娩结束,临产后正常宫缩具有节律性、对称性和极性及缩复作用。

真正的临产宫缩是具有节律的阵发性收缩,每次阵缩由弱渐强(进行期),并维持一定时间(极期),随后再由强渐弱(退行期),直到消失进入间歇期,为一次宫缩,它会反复出现直到分娩全过程结束。一般来说,临产开始时宫缩持续大约30秒,间歇期约5~6分钟,随着产程进展,子宫阵缩时间延长,间歇期渐短。当宫口开全之后,子宫收缩持续可达60秒,间歇期可短至1~2分钟。宫缩强度随产程进展呈逐渐增加的趋势,宫腔压力于临产初期可升高至3.3~4.0千帕(25~30毫米汞柱),于第一产程末可增至5.3~8.0千帕(40~60毫米汞柱),于第二产程时可达13.3~20.0千帕(100~150毫米汞柱),而间歇期宫腔压力则为0.8~1.6千帕(6~12毫米汞柱)。

宫缩还具有对称性和极性。正常宫缩起自两侧子宫角部(受起搏点控制),以微波形式迅速向子宫底中线集中,左右对称,然后以每秒约2厘米的速度向子宫下段扩散,约15秒均匀协调地遍及整个子宫,为宫缩的对称性。子宫收缩力以子宫底部最强最持久,向下则逐渐减弱,子宫底部收缩力几乎是子宫下段的两倍,为宫缩的极性。

当子宫收缩时,其肌纤维短缩变宽,收缩之后肌纤维虽又重新松弛,但不能完全恢复到原来的长度,经过反复收缩,肌纤维越来越短,这种现象称为缩复作用。随着产程进展,缩复作用使子宫腔内容积逐渐缩小,迫使胎先露下降及子宫颈管逐渐展平。

2. 腹肌膈肌收缩力

腹肌膈肌收缩力是第二产程时娩出胎儿的重要辅助力量。当宫口开全后,胎先露已下降至阴道,每当宫缩来临时,胎先露部或前羊水囊压迫骨盆底组织及直肠,反射性地引起排便动作,此时产妇应喉头紧闭并向下用力。一般来说,腹肌及膈肌收缩力在第二产程配以宫缩时运用最有效,否则不但无益,反易使产妇疲劳、宫颈水肿，致使产程延长。此外，腹肌膈肌收缩力在第三产程还可促使胎盘娩出。

3.肛提肌收缩力

肛提肌收缩力有协助胎先露在骨盆腔内旋转的作用。当胎头枕骨露于耻骨弓下缘时，还能协助胎头仰伸及娩出。胎儿娩出后，胎盘降至阴道时，肛提肌收缩力也有助于胎盘娩出。

产道

产道是胎儿娩出的通道，分为骨产道与软产道两部分。

骨产道通常指真骨盆，是产道重要部分，它的大小、形状与分娩的关系十分密切。在估计分娩难易时，骨盆是考虑的一个重要因素，一般来说，狭窄骨盆会影响胎位和胎先露部在分娩机制中的下降及内旋转，对宫缩也有一定影响，不利于自主分娩。孕妇应在妊娠期间就查清骨盆有无异常，有无头盆不称，及早做出诊断，以决定适当的分娩方式。

软产道是指由子宫下段、子宫颈、阴道及骨盆底软组织构成的管道。子宫下段由子宫峡部形成，妊娠时子宫峡部被拉长、变薄，临产后的宫缩则会进一步使子宫下段拉长，构成为软产道的一部分；子宫颈位于子宫下部，近似圆锥体，长2.5~3厘米，上端与子宫体相连，下端深入阴道。临产后的规律宫缩会牵拉子宫颈内口的子宫肌及周围韧带的纤维，使子宫颈内口向上外扩张，子宫颈管形呈漏斗形，子宫颈口扩张，胎膜多在子宫颈口近开全时破裂。破膜后，胎先露部直接压迫子宫颈，扩张子宫颈口作用进一步加强。随着产程进展，子宫颈口开全，以保证足月妊娠胎头通过；阴道及骨盆底的软组织和肌纤维，妊娠期增生肥大，血管变粗，血运丰富，故临产后会阴可承受一定压力，保证胎儿顺利娩出。

胎儿

胎儿能否顺利通过产道，除产力和产道因素外，还取决于胎儿大小、胎位及有无畸形。

1.胎儿大小

在分娩过程中，胎儿大小是决定分娩难易的重要因素之一。胎儿较大致胎头径线亦大，或胎儿过熟时颅骨变硬，即使骨盆径线大小正常，但因胎儿头过大或颅骨较硬不易变形，亦可引起相对性头盆不称而造成难产。因为胎头是胎体的最大部位，也是胎儿通过产道最困难的部分。

（1）胎头颅骨。由顶骨、额骨、颞骨各两块及枕骨一块构成。颅骨间缝隙称为颅缝，两颅缝交会处较大空隙称囟门。颅缝与囟门均有软组织遮盖，使骨板有一定活动余地，胎头具有一定的可塑性。在临产过程中，通过颅缝的轻微重叠，使头颅变形缩小，有利于胎头的娩出。

（2）胎头径线。胎头径线主要有四条：双顶径、枕额径、枕下前囟径和枕颏径。

双顶径：为两顶骨隆突间的距离，平均值约为9.3厘米。临床上常以B超测此值判断胎儿大小。

枕额径：又称前后径，为鼻根至枕骨隆突的距离，平均值约为11.3厘米，以此径衔接。

枕下前囟径：又称小斜径，为前囟中央至枕骨隆突下方的距离，平均值约为9.5厘米，胎头以此径通过产道。

枕颏径：又称大斜径，为颏骨下方中央至后囟顶部的距离，平均值约为13.3厘米。

2. 胎位

胎位是指胎儿先露的指定部位与母体骨盆前后左右的关系。正常胎位多为枕前位。妊娠30周后经产前检查，发现臀位、横位、枕后位、颜面位等谓之胎位不正，其中以臀位为常见。胎位不正如果不纠正，分娩时可造成难产。

众所周知，子宫内的胎儿是浸泡在羊水中的，由于胎儿头部比胎体重，所以胎儿多是头下臀上的姿势。正常的胎位应该是胎头俯曲，枕骨在前，分娩时头部最先伸入骨盆，医学上称之为"头先露"，这种胎位分娩一般比较顺利。不过，有些胎儿虽然也是头部朝下，但胎头由俯曲变为仰伸或枕骨在后方，就属于胎位不正了。至于那些分娩时臀部先露（臀位），或者脚或腿部先露，甚至手臂先露（横位）等，更是胎位不正。这些不正常的胎位，无异于在孕妇本来就很有限的分娩通道中又设置了障碍，因而容易导致难产。

影响分娩痛感的因素

有些准妈妈在分娩时痛得死去活来，而有些准妈妈则还没充分感觉到那种无法忍受的疼痛就已经将宝宝顺利娩出。分娩时的痛感是因人而异的，有些准妈妈自身的条件比较好，耐力强，或是对痛觉没那么敏感，就不会觉得生产过程很难过；有些准妈妈可能身体素质稍差，对痛感十分敏锐，因而更容易感受到生产过程的痛。

除了生理条件因素外，心理因素也会影响到准妈妈在分娩时对痛觉的感应，如对分娩的无知、怕痛的准妈妈更容易觉得痛苦。准妈妈应在分娩前，多阅读这方面的书籍，了解生产的过程，提前做好心理准备。如果你选择了自然分娩，愿意体验宝宝出生带给你的感受，你就应该欣然承受宫缩带来的疼痛。有的准妈妈会通过上网、聊天等方式与有过生产经验的女性交流生产的经验感受，这一方面可以是一个很好的心理准备，但另一方面准妈妈们也要注意，不要被"过来人"的经历所吓倒，因为同样是生宝宝，每个人的感受都是不同的。

紧张和过度疲劳也会无形中为正常分娩增添"阻力"。有些准妈妈在还未正式进入生产过程就已经开始分外紧张大喊大叫，这必然会消耗你的力气，为即将到来的真正分娩造成困难。因此，准妈妈们应该保持镇定的头脑，冷静对待从未感受过的宫缩，及其带来的疼痛和说不出来的不适，千万不要喊叫或哭闹。

有的准妈妈，当宫缩来临时会把自己全部的精力集中在对宫缩的感受上，这必然会使你充分地感受临产的不适和疼痛。不如适当地将自己的注意力转移到别的地方，比如当宫缩来临时可以多想想宝宝出生后的样子，或是在旁边放上你喜欢的音乐等，都是有助于减轻痛觉的。此外，在分娩过程中如果有人陪在准妈妈的身边从精神上给予支持，也能有效减轻疼痛感。目前很多医院都有条件可以陪产，因此在临产前，准妈妈可以和准爸爸或是其他家人一同走进产房，以获得精神上的鼓励。

对于分娩时的疼痛，准妈妈还可以通过深呼吸、频繁变换体位、在后背部放个冰袋、让别人按摩或使劲挤压后背部来进行自我舒缓，当宫缩越来越频，越来越强烈时，放慢呼吸节律或深呼吸，在宫缩间歇期间静静地休息或是吃些喜欢的食品，如果感到热或已经出汗，可以用微凉的湿毛巾擦一擦脸，这些都是缓解疼痛的有效办法。

早破水不等于"干生"

有些人对提早破水的认识存在一个误区，认为一旦孕妇破了水，胎儿就会失去生长了近十个月的水环境，是胎儿出现危险的信号，意味着"干性分娩"。而实际上，无论有多少液体流出来，孕妇的身体都能几小时之内及时补充，不会出现"干性分娩"的情况。一般孕妇通常是在破水后 12 ~ 24 小时之内分娩，但也有些孕妇羊水可以流几天甚至几周。

正常情况下，胎膜应在临产、宫口近开全时才自行破裂，这时羊水自阴道流出，随后胎儿娩出。若胎膜在临产前破裂，称为胎膜早破，俗称"早破水"。导致胎膜早破常见的因素有流产引产史、生殖道感染、羊膜腔压力升高、胎先露部高浮、营养因素、宫颈内口松弛等，其中流产引产史、生殖道感染是胎膜早破的主要原因。

孕妇在破水前一般没有症状，少数人可能会有宫缩或腹痛，但很难预知。暂时也没有有效的预防措施，在临近分娩时不要做重活或是剧烈运动，尽量避免下蹲，防止外力对腹部的伤害，平时多注意危险的征兆，勤做体检，和医生随时保持联系。

常规经阴道分娩

分娩方式有两种：经阴道分娩和剖宫产分娩，阴道分娩中又包括自然分娩和仪器助产分娩。

自然分娩是指在有安全保障的前提下，通常不加以人工干预手段，让胎儿经阴道娩出的分娩方式。健康的孕妇，如果骨盆大小正常、胎位正常、胎儿大小适中，孕妇如无各种不适宜分娩的并发症，及无医疗上剖宫产的手术指征，医生会鼓励孕妇自然分娩。

自然分娩不仅有利于宝宝的身体健康，同样也有利于产妇的健康恢复。

经阴道自然分娩的产妇，由于分娩时出血少、感染概率小、子宫无伤口，因而产后的身体恢复大大快于剖宫产，能有更多的精力照料婴儿，还能避免剖宫产的许多并发症和后遗症。因此，如果具备自然分娩的条件的话，尽量选用阴道分娩这种自然、安全，对母婴都有利的分娩方式。

以自然方式分娩的孕妇，在怀孕期间应了解生产的全过程及做相应的检查以便能够全面了解孕妇及胎儿的情况。孕妇应做一般状况的检查及产前检查，以便及早发现异常，及早进行处理。对胎儿也应进行相应的检查，如胎盘功能、胎儿成熟度、胎儿先天畸形的宫内诊断，以及胎儿遗传性疾病的宫内诊断，可以确切地掌握胎儿的发育情况及胎产式。

剖宫分娩

剖宫产就是剖开腹壁及子宫，取出胎儿。有些孕妇由于自身的某些原因，无法进行常规经阴道分娩，或经阴道分娩可能对产妇或胎儿造成危险时，就需要进行剖宫生产。

在实施剖宫术前，准妈妈要保持愉快、平静的心情，避免过分的紧张和焦虑，待产时可以通过听音乐、看休闲读物和其他孕妇进行交流来放松精神，注意多休息，术前一日晚保证充足的睡眠，并且进食易消化的食物，术前至少4小时不要再饮水、进食。做好腹部、外阴清洁，脐窝较深者提前进行清洁。

术前护士会进行合血（取静脉血2～3毫升，以备手术中需要输血时配血用）、备皮（用剃毛刀刮去腹部、腰部等处的毛发）、肌肉注射防出血针剂、安放导尿管和对腹部皮肤初次消毒等准备工作，孕妇应在准备工作进行前将发卡、隐形眼镜、首饰等身上多余物品取下，交家属妥善保管。

剖宫产手术进行时，医生首先要将腹壁进行切开，拉出子宫，将子宫切开拉出胎儿、剥离胎盘后依次对子宫和腹壁进行术后缝合，缝合完毕后给术部涂以碘酊或消炎软膏以预防感染。剖宫产手术结束后，产妇在产后6小时内要绝对禁食，将头偏向一侧去枕平卧，有时护士会在产妇的腹部放置一个沙袋以减少腹部伤口的渗血。

剖宫产手术常见并发症有出血、休克等。出血多半是缝针刺破血管或结扎脱落引起，对于这种出血要重新进行结扎，对缝合后针孔或缝合部分渗血的病人，可局部滴注肾上腺素止血；手术期间发生休克的原因可能是拉出胎儿后腹内压骤然下降及大出血等引起。一旦出现休克征兆（如昏迷，呼吸浅快，结膜苍白，耳鼻发凉等）应采取紧急救治措施，可肌肉注射肾上腺素和血管收缩药。静脉补液特别是补充钾离子，对挽救患者生命更为有益。

虽然剖宫产的手术指征明确，麻醉和手术一般都很顺利，手术过程也比较安全，但其对产妇来说是一个很大的创伤，不易恢复。此外，剖宫产术后还可能发生泌尿、心血管、呼吸等系统的并发症，以及引发子宫切口愈合不良、晚期产后流血、腹壁窦道形成、切口长期不愈合、肠粘连或子宫内膜异位症等病症。剖宫产的新生儿，还有可能发生呼吸窘迫综合征。

常规分娩好还是剖宫产好

常规分娩无论是对产妇还是对宝宝都是很好的锻炼，但产妇需要承受较大的痛苦；剖宫产产妇承受的痛苦较少，但不利于产后的恢复和宝宝的健康。常规分娩和剖宫产各有利弊，到底选择哪一种生产方式，很多准妈妈在妊娠期都会考虑这个问题。

剖宫产作为一种手术，尽管现在已是一种非常成熟的技术，而且整个生产过程不必经历分娩阵痛、产道不会裂伤、没有难产的忧虑，但与阴道分娩相比，剖宫产的出血多、卧床时间长、住院时间长、产妇恢复慢，会有一定的风险和并发症。所以，除非有医疗上的手术指征，否则不建议孕妇去作剖宫腹产术。

医疗上的手术指征主要有：

1. 胎儿窘迫

胎儿窘迫可以发生在妊娠的各个时期，特别是后期及阵痛之后。胎儿窘迫的原因很多，如脐带绕颈、胎盘功能不良、吸入胎便，或是产妇本身有高血压、糖尿病、子痫前兆等并发症。大部分的胎儿窘迫可通过胎儿监视器看到胎儿心跳不好，或是在超声波下显示胎儿血流有不良变化，如果经过医生紧急处理后仍未改善，则应该施行剖宫产迅速将胎儿取出，防止发生生命危险。

2. 产程迟滞

产程迟滞是指产程延长。通常宫颈扩张的时间因人而异，但初产妇的宫颈扩张时间平均比经产妇长，需14～16小时，超过20小时称为产程迟滞。遇到这种情况的产妇最辛苦，因为阵痛已经持续了一段时间，才不得已改为剖宫产，等于是产前阵痛和术后痛都必须经历，共痛了两次。

一般产程迟滞可以根据分娩的异常分为三种：潜伏期延长、活跃期延长、活跃期停滞。通常造成产程迟滞的原因，有可能是子宫收缩力量的异常、胎儿身体或胎位或胎向异常、母亲产道异常等。如果有明显的产程迟滞情况发生，却仍然勉强选择经阴道分娩，可能会对胎儿或母体造成伤害，因而必须实施剖宫产手术。

3. 骨盆狭窄或胎头与骨盆腔不对称

产妇如果有骨盆结构上的异常，比如小儿麻痹患者、有骨盆骨折病史、身材过于娇小或侏儒症患者，由于骨盆出口异常无法让胎儿顺利通过，故应该采取剖宫产。

此外，胎头与骨盆腔不对称是相对的，也就是说，即使产妇本身的骨盆腔无异常也不狭窄，但因为胎儿的头太大，无法顺利通过产道，也必须实行剖宫产。

4. 胎位不正

初产妇胎位不正时，应以剖宫产为宜。一般而言，初产妇若在足月时已经确认胎位不正，可事先安排剖宫产的时间；但如果是阵痛开始后才发现胎位不正，可能要直接安排紧急手术。不过，若是属于臀位的胎位不正，并且产妇本身有阴道生产的意愿，仍然可以利用各种助产方法尝试，但臀位阴道分娩还是具有较高的危险性。因此，要和主治医生讨论其利弊才可实行。

5. 多胞胎

如果产妇怀的是双胞胎，且胎儿胎位都是正常的，可以尝试自然生产；但若是三胞胎或更多胎的怀孕，建议优先考虑剖宫产。

6. 前胎剖宫生产

前胎剖宫生产是目前国内常见的适应症，大约占 30%，有许多产妇都是第一胎剖宫产后，再次分娩也会选择剖宫产。一般来说，一次的前胎剖宫产后，的确会增加近 1% 的子宫破裂机会。若是直式的子宫剖开方式，则子宫破裂的机会则会增加 4 倍左右。因此，多数妇产科医生及产妇会在前胎剖宫产的前提下，在进入产程之前安排好手术时间。

7. 胎盘因素

胎盘的位置及变化与生产方式也有关系，比如胎盘位置太低，挡住了子宫颈的开口，前置胎盘或是胎盘过早与子宫壁剥离而造成大出血或胎儿窘迫等，都是剖宫产的可能原因。

8. 子宫曾做过手术

如果产妇曾经做过剖宫产，子宫壁上就会有手术所留下的瘢痕组织，这些瘢痕组织的确会增加子宫在阵痛时破裂的危险概率，因此大多会安排剖宫产。

9. 母体不适合阴道生产

如果母体本身有如子痫前症或严重的内科疾病（心脏病等）等重大疾病，经产科医生评估无法进行阴道生产者，也需要选择剖宫产。

10. 巨大儿

巨大儿的定义为胎儿体重等于或超过 4 千克，产前检查时，如果产科医师评估胎儿体重可能大于 4 千克，能以自然生产方式娩出的机会很小时，也可以安排剖宫产，以避免发生难产。

一般来说，自然生产对大部分的准妈妈而言，相对比较安全且伤害性较小，并且随着临产时子宫有节律的收缩，胎儿的胸廓受到节律性的收缩，这种节律性的变化，使胎儿的肺迅速产生一种叫作肺泡表面活性物质的磷脂，因此出生后的婴儿，其肺泡弹力足，容易扩张，很快建立自主呼吸。其次，在分娩时，胎儿由于受到阴道的挤压，呼吸道里的黏液和水分都被挤压出来，因此，出生后患有"新生儿吸入性肺炎""新生儿湿肺"的相对减少。另外随着分娩时胎头受压，血液运行速度变慢，相应出现的是血液充盈，兴奋呼吸中枢，建立正常的呼吸节律。据观察统计，通过阴道分娩的胎儿，由于大脑受到阴道挤压而对其今后的智力发育大有好处。

剖宫产则是经腹部切开子宫取出胎儿的过程，它并非是胎儿最安全的分娩方式。首先，由于没有子宫节律性收缩的刺激，肺泡表面活性物质的产生相应要少且慢，出现有规律的自主呼吸相应减慢，而且新生儿易于并发肺部疾患。其次，剖宫产因为产道的改变，使孩子降临人世时的自然环境发生变化，正常产道生产过程带来的神经接触等感觉失去，从而使孩子在成长过程中易得多动等神经精神疾病。另外，剖宫产新生儿的脐血中，免疫球蛋白含量比自然分娩的新生儿要低，能抗病的抗体含量更低。所以，剖宫产生的新生儿更易感染疾病。从婴儿角度看剖宫产并不如自然分娩。

自然分娩和剖宫产到底如何选择，一要看准妈妈自身的情况，二要看胎宝宝的发育情况。如果无不适症的话，建议准妈妈们选择常规分娩，毕竟对宝宝和妈妈们自身都是大有好处的。

无痛分娩与"导乐分娩"
无痛分娩
我们通常所说的"无痛分娩"在医学上其实叫作"分娩镇痛"，指的是用各种方法使分娩时的疼痛减轻甚至使之消失，目前临床上通常使用的分娩镇痛方法有药物性镇痛和非药物性镇痛两种。

药物性镇痛是应用麻醉药或镇痛药来达到镇痛效果，有全身用药、局部麻醉和吸入麻醉等，目前较为常用的是椎管内阻滞镇痛和笑气镇痛。椎管内阻滞镇痛包括硬膜外阻滞和腰麻、硬膜外联合阻滞等。当宫口开到3厘米，产妇对疼痛的忍耐达到极限时，麻醉医生在产妇的腰部将低浓度的局麻药注入蛛网膜下腔或硬膜外腔。采用间断注药或用输液泵自动持续给药，达到镇痛效果，镇痛可维持到分娩结束。麻醉药的浓度大约相当于剖宫产麻醉时的1/5，浓度较低，镇痛起效快，可控性强，安全性高。这种无痛分娩法是目前各大医院运用最广泛、效果比较理想的一种。产妇头脑清醒，能主动配合，积极参与整个分娩过程。

药物性镇痛另一种方法是笑气镇痛。笑气即氧化亚氮，是一种吸入性麻醉剂。这种气体稍有甜味，分娩镇痛时，按一定比例与氧气混合吸入，对呼吸、循环无明显抑制作用，对子宫、胎儿也无明显影响。吸入混合笑气后，数十秒可产生镇痛作用，停止数分钟后作用消失。在助产人员的指导下，易于掌握。可以使分娩的妈妈保持清醒状态，很好地配合医生，还能缩短产程。但是在临床上，部分产妇可能会出现镇痛不全的情况。

非药物性镇痛是指通过产前训练、指导子宫收缩时的呼吸等来减轻产痛，以及通过在分娩时按摩疼痛部位或利用中医针灸起到镇痛作用。

无痛分娩一般采用的是硬膜外麻醉，这种麻醉总体来说是安全的。有极少数人可能会感觉腰疼、头疼或下肢感觉异常等，发生率很低，而且这些不适都不会很严重，短时间内就可以自然消失，并不会对身体造成太大的影响，临床上由无痛分娩导致后遗症出现的概率微乎其微。

无痛分娩在国外已经是常规分娩的形式，它让准妈妈们不再经历疼痛的折磨，能减少分娩时的恐惧和产后的疲倦，让产妇在时间最长的第一产程得到休息，当宫口开全该用力时，因积攒了体力而有足够力量完成分娩。大多数产妇都适合于无痛分娩，但是如有妊娠并发心脏病、阴道分娩禁忌症、麻醉禁忌症、药物过敏、腰部有外伤史的产妇应向医生咨询，由医生来决定是否可以进行无痛分娩。需要注意的是，如果产妇有凝血功能异常，那么则绝对不可以使用这种方法。

导乐分娩

"导乐"是希腊语"Doula"的音译，原意为"女性照顾女性"。"导乐分娩"是目前国际妇产科学界倡导的一种妇女分娩方式，其特点为，在产妇分娩的全过程中，都由一位富有爱心，态度和蔼，善解人意，精通妇产科知识的女性始终陪伴在她身边，这位陪伴女性即为"导乐"。"导乐"在整个产程中给分娩妈妈以持续的心理、生理及感情上的支持，帮助分娩妈妈渡过生产难关。

"导乐"在产前会对待产的准妈妈进行自我介绍，并了解产妇的心理状态，向产妇介绍分娩知识，及时告诉产妇分娩进行到哪一步了，让产妇心中有数，看到希望。"导乐"还会回答产妇和其家属提出的各种各样的问题，并对产妇进行生活护理（包括喂饭、擦汗等）。此外"导乐"还会向产妇讲解分娩的生理过程，为产妇进行心理疏导，让她对分娩树立信心，消除顾虑及恐惧，降低对疼痛的感觉。同时"导乐"在产妇生产过程中指导产妇在阵痛宫缩时如何深呼吸，或帮助产妇按摩子宫、腰骶部等，帮助产妇缓解疼痛感。

由于"导乐"在整个分娩过程中自始至终在产妇身旁，并能够根据自己的分娩经历，在不同的产程阶段，提供有效的方法和建议，使产妇采取不同的体位施以抚摩、按摩等方法来缓解分娩的痛苦，随着产程进展给以积极的帮助，不断地鼓励及安慰产妇，使产妇充满信心，充分发挥自己的能力，完成分娩过程。因此，导乐分娩可以有效帮助产妇缩短产程，减轻分娩的痛苦。

夜间待产和夜间分娩

有的时候，即将生产的准妈妈会在夜深时出现临产征兆，如破水、见红等，这个时候有些家庭可能就会开始慌张，担心这个时间不好叫车送孕妇去医院、担心半夜三更医院里的医护措施可能不如白天到位，甚至有的还会担心孕妇会把宝宝生在家里。其实这些担心在这个时候都是多余的，最重要的是保持冷静，在家观察一段时间，如认为有必要的话就立即去医院。

有些家长会觉得，宝宝在夜间出生是在给家长"找麻烦"，其实宝宝选择何时出生正常情况下是由自然的生长规律决定的，到了该出生的时候自然就会出生，无所谓白天还是晚上，同样这也并不会影响宝宝的健康水平和将来的生长发育。

自然分娩的产程

自然分娩从规律性阵痛到将胎儿娩出，一共分为三个产程。

第一产程——规律性的阵痛开始至宫口开全

第一产程是指从腹部开始出现规律性阵痛，宫口逐渐扩张，直至扩展到10厘米，即宫口开全的过程。对于第一次分娩的初产妇，这一阶段大约经历14～16个小时，经产妇大约经历8个小时。在整个分娩过程中，第一产程历时最长，并且会因越来越频繁的腹部阵痛而最为痛苦。

一般来说，在开始生产的前8个小时里，子宫颈口开大的速度较慢，只开到3厘米左右。规律性宫缩表现为产妇每隔六七分钟出现一次宫缩痛，每次持续30秒以上，产妇常有腰酸及腹部下坠感。随着产程进展，子宫收缩越来越强烈，即阵痛间隔越来越短（约2～3分钟），持续时间却越来越长（约40～50秒）并疼痛得越来越厉害，导致子宫颈口开大速度迅速加快，当宫口近开全时，宫缩持续时间可长达60秒，间歇时间仅2分钟。

由于子宫收缩与缩复作用，子宫颈管逐渐缩复变薄直至展平，子宫颈口逐渐扩张从1厘米开张到10厘米为宫口开全，胎儿就能够从这里通过了。

伴随着宫缩和宫颈扩张，胎先露逐渐下降。等到第一产程结束时，可降至坐骨棘平面下2～3厘米，并完成了衔接、下降、俯屈、内旋转的过程。此外，在第一产程中由于宫缩的增强使羊膜腔的压力增高，等到压力增加到一定程度时，胎膜就会发生破裂。

在第一产程里，医生为了了解产程，会每隔2～4个小时为产妇进行必要的肛门检查，目的是间接了解子宫颈口扩张的大小及胎儿先露部下降的程度。一般来讲，产妇要接受3～5次这样的检查，如果有特殊情况还要增加检查次数，但频繁的肛门检查可能会使产妇的肛门充血、水肿，出现疼痛等不适，有些产妇因为不适就不愿意配合医生。但这些不适对胎儿没有影响，产后也很快就会消失。所以为了顺利分娩，准妈妈还是要尽量忍耐，积极与医生配合。

第二产程——宫口开全至胎儿娩出

第二产程也称娩出期，是指胎儿从宫口开全到胎儿娩出为止。对于初产妇来讲，这个阶段大约需要1～2个小时，经产妇大约需要数分钟至1小时，产妇是在产床上度过这一阶段的。此时，虽然比第一产程时间短了很多，但却是整个产程中最关键的时期。

这时，子宫大约每隔1～2分钟收缩一次，每次大约持续时间长达50秒至1分钟，宫缩间歇大约仅1～2分钟。虽然宫口已经开全，但由于产道的外侧被骨盆的骨头包围，宽度只能让胎儿勉强通过，所以产妇必须有效地用力，才能使胎儿顺利通过。阴道、外阴已做好了充分伸展的准备，借着产妇用力，胎儿的头一边在产道里回旋，一边随着子宫收缩从子宫口向阴道下降，然后沿着阴道逐渐接近外阴出口。这时，狭窄的阴道口由于具备充分的伸展性而扩大,可以协助胎儿一口气滑出。胎儿娩出后,产妇马上感到轻松。

进入第二产程以后,每一次宫缩时大约要用力3次,这时产妇要遵照医生的指导,在宫缩时务必配合用力,不要在意自己的样子有多难看,这样才能使用力达到最佳的效果。强烈的宫缩阵痛,迫使产妇不由自主地向下用力。这时,产妇要双手抓住产床边上的扶手或丈夫的手,只管放心地像平时解大便那样向下憋气,憋气时间越长越好,以增加腹压,协助胎儿娩出。

当胎头部要出来,即产妇感到下边有东西堵着时,听到医生的指示后立即把双手交叉在胸前,改用力憋气为反复短促的哈气。需要注意的是,这个时候绝对不可用力,也不要随意扭动臀部,要靠子宫本身的收缩使胎儿自然娩出。只要轻微地用力或发出声音,都会使胎头飞速地从阴道口滑出,造成意想不到的会阴裂伤,甚至撕裂肛门。

由于胎儿就要从产道娩出,即使再不舒适也要注意保持仰卧、双脚尽量张开、膝盖弯曲的姿势,以方便医生协助分娩。在宫缩停止时产妇要立即全身放松休息,不要用力。这时用力不仅没有作用,反而会使产妇精疲力竭,影响顺利分娩。应该趁机做2～3次腹式深呼吸,为下一次宫缩时的用力做准备。

当产妇在开始用力后,由于呼吸加快特别容易感到口渴喉干。最好通过吸饮的方法,喝一些红茶、果汁等饮料润润喉咙,以免产生烦躁感,不利于分娩。

第三产程——从胎儿娩出到胎盘娩出

第三产程也称胎盘娩出期,从胎儿娩出到胎盘娩出为止,一般经历10～15分钟。一般不超过30分钟。

当胎儿娩出后,产妇顿有如释重负的感觉,这个时候的宫缩暂时停止,子宫逐渐缩小,羊水全部流出,胎盘也会自动地从子宫壁上剥离、娩出,此时没有剧烈的腹痛。这个时候产妇可以放松休息了,医生会检查胎盘胎膜是否完整,产道有无裂伤,并进行相应的处理,阴道分娩的全过程就此完成。产后产妇需要暂时留在产房,观察子宫有无大量出血,测量血压和脉搏。如果没有特殊情况,产妇会被送回病房休息。

需要注意的是,在胎盘尚未娩出之前,产妇不要用手去碰触下腹部,以免刺激下腹造成子宫颈口反射性地收缩,阻碍胎盘顺利娩出。待胎盘娩出之后,在外阴部消毒干净前,产妇要尽量将双腿张开,以方便医生进行处理。

胎盘娩出后,如果产妇会阴部有伤,医生要马上进行缝合。为了更好地让医生处理,虽然非常疲累,但要继续忍耐,并采取医生要求的姿势,坚强地与医生充分进行配合。这样才能方便医生缝合阴道壁及阴道入口的伤口,不至于使日后的性生活受到影响。由于会阴在分娩时受到极大压迫,所以不会感到太疼痛。

侧切

孕妇在分娩时，阴道内层的黏膜皱褶完全展开，中间肌肉层充分扩张，以便于胎儿离开宫体，通过阴道娩出。尽管阴道的特点是利于胎儿顺利娩出的，但实际上，当直径约10厘米的胎头娩出时，如果没有助产医生帮助保护会阴部，那么肯定会致使产妇会阴部发生不同程度的撕裂伤，继而在产后遗留下不同程度的后遗症。利用会阴切开术，就能够很好地避免上述后遗症的发生。

一般来说，产妇若出现会阴弹性较差、阴道口狭小或会阴部有炎症、水肿等情况，或是胎儿较大，胎头位置不正，子宫口已开全，胎头较低，但是胎儿有明显的缺氧现象，胎儿的心率发生异常变化时，医生会对产妇进行侧切术。

实施侧切时，医生会在产妇宫缩到来时，左手中、食指深入阴道内撑起左侧阴道壁，用会阴侧切，即自会阴后联合中线向左侧45°方向剪开会阴，但如会阴高度膨隆时，剪开角度为60°～70°，以免损伤直肠。侧切的切口一般为2～5厘米，医生在施术时动作也是很快的，再加上侧切是在阵痛较剧烈的时候，所以很多产妇基本上不会感觉到会阴切开，疼痛的感觉也很微弱。

自然分娩应如何配合医生

第一产程的配合

第一产程时，产妇要学会利用宫缩间隙适当休息、节省体力，如果胎膜未破，可以下床活动以促进宫缩，有利于胎头的下降。由于紧张的情绪会直接影响子宫收缩，还会使食欲减退，引起疲劳、乏力，影响产程进展。因此，产妇在思想上要绝对地放松下来，保持愉快的精神，在每次宫缩时深吸气，同时逐渐鼓高腹部，呼气时缓缓下降，可以有效减少痛苦。

这个时候产妇和家人要随时注意羊水的状况并报告给医生。通常胎膜大多在第一产程破裂。一旦胎膜破裂，淡黄色或白色的羊水就会从阴道流出，产妇需要立即卧床并要马上告诉医生，使医生可以及时进行记录，并听取胎心。

产妇应该每2～4小时排尿一次，避免膀胱充盈，影响子宫收缩和胎先露部下降。如果产妇感到排尿困难，要及早告诉医生，以便及时采取应对措施。

如果丈夫在陪产的话，这个时候要握住妻子的手不断给予鼓励，让妻子感受到你的力量。在阵痛早期，尽可能搀扶妻子多下来走动，促使胎头下降，缩短产程。等到阵痛持续并加剧时，帮助按摩肩、背、腰骶部等处的肌肉，或是用热毛巾湿敷腰腹部，帮助妻子减轻不适感。

第二产程的配合

进入第二产程以后，宫口开全，胎儿随着宫缩逐渐下降。当胎先露部下降到骨盆底部压迫直肠时，产妇便不由自主地随着宫缩向下用力。第二产程一般是持续1～2小时，胎儿就会从完全开大的子宫口中娩出。第二产程时间是最短的，宫口开全后，产妇要注意随着宫缩用力。当宫缩时，产妇可以双手紧握住床旁把手，先吸一口气憋住，接着向下用力。宫缩间隙，要休息放松，可以喝点水，准备下次用力。当胎头即将娩出时，产妇要密切配合接生人员，不要再用力，避免造成会阴严重裂伤。

第三产程的配合

随着胎儿出生，胎盘及包绕胎儿的胎膜和子宫分开，随着子宫收缩而排出体外。胎盘娩出时，只需接生者稍加压即可。如超过30分钟胎盘不下，则应听从医生的安排，由医生帮助娩出胎盘。胎盘娩出意味着整个产程全部结束。在第三产程，产妇要保持情绪平稳，在分娩结束后2小时内，产妇应卧床休息，进食半流质饮食补充消耗的能量。一般来说，产妇在产后不会马上排便，如果产妇感觉肛门坠胀，有排大便之感，要及时告诉医生，医生要排除软产道血肿的可能。如有头晕、眼花或胸闷等症状，也要及时告诉医生，以及早发现异常并给予处理。

生产过程中的难产

所谓难产，是指无法顺利将胎儿分娩出来。产力、产道和胎儿状况（主要看胎儿的大小）这三个因素中任何一个或一个以上异常，都会使分娩的进程不同程度上受阻进而发生难产。难产对产妇和胎儿的危害都是非常大的，必须妥善处理。

造成难产的因素很多，有些在生产之前是可以预知的，也有些是在生产过程中出其不意发生的。生产过程中的难产主要有宫缩乏力、宫缩过强、软产道坚韧、胎儿旋转异常、胎盘早剥、子宫颈管裂伤和胎盘滞留等问题。

宫缩乏力是指当分娩发动后，子宫收缩推出胎儿的力量很微弱。宫缩乏力有时会发生在分娩刚刚开始时，有时也会随着分娩进程逐渐减弱。一般来说，宫缩乏力是在产程中间发生的，多是由于产程过长或用力方法不得当导致产妇疲劳所造成的。如果出现这种情况的话，医生会给产妇使用促进宫缩增强的药物，如催产素。

宫缩过强也不利于顺利生产。如果在分娩时不恰当地使用了促进子宫收缩的药物或是产妇早破水，都会引起子宫收缩过强。当子宫收缩过强时，产妇大都不能承受，因为过强的宫缩会引发剧烈的疼痛。如果产妇能够承受过强的宫缩，产道和胎儿又没有异常，多能急速分娩。急速分娩可能会发生产道裂伤或产后出血，胎儿头部也可能会受到伤害。所以，如果宫缩过强，腹痛过于强烈时，医生会采取相应措施，产妇不要过于紧张，以免进一步给分娩造成障碍。

有些高龄孕妇的软产道过于坚韧，也会造成不同程度的难产。当出现这种情况时，医生会使用促使子宫颈软化的药物，使产道变得柔软，易于胎儿娩出。

胎儿在产道中通过时，为了适应产道的曲线，会不断转换方向，但有时由于各种原因会引起胎头旋转异常，因此给胎儿的顺利娩出造成障碍。一旦遇到这种情况，医生或助产士可能会协助胎儿改变不正常的位置，进行人工干预，帮助胎儿娩出。

胎盘早剥、滞留也会引发难产。正常情况下，胎盘是在胎儿娩出后才开始剥离娩出的。当胎儿还没有娩出的时候，胎盘就开始剥离，会发生阴道出血现象。遇到这种情况，医生会立即行剖宫产；随着胎儿的娩出，胎盘也就随之娩出，如果胎盘长时间没有娩出，就称为"胎盘滞留"，这时医生和助产士都会帮助产妇顺利地将滞留的胎盘娩出来。

当急产或产力比较大时，可能会发生子宫颈管裂伤，这时有经验的助产士或医生会在产妇娩出胎儿后，对产妇的产道和宫颈进行检查，如果发现有裂伤会及时缝合。需要注意的是，如果产后宫缩很好，阴道和外阴也没有伤口，却有鲜血流出，就要考虑是否有宫颈裂伤的可能，如果是就需要立即进行缝合术。所以，当产后发现阴道有鲜血流出，必须立即就医。

遇到难产时，产妇切不可丧失意志力和信心，要知道即使发生难产，宝宝无法经阴道分娩，医生还可以通过产钳助娩、胎头吸引器助娩，或剖宫产助娩等方式帮助宝宝分娩，只要处理及时，这并不会对宝宝造成伤害。

分娩后

产后的前四周

由于在生产过程中不同程度失血，加上出汗、腰酸、腹痛，非常耗损体力，气血、筋骨都很虚弱，因而需要一段时间的调补。生完宝宝的前四周，是产妇恢复最为关键的时期，一般来说，自然分娩的产妇恢复要比剖宫产产妇恢复得快。

自然分娩产后
第一周

自然分娩的产妇在产后第一周相对于剖宫产产妇来说要轻松一些，但产后的第一天还是非常虚弱，因此还是要保证卧床和充足的休息，第二天就可下床在房间里慢慢走走，每天 2～3 次，每次 20～30 分钟；还可在床上做些抬头、伸臂、屈腿、抬腿等简单的产褥体操，以锻炼腹肌，每天 3～5 次，每次 10 分钟左右，以便增加食欲，防止产后便秘，促进子宫收缩、恶露排出。

正常产后第二天就可以进行温水淋浴了，但第一次淋浴的时间不宜太长，5 分钟左右即可。淋浴过后要特别注意保暖，不可贪图凉爽而落下疾病。会阴部有侧切伤口的新妈妈，可在产后 3 天伤口正常愈合后淋浴，并在淋浴完毕后，用温热的 1∶5000 的高锰酸钾溶液冲洗伤口，以防感染。

产后前 3 天，产妇可以吃些清淡、富有营养易消化的食物，如鸡汤面条、鸡蛋羹、稀饭、牛奶等。其后可逐渐恢复正常饮食，以高蛋白、高维生素、低脂肪、低糖为主，多喝水，多吃新鲜蔬菜瓜果，多喝一些下奶的汤水，如鸡汤、鲫鱼汤、猪蹄汤等。

一般来说，自然分娩的产妇到了第三天左右就能独立起床、洗漱、吃饭、给宝宝喂奶和上卫生间了，尽管新晋妈妈们往往是希望亲力亲为，但实际上这个时候却并不适宜过度活跃，充足的休息依然很重要。

第二周

到了第二周，产妇的体力仍在恢复之中，充足休息依然非常重要，不过从后半周开始，可以将起床时间适当延长，逐渐恢复按时起居的习惯，但仍然不能过度劳累，以免影响乳汁分泌。每天的睡眠时间应保持在10小时左右。

从第二周开始，产妇可以开始增加仰卧起坐的锻炼，每天做2~3次，每次15~20分钟，以后逐渐增加活动量，增加膝胸卧位或四肢撑床抬举臀部等产褥体操。

产后6周内，洗澡都应避免盆浴，以免盆中的污水进入阴道内，引起产褥感染。此外，浴室里空气一定要流通，温度保持常温，每次淋浴的时间5~10分钟即可，淋浴的水温以36℃~38℃为宜。

第三周

这周随着身体的日渐恢复，可以趁着阳光充足带着宝宝到阳台上站一会儿，呼吸一下新鲜空气。从第三周起，产妇可以进行产后形体恢复的体操训练，以促进盆底、会阴肌肉弹性的恢复，防止产后发胖。

第四周

如果身体情况恢复良好，从本周开始，产妇便可以适当做一些家务，以利于产后恢复，但要注意的是家务劳动不可过分勉强，先试着做些轻微的家务，比如扫地、做饭等。如果是夏天天气较热的话，在做家务时要保证室内空气流通，室温最好保持在25℃左右，以免过热而引发中暑，同时还要避免长时间地站、蹲及提举重物等，以防子宫脱垂。

剖宫产产后

第一周

剖宫产产后的第一周相对来讲是比较难熬的一段时间。在术后前6个小时，产妇要绝对禁食，去枕平卧，6小时后才可以枕枕头侧卧，同时还要忍耐麻药过了之后伤口的疼痛。剖宫产的产妇必须要到排气之后才可进食，所以在6小时过后必须尽早排气。当产妇排气后，饮食可由流质改为半流质，食物宜富有营养且容易消化。可以选择蛋汤、烂粥、面条等，然后依产妇体质，饮食再逐渐恢复到正常，千万不要急于喝一些油腻的下奶汤，如鸡汤、肉汤等。

产后的3~5天内，产妇的身体一般比较虚弱，加上伤口疼痛，因而会有不同程度便秘和肿胀的感觉，这个时候就需要大量饮水促进肠道蠕动。饮水时最好选用温水，过冷和过热都不好。

剖宫产后，由于疼痛致使腹部不敢用力，大小便不能及时排泄，容易造成尿潴留和大便秘结。因此，术后产妇要在家人的帮助下尽量多翻身、多活动，以增强肠蠕动,尽早排气,预防肠粘连,促进伤口愈合。产妇可在术后48小时下床活动,但注意一定要保护好腹部的伤口。如果因刀口痛不敢抱宝宝,可以让宝宝的头部朝另一只乳房,脚和身体朝外,这样就不会压到刀口了。

第二周

到了第二周,产妇乳房充盈已经开始了正常的哺乳,所以要特别注意蛋白质、必需脂肪酸、钙、铁、锌、碘,以及维生素B_1、维生素B_2、维生素C、维生素D的摄入,不要食用任何刺激性的食物。此外,需要注意的是,产妇尽量不要吃深色素的食物,否则会使疤痕的颜色加深,影响美观。

分娩后,产妇常伴有便秘,所以蔬菜和水果是必不可少的,因为它们能提供维生素、矿物质和纤维素,但不要吃冰镇的蔬菜和水果。

剖宫产的产妇从第二周开始也可以放心洗澡了,但要用防水手术膜保护好手术切口部位,不要让肥皂或浴液流到伤口上。如果有发热、腹痛、阴道分泌物增多或是不正常出血,一定要及时就医。

第三周

剖宫产过程中失血较多,所以有些产妇在产后会出现贫血现象。因此,产妇可多吃些高铁质的食物,包括肉类、黑糯米粥、红豆汤等。若是便秘可吃香蕉、芝麻糊等促进排便。

一般来说,产后第一周恶露的量较多,颜色鲜红,含有大量的血液、小血块和坏死的蜕膜组织,称为红色恶露。半个月以后至3周以内,恶露中不再含有血液了,但含大量白细胞、退化蜕膜、表皮细胞和细菌,使恶露变得黏稠,色泽较白,所以称为白色恶露,通常可持续两三周。由于剖宫产子宫有伤口,较易造成致死性大出血,产后晚期出血也比较多见,所以如果回家后有恶露明显增多的现象,应及时就医。

第四周

到了第四周,身体素质较好的产妇身体基本也恢复到一个不错的水平了,这个时候可以和自然分娩的妈妈一样,适当做一些轻微的运动和家务劳动,阳光明媚时可以抱着宝宝去散散步,多呼吸一些新鲜空气。

应该什么时候出院

自然分娩时

顺产的产妇和新生儿,如一切正常的话在产后第2天或第3天就可以出院了;如果是做了会阴切开或有阴道裂伤做了缝合的产妇,就要等到伤口愈合后才能出院。通常情况下,产后5天左右就可以带着宝宝出院了。

剖宫产时

剖宫产则需视身体恢复情况在医院住5~8天。如果你要求提前出院,医生也认为可以出院的话,在产后5天左右就可以办理出院,一周后到医院拆线,并检查术后恢复情况。现在剖宫产大多采取横切口,5天就可以拆线,如果使用能吸收的线缝合则不需要拆线,术后3天左右就可以出院。但剖宫产的产妇最好是在一周以后再出院,这样有什么问题的话可以及时得到医生、护士的帮助,比较安全。

奶水不充足怎么办

一般来说,产妇在生完孩子15分钟内就已经具备了"供应"奶水的能力。此时,新妈妈要忍耐住刚生完宝宝的痛苦,立即让宝宝吮吸乳头。如果实在疼痛难耐的话,可以缩短吮吸时间。如果条件所限,宝宝无法吮吸,可以用吸奶器等方法把母乳挤出,排空乳房。但是,有的新妈妈奶水不够充足,满足不了宝宝的要求,该怎么办呢?

有些奶水不充足的现象是由喂养方式不当造成的,只要喂养姿势正确了,宝宝就能顺利吮吸到母乳,也刺激妈妈分泌更多乳汁。在母乳喂养的第一周,因为喂养者和宝宝都没有摸清规律,奶水不足,宝宝吃不饱而哭闹的现象很正常。这时,妈妈一定要坚持喂下去。吃不饱,可以在充分吮吸母乳后,再补充喂点配方奶粉。喂养时,一定要让宝宝含住整个乳晕,而不能只含住乳头。不然,宝宝会因吸不到奶而哭闹,影响妈妈喂养的心情,乳头也会出现发炎和乳头皲裂的问题,给喂奶造成困难。

如果是一开始奶水比较少的话,妈妈不妨多让宝宝吸吮几次。因为宝宝吮吸的力量很大,正好可借助宝宝的嘴巴来按摩乳晕。妈妈应每2～3小时喂宝宝1次,但仍需配合宝宝的需求来喂。宝宝只要饿了就喂,喂得越多,奶水分泌得就越多。至于宝宝吃的奶是否足够的问题,可以检查孩子的尿片,只要一天至少换6～7片的话,就表示宝宝吮吸的奶水量足够了。

新手妈妈们一定不要因为刚开始没有乳汁就不让孩子吮吸奶头,应该让他(她)多多接触乳头,渐渐地婴儿就会学着靠自己的力量去吮吮了。由于宝宝的这种吮吸是使出了全身的力气,会使妈妈的乳头很疼,妈妈这时候千万不要因为怕疼而拒绝让宝宝吮吮。

此外,及时补充水分、均衡膳食也有利于丰富妈妈的奶水。在喂奶时,妈妈每天大约要消耗2100～4200焦耳的热量,因而妈妈所摄取的食物种类,也会直接影响到乳汁的分泌与质量。因此,均衡摄取各种食物是很重要的,它们包括碳水化合物、脂肪、蛋白质、维生素、矿物质等五大营养元素。哺乳妈妈要特别注意钙质与铁质的吸收,这方面可从奶类或豆制品中摄取。也可以用食疗的方法,吃些下奶的食物,如猪蹄、麻油鸡、鲫鱼汤等,但注意不可过量,以免造成肥胖。

坐月子

总的来说,坐月子要本着慎寒温、适劳逸、勤清洁、调饮食的基本原则进行:

穿着

产后的穿戴应选择宽松舒适、散热性好的家居服,不要穿过紧的衣服,以免影响乳房血液循环和乳腺管的通畅，引发乳腺炎。

产后穿什么衣服，要根据不同室温做出选择，一般来说，室温在12℃～15℃时，要穿厚毛衣薄毛裤；室温在15℃～18℃，可以穿薄一点的毛衣和棉质单裤；室温在18℃～22℃时，可以穿着薄羊毛衫和棉质单裤；室温22℃～24℃时，适合穿棉质的单衣单裤。

由于产后出汗较多，产妇要穿吸水性好的纯棉质地的内衣。母乳喂养的妈妈，乳汁常常沾湿衣服，要注意换洗。产后最初几天阴道分泌物比较多，胸罩、内裤应每天换洗。

鞋子选择的原则是，要选大小合适、柔软舒适的鞋子，如果穿拖鞋，最好要带脚后跟的，以免脚受凉引发足跟或腹部不适。在活动或做产后体操时，应该穿柔软的运动鞋或休闲鞋，不要穿着拖鞋运动。需要注意的是，产后不要立即穿高跟鞋，爱美的妈妈们可以穿2～3厘米左右的低跟鞋。

食物

坐月子时，产妇在饮食方面有个人体质的差异性，不同体质者进补的方式也不同。

1. 寒性体质

寒性体质的人一般在产后面色苍白，怕冷或四肢冰冷，口淡不渴，大便稀软，频尿量多色淡，痰涎清，涕清稀，舌苔白，易感冒。这种体质的产妇肠胃虚寒、手脚冰冷、气血循环不良，应吃较为温补的食物，如麻油鸡、烧酒鸡、四物汤、四物鸡或十全大补汤等，可促进血液循环，达到气血双补的目的，而且筋骨较不易扭伤，腰背也较不会酸痛。但原则上不能太油，以免腹泻。可以吃荔枝、龙眼、苹果、草莓、樱桃、葡萄等水果，寒凉的蔬果，如西瓜、木瓜、葡萄柚、柚子、梨子、阳桃、橘子、番茄、香瓜、哈密瓜等是不宜食用的。

2. 热性体质

热性体质的产妇生产后面红目赤，怕热，四肢或手足心热，口干或口苦，大便干硬或便秘，痰涕黄稠，尿量少色黄赤味臭，舌苔黄或干，舌质红赤，易口破，皮肤易长痘疮或痔疮。热性体质的产妇不宜多吃麻油鸡，在煮麻油鸡时姜及麻油用量要减少，酒也少用。比较适合吃山药鸡、黑糯米、鱼汤、排骨汤等，蔬菜类可选丝瓜、冬瓜、莲藕等较为降火，或吃青菜豆腐汤，以降低火气。腰酸的人用炒杜仲5钱煮猪腰汤即可。荔枝、龙眼、苹果不宜多吃，可以选择柳橙、草莓、樱桃、葡萄等水果，但也要少吃。

3. 中性体质

中性体质的产妇一般不热不寒，不特别口干，无特殊常发作之疾病，因此饮食上较容易选择，可以食补与药补交叉食用，没有什么特别问题。如果补了之后觉得口干、口苦或长痘，可以暂停药补，吃些降火的蔬菜，也可喝一小杯不冰的纯葡萄汁。

坐月子时适当滋补十分重要，但也不可大补特补，过犹不及。例如，人参补气止血，刚生产完的住院期间，正在开始排恶露，若服人参会使得恶露难以排出，导致血块瘀滞子宫，引起腹痛，严重的还会有胎盘剥落不完全，引起大出血。因此，必须等到产后第二三星期左右，血块没有了，才能服用人参茶；还有很多人认为鹿茸具有补肾壮阳、益精养血之功效，对于子宫虚冷、不孕等妇科阳虚病症具有较好的作用，因而产后服用鹿茸会有利于产妇身体的尽快康复。但产妇在产后容易阴虚亏损、阴血不足、阳气偏旺，如果服用鹿茸则会导致阳气更旺，阴气更损，造成阴道不规则流血症状。

作息

产后最重要的就是保证充足的睡眠和休息，因为如果休息不好，乳汁分泌就减少，会给母乳喂养带来困难，并易导致产妇焦虑、疲倦、精神抑郁。

产后由于子宫韧带松弛，所以在休息睡眠时需要采用仰卧与侧卧交替的体位，建议从产后第2天开始俯卧，每天1~2次，每次15~20分钟；产后2周可采用膝胸卧位，利于子宫复位并防止子宫后倾。每天要保证至少8~9小时睡眠，以助于子宫复位，并可促进食欲，避免排便困难。

产妇夜间要频繁喂奶，照顾婴儿，会缺乏睡眠，所以要抓紧一切可能的时间休息，最好是宝宝睡妈妈就睡。

运动

适度的运动对于恶露的排出、筋骨及身材的恢复很有帮助。产后初始，产妇觉得虚弱、头晕、乏力时，必须多卧床休息，起床的时间不要超过半小时，下床如厕或散步时要有人陪伴，以防因体虚而晕倒。随着体力逐渐恢复，可以将时间稍稍拉长些，时间以1~2小时为限，要避免长时间站立或坐姿导致腰酸、背痛、腿酸、膝踝关节的疼痛。

早活动有利于子宫恢复和分泌物排出，减少感染机会和下肢静脉血栓形成，加快排尿功能恢复，减少泌尿系统感染发生；加快胃肠道恢复，增进食欲，减少便秘；促进骨盆底肌肉恢复，防止小便失禁和子宫脱垂发生。

虽然产后及早运动，对新妈妈的体力恢复和器官复位有很好的促进作用，但一定要根据自身情况适量运动。不能急于让身材恢复，月子里便开始进行大量运动或较剧烈的锻炼。这样，会影响尚未康复的器官的恢复，还会影响剖宫产刀口或侧切伤口的愈合。

洗浴卫生

产妇在坐月子时，头发、身体要经常清洗，以保持清洁，避免遭受细菌感染而发炎。

传统观念认为，产妇在坐月子的时候是不能洗头洗澡的，但在分娩过程中，产妇会大量出汗，而产后汗液更会增多，新妈妈的头皮和头发会变得很脏。若按照老规矩不洗头的话，味道难闻不算，还可能引起细菌感染，并造成脱发、发丝断裂或分叉。所以，月子里只要新妈妈健康情况允许，就可以洗头，但需要注意不要使用刺激性太强的洗发用品，水温要适宜，不要过凉，最好保持在37℃左右；可用指腹按摩头皮，洗完后立即用吹风机吹干，避免受冷气吹袭；梳理头发最好用木梳，避免产生静电刺激头皮。如果天气太冷或者家里条件不适宜洗头，新妈妈可以以定期清洁头皮来代替洗头。清洁头皮时，要先将药用酒精隔水温热，再以脱脂棉花沾湿，将头发分开，前后左右擦拭头皮，稍用手按摩一下头部后，再用梳子将脏物刷落。妈妈们可以在每天中午时擦拭一次，再用软梳梳理头发，好让头部气血畅通，保持脑部清醒。

在产后的前几日，有些妈妈身体比较虚弱，有些则会因伤口大、撕裂伤严重或腹部有刀口而不便淋浴，遇到这种情况，可先做擦浴，等待伤口愈合得差不多了再洗淋浴。

擦浴时，可以用烧开的水加入10毫升的药用酒精及10克的盐，掺和着成为擦澡水，用毛巾沾湿、扭干，轻轻擦拭妈妈的肚子及流汗较多的地方，夏天可早、中、晚各擦一次，若天气比较凉爽时，则在中午擦洗一次就好。当妈妈体力恢复得差不多了，就可以开始淋浴了。淋浴时注意不要空腹，以防发生低血糖；用水不要过热，水温保持在35℃~37℃，即使是夏天也不可用较凉的水冲澡，以免恶露排出不畅，引起腹痛及日后月经不调、身痛、全身皮肤血管过度充血等；切忌盆浴，每次洗澡的时间不宜过长，一般5~10分钟即可。此外，还应注意浴室中的空气流通，不要怕吹风而导致缺氧。

此外，产妇还要特别留意自己的个人卫生，保持衣着整洁，梳理好头发；指甲要定期修剪，以免划伤婴儿幼嫩的皮肤；每次如厕后，都要用温水冲洗阴部，洗时注意要从前向后洗，以免将肛门的细菌带到会阴伤口和阴道内。

环境

给母婴创造一个舒适温馨的环境，一定要摒弃过去"捂月子"的习惯，让产妇和婴儿在空气新鲜、环境优雅、干净明亮的室内度过月子。

随着气候与居住环境的温、湿度变化，产妇穿着的服装与室内使用的电器设备，应做好适当的调整，室内温度约25℃~26℃，湿度约50%~60%，避免着凉、感冒，或者使关节受到风、寒、湿的入侵。

在室内的时候，白天尽量不要挂窗帘，尤其是比较厚、颜色比较深、花色比较暗的窗帘。长时间挂着窗帘避光会影响产妇心情，也不利于婴儿视觉发育，还不利于及时发现宝宝皮肤黄疸和其他情况。

月子食谱推荐

花生猪蹄汤

此汤含有丰富的优质蛋白质、脂肪及钙、磷、铁、锌等矿物质和多种维生素，是产妇下奶佳品。

【原料】猪蹄、花生、盐、味精、料酒、姜片、葱段各少许。

【做法】（1）将猪蹄放火锅内，加水煮烧。

（2）烧开后撇去浮沫，放入葱段、姜片、料酒，用急火连续煮2~3小时，直至汤汁呈乳白色，加盐、味精，搅匀即成。

骨汤烩豆腐
补充身体所需的钙质。

【原料】油豆腐、虾仁、鸡茸、骨头汤、小油菜各适量。

【做法】（1）虾仁剁碎，与鸡茸一起调配成馅料，塞入切小口、部分去瓤的油豆腐中。

（2）骨汤烧开，下入酿好的油豆腐，用小火煮，稍加盐调味；最后加入小油菜点缀，食用时少加些米醋。

鸡蛋黄花汤
养肝明目、滋补阴血、生精下乳。

【原料】鸡蛋3个，黄花、白菜心各10克，海带、木耳各5克，酱油3克，精盐2克，味精1克，高汤350克。

【做法】（1）将海带泡好洗净后切丝。

（2）黄花拣择洗净后切段。

（3）木耳泡发、洗净。

（4）鸡蛋打入碗中搅拌均匀。

（5）锅内加高汤烧开，放入味精及海带、黄花、木耳、白菜心，烧开后再冲入鸡蛋，再烧片刻后勾芡即成。

肉末蒸蛋
内含蛋白质25.5克，脂肪50.2克，碳水化合物5.6克，钙107.8毫克，磷428.8毫克，铁7.2毫克，维生素A1392.5国际单位，维生素$B_1$0.5毫克，尼克酸1.6毫克，维生素C1毫克，能产热918.3千卡，养血生精、长肌壮体、补益脏腑，预防维生素A缺乏症。

【原料】鸡蛋3个，猪肉50克，葱末、太白粉各5克，酱油10克，精盐2克，味精0.5克，食油25克。

【做法】（1）将鸡蛋打入碗内搅散，放入精盐、味精、适量清水搅匀，上笼蒸熟。

（2）选用三成肥、七成瘦的猪肉剁成末。

（3）锅放炉火上，放入食油烧热，放入肉末，炒至松散出油时，加入葱末、酱油、味精及水，将太白粉用水调匀勾芡后，浇在蒸好的鸡蛋上面即成。

益母木耳汤
养阴清热、凉血止血。可用于防治产后血热、恶露不尽。

【原料】益母草50克、黑木耳30克、白糖30克。

【做法】（1）益母草用纱布包好，扎紧口；黑木耳水发后去蒂洗净，撕成碎片。

（2）锅置火上，放入适量清水、药包、木耳，煎煮30分钟，取出益母草包，放入白糖，略煮即可。

黄焖勺鸡

健脾胃，滋补强壮，健康少病。

【原料】勺鸡2只，精盐、酱油、甜面酱、白糖、味精、八角茴香、淀粉、花椒油、葱末、姜末、素油适量。

【做法】（1）将勺鸡去毛、内脏，脚爪洗净，放锅内煮半熟捞出洗净，剁成块。

（2）锅加油烧热，放入茴香炸一下捞出，放葱、姜煸锅，加甜面酱炒熟，放入鸡块、盐、酱油、白糖，添适量汤烧开，撇去浮沫，盖上盖，放火上至肉烂汤浓时加味精，用湿淀粉勾芡，淋花椒油，出锅装盘即可。

麻油鸡

促进血液循环，提升抵抗力。

【原料】柴鸡1只、生姜8~10片、黑麻油1碗、米酒水1000~1500毫升。

【做法】（1）鸡肉洗净、切成块状。

（2）将麻油倒入热锅烧热，放入姜片，转小火爆透，至姜片两面呈褐色微皱。

（3）倒入鸡块，转大火炒至七分熟。

（4）倒入米酒水，煮开后转小火炖煮20~30分钟即可。

薏米饭

美肌、去水肿，淀粉质少，是月子期间很好的主食。

【原料】薏米、白米、米酒水若干。

【做法】将薏米泡3~4小时，沥干，加上白米和米酒水煮成薏米饭来吃。

红豆糯米粥

利尿、补血、促进代谢。

【原料】红豆半碗、红糯米1碗、红枣10粒、黑糖适量、米酒水6碗。

【做法】（1）红豆洗净泡一夜，红糯米洗净泡4个小时，沥干备用。

（2）将红豆、红糯米、红枣放入锅中，倒入米酒水，煮沸转小火至熟烂，再依个人口味加入黑糖。

坐月子的14个食补小秘诀

（1）猪肝适合在早上、中午食用。

（2）鸡蛋蛋黄中的铁质对贫血的产妇有疗效。

（3）莲藕排骨汤可治疗坐月子期间的贫血症状，莲藕具有缓和神经紧张的作用。

（4）干贝有稳定情绪的作用，可治疗产后忧郁症。

（5）红萝卜含丰富的维生素A、B族维生素、维生素C，是产妇的最佳菜肴。

（6）猪腰有强化肾脏、促进体内新陈代谢、恢复子宫机能、治疗腰酸背痛等功效。

（7）芝麻含钙高，多吃可预防产妇钙质流失及便秘。

（8）猪蹄能补血通乳，可治疗产后缺乳症。

（9）花生能养血止血，可治疗贫血出血症，其有滋养作用。

（10）西芹纤维质高，多吃可预防产妇便秘。

（11）黑豆含有丰富的植物性蛋白质及维生素A、B族维生素、维生素C，对脚气浮肿、腹部和身体肌肉松弛者也有改善功效。

（12）海参是零胆固醇的食品，蛋白质高，适合产后虚弱、消瘦乏力、肾虚水肿及黄疸者食用。

（13）猪心有强化心脏的功能。

（14）吻鱼含钙丰富，适合产妇食用。

最热的夏天如何坐月子

在闷热的夏天坐月子，的确让人心烦。但其实，夏天有夏天的窍门，学会了也可以照样在炎热的夏天把月子坐得舒服清爽。

传统观念认为，坐月子应该"捂"，意思就是要多穿、多盖，避免着凉、受风。这样的说法有一定的道理，因为产后新妈妈的身体比较虚弱，免疫力降低，与正常人相比更容易生病，因此要多加小心。但如果天气炎热的话，也要根据自身情况适当减少衣物，千万不要一味地"捂"，导致中暑。

产妇房间可以适当开空调或者吹风扇，把房间温度降下来，但不能对着产妇和宝宝吹。另外，房间的温度要保持在24℃~28℃，与外界温度的温差要小于7℃，湿度要保持在50%~60%，洗澡时空气不能对流，但要留着些门缝、窗缝通风，不能完全在密闭的环境里洗澡。

月子里要注意保暖，不要睡太凉的竹席或者牛皮席，可以选择草席或者亚麻席，这样即使开空调也不会太冷。席子每天要用温水擦洗，保持清洁卫生。

产妇夏季月子里的饮食要以清淡为主，可以从粥、面条过渡到稀饭，然后再吃米饭、面食和蔬果，尽量不要吃太过油腻的食物以防上火；多喝一些温的白开水和淡盐水，忌生冷的食物，瓜果如果担心凉可以榨成果汁后，将装有果汁的杯子放入热水里5~10分钟后再饮用，或是将水果煮成水果茶饮用。

在夏天，新妈妈们刷牙、洗头、洗澡等个人卫生更是一样也不能少。洗澡要用淋浴的方式，保持肌肤的毛孔通畅，能够正常地排汗。在淋浴时要注意外阴的清洁，不过千万不要灌洗阴部或者进行盆浴，否则容易引起感染。淋浴后一定要把身体擦干，以免着凉。

产后康复

分娩以后，除了乳房外，产妇全身各器官组织尤其是生殖器官，都要恢复到妊娠前状态，这种恢复通常需要6~9个星期，也是我们通常所说的"产褥期"。产褥期虽然比妊娠期短得多，但它的重要性并不亚于妊娠期。可以说，产后康复的好坏，关系到女性的终身健康。

产后伤口护理

产后伤口可分为自然产伤口和剖宫产伤口，产后康复首要的就是避免伤口部位的感染。伤口局部的红、肿、热、痛现象都不能轻视，只要有不适感持续未改善或是出现脓性分泌物、阴道有不规律出血时，就要尽快到医院检查。

另外，为了促进伤口愈合，产后要时刻保持伤口的清洁干燥，洗澡时不要让沐浴露或肥皂流到伤口上；剖宫产产妇要尽量少吃或不吃颜色深或是含深色素的食物，以免使伤口颜色加深。产后的第一个月做运动要量力而行，注意不要碰触到伤口，更不能让伤口处撕裂。

盆底肌肉的康复训练

所谓盆底肌肉的康复训练就是有意识有节律地做骨盆底肌的收缩与放松运动，从而加强骨盆底肌的力量，并提高妇女有意识地控制这些肌肉的能力。有的女性在生产后会出现腰酸背痛、产后阴道松弛、生理性尿失禁的现象，都与盆底肌肉松懈有关。产后有规律地对盆底肌肉进行锻炼，不仅可以使因生产变松弛的阴道重新回复紧致，还可以通过刺激生殖区的血流量改善性功能。因此，产后的盆底肌肉的康复训练十分重要。

锻炼盆底肌肉，可以先深吸一口气，然后在呼气过程中紧闭肛门，同时紧闭尿道口，感觉像憋尿一样坚持数分钟，然后缓慢放松，反复进行，可以有效加强对盆底肌的控制能力；或是将一只手放在腹部，另一只手放在乳房下方，用腹部吸气一秒钟，然后缓慢呼气，同时紧吸脐部，以此锻炼深横肌部位。这些锻炼运动要坚持每天进行，可以从每天 5 次、每次重复 5~10 遍开始，渐渐增加到每次 20 遍。

产后避孕

由于生产后女性的生殖器官需要在相当长的一段时间内才能够恢复正常，因此，在产后为了调养好身体就要特别重视避孕，切不可疏忽大意或怀着侥幸的心理。一般来说，产后 2 个月以内最好避免过性生活，过早同房不仅会增加产褥感染的危险，还可能会由于没有避孕措施或避孕失败造成再孕。

产后短时间内再孕对女性的身体危害是极大的，由于子宫壁肌组织尚未恢复正常，子宫很软不易收缩，在做人流手术时就会引起机械性损伤、过多的出血和子宫穿孔等并发症。特别是剖宫产手术后，宫壁上的刀口虽然愈合，但因瘢痕代替了原来的肌肉组织，在人工流产中受损伤的危险性会更大。

产后何时开始避孕呢？有的人认为，等第一次月经来潮后再考虑避孕问题，但这种想法是错误的，因为产后排卵的日期是无法确定的。一般来说，产后第一次月经来潮的前 14 天就可能会排卵，有的甚至在宝宝出生后的第一次性生活（产后 40 天）就可能已经排卵；还有的人认为，哺乳期没有月经就不会怀孕，其实无月经并不说明不会受孕，如果不是完全母乳的话就有可能提前排卵，因此，想利用延长哺乳来达到避孕的目的是不可靠的，延长哺乳还可能造成会下丘脑——垂体——卵巢轴的永久性障碍，甚至闭经，以及子宫萎缩和性功能障碍等病症。

所以说，产后妈妈应该了解不同避孕工具的避孕原理和避孕方法，选择自己最佳的避孕手段，避免意外怀孕。如果是母乳喂养的，由于避孕药会使乳汁分泌减少，还会通过乳汁影响宝宝，所以在哺乳期内不可通过口服、埋植或注射避孕药的方式避孕，宜用避孕套避孕。正常产后3个月，或剖宫产6个月以上的女性，经医生检查适合放置宫内节育环的，均可放环避孕。

要知道，没有一种避孕方式是绝对保险的，并且一旦怀孕后人工流产的话，给身体造成的痛苦和损害是很大的，有时甚至可能是终身的。因此，产后的妈妈们应听从医生的建议，及早选择好适合自己身体情况的避孕方法，避免带来不必要的伤害。

产后锻炼与体型恢复

爱美是女人的天性，每个妈妈都害怕生产完由于脂肪的囤积和骨盆撑大，使身材走样变形。其实，只要在妊娠时营养不过剩、生产后注意恢复锻炼的话，便不难恢复产前苗条的身材。

很多人对产后瘦身存在着这样或那样的误区，有些人觉得生育后马上就要开始运动否则就会发胖，但实际上这是非常危险的，会导致子宫康复放慢并引起出血，还容易使一些关节受到伤害；有些人还在哺乳期内就希望通过节食瘦身而抗拒一些补品，但这却会影响到乳汁的品质。此外，生产后有贫血、便秘现象的新妈妈，也必须将上述症状改善后才能采取瘦身措施。总之，产后锻炼与体型恢复一定要本着健康的原则，任何对妈妈或对宝宝有危害的方法都是绝对禁止的。

产后运动是很好的恢复方法，但是尽量要选择温和舒适、没有过分拉伸动作的，以下几种运动方法就十分有效：

腹式呼吸法

腹式呼吸法是时下最流行的健康减肥法，无论是站着、坐着、躺着都可以做，对生产后腹部鼓鼓的新妈妈来说效果最佳。深度的腹部呼吸能紧实强化腹部肌肉，有效燃烧腹部脂肪，必须坚持，不可三天打鱼两天晒网。

做法：

（1）平躺在床上，膝盖弯曲，脚心平放在床上，双手轻放于腹部慢慢吸气，吸足吸饱使腹部膨胀突出，憋足3秒再慢慢吐气，直到腹部凹下。

（2）重复上述动作15～20次。

空中踩脚踏车法

空中踩脚踏车法可以有效收紧腹部，将大腿部松弛的肌肉变得紧张。在做此运动时，注意不要用过快的速度进行。

做法：

（1）平躺在床上，将双脚抬高、脚尖下压，用双手托着腰部护腰，双脚在空中踩脚踏车。

（2）每次踩30下，放下双脚休息调整呼吸，重复3~5次。

产后应防治的病症

手关节痛

孕妇在分娩后，由于体内激素发生变化，会导致关节囊及其附近的韧带出现张力下降，引起关节松弛。此时如果过多从事家务劳动，或过多抱孩子，接触冷水，就会使关节、肌腱、韧带负担过重，引起手关节痛，且经久不愈。

因此，在产褥期，产妇要注意休息，不要过多做家务。要减少手指和手腕的负担，避免过早接触冷水。

生殖器官感染

产妇在产褥期抗病能力差，加上阴道、子宫因分娩而造成的创伤还没有愈合，细菌极易侵入，再加上分娩后阴道外口有不同程度的充血、水肿，易引起撕裂伤。因此，产褥期的女性如果同房或不注意个人卫生的话，很容易发生外阴炎、阴道炎、子宫内膜炎、盆腔炎、子宫出血、会阴部撕裂伤等生殖器官病症，严重者还会引起败血症、失血性休克而危及生命。

所以，自分娩前3个月至分娩后2个月要避免性交，注意保持全身尤其是下身的清洁卫生。产前要加强营养，注意休息，增强抵抗力。

乳腺炎

产妇在产后由于抵抗力下降、乳汁淤积、乳头皲裂破损等原因，极易造成乳腺炎。因此，从怀孕开始后直至喂奶期间，妈妈们要每天用干净湿毛巾擦洗乳头和乳房，以保持清洁卫生，增强局部皮肤的抵抗力，杜绝细菌从裂口进入乳腺而引起感染。在哺乳时要保持乳头清洁，避免损伤，减少感染途径；避免让乳汁淤积在乳房中，以减少细菌繁殖的机会。每次喂奶后要将乳汁吸空，若宝宝吸不完的话可以用吸奶器吸空。

膀胱炎

产妇在产后膀胱的肌肉暂时还比较松弛，容易积存尿液。妊娠后期体内潴留的水分，在产后也主要通过肾脏排泄，从而增加了膀胱的负担，降低了膀胱的防病能力。这时细菌容易侵入尿道引起膀胱炎。

为了预防膀胱炎，产妇在产后要尽可能多地排尿，不要使尿在膀胱里贮存过久，以免细菌繁殖。此外还要经常清洗外阴部，保持阴部清洁，同时还要防止脏水流入阴道造成污染。

子宫脱垂

子宫脱垂是指子宫从正常位置沿阴道下降，宫颈外口达坐骨棘水平以下，甚至子宫全部脱出于阴道口以外的症状。在哺乳期间，产妇的卵巢功能下降，子宫的支持结构和悬吊装置松弛无力，盆底肌肉的张力和弹性减退，这时若遇到增加腹压或体姿用力等外因条件，均可能诱发子宫脱垂。产妇会感到小腹下坠和腰酸，严重时子宫会从阴道脱出。

为预防子宫脱垂，产妇要多卧床休息，不要过早下床活动，不要过早参加重体力劳动，不要走远路或跑步。

痔疮和肛裂

产妇的饮食质量高且精细，加上缺乏运动，很容易使肠蠕动减慢，大便在肠道内停留时间过久，水分被吸收而过于干燥、硬结，引起排便困难，导致痔疮肛裂，大便时肛门疼痛甚至出血。

为防止肛裂，当有便秘现象出现时，产妇可以适当调整饮食结构，多吃些新鲜蔬菜、水果等，以增加大便量，多喝鱼汤，以润滑肠道和补充足够的水分。

肌风湿

肌风湿又叫肌纤维组织炎，即老一代人常说的"坐月子"病，主要症状是腰局部发凉、肌肉发紧、僵硬、酸胀不适，遇到阴雨天更加严重。

为了预防肌风湿，产妇在产后要特别注意防风，多增加脂肪、蛋白质和维生素的摄入来增强抵抗力，也可根据疼痛部位的大小，将食盐放入锅中炒热，用布包好敷于疼痛处，每天1次，每次20~30分钟。

骨盆疼痛

由于产妇分娩时产程过长，胎儿过大，产时用力不当，姿势不正确，以及腰骶部受寒等，或者当骨盆某个关节有异常病变，均可造成耻骨联合分离或骶髂关节错位而发生疼痛。因此，如果女性患有关节结核、风湿症、胃软化症，应在治愈后再考虑妊娠。怀孕后绝对不能静止不动，要适当做一些劳动或体育锻炼，如伸屈大腿的练习，尽量避免腰部、臀部大幅度地运动或急剧的动作。

尿潴留

多数产妇会在分娩后5小时自行排尿，但有的产妇由于分娩过程中子宫压迫膀胱及盆腔神经丛，使膀胱肌麻痹，运动迟缓无力；产后盆腔内压力突然下降，引起盆腔内瘀血；加上产程过长引起体力的大量消耗而导致排尿困难。

因此，产妇在产后4小时即应主动排尿，如果排尿很困难也应每3~4小时做一次排尿的动作以利于锻炼膀胱逼尿肌和腹肌的收缩力，在有尿意而不能排出时，可用拇指按压关元穴，持续1分钟便可排尿。自行分娩的产妇尽可能要在产后最快时间里自主排尿，剖宫产的产妇也尽量在家人或护士的帮助下主动下床排尿。

产褥热

产褥热是由于产后致病菌侵入生殖器官而引起的疾病，医学上叫产褥感染，是产妇在产褥期易患的比较严重的疾病。引起产褥感染的主要病原菌为葡萄球菌、链球菌、大肠杆菌、肺炎双球菌等，来源可能有以下几方面：接生人员的双手或接生器械消毒不严；妊娠末期阴道有炎症；产程过长，肛门或阴道检查次数过多；产妇的衣服被褥不清洁，或用未消毒的纸或布作会阴垫。

产褥感染开始时，常常先在创伤部位发生炎症，如外阴或阴道裂伤感染，可出现红肿和热痛的局部炎性反应，如果感染发生在子宫，则可能引起子宫内膜炎或子宫肌炎。此时除有下腹痛外，体温可升高至38℃左右，恶露增多且有臭味。

发生产褥感染后，如果治疗不彻底，急性感染可以变成慢性，盆腔内可遗留慢性炎症，如器官粘连或输卵管阻塞等。如果治疗及时且身体抵抗力强的话，感染可以局限于该部位并且逐渐消退；如果细菌毒性大、身体抵抗力弱或治疗不及时，可出现寒战、高热、体温高达40℃；如果炎症进一步蔓延到子宫旁组织，则可形成脓肿，可有发热腹痛；如果炎症蔓延至腹膜，则可引起腹膜炎，这时除寒战高热外，脉搏增快和腹痛加剧并伴有腹胀；若是病菌侵入血液，可发生菌血症或败血症，这时体温变化很大，而且出现全身中毒症状，情况严重，如不及时治疗，则可危及生命。

由于产褥感染严重影响产妇健康，甚至危及生命，因此必须做好预防工作。产妇要在产前就做好检查，早期发现并早做治疗，及时补充营养，防治贫血；在怀孕的最后一个月禁止性交和洗盆浴；临产时，应尽量进食和饮水，抓紧时间休息，避免过度劳累，以免身体抵抗力降低，如果胎膜早破过久，或产程过长，或因胎盘胎膜残留行刮宫手术，应该用抗生素预防感染；产后要注意卫生，保持外阴清洁，月子期间不要使用盆浴，最好用流动水冲洗外阴。阴道分泌物没排干净前，一定要避免性生活。尽量早期起床，以使恶露尽早排出。同时，产后要加强营养，以增强身体的抗病力。

喂奶与断奶

婴儿和成年人不一样，一方面由于他们生长发育特别快，需要更多的营养物质，另一方面婴儿幼小，对食物消化和吸收能力弱，因此，给婴儿选择食物就显得格外重要。

对于一岁以内的婴幼儿来说，母乳是最理想的食物。母乳中含有丰富的蛋白质、脂肪和维生素，其所含营养成分的品种与数量均可满足婴幼儿的需要。另外，母乳清洁、新鲜、冷热适宜，还含有抗病物质。所以，母乳喂养婴儿，不仅方法简便，而且安全卫生，可以防止疾病。因而，应大力提倡用母乳喂养婴儿。

然而，尽管母乳是婴儿最理想的食物，却不能长期饲喂，到了一岁左右就要断奶。否则，就会影响幼儿正常发育和母亲健康。这是因为，孩子逐渐长大以后，母乳里所含的营养成分，如维生素A、维生素D、维生素C、铁、钙等，已经不能满足孩子生长发育的需要。另外，有相当多的母亲，泌乳数量也不足了，难以使孩子吃饱。所以，这时候要完全断奶，改换食物。

断奶是一个断然措施，因此应特别讲究方法。

首先，断奶要掌握好时机。如果母乳数量不足，母亲体质又弱或因母亲工作条件所限不能喂奶，可在婴儿七八个月时断奶。这对婴儿并无坏处。一般来说，孩子吃母乳比别的食物感到可口，母乳不足时，孩子虽然吃不饱，也不想再吃别的东西，这样，时间一长，势必影响孩子的生长发育。所以提前断奶，改换其他食物是有利于婴儿生长发育的。但是，如果母乳量多质高，又有较好的喂奶条件，断奶时间也可以后移，不过最多不能超过一年，时间再晚就不好了。

其次，断奶要选择适当季节。实践证明，以春天和初冬时节断奶最好，夏天断奶最不利。这是因为，夏天炎热，苍蝇多，食物容易腐败变质，以食物喂养容易生病。另外，夏秋炎热，小儿多汗，消化功能降低，在这种情况下，突然由母乳改换成其他食物很可能不适应，引起消化不良、腹泻或其他消化道疾病。而春天和初冬季节，天气不冷不热，食物便于保鲜，婴儿很少出汗，胃肠消化功能较好，所以，在这两个季节断奶最为有利。

最后，断奶时，还要注意婴儿的健康状况。虽然到了断奶时间，但当孩子患病时，如出麻疹、水痘、腹泻、消化不良等，也要延缓断奶时间，以免影响孩子健康。

初乳营养价值高

初乳（产后 5 日之内的乳汁）内含有高浓度的营养素。

近年来，专家们对产妇的乳汁成分作了分析研究，发现产后第一天，在 100 毫升初乳内含蛋白质 8.84 克，第二天为 5.95 克，以后逐渐下降，至第六天稳定在 1.42 克。

初乳内不但蛋白质浓度高，还含有高浓度的抵抗疾病的免疫球蛋白。如果 24 小时以后喂奶，将使婴儿失去吸吮含高营养素、高免疫球蛋白的初乳的机会。而且及早喂哺母乳的婴儿，生理性体重下降的情况明显低于 24 小时后喂哺的婴儿。

奶瓶喂奶四不宜

1. 奶头孔眼不宜过大或过小。孔眼过大，奶汁流出太快，容易呛着婴儿，吃到胃里也不好消化；孔眼过小，奶汁不易外流，婴儿吸吮费力，吃不饱就累得不想吃了。适当的孔眼是用烧红的缝衣针扎 2~3 个小孔，大小以倒转奶瓶后，乳汁一滴一滴地流出为合适。

2. 试奶的温度不宜用嘴吮。因成人口里有细菌，容易给婴儿传染上疾病。要把乳汁滴在手背上，或把奶瓶挨着脸，感到不烫为宜。

3. 手托奶瓶不宜过低。有的妈妈怕呛着婴儿，喂奶时只让乳汁接触奶头一半，这样会使婴儿吸进空气，引起腹胀或漾奶。正确的姿势是：用手托高奶瓶底部，使奶头充满乳汁。

4.奶瓶及配奶用具，不宜乱放。每次用后要洗净，用开水烫洗一遍，放于适当地方，再用纱布盖好；每隔几天用水煮沸消毒15分钟。

麦乳精不能代替牛奶

麦乳精是一种富有营养的饮料，但它的成分与牛奶不同。

奶类食品中含有婴儿生长发育必不可少的优质蛋白质、脂肪、糖和钙质等营养物质。

而麦乳精的成分只含有少量的奶粉、蔗糖、可可粉和麦精。它虽能增进人的食欲，但只能作为成人或病人的补充饮料，不能代替奶类食品来喂养婴儿。

儿童饮食七忌

一忌"零食"。常吃零食能破坏胃肠道消化的规律，容易引起胃病。

二忌"偏食"。偏食容易造成营养不良，影响智力发育。

三忌"蹲食"。蹲着吃饭，腹部受挤压，胃肠不能正常蠕动，会影响消化和营养成分的吸收。

四忌"甜食"。常吃甜食和糖果，容易造成龋齿，引起肥胖、糖尿病和心脏病等。

五忌"看食"。边吃饭，边看电视、图书等，不但不得饭菜之味，而且影响消化液的分泌，日久就会造成小儿消化不良。

六忌"走食"。边走边吃，不但不文明，还很不卫生。空气中的尘土、微生物及有害气体还会和食物一块吞咽下去，损害身体健康。

七忌"食笑"。说笑、打闹进食，食物容易误入气管，引起呛咳、窒息，甚至危及生命。

婴幼儿不宜吃鸡蛋白

婴儿湿疹多与过敏反应有关，其中常见的祸首就是鸡蛋白。这是因为婴幼儿，特别是6个月以前的婴儿，由于消化系统发展还不够完善，肠壁的通透性很高，鸡蛋白中的蛋白分子较小，有时能通过肠壁直接进入婴儿的血液中，极易使婴幼儿对异体蛋白分子产生过敏反应而出现湿疹。因此，1周岁以前的婴幼儿吃蛋黄即可，请勿再吃鸡蛋白。

要科学地安排小儿零食

零食是指小儿除正餐以外的一些辅助食品，如糖果、点心、冷饮，及其他各种小食品。适时适量的零食不仅可以变换小儿的口味，还可以补充正餐中营养成分的不足，有利于增进小儿身体健康。但是如果零食进食时间不规律，或者食入过量，也会给小儿健康带来不利的影响。

随便吃零食会使消化系统得不到充分的休息，时间久了就会打乱消化系统"工作"与"休息"的节奏，造成消化功能紊乱。饭前吃零食，会影响正餐的摄入量，时间长了就会破坏正常的饮食习惯；睡眠前吃零食过多或进食一些不易消化的食品，会出现"胃不和，睡不安"的情况；冷食入量过多，还会伤及脾胃，时间久了，还可能引起厌食症。

为了下一代的健康，对小儿吃零食应建立起一个良好的制度。一般来讲，上午吃零食的时间应安排在早点和午饭之间，下午宜安排在午睡后，晚睡前可进食少量的清淡食物，并以水果为宜。食后切记漱口。

不要等孩子渴了才给水喝

水，是构成人体细胞的主要成分。年龄越小，水在体内所占比重越大。新生儿体内水分，约占体重的80%；出生后1个月占75%；学龄儿童约占65%；成人占60%，由于小儿新陈代谢旺盛，相对来说需水较多。小儿的生长发育，与水分的蓄积有很大关系。婴儿每日体重增加25克，其中水分就占18克。

人在饥饿状态下，即使体内贮存的脂肪和蛋白质丧失1/2，只要有水喝，就能勉强活着。但如果人体水分丧失20%，就会引起死亡。缺水引起的伤亡，比缺乏其他任何营养物质都来得快。人体的生长发育、新陈代谢、养料运输、排泄废物、体温调节，都离不开水。

小儿身体发育还不成熟，肾脏、呼吸和缓冲系统的调节功能较差，因此很容易出现水和电解质紊乱现象。儿童如果饮水不足，就会使生长发育受阻，易患疾病，对健康影响很大。

人体水的来源，主要靠喝水，吃的食物中也含有水，还有一小部分来自食物的氧化。成人每日需水2500～3000毫升，除了从食物中摄取一部分外，每天要喝水1500～2000毫升左右。学龄儿童每天要饮水1000毫升以上。学龄前儿童每天也需喝水500～800毫升。每天饮水次数以3～4次最好。不能一次饮水过多，也不能等到口渴以后再饮水。产生口渴的感觉，说明身体已缺水，对身体已产生不良影响。天热出汗多，要增加饮水次数。

许多父母，只顾给孩子吃各种营养品，却很少注意给孩子喝水。儿童自己也经常忘记喝水。有的孩子玩起来就忘了一切，渴了也不喝水，这样，在炎热的夏天便容易中暑，或发生其他各种疾病。

孩子太胖并非健康

长期以来，人们总以为孩子长得胖就是健康，其实胖不一定健康。

胖孩子表现得不爱活动，喘气粗，容易疲劳，出汗多，动作也显得笨拙，而且长大以后，也容易得肥胖症，患高血压、冠心病、动脉硬化、糖尿病等疾病。因此，做父母的，为了孩子成年以后的健康，从孩子小时候就要用科学的眼光正确对待孩子的肥胖，使孩子保持正常的体重。

通常，1岁以上孩子的正常体重应该是：8＋年龄×2，其所得的千克数就是正常的体重。比如，3岁的孩子，正常体重是：8＋3×2=14千克，如果孩子的体重超过了正常体重的20%以上，那就属于过度肥胖了。

假如孩子已经过度肥胖，就应该及时到医院去检查一下，看看是不是由于内分泌失调或其他原因而引起的。

让孩子有充足的睡眠时间

保证充足的睡眠，有利于孩子长个儿。据研究，儿童在熟睡时比醒着时生长速度要快3倍。这是由于在人的大脑底部有一个称为脑下垂体的内分泌腺体，它在人熟睡时比醒着时要分泌更多的生长素。生长素有促进人体生长的作用，它分泌得多，人就长得快。所以，家长一定要注意保证孩子有充足的睡眠。

孩子的智力与睡眠有关

经研究证明：7~8岁小学生的学习成绩明显与他们的睡眠时间有关。那些每夜睡觉少于8小时的学童，61%的人跟不上功课，39%的人勉强达到平均分数线，并且他们之中没有一个是名列前茅的。而另一些每晚睡觉在10小时左右的孩子，只有13%的人跟不上班，76%的学童成绩中等，11%的学生则功课优良。研究结果还表明，睡觉少的孩子常伴有语言障碍、口吃等，并且比正常儿童显得矮小和呆笨。所以，要保障孩子们的睡眠，以增进下一代人的身心健康。

儿童睡沙发床不好

有的父母以为沙发床富有弹性，柔软舒适，给小孩睡最好。其实，小孩睡沙发床有害无益。因为小孩全身器官组织正处于发育成长阶段，非常娇嫩，如果睡在柔软的沙发床上，天长日久，会使骨骼、肌肉、血液循环、神经功能等受到损害，甚至导致发育畸形。再说，由于沙发床透气性差，还会影响儿童的气血正常运行和汗液的正常排泄，对儿童的发育也极为不利。

婴儿仰睡容颜美

专家指出：婴儿睡眠姿势对后天容貌的发育有较大影响。

经过大量考察对比发现，以仰睡为主要姿势的婴儿，在体型、容貌定型阶段，绝大多数五官端正，脸庞美丽俊秀。但如让婴儿经常俯卧，则他们的脸颊大多发生变形，牙齿生长歪斜，鼻子轮廓也欠美。

专家考察过美洲一些印第安人，发现他们在婴儿时期就养成了仰睡的习惯。因此，他们的五官端正，脸形俊美。

小儿日常生活十五戒

一戒咬舌头、吮指头，以免影响门牙的咬合。

二戒啃铅笔，以免造成慢性铅中毒。

三戒口含扣子、图钉等物，以免滑进喉咙里。

四戒用火柴棍儿掏耳朵，以免引起外耳道炎和鼓膜外伤。

五戒写字弯腰、歪头，以免造成驼背和脊柱异常弯曲。

六戒趴在桌上或躺着看书，以免引起近视。

七戒睡觉前吃糖，以免造成龋齿"虫牙"。

八戒睡觉时枕手、托腮，以免面部发育不对称。

九戒乱吃零食，以免影响食欲。

十戒偏食，以免影响身体发育。

十一戒吃不卫生食物，以免引起肠道传染病和寄生虫病。

十二戒长期用一侧牙齿咀嚼食物，以免造成一侧牙齿劳损和面部畸形。

十三戒拉锯式的横刷牙，以免损坏牙釉质。

十四戒晚上长时间看电视，以免影响视力。

十五戒模仿有口吃的人说话，以免引起口吃病。

婴儿做操益处多

婴儿出生6个月时，可由父母手把手地帮助做操。一种方法是，让婴儿仰卧于床上，两手分别握住大人的两个大拇指，大人的其他四指轻轻握住婴儿的手，让婴儿的两臂依次在其胸前交叉，然后，再向体侧分开，如此重复进行。另一种方法是，将婴儿置于一平坦的床面上，大人的两手分别轻轻持托婴儿的两腋下，让婴儿站立，使其能得到弹性支撑。

应注意，活动次数和时间要循序渐增，婴儿做练习时对其应竭力哄逗，如能同时播放欢快的乐曲更好。让婴儿做体操，对其机体来说，是一种辅助性按摩，能使婴儿的新陈代谢更加旺盛，促进协调发育。

纱布手套戴不得

出皮疹的新生儿，常常用手把脸抓破，很多年轻的妈妈就用纱布做成手套给孩子昼夜戴着。这样很不好。因为纱布上的线容易缠在手指头上。婴儿的手指皮下脂肪少，缠在手指上的线，稍微勒一点，就会使静脉血管受压，血液回流发生障碍。时间一长，还会发生瘀血甚至造成手指坏死变黑。

为了防止这种情况的发生，父母应经常检查婴儿的指甲并及时剪短，也可把衣服袖子做得稍长些，使手指伸不出来，这样就无须用纱布手套了。

戏逗婴儿手下留情

有些人在逗婴儿时，喜欢把孩子抛得高高的，或使劲地摇晃。殊不知这样做很容易损伤孩子的脑部。因为孩子在婴儿阶段，头部比较重，颈部肌肉比较软弱，如果高高地抛起或摇晃，就会使孩子头脑受到震动，轻则影响智力发育，重则导致死亡。另外，因小孩神经脆弱，对外界刺激缺乏调解能力，强烈晃动往往会导致惊厥发生。所以，戏逗婴儿时千万手下留情。

在游戏中认识世界

孩子每天要进行多种多样的活动，如吃饭、学习……而他们最喜爱做的事情却是游戏。孩子在进行其他活动时，也常常伴随着游戏。洗手时玩肥皂泡，吃饭时玩小勺，干活时玩劳动工具，这些都是在家庭中常见的事。

孩子出生以后，开始同周围的人和事接触，感到周围的一切都很新奇。随着感觉、动作的发展，孩子对周围的事物越来越想亲手摸摸试试，这种强烈的好奇心和模仿欲望，只有在游戏中才能实现。因为他们年龄小，没有经验，能力不够，难于直接参加成人的实践活动。所以，只有游戏才能满足孩子的这些欲望。

因此，游戏是孩子一种特殊的实践方式。在游戏中，孩子们可以逐步体验到事物的无穷变化，认识事物，增进知识。可以说游戏对于孩子就是学习，并且是一种极为有利的学习方式。

细心的家长们，千万不要横加指责这些幼小的心灵们走向生活的初次尝试，而要耐心指导，创造条件，从而使他们在愉快的玩耍中充实头脑，锻炼身体。

买玩具也有学问

购买儿童玩具有很多的学问。您不相信吗？举个例子：某农村一名孩子家长，进城时，发现商店的货架上有一件蛇形的儿童玩具在"摆动"。当下，他怀着兴奋的心情购买了它。他家有一个7岁的全家视为掌上明珠的独生男孩，他想，这件玩具一定会给他的宝贝带来无穷的欢乐。回到家，当他兴致勃勃地走到孩子面前，将手中的玩具一"闪现"时，立刻，他的孩子"哇"地一声，倒在地上，再也起不来了，他的孩子"死"（恐惧性休克）了。

玩具给他带来的并不是"喜悦"，而是无尽的"悲伤"。家长们，这件事会给您些什么启示呢？

首先，购买儿童玩具要考虑到孩子的年龄和教养（即孩子的平素"见识"，以及孩子的先天性"应激"能力），孩子有多大的"接受力"，就应给孩子配备多大"刺激"的玩具；其次，还要考虑到孩子的性别，一般女孩要配置些花鸟鱼虫之类的玩具，男孩除了具备女孩所应有的玩具外，还要多配备一些动物、交通、航天设施等类型的玩具；最后，一定要着重以"开发"孩子的"智力"为先决条件，只有从这样的角度出发，才能起到陶冶孩子的情操和增进孩子身心健康的好效果。

年轻的父母，请在选购儿童玩具上多下些功夫吧。

儿童玩具要经常消毒

儿童玩弄玩具，可以使双手变得灵活，可以增进手、眼、耳动作的协调，有利于他们智力的发展。但是，玩具在玩弄中沾满了病菌，有时，一件玩具沾有的病菌可达上亿个。如果经过儿童双手的接触，传入他们口中，很容易传染疾病。因此，家庭中要注意儿童玩具的消毒。消毒时，可根据玩具的不同，采取蒸、煮、清洗、药物喷洒等办法杀灭或消除病菌，保证儿童的身体健康。

幼儿不宜过早穿皮鞋

幼儿年龄小，骨头软，身体处于发育阶段，过早穿皮鞋，极易导致脚的畸形。因为皮鞋弹力差、伸缩性小、硬度大，易压迫小孩脚部神经和血管，影响脚掌和脚趾的生长发育。如果皮鞋过大，会使脚部韧带过于伸展，从而破坏足弓的稳定，造成足弓下陷或消失，使缓冲震荡的作用大大减弱，形成扁平足。

不要用橡皮筋给儿童做裤带

儿童生长发育很快，若长期用橡皮筋束胸，会造成胸廓畸形。据有的医院体检发现，有1/3儿童长期使用橡皮筋做的裤带，造成第八肋骨下陷，整个胸部呈桶状。如不及时纠正，会造成儿童肺活量小，肺功能差，严重影响孩子的身体健康。因此，不要用橡皮筋做儿童裤带，最好用背带。

开裆裤久穿无益

开裆裤因有不少优点而广被利用，这对襁褓中的婴儿倒无所谓。可是当孩子已经会走,能独立玩耍的时候,就会带来不少麻烦。

由于孩子没有卫生习惯,嬉戏时常席地而坐,这为钩虫和某些细菌的侵入开了方便之门。

钩虫的成虫寄生于人的小肠,专以吸血为生,一条钩虫每天都要消耗0.1毫升的血,有的患者肠内的钩虫可达千条以上,所以可导致贫血,面色苍白,发育缓慢。钩虫产的卵随粪便排出,在潮湿温暖的土壤中,经过10天即可发育成感染性幼虫。遇到皮肤时,便以极活跃的穿刺运动,钻破皮肤而侵入人体。

除此之外,地面布满了脏物及各种细菌,女孩由于阴道"自洁"能力较差,细菌可长驱直入,会引起阴道炎或尿道炎。前者可使外阴部红肿,并有脓性分泌物从阴道溢出,有时瘙痒,外阴部被抓破,导致进一步感染;患尿道炎时可出现尿痛、尿频,甚至尿中带血,男孩也可由此引起包皮内感染。

穿开裆裤,容易使孩子养成摸玩外生殖器的不良习惯。女孩有时出于好奇心,把小玩具(塑料绳、发卡等)塞进阴道,甚至遗忘在里面而引起炎症。

所以,当孩子会走路,能独立玩耍时,最好不要再穿开裆裤,这虽然会带来一些麻烦,但对孩子是有好处的。

孩子不宜戴塑料有色镜

近年来,市场上出现了专门为学龄前儿童设计的各种塑料有色眼镜,有红色、紫色、茶色、绿色等各种颜色。这种眼镜工艺粗糙,透明度差,屈光不正,颜色不均。如给孩子戴上,会加重眼睛的调节负担,引起视神经疲劳,很容易导致近视。有的孩子晚上看电视也戴着这种眼镜,时间长了,会出现畏光,见光流泪,见风流泪,看东西不清楚等症,还会导致色盲。为了孩子的健康成长,奉劝家长不要给孩子戴这样有害的眼镜。

宝宝练步不宜急

做父母的都希望自己的小宝宝快点学走路。其实,宝宝练步不宜急。

宝宝走路之前,总要学会爬行前进。爬行是人体各系统统一协调的动作,它要求整个肢体、手足灵活、协调地运动。它可使上肢得到锻炼;使大脑和心脏的位置降低,改善大脑和心脏的血液循环;使下肢臀部的血液循环畅通,使身体的重量分散到四肢,减轻腹肌及脊柱的负担,防止腰肌劳损和脊椎病。爬行要拼力扛起脖子来,这个动作可反作用于大脑,会促进宝宝大脑的发育和智力发展。

美国学者德尔曼博士研究成果表明,没有爬行过程或爬行过程很短的孩子,运用语言能力较差。国外在治疗低能儿、脑障碍和中风等疾病中,也运用了爬行疗法。所以,当宝宝六七个月以后,应该有意识地训练孩子爬行,并且不要急于教刚爬行的孩子站立练走。

儿童看电视不宜过多

孩子们喜欢看电视,这对促进他们的智力发育无疑是有好处的,但在电视内容方面应当有所选择。收看的次数和时间,也不宜过频、过长。

学龄前儿童每周最好看 2～3 次,每次不超过 30 分钟。最好让他们看些动画片和儿童故事片。

看完电视后,做父母的如能根据电视节目的内容提出问题,或让孩子简述一番,借以启发他们的智力那就更好了。

儿童看电视不要距离太近,一般以 1.5 米为宜。电视机摆放的位置要以孩子平视目光稍高一些为宜。

唱歌、朗诵有益身心发育

童年,在整个人生中是发育的旺盛期,它为以后的智力和体魄的定型奠定基础。如能在孩子的童年时期经常教他们唱歌、朗诵一些诗词,既陶冶了性情,又促进了智力和身体各器官的发育。

唱歌和朗诵需要用一定气力。随着音阶的高低和朗诵中的感情变化,用气量比平时说话要大。据调查,歌唱家的肺活量都高于普通人。唱一支歌,朗诵一首诗词,相当做一次深呼吸。

唱歌和朗诵时,舌、唇、鼻、喉和眼睛等器官在有节奏的活动。这不仅可以增强大脑的控制能力,还可提高大脑神经的敏感度。

唱歌和朗诵可促使孩子准确发音。这对从小学习普通话、克服地方口音是一个有效的方法。唱歌和朗诵还能矫正孩子的口吃症。

唱歌和朗诵,边唱诵边背记可以把歌词和诗词扎扎实实地记在脑子里。现在,许多讲道理的言语被音乐家谱写成歌曲。如《礼貌歌》、美国的《哆咪咪》歌曲等。孩子在唱歌和朗诵时,能够借助歌曲中的旋律和文章中的内容,抒发感情,既提高语言表达能力,又学到不少知识。因而有人说,唱一支歌,朗诵一首诗词,可受到一次良好的品德教育。

如将唱歌和朗诵作为孩子的一种兴趣来培养,则有益于孩子身心发育。对此,我们希望社会上和家长们都重视起来,使孩子们成为嗓音圆润,吐字清晰,语言流利和富有表达能力的聪明一代。

第五章

家庭教育

假期要注意孩子的视力

假期里，很多中小学生除完成作业外，还要看一些课外书报和杂志，这是好事。但有的同学对一些趣味性强的书报一读起来就舍不得放下，连续阅读时间太长，严重影响了视力。所以，家长和老师除了要检查学生的作业外，还要检查学生的用眼卫生，并对学生反复进行如下用眼卫生的教育：

1. 要按时作息，不要一松一紧地做作业。
2. 不要连续看书。连续看书一小时就应休息片刻或向远处望一望，以免使眼睛长时间处于紧张状态。
3. 不要在光线暗处看书写字，更不要躺着看书，否则，时间长了会使眼球充血，形成近视。
4. 看电视时间不宜过长，也不要离得太近。
5. 养成早睡早起，晨起锻炼的好习惯。
6. 要在假期内坚持做好眼保健操，保护眼睛的健康。

健康心理是迈向成功的起点

事实上，健康的心理是人们极具价值的财富。世界上有许多事情都有赖于心理的作用而得以完成，无论为善或者为恶，心理作用都具有强大的决定力量。心理本身并不是邪恶或危险的，它是否会成为问题，关键在究竟是我们左右心理，还是让心理支配我们。所以我们教养儿童，不是要他们压抑心理的作用，也不要在日常生活中过多地保护他们，而是帮助他们积极地掌握自己，促使心理健康成熟。大抵说来，心理健康的人具有下列特征：

1. 崇尚实际，判断事情时能依照实际的情况而非依照自己的愿望。遇到了问题，会尽量设法善于处置，并不逃避或作无谓的抗争。
2. 能接受挫折与失望，而不因此发生不可控制的愤怒或疾病。
3. 能独立自主。
4. 能与人合作，体察别人的需要和兴趣，正如体察自己。
5. 能有效地运用自己的才能，并且以热诚和满意参加活动。
6. 能施爱于人。
7. 能为将来更远大的目标，而放下目前的安乐与满足。

对于孩子们来说，心理健康的价值是极其明显的。至于心理发展对于儿童其他方面成长的影响，就比较隐晦，但却是同等重要的。我们知道，身体的成长很受精神因素的影响，不快乐的儿童不能和快乐儿童的成长一样迅速或一样正常。并且进一步发现：那一度被视为固定不变的智商数，也会受到儿童心理环境的影响而有所转变。换句话说，如果我们能帮助儿童做较好的心理适应，他的智商分数就可能会因而提高。因此，那些趋向心理成熟的儿童，在体质上和智慧上，也常是成长较好的儿童。

在我们中间，没有一个人在心理上是完全成熟的。无论你是 30 岁、40 岁或 50 岁，有时仍不免会有点孩子气，特别在你疲倦、颓丧或陷入"情绪低潮"的时候。从某方面来看，这倒是一件好事，因为它能帮助我们理解儿童在成长中所遇到的问题和困难。

爽直地说，我们都是过来人，我们都能记起自己有曾因社交上的小错误而脸孔发热发红；我们也能记起曾感到孤寂和被人误会；我们还能记起因为不能穿得和其他同学一样整齐而感到难过；或因一次考试失败而对自己感到失望，甚至感到因不为父母所爱而想要离家出走。而当我们回想这些事情时，也许至今仍会感到痛苦。

在这一章里，我们要讨论的就是幼年时期中有哪些经历足以造成心理适应不良，对儿童心理问题的认识有些什么方法，以及父母和教师们该怎样去帮助儿童向心理成熟的方向成长。

儿童心理的四个发展期

我们要了解并帮助青少年——不管他们是 8 岁或 18 岁——都该先知道他们在婴儿期和童年初期曾经遭遇过什么事情。一个已经 16 或 17 岁的青少年，并不是由他昨天或去年的经验所形成的；在他能够自己穿衣服或洗头发以前，他所经历过的事件都会影响他；换句话说，他的心理问题是从婴儿期及童年初期便已开始了。

因此，我们该先认识对儿童的未来生活非常重要的四个发展时期，即：

1. 襁褓期。
2. 便溺训练期。
3. 幼年家族恋爱期。
4. 隐伏期。

我们必须了解儿童在每一时期中的需要和可能由不幸经历所引起的一些困难。

重要的第一年——襁褓期

在出生第一年，婴儿是十分软弱和完全依赖的。他需要充分的爱、照料和保护，除非他能得到这些，否则很可能变得不乐、不安和焦虑。许多青少年（或成人）常显得淡漠无情甚或表露怨恨的心理，就因为在他们初生的第一年没有得到充分的爱与照料，以致养成这种乖张的态度。

对于新生婴孩，最主要的需求当然是食物，他们眼中的世界，是和他在饮食过程中所感觉到的满足密切关联的。如果他被迫在床中哭啼，一直要到

— 169 —

某一硬性规定的哺乳时间才能吃到奶水，或是母亲在喂奶时总是匆匆忙忙，既无感情表现，也不允许充分吸吮以满足他的需要，断乳太早、太急等，都足以造成他日后生活中的心理欠缺。

便溺训练期

婴儿大约在一周岁以后，便发现自己必须迎合环境对他的要求。在此后两三年中，他在成长中最重要的一部分是大小便的训练。在这以前，无论何时，只要他感到不舒服，便可随时排泄。现在，他却必须知道调节这些机能。

便溺训练是要求儿童学习并且养成社会所允许的新习惯。而这种新习惯的养成，必须由他的父母加以训练与指导。如果儿童的父母能以耐心和同情去训练他，他会愿意学着去依从命令，同时养成一种接受命令的健康态度。但如在训练中过于严厉和苛责，他就很少会肯真心合作，甚至可能养成一种对命令的憎恶心理。等年龄稍长，他可能还会保留这种反抗的态度。而这必将影响到他的人格和他与别人相处的关系。

余大龙是一个顽劣刚愎的孩子，他时常因不承认做错了事而激恼他的老师和父母。可是我们如能把他的过去稍加考察，就会发现他所以执拗的原因。余大龙的母亲曾一再夸称他在未满周岁时就接受严格的生活习惯的训练，诸如睡眠、饮食、大小便等，一切都要严格守时。对于一个幼小的孩子，这是苦痛而困难的事，余大龙对那些强迫他去做的人和事都感到强烈的憎恨，结果他养成一种态度，无论在哪里遇到不顺心的命令，都做下意识的反抗。

幼年家族恋爱期

大约在四至五岁，儿童会经历到在每一家庭重复演出的情况。小男孩比以前更亲密地依附他的母亲，甚至对父亲可能有一些妒忌。小女孩则投向父亲，看到母亲对他的优先要求可能会产生憎恨心理。这是人格发展的一个重要时期，因为这个时期会影响儿童将来与异性能否建立良好的关系。

小男孩发现他对妈妈不能独占，而必须和父亲共有；小女孩发现，她必须长大成人，以便能拥有一个像爸爸这么好的男人。为此，她必须和母亲一样，像个女人。同样地，为了吸引和拥有一个妻子，小男孩知道他必须以父亲为楷模。所以男女孩都停止和同性父母竞争，转而开始模拟。女儿尽可能依这一方式培养她自己的女性，儿子则模仿父亲而表现男性。

在这个时期，如果女儿发现她父亲是一个热诚而亲爱的人，真实地对她关切，她渴望能够在以后和男人构成愉快的关系。如果男孩对母亲的爱慕被真心理解，他将养成和女性形成良好关系的能力。

因此，在这个时期，父母的态度很容易影响儿童心理成长的行程。

隐伏期

儿童在经过前面讨论的三个时期之后，人格的发展并不停止，而且仍维持着身体的、智慧的和心理的继续生长。他的人格模式，虽已大部分被婴儿期的经验所塑成，但在少年期仍然容易受到影响，许多因素仍然会在单方面或多方面影响他的心理发展，并且这种情形会继续贯穿于儿童期、青春期甚至成年初期。现在，让我们看看儿童发展的下一时期。

介于儿童家族恋爱期与春情发动期之间的时期，精神病学家称之为隐伏期。任何跟6～12岁之间的儿童们一起生活或工作过的人，大概都会认为"隐伏"一词名不副实；因为儿童在这一时期并非不活泼，而且和以前或以后一样的好动、淘气。但精神病学者所说的"隐伏"，指的是情绪的成长而非行为的表现。

隐伏期与婴儿期和青春期比较，以情绪来说是较为安静的一个时期。这时，儿童的精力倾注于超越家庭的扩大的活动范围，探索他生活的世界，所以学校和学习过程对他变得重要了。他已经克服家族恋爱的斗争，转而去开拓社会性的活动。男孩子们组织小团体，对女孩子们不感兴趣；另一方面，女孩们彼此容易依附在一起，并且多少有藐视男孩的倾向。

因此，隐伏期是儿童发展特别重要的一个时期。这是他在有组织的活动上最初的经历，如果他的入学初期是愉快满意的，便会养成对学问和与人共处的健康态度。但这种影响，并不能消除儿童在较早时期已形成的心理问题。一个对教育孩子感到困难的母亲往往会这么想："等到他进了幼儿园，问题就会消失的。"有的母亲甚至会说："尽管孩子现在这么粗野，等他进了学校，老师就会把他的野性矫正过来。"这是我们对学校的过分期望。不错，老师不但了解儿童，也常能帮助儿童顺利通过困难和混沌的阶段，但相信老师能解决孩子成长中的一切问题，却是一种奢望。

儿童的基本需要——爱

孩子在婴儿期和童年初期，学会了适应家庭和在他周围的其他人物。学校的经历，更供给他一些适应社会团体和认识世界的实际知识，培养他对学问的态度。这段时期，他跟父母和师长相处的经验，在很大程度上决定了他应付青年期和成年期所面临的一切问题的态度。

孩子们在这一重要时期中的物质需要，我们大抵都能了解，但我们往往忽视了健康的心理发展最基本的需要却是爱。一个孩子，如果爱的需要能获得满足，则所有其他心理上的需要、安全的需要、自觉有所归属的需要、伴侣的需要，就都不成问题了。

你可能会想，所有父母不都很爱他们的孩子吗？这可不一定。在这世界上，正有不少在心理上被排斥的孩子，他们由于一个或更多的原因，没有得到他们所需要的那种爱。而没有爱，要儿童们避免心理障碍是不可能的。

十岁的阿金，似乎并不缺乏爱，他是一个独生子，他的母亲几乎完全为他而活。但真正的事实却是：由于阿金的出生，这位母亲必须放弃她所热心的一份事业，因而她的潜意识里对阿金怀着憎恨，而这种憎恨心理却又使她感到罪过，于是她把全部时间和精力给了儿子，企图用这种方式来证明她是真的在专心爱他。可是阿金并不如此相信，反而在她的溺爱中感到一种虚假与不满足，因而引起内心的不安与不乐——要知道，孩子们对父母和教师表面行为后的情绪低潮是很敏感的，任何带着虚伪的爱，不论或多或少，都不能满足孩子渴望的心灵。

只有那些自身心理健康的父母，那些知道在成长中的孩子们各种需要的父母和那些在早年就能乐于施予的人们，才能真正地给予孩子所需要的那种爱。而从他们的给予中，孩子们成长起来后，学会后来的给予。成熟的父母对孩子们的慈爱，以及所付出的时间和精力，并不期望投桃报李般的酬报，他所持的态度只是："我给你爱，你领受；而当你领受时，你正学习着在适当的时间以适当的方式去爱别人。"

因此，在爱的气氛中成长的儿童，对于应付春情发动期的心理冲突和由此而引起的身心变化，都会有较好的适应。所以施爱的父母，应该随时准备着用耐心、了解，以及更多的爱，去帮助儿女越过青春期的栅栏。

春情发动期和心理问题

性的成长，引起许多男女孩的心理问题。这一过程大约从 12 岁开始，通常在两或三年中完成，这就是春情发动期。女孩进入这一时期通常较男孩为早。因儿童发育速度的个别差异很大，所以他们并不在同一年龄进入这个时期。

出现在春情发动期的基本变化，是性腺的活动增强，男孩女孩都已能够生育。他们开始摆脱孩子气的外表，并且生长速率加快，身材急剧地朝着完全成年的标准发育。这些身体上的变化会带来许多心理上的变化，使儿童产生新的兴趣、新的需要和新的心理反应。

第二性特征

随着春情发动期的开始，身体上的许多变化接踵而来，最显著的是第二性特征的发展。女孩子的乳房开始发育，臀部扩大，腋下和生殖器周围开始生毛；男孩的声音变为重浊，髭须、腋毛和生殖器周围的毛开始长出，生殖器增大。当然这些变化并非发生于一夜之间，但年轻人却常因此感到困扰，尤其当他想到别人会注意这些变化时，更会感觉不安。

第二性特征是儿童正在成长的标志，多少会给每个儿童带来困扰。对这些变化是否能顺利适应，大部分要看他父母和师长对性教育所持的态度。

阿花的双亲和教师，都坚持要她挺胸站直。但她走路时却小心地弯曲着两肩，以致造成她难看的姿态。她这样做，是因为乳房的发育使她感到惶惑，企图用垂头弯腰的姿势来掩饰它。她出生于一个守旧的家庭，长辈对于任何涉及性的事物都认为不可说。在这种环境中长大，性意识的觉醒当然会使她有一种罪恶感。因此，当她在春情发动期开始觉察到这种意识时，心理上便有很大的困惑。她以为充分发育的乳房就是自己性意识的"外露"，因此她要想方设法去掩饰。

如果一个家庭能坦然承认性的成长是人生的一部分，那么青年人就能好好地应付正在觉醒中的性冲动。但这种"承认"，并不是允许青年可以放肆地去满足他的性冲动；相反的，父母和师长必须帮助每一个青年去认识：性的成熟是成长的一个正常部分，并且是不可少的一个部分。

总之，对一个儿童来说，如果他一直觉得性意识是"邪恶的"，他便必须努力去消减这种意识，而这样就会引起他心理的困扰，在某些情形下，它会造成未来生活中的性冷淡或无能；但也可能酿成相反的态度，因为企图完全压抑性冲动，反会使它的力量增长，终至不能适应社会的规范。

初潮的来临

许多女孩为了某些原因，往往会企图在生活中避免履行女性的责任。例如，一个失望而不快乐的母亲，会使她的女儿觉得妇女的命运是艰苦或可悲的。但在月经开始后，女孩想要否认她的女性，已成不可能。

月经使许多女孩陷入困扰的另一原因，则是基于无知与迷信。女孩们从种种不同的来源，听说月经是痛苦的、剥夺能力的，甚至是可羞的。如有人甚至形容它是"天灾"，是"屋漏"，是"破鼎"（破锅）！有时候，患着经痛的母亲也有意无意地对她的女孩说，月经是一种严重烦恼的事情，使她不得不敷上热水袋，躺在床上休息几天。只是那些乐于做女人而且承认月经是女人生活一部分的母亲，才是女儿幸运的模范。这样的女儿能像她的母亲一样，当月经来时，她就会安静地去接受它。

月经是一个正常的生理过程，除非在器官失常的特殊情况下，它不会使人不能工作或十分不舒服。但随着月经而来的征象却普遍成为女人的心理问题。最常见的因素是：在妇女的不安后面，正隐藏着她的不甘心理。因为每次经期都强迫地使她记起自己是一个妇女，而由此引起的心理苦痛又被反映于生理的苦痛上，如痉挛，往往是由于心理紧张，促使下腹部的各种筋肉陷于痉挛状态的结果。

认识了这一点，身为母亲的人就该准备如何去帮助女儿更好地适应经期的来临。

遗精

在春情发动期，男孩开始有遗精现象（在睡眠中排泄精液细胞），并且通常会伴随着和异性接触的梦。而这些梦里的遭遇和精液的损失，往往成为青春期儿童的忧虑和罪恶感的一个根源。他也许听人说过精液的损失会使身体衰弱一类的话，另一些父母们则误用这类话来恐吓男孩以防止其手淫。纵然一个男孩因此抑制了手淫，但他却无法防止遗精。遗精跟呼吸和睡眠一样都是出于自然，而不是用意识可以强加控制的。

一般说来，当男孩进入春情发动期之后，发现他不论如何约束自己，也无法避免可怕的睡梦中精液损失时，不论是自我惩罚或训练，都只能引起心理问题。

但是，在儿童发展的三个时期中，手淫是一种普遍的事件。它首先发现于婴孩期，当孩子发现他的身体的时候，由于举止并不明显，父母们往往不能认识它就是这个时期的手淫。当儿童于四至六岁加强依附异性父母的时候，这时父母常以惩罚来禁止儿童形成这种习惯。而孩子发情期，由于性腺活动的增强，男孩和女孩都很容易再开始手淫的行为。

父母们在处理儿童早期手淫时，如果已经灌输给儿童说它将伤害身体，甚至使他有犯罪的恐惧，那么儿童到了发情期通常会抑制手淫的冲动。但是当他因偶然的意外而屈服于这种冲动时，他会感到非常恐惧和罪恶。

当然，我们也不必过于强调手淫对生理并无伤害，因为心理问题很可能就是由这一习惯所引起。自古以来，成人的无知或误解，早已普遍造成儿童对手淫的恐惧与羞耻。

性的试验

像手淫一样，性的试验也远在春情发动期前便开始了。小孩对他们的身体感觉惊奇，恰如他对于周围世界的其他事物一样，这便引起他们的"为什么"的问题。

如果儿童在这一问题上发问时遇到谴责或禁止的态度，他会从其他方面去寻求答案，甚或用试验的方法来满足他的好奇心。所以我们看到四、五、六岁孩子常会扮演"过家家"，或做"母亲"和"父亲"。这类活动通常是无害的，除非父母或教师因此而大为惊愕，加以惩罚。这种活动所表示的，只是儿童们为了满足自己的好奇心，而他们的兴趣使它转变为更积极的游戏形式而已。

在春情发动期，情境却又不同。这时的男女孩在生理上已趋向成熟，身体的变化，促使他们内心产生一种必须强烈表现的异性兴趣。发情期的性试验，表现在社会环境中认识异性并流露爱情。最初这种试验的进行，时而积极，时而停顿。男孩女孩都有一个时期对集会跳舞发生极高的兴趣——然后又突然退缩到同性的活动中去。这种情况的演变，通常决定于自己对性压力的态度。有时候，性意识对他是可接受的，有时却又拒绝了它。如果他能承认自己在发展中的性的性质，那么他在迈向成熟的过程中就会比较顺利。

完全忽视异性，或对异性兴趣过于浓厚的少年，在处理性压力上都会感到困难。而无论哪一极端，都是需要父母和师长帮助的一个心理问题的征象。

和异性建立成熟的关系

在这一时期，求爱、结婚、做父母等问题，全部摆在青年们面前。他们想要满意而且快乐地在一块过夫妇生活，就必须先学会怎样跟异性相处。而邀约、聚会、讨论、短程旅行、共享学习经验等，都能使青年人学到一些他们所需要的知识。

"谈爱"对青年男女是特别宝贵的经验，虽然通常是短暂的，但它使青年有机会去体验和异性密切接触的关系，以及学着如何去取悦对方。它帮助青年男女学习衡量异性，并有一个选择伴侣的尝试错误的机会，只要这种选择不是永久的，而错误是比较无害的，就不必过分去担心。

许多年轻男女会发现，自己跟异性很难构成满意关系。原因之一是来自年轻人自己的性冲动的意识。而这些意识却大部分是由其父母对性意识的态度所形成的。像我们在前面说过的一样，如果一个孩子已经受了成人的教训，认为凡想到或谈到有关性的问题便是罪恶或可耻，那么当性意识在他心里发生时，他就可能会排斥它。连自己也不能承认是被异性所吸引的年轻男女，要形成良好的两性关系当然会有困难，而他那被压抑的性冲动，也就可能造成严重的心理问题。

年轻男女构成成熟的两性关系之所以困难的另一因素，可自儿童幼年期中和父母的关系上找出来。一如我们在前面所说的，当儿童在四五岁时，通常恋慕着异性的父母。儿童对异性父母的态度，正是他以后和其他异性建立关系的基础。

只有那些曾与母亲相处愉快的男孩，曾和父亲形成温暖关系的女孩，才能建立充分的自信，对异性做出良好的适应。

青年男女交往上不能成功的另一原因，是他们努力寻求彼此的相互了解，却往往受到父母或师长的阻挠。为什么会有这样多的成人反对青年男女的友谊呢？说来有许多理由：

1. 许多父母担心儿女对异性表示兴趣，将会"荒废学业""招惹是非"，甚至"走入歧途"。

2. 多数父母与师长，担心男女孩间的亲密友谊会促成早婚，而男女孩双方在经济上与心理上对这一问题都是没有准备的。

3. 他们也害怕这些友情，特别是谈爱，可能促成性的关系，因而造成疾病、怀孕和有损名誉的结果。

4. 当青年男女开始对异性表示兴趣时，有些父母会稍微感到自己是老迈和被弃了，有时甚至担心他们和孩子的关系，会被孩子对异性的兴趣所破坏。

5. 许多成人判断男女孩的关系，是根据他们年轻时代的情况。在 20 或 30 年前，当他们自己是"青年"时，他们得到的自由远比现在要少得多。但有许多父母，就喜欢把这些较古老的标准施于他们自己儿女身上。对于年

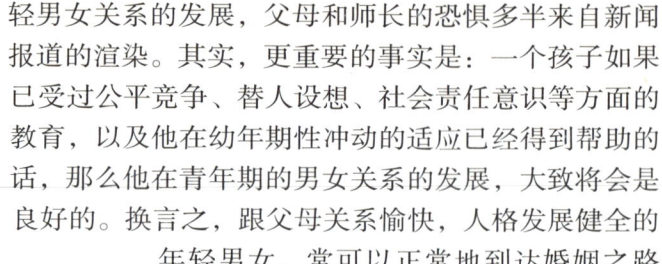

轻男女关系的发展，父母和师长的恐惧多半来自新闻报道的渲染。其实，更重要的事实是：一个孩子如果已受过公平竞争、替人设想、社会责任意识等方面的教育，以及他在幼年期性冲动的适应已经得到帮助的话，那么他在青年期的男女关系的发展，大致将会是良好的。换言之，跟父母关系愉快，人格发展健全的年轻男女，常可以正常地到达婚姻之路而不会发生有损人格的行为。

在年轻人的社交生活上，加以过分严格的限制，是很不理智的。对异性发生兴趣，是青年为成就而奋斗的一部分。明智的父母应该面对这种兴趣，并且帮助孩子在这方面发展，对他的朋友表示关切，讨论他的活动和问题，使他确信男女孩之间的友谊和爱情是重要的，也是合理的。

离父母而独立

从家庭的束缚中解放出来，自己迈向独立，是青年的另一项重要任务，这也往往会构成心理问题。有时候，是青年人本身害怕责任和自立的挑战。有些父母对他们的孩子维持严厉的权威控制，他们拒绝给孩子们任何一方面的真正独立。这往往是因为他们要保护孩子，使孩子不致"跌倒"或受到伤害，或因为他们觉得孩子"年纪还小"，还没有独立的准备。

当然，年轻人在迈向独立自主时，难免会有许多小错误，但如果要他们真正学会自己照顾自己，使自己成为社会负责的一员，则这些小错误是必要的。父母尽可允许儿女有自由去担任短时间的工作，去计划周末的短程旅行，去选择他们的约会。而这，就是帮助他们成长的方式。如果你总是担心他们会碰上恶劣的遭遇，这就等于你对他们毫无信心。

要使自己达到独立，必须先顺利地通过人格发展的初期。在人格发展过程中，如果从来没有人鼓励他去独立思考或自主选择行为，我们便不能期望他一到青年期便会突然有决心或能力去独立行动。假如从童年起他的自主性就已得到鼓励，并且他的努力也得到了赞扬，那么，他在青春期和青年期将会有良好的进步。

不论男孩或女孩，直到18或19岁才突然被迫去过独立的生活，很容易使他把"独立"看作一种重负或可怕的变化，甚至因而可能会退回到稚气的依赖状态；反之，一个青年如果从童年初期便逐渐承担责任，而且知道自己的努力会得到父母的支持，他就会热心而且自信地负起成年的责任，而同时也不过分急切摆脱家庭的约束。他将请求和接受父母友谊般的指导与鼓励，因为他晓得自己的独立意愿会获得长辈的支持和赞许。

就业的准备与选择

青年的另一重要任务，是准备他们自己的经济独立。在高中时代，他就应当答复像这样的问题：

"我的兴趣能不能使我追求一种专长？"

"我真正希望的成就是什么？"

"我对什么职业最有兴趣？"

"我想得到的那种职业，是不是我已具备了必需的训练？"

"我怎样才能够确定我一定能得到我所希望的那种职业？"

学业指导和职业指导的计划，都能帮助青年解答这些问题。换句话说，透过各种必要的指导，让青年人了解许多不同的工作，需要什么不同的训练，并使他们知道该怎样去发展自己的能力、兴趣和才干。

不过这种指导，只能帮助那些对工作有正确态度，并相信自己日后能够独立的青年。正如许多别的观念一样，年轻人的工作观念也是在早年的生活中形成的。

做父母和教师的，应如何去培养年轻人健康而积极的工作态度？

让你的儿女参加家庭活动：比如饲养金鱼、小动物、栽种花卉等，这些对孩子们是好玩的事，并且能使孩子觉得家里的事他也有份。

使儿童负责一定的家庭事务：比如整理鞋架、清洗餐具或每星期六下午清扫客厅等。一个儿童在幼年时能保持房间的整洁，日后也将会比较容易接受全天的工作，并且从小养成的好习惯，也有助于培养他未来对工作的适应力。

多称赞孩子：一个儿童在初次擦拭车子或铺床时，也许做得并不很好，但必须让他获得"好的尝试"的赞美。这是很重要的，不论成人或儿童，当他知道别人欣赏他的努力时，工作就会做得更好。

让你的儿女也了解你的家庭经济的活动：一个儿童对家庭事务的了解，不应仅限于为什么垃圾必须清除或门户必须小心关好而已。在不使儿童分担我们烦恼的原则下，应该使他了解并参与我们的问题。例如，让他明白为什么家里有钱要存到银行里？父亲每个月拿回家的薪水用到哪里去了？或分期付款买来的房子要到哪一年才能付清？这样，他就更能明白：为什么要等下一季才能替他买一件新外套，又为什么今年的寒假不能带他去旅行了。所有这些了解，都有助于儿童将来更好地面对经济生活。

鼓励你的孩子研究他周围的世界：青少年期的儿童对人和事具有无限的热忱和兴趣。他们其实很想看看汽车工人怎样修车，木工如何操作，农夫如何耕种收割，印刷厂如何作业等，你如能鼓舞孩子去多做了解，这对他们以后的工作兴趣的培养是很重要的。

不要使孩子负担过重：有些父母对儿女期望过奢。例如，要孩子放学后必须再上跳舞课，每日必须练习钢琴一小时，并且必须花额外时间作课外的数学作业，以补救上学期成绩报告书上没能得到的优等。这种被要求过严的孩子，很容易对任何较难的工作产生厌恶的态度，甚至可能因此而变得非常紧张，以至于发生痉挛或口吃的现象。

职业选择是孩子的事：有时候一个父亲最迫切的奢望，是要他的孩子必须继承他本行的工作；或是让孩子的职业符合他自己的愿望。如果青年人没有这类工作的兴趣或才能（譬如法律、工程、音乐、写作或自动机械等）而被迫加入，那么结果必会招致学习的失败和严重的心理欠缺。

孩子们选择职业的成功，完全依赖下列两个因素：

1. 对工作的正当态度（这一点，大部分是在童年期从父母处所获得的）。

2. 最适于自己兴趣和能力的职业指导(这一点，父母和老师常可给予很大的帮助)。

因此，学校和家庭双方，都该共同负起责任，帮助青年去获得职业选择的成功，这是他迈向成熟的一个很重要的步骤。

不良适应的表征

有许多父母和教师在观察一个青年的行为与态度时，往往断定他不能升级、没有希望、必定会遭遇严重的困难等。可是尽管有这些悲惨的预言，这个青年还是一步一步地到达了成熟的阶段。

即使是研究青年行为的专家，他要预言一个青年人的将来，也是应该极端谨慎的。一个人在青年时期的许多变化是非常剧烈的。那些严重的人格偏激的症状，可能正是青年在寻求处理新的情绪问题的一种"试验"，而在试验的过程之中，他可能由一个极端荡向另一极端。例如，他也许一会儿服从，一会儿又反抗，最后才在适度的情况中安定下来。

当然，有时候成长的压力对青年来说太大了，在成长的过程中，他可能只产生干扰心理健康的问题，但也可能发生永不消失的问题，像某些所谓的"问题青年"一样。

那么，我们怎样能够了解我们的儿女是正遭遇着真正的困难，抑或他只是需要更多的时间去寻求更好的方法来支配新的"自我"呢？

下面，我们将谈到青年适应不良的一些最普通的表征——表示他们正陷入深渊，需要别人的援助。

恐惧与焦虑

恐惧，是当我们受到某些事物的威胁所引起的一种情绪，它是一种健康的和必要的反应。但如果没有明显的原因却仍感到恐惧时，那种情绪便是焦虑。两者之间的差异点，在于恐惧是对于已知的特殊危险的反应，而焦虑则是对于内心恐怖事物的反应。换言之，遇到可怕事物应当发生的是一种恐惧。

青年时期特别容易焦虑，因为他必须应付许多足以引起内在矛盾的新问题。有的青年，仅在特殊的情形下才有焦虑的反应，但有的却似乎时时都处在焦虑之中。对后者来说，生活本身对他就是个威胁，而每一种新的适应对他都是困难的。他总是神经过敏、易受惊吓、不安、无法长时间集中注意在任何事上。在这种情况下，他会失去应有的工作效率，更不可能会有快乐。

在许多方面，焦虑较身体上的损害更为痛苦。例如，当一个人患了牙痛，他知道原因，并且知道有方法来治好它；但当一个人陷入焦虑时，却似乎没有任何明确的原因，他无法说出他所忧愁的是什么，并且也不知道怎样去排除它。

春情发动期引起的性冲动，是一个常见的焦虑原因。如果青年企图压抑这些冲动，觉得它们是"邪恶的"，那么焦虑便可能发生。当然，这并不是说，青年必须满足他的性渴望以避免焦虑。事实上，他只要能够面对它们，就能不受它们所威胁。而在这一点上，父母和教师如能让他知道性的意识并没有什么错误或可羞的，这种态度是最能够帮助他了。

病态的恐怖

病态的恐怖，是一个人对某些特定事物的一种无理由的恐惧。年轻人把他所有的焦虑，集中在一些他极力要避免的特殊情况或事物之上，几乎任何事物如猫、老鼠、蜘蛛、海、河流、闪电、黑夜、旷野或孤独等，都能成为这类事物或情境。

强迫行为

有病态恐怖的儿童，往往会把内心的恐惧转变为外在的事物，并借这种转变来避免焦虑。转变的另一方法是发明一种程式，使自己在专心举行这种程式时感到安全。通常，他觉得某种事情必须依照某种方式去做，不能有一丝轻微的错误，否则某种很不祥的事情就将发生。但他不能确切说明那种行为的目的，当然更不确知，如果不履行某种程式，究竟会发生什么后果。

一般说来，儿童都有一些较轻微而无害的强迫习惯。例如，他必须怎样坐着才吃饭，或必须选择床的这头或那头才上床等，都是常见的例子。但强制行为有时十分强烈，使儿童的全部行为都被他那"必须在一定方式之下去做"的需要所支配。

强制行为也经常见于晚上上床的时候。例如，脱衣服必须按照一个确定的程序，并且衣服必须照着某种方式挂起来。如果"程式"的一部分有了差错，全部过程就必须从头再来。

太规矩的儿童

把用功、谨慎、有礼、服从而和悦的儿童包括在强迫行为的范围来讨论，或把它包括在不良适应的例证之中，似乎是错误的。其实，这正好是他应该被讨论的地方。因为太服从和太好的行为，往往正是反抗内在焦虑的一种防御工事。有很多孩子都必须以特别的"善"来压制他所想象的"恶"；尽管他所想象的恶实际上是正常的。

这一类的强迫行为，常出现于春情发动期，随着性意识的增强而发生。当儿童发觉仅是服从和善良，仍不足以使他心安时，他在生活上就会增加许多无意义的小动作或"程式"，试图借它们来控制自己的性意识，不久，他就会陷入这种"程式"之中，耗掉所有，几乎不能再做任何有意义的事了。

15岁的林淑美是一个好学生，在班上名列前茅。虽然她在功课上已经费去许多时间，但她仍然坚持功课要做得绝对完美。她背诵着全部指定的作业，非把全部功课记熟才肯入睡。并且她养成了准备功课时的特别仪式：书籍必须依特别方式安排在桌上，铅笔必须依长度顺序排列，笔尖通通排在一头，纸张必须五张一叠地堆在一起。

实际上，林淑美是正在和内心的背叛命令、减轻工作、希望享受等冲动相抗衡。由于这些欲望与她的良知是冲突的，她为了防止良心与内在冲动之间的摩擦，只得借助于"程式"的作用了。

前面说过，强迫行为是将内在焦虑转变为外部环境的另一途径，尽管他自己没有意识到履行这些"程式"的真正原因。但从已经接受帮助而克服了这类行为的儿童和青年那里，我们却可看出他是在试着保护他自己，亦即在对世界和自己证明他本身是纯洁而不是卑污的；是善良而非邪恶的。换句话说，有强迫行为的青年，必须证明他不是他想象的那个样子。对于青年们强迫行为的处理，就是要帮助他们了解自己的冲动是正常的，鼓励他们承认这些冲动的存在和帮助他定下一个比较可能达到的行为标准。而这通常需要有心理学者或精神病学者的协助。

梦魇

另一种不良适应的表征，是周期性的梦魇。梦魇是可怕和危险事物的梦，青少年有时会在睡梦中讲话或惊叫，有时甚至可能在床上坐起来睁着眼，准备应付梦中面临的危险。第二天早上，他对于所做的梦，或许记得，或许不记得。

梦魇也可能是青少年对恐惧的唯一表示，表示他在清醒时已能成功地控制恐惧，当他入睡而放松防御时，他的意识便脱逃出来。在睡眠中出现的恐怖景象，很少是青少年所恐惧的真实事物。它们通常只是一种象征，一种真实恐惧的奇幻变形。这种不真实的形态，可以帮助青少年控制恐惧，不必去认清潜伏中的真实原因，而能够对自己说："这只是一个梦罢了！"

很多例子证明，梦魇只是儿童某些焦虑症状的一个象征。它们可能频频发生，也可能非常严重，使儿童在夜间根本不敢入睡。有这种

情况的儿童，需要心理治疗的帮助。

功课失败

焦虑是很常见的功课失败的原因。在焦虑恐怖驱迫下的儿童，经常显得神经过敏，精神不安，不能对任何事物做长时间的集中注意。他花了许多时间和精力，企图控制他那矛盾的情绪。结果，他的学校作业因此而受到干扰，即使他有颇高的智慧，也不能做得很好。

在五、六年级之间，功课成绩的低落是很常见的。这时儿童必须应付许多内在的冲动，如果他是正常的和情绪健康的，通常在一两年之内，当他已学会处理内在的问题时，便可脱出这个低潮。但是对于情绪烦扰的儿童，这种成绩的低落也许正是整个退步趋势的开始，结局很可能造成留级。多年来，师范教育已渐渐使教师能够了解，学生的功课失败往往与心理问题有着密切的关系。因此，一个学生所需要的，并不只是更多的督促或辅导，而是帮助他去解决个人的问题。

过分活跃和反社会行为

一个孩子的极端不安与过度活跃，以及父母们所谓的"心神不宁"，通常都是由焦虑造成的。年轻人似乎不能安静地坐下，他必须常常在动；即使他坐着，也摇动他的两腿，挥舞他的两臂，或碰击他的膝盖。

虽然这些并非普通所谓的行为问题，因为他们并非故意捣乱，但他们却常常给教师们造成问题。例如，不按顺序发言，身体盘曲在座位上，或踢动双脚，或经常找寻借口（去削铅笔、找字典、饮水、大小便）离开他们的座位等，经常扰乱教室的常规和秩序。

这种无目的的活动，是儿童排遣自己焦虑的努力。如果强加制止，往往会使他内心的焦虑更为恶化，因而更增加儿童机械动作的需要。解决的办法，就是帮助他们发泄精力，诸如运动、社交、嗜好等方面，使他们能够得到满足并获得别人的注意。

处理"问题少年"的态度

对于青少年犯罪，成年人的反应往往是愤怒的："那孩子是该教训教训了！"这是一般对青少年捣乱者的态度。但这种所谓"教训"，正是青少年犯错的主要原因。他早已感觉没有人爱他，并且每个人都在反对他；如果我们再施予处罚，便会使他的问题更加严重。一个孩子没有被爱的感觉，便不会去思考别人的权利，当然也不愿去学习自我节制。反过来说，只有当他考虑到别人的需要时，他才愿意控制自己的冲动，改善自己的行为。

对于问题少年，"教训"绝不是解决他们情绪问题的办法。他们所需要的是社会给予的温暖、爱护、了解和友情。坚决的态度和管教当然是必要的，但永远不可缺乏这些温暖的东西。

青少年们的行为，也许鲁莽、骄傲、过度自信，好像是轻视成人劝告，也不在乎成年人的赞许。其实，他们是渴望成年人赞美的。可是有时我们吝啬于赞美，除非他做些使我们喜欢的事，或完全依照我们成年人的方式行动。我们普遍忽略的一点是：每一个青少年，都需要觉得他只是因他的本相而被接受、喜爱和赞美的。尤其是表现反社会行为和被恐惧与焦虑所驱迫的儿童，更特别需要得到"本来就应该被爱"的保证。

怎样去了解和帮助儿童

在前面，我们已经扼要说明了为父母师长者，在儿童心理发展中所担负的任务。我们自己的标准、习惯、态度和信仰，在很大程度上决定了儿童在成人时期所将遵循的行为模式，所以，儿童在成长历程中发生的心理问题，也可追溯到我们自己和儿童们之间的关系上。为了帮助儿童解决他们的心理问题，我们必须经常考察我们与儿童的关系；尤其是教师和父母——必须了解帮助年轻人处理他们的心理问题所需的态度和知识。

我们曾经说过，对儿童的真实友谊和温暖感觉，是帮助他们的第一要素。真正的友谊是不能伪装的。我们对他和他的问题是否真正关怀，他能十分敏锐地觉察出来，除非和他有热切亲密的关系，否则就无法使他喜欢我们、信任我们。

成人的观察未必正确

不幸的是，有些成人总觉得他们必须站在高高的超然地位，来维持他们对儿童的尊严与权威。实际上，只有那些内心不安的成人，才感觉自己有保留这条鸿沟的必要。大凡成熟的人，都能够依儿童水准来处理儿童问题，而无损尊严与权威，更不至于屈节或不诚实。

许多成人总觉得：他们替年轻人所定的规则、限制和要求，是完全正当妥帖的，如果遭到青年的反抗，便马上被认为是一个"问题"。但是成人可能而且常常是错误的。在我们和儿女的关系中，必须作真诚忠实的努力，以保持对新观念的容忍和保留我们所定标准的弹性。

许多为父母者，忘记了每一个青年必须和各种各样的人们相处，他有他自己喜欢的朋友和伴侣。让他在他的朋友面前丢脸，是痛苦且耻辱的事。我们有时因为对他要求过多，常常强迫他去服从与他的同伴所履行的完全不同的规则与限制，以致迫使他来反抗。

例如，母亲要十岁的小波每天穿着成套衣服整整齐齐去上学，但其他小孩都只穿着蓝色牛仔裤和运动衫。于是他们都叫他"小贵族"，并且残酷地揶揄他。小波因而感到很痛苦，甚至想到从家庭出走。后来他母亲的一个朋友问他长大后想做怎样的人，他激烈地说："我要做一个浪游的工人！"

强迫儿童遵守和他的朋友大不相同的规则与标准，必会引起不快与反叛的行为。儿童固然希望我们的爱和赞美，但他也希望其他人的赞美和尊重。如果在订立标准和规则的时候，我们考虑他自己那一代人对他的看法，那我们就是确实是在帮助我们的孩子了。

还有很多父母和教师，他们对待青年的方式，总是当他还是一个小孩，要他把全部时间中的活动都向父母说明，不许他有秘密，他总是被严格监视着。换句话说，很多青年所得到的自由，比他在幼年时所得到的还要少。有的父母许可十岁的儿童无拘无束的活动，当儿童达到青年时期，却把大批的规律搬了出来。

如果我们一直将子女当儿童看待，可能会摧残他们的情绪发展。从很多个案中我们可以看出，许多青年对婚姻和做父母的责任难以适应，就是因为他们错过了青年期中应有的享乐、冒险，以及浪漫式的生活。我们不能使儿童依赖我们，借这个方法来控制儿童。无论如何，我们是不该长久掌握他们的。得不到机会成长和独立的儿童，他的憎恨与反叛心理是必然的。

总之，对于青春期中的儿童，我们应该付出必要的信任，信任他们有思考及行为的能力，同时鼓励他们担负更大的责任，而不是给他们更多的约束、禁止和限制。

青春期是一个风暴

青春期是一个风暴时期。年轻人体会着情绪反应的全程。

使人困惑和厌烦的是儿童们的态度总是反复变化。一个青年可能在今天寻求父母和教师的劝告与帮助，表示永久的感激，并且很快就加以应用；但第二天，当你提供他以最小的建议时，他却可能不高兴，并且可能宣称他知道孰是孰非，比你这样落伍的人还知道得更清楚些。

父母和教师，如果要帮助孩子，必须想到并了解这些极端和突然的转变，正是他盲目摸索寻求情绪问题的答案的一种尝试。

他之所以从稚气的依赖摇荡到主动的反抗，是由于在他内心的两种相反的推动作用所造成的。一方面，他希望成长自立；另一方面，他希望仍然幼小，以逃避成年人的烦恼的责任——究竟他将转向哪一条路呢？向着成人还是向着儿童？他感到懊恼和不安。当成长的愿望占上风时，我们可以预料他将过度要求成人的权利，以及当他认为权利被侵害时的那种痛心疾首的情形。

一些必要的了解

对青年们来说，常态的行为和严重的情绪问题之间的差别是很微小的。因此，某一个症状的表现，并不一定表示严重的困难。至于什么情况的症状才算严重呢？这里有一些可循的规律。

1. 任何一种症状，如果变成了儿童的永久行为，或同时出现许多症状时，父母和教师们就应该注意了。

2. 当某一症状开始显著地干扰儿童的学习效率，或削减他的活动精力，或造成反社会行为，或使他过度退缩，或相反的过分侵略时，那么，他便需要帮助了。

3. 还有必须注意的，是某种原已存在的行为明显地增加。

例如，15岁的小强，一向严肃、勤勉、不太注意社交活动或体育活动。

一连几个星期日，他都说不舒服，不想外出。不久之后，他开始诉说他不喜欢学校，每星期总有一两天要找些借口停留在家，睡眠时也极度不安。他的母亲好几次发现他独自坐在床上哭泣。最后，他完全拒绝上学，而愿意闲坐在家无所事事。这个例子说明一种症状在慢性的扩张，到了必须请求专家帮助的地步了。

父母和师长必须注意那些害羞退缩的青少年，别让他达到完全闪避朋友和家庭的地步。换句话说，我们一度认为完全常态的一个行为模式，如果它变得过分或趋于极端时，可能就是一个问题的标志。

正确的管教方法

所有的教师都有假期，一天仅工作八小时。但是，身为儿女的父母，你所必须付出的爱心和耐心似乎是永无止境的。而有关如何教养子女的理论也不断地问世，有人主张棒头出孝子的高压式教育，有人提倡温和放任、顺其自然的教育方式……在这许多理论之中，你又受到了考验。

其实，即使有一部绝对权威的书籍出现，你也无法完全遵照书上的指示来教导你的孩子。因为，每一个孩子都是一个特殊的个体，古今中外，过去未来，都不会有一个孩子和他完全相同，他的生活环境，他父母的背景使得他与书上所举的范例截然有别。故而，理论虽然重要，若依你对孩子的了解来看，不适合施行于他身上，那么，遵照你自己的意见来教导儿女才是最正确的。

有一个心理学家说，在他有自己的孩子之前，他有六个教养儿女的原则，每生一个孩子，原则就消失一个，等有了六个孩子以后，他连一项原则都没有了——的确，听从经验往往比拘泥于理论之中更为有益。

下面有十个正确管教儿女的方法，是活的经验说明，而不是死的教条理论，不妨参考一下：

1. 不可纵容儿女，不要怕对子女说"不"。如果你对子女的行为不表赞同、不予否决就是鼓励这些行为。

2. 不要在孩子疲倦、惊恐、心不在焉或有任何不愿意学习的心情下，对他做填鸭式的说教。因为这种教导无法进入他的神经中枢，甚而还会引起反效果。

3. 要求不可超出孩子的能力范围。比方说，你不能要求一个两岁大的孩子整天安安静静地坐着，也不能要一个处在青少年时期的孩子永远保持情绪上的平衡，因为这些是超出他能力以外的苛求。

4. 除非万不得已，避免处罚。如欲处罚，应在孩子犯错之后立即实施，否则孩子无法把过失和处罚联结在一起，这样，不但无法遏制同样的过失，反而会引起他的仇视心理。

5. 希望孩子停止某种不当行为时，千万不可大惊小怪，不妨以冷淡的态度代替矫正的态度。

6. 当孩子做出你希望他加强的行为时，你应当给他鼓励。这个鼓励就是爱与关怀，即使他进步缓慢，也得时时给他称赞，表示你赞许他的行为，并且已注意到他的进展。

7. 如果你不能把你的孩子纳入任何一种类型当中，那么，你所能够给他的最大帮助就是：站开一点，让他发挥自我！

8. 保持你与孩子之间的密切关系，不只让他知道你了解他对事物的感受，还要用你的话把他的感受说给他听，这样才可以得到他的信服。

9. 给孩子一个可遵循的标准。先决定孩子的行为限制与规则，然后在他每次犯错时加强他对这套标准的印象——改正你对孩子说"不要做什么"的习惯，对他们说明该做的是什么。

10. 不要坚持盲目的立刻服从。你不能要求孩子放下手边的玩具或中断游戏，立刻去做你要他做的事，因为当你的先生对你说"把手边的工作先放下，立刻为我倒一杯茶来"的时候，你也同样不愉快。

爱是桥梁

父母与儿女之间必须建立一种"爱"的关系，通过这座桥梁，孩子才会接受你教给他们的种种观念和知识。

许多儿童心理学家指出，父母对儿女的管教越严厉，儿女的反抗心就越强。因此，亲子之间就形成了许多矛盾与紧张。假如这种管教始于幼儿时期，还会使孩子产生不良的自我意向，养成遇事退缩，不爱与人交往的个性。因为早期的教养方式让他下意识地觉得"我什么都不会，我不可爱，没有人会喜欢我"。另外，具有这种心态的孩子无论学习什么，都会遭遇到重重困难，而所谓的困难，往往并非实际上的"不能"，只是心理上的"障碍"而已；反之，一个在爱心培养下的孩子会觉得——"我很不错，大家都喜欢我，我可以尝试任何新事物并且有成就，被赞美"。以上两种孩子，即使智商完全相等，表现在外的却是截然不同的迟钝怪癖与聪明可爱。

由此可见，"爱"是父母所能给予孩子的最大礼物，爱你的儿女不仅能让他们也爱你，还能让他们需要你，更能使他们成为一个你所期望的有用而且处处受欢迎的孩子。

慎勿督促过严

大部分的父母都依照自己心目中的理想来要求儿女，以致督促过严，甚至逼迫孩子做超出他能力范围的事情，造成孩子心中的挫败感。

教养孩子要实事求是，适可而止，督促过严得到的绝对是反效果。

心理学家贝克指出，对子女督促过严的父母，也许可以逼使孩子养成良好的习惯，却也会使子女有不安、依赖、胆怯、敢怒不敢言、不喜求知、不爱做劳心的工作，以及不喜欢参加有创造性的活动等缺点，比较起来，这种教养方法是得不偿失的。

督促子女上进、求好是对的。放任的父母往往养出一些无耐心又具有攻击性的孩子，但是与其督促过严则不如放任子女自由发展来得好。因为，在放任态度下长大的孩子，也多半同时拥有活泼、外向、合群、自立、好奇的优点。

放任的父母纵容子女，督促过严的父母却更坏——"抵制"他们的孩子。他们用挑剔的眼光瞪视子女，而从不曾以爱的眼光来欣赏孩子，他们对子女说话的态度总是："你不该……""你不许……""你该……""如果不……我就……"在这种严厉管训下的孩子，从表面上看起来，也许是个求上进的乖孩子，但事实上，他被压制得太厉害了，所以一有机会他就会向周围的事物泄恨。他对手足的感情不够友善，做错事不肯负责任，并且，长大以后，还可能变成一个阳奉阴违、心地狭隘，外表看来自律甚高，实则充满敌意的伪君子。最糟的是，将来他还会用同样的错误态度来要求他的子女。

如果你不幸是这种对儿女督促过严的父母，为了孩子的心理健康着想，希望你从今天开始，学会按照你的子女的能力来要求他们，而不要用过重的负担，把孩子们原可直立的骨骼压得不成人形。

启发重于灌输

世界像一卷影片，逐渐地展现在孩子面前，在这一点一点的展现之中，孩子会希望多了解一点往后的发展。倘若换另外一个方式，把五花八门、漫无头绪的知识一股脑儿地在孩子耳边播送，则孩子将因无法吸收而采取充耳不闻的防御战术。

孩子的智力发育必须由他自己决定，用他自己的步法、速度来走。如果你催他、逼他，就会害他在这条路上摔跤甚至受伤。

灌输是强制孩子学习的一种方式，启发却是用适当的方法对他的智力加以刺激，让知识成为一卷逐渐展现的影片，孩子知道越多，越想知道后果，求知欲越强。

才智秉天而来的这种说法，已被新实验否决了。新的研究结果指出，婴儿从遗传承受到某种限度的"潜能"，有的可能是天才，有的是普通智力，有的则可能低于正常的智力。但是，这也只是"潜能"而已，没有后天的启发，这种潜能是不可能发挥到极致的。

根据专家的调查发现，一般孩子成长到某个阶段时，自然都可学会行走，但孤儿院里的孤儿却例外。因为他们生活在单调的环境中，没有人给他们抚慰，没有玩具刺激他，学走的时间就比普通家庭中的孩子晚了许多。在智力上的发展，也是如此。

要启发孩子，必须先了解孩子，花时间跟孩子做游戏，在孩子还听不懂什么的时候就对他说话，给他能够刺激感官的东西玩——比如可以敲打及照见影子的金属盘子，可以拆、能发声的干净纸盒，可以嚼弄的布料等等，像这些可用以刺激幼儿智力的东西可说俯拾即是，每一个家庭也都具有充分的资源可用来教养他们的儿女。

如果你对孩子缺乏了解，就会误以为一个不吵、不要你费心、不寻求极致的刺激的"乖孩子"，是一个"好孩子"。

了解孩子，你就知道孩子的观察力是敏锐的。在带他散步时，你可以教他认识自然界的一切，教他观察天空中云朵和彩霞的形状和颜色——这就是启发。

儿童还有丰富的想象力、模仿力和创造力。所以，当你教他唱一首儿歌时，你也可以教他任意更改歌词。

性教育的重要性

有一部分的性教育不需要开口，只要你是一个慈爱的母亲，只要你们的家庭生活是正常的，亲族关系是融洽的，你就潜移默化地让你的孩子得到了基本的性教育。

孩子的身体每天都在变化，慢慢地发育成熟，性教育也是一样，它慢慢地借着多种机会被孩子吸收，慢慢地形成一种正确或不正确的性观念。为人父母者用不着把子女的性教育看成一种太严重的任务，也不能一本正经地告诉孩子们，这是对的，那是错的。

性，绝对需要教育，但是，性教育却没有可资遵循的具体公式，我们只知道进行性教育态度要温和，要自然，要循序渐进，要不厌其烦。

你的孩子用问句来了解这个世界的一切事物，他会问有关日月星辰、风花雪月的大自然现象，也会对自己的身体和两性的差异产生好奇。所有小小的心灵都会像古希腊的诗人一样，出现"我从何处来"的迷惑。所以当他忽然直截了当地问起有关"性"的一切，你也应该像帮助他获得其他知识一样，据实给他最诚恳的回答。

不要因为自己认为性只是在深夜屋内进行，不足为外人道的"暧昧行为"，而闪避孩子的问题；也不要因为自己对性有偷尝禁果的"罪恶"与"欢愉"的联想，而不愿你的孩子接触这方面的知识——你的态度是很重要的，愈自然愈坦白地和孩子谈这个问题愈好。你可以放心，不管你说什么，孩子都不会产生任何联想，因为他们没有经验。你的坦然会使孩子们的好奇心"点到为止"；而噤口不言反会使他们产生有害的幻想。

如果你因为他们问出了这个你自己忌讳的问题而"恼羞成怒"，那你就等于让你的孩子得到了一个教训：他们从此认为"性"就是"见不得人"的事。

总之，不管成人或儿童，他们对事物的反应都是一样的，若他们能很容易地得到问题的答案,并且有机会了解事物的真相,则他们也很容易就把这件事抛到脑后;如果他被严格禁止接触某些事物,则他们就要暗地里揣测真相,并对它产生更大的好奇、更坏的误解。

"性教育"正是这样,开放比保守好,坦白比顾左右而言他好,你越早让孩子明白"性"这回事的真相,越能帮助他建立正确的性观念。

热心推行性教育的西方人士说,上一代人没有受过性教育,这是上一代年轻人和这一代年轻人的不幸。这句话含意深远,它告诉我们,如果父母没有正确的性知识,建立正确的性观念,那么,他们就会影响子女,一代一代地把错误传播下去。因此,倘若你希望你的子女有正确的人生方向和幸福的婚姻生活,请先教育你自己——性不肮脏,性不暧昧,性不只是生理学的一部分,它也是爱和温暖、责任和创造的代表。

孩子们需要性教育,性教育的法则和一般的教育没有两样,它仍然靠"循循善诱"这四个字。

你的子女发出有关这方面的疑问时,心思非常单纯,他们也只需要单纯但是正确的答案,你别让自己心里的疙瘩把事情弄复杂了。

性教育的六大疑虑

性教育的基本课程是教孩子爱自己的身体,也爱别人的身体。你不必因为不知该从何时开始给子女这方面的教育而彷徨,也用不着如临大敌,郑重其事地安排时间、地点来和你的孩子谈这回事,因为性教育从孩子出生那一天就该开始了。

有人主张如果要让孩子学拉小提琴,那就要尽早开始,因为当孩子懂得这是一门困难的艺术时,他已经度过了最困难的阶段。同样的道理也可以引用到子女的"性教育"上,你愈早开始给孩子们性教育,愈容易帮助你们两代之间思想和情意的沟通。

美国的性教育专家狄龙和殷标斯基曾经合作过一本有关子女性教育的书,他们认为性教育是有用的、必需的;如果父母在子女到达学龄时仍未给子女任何性教育,则他们必定是由于下列六种疑虑之一:

1."我要孩子们纯洁无瑕,不愿让某些想法进入他们的脑中。"有这种想法的父母怕孩子知道性的真相会破坏他们的纯洁,他们认为子女对性有了了解之后,会进而"实习"一番,因而不愿让子女有任何性知识,这种想法是大错特错的。事实告诉我们,绝大多数的未婚妈妈和少年性犯罪者,都没有从他们的父母那里获得正确的性知识,以致误入了歧途。

纯洁不是以无知做基础的,让子女受良好的性教育乃是教他们保护自己纯洁的最好方法。

2."他还太小,现在不需要告诉他这些,将来有的是机会。"这种说法其实是父母的托词。"他们太小",有些父母甚至在他们的子女上了高中,还以此作借口来逃避对子女谈性问题。

其实,幼童不需正式的教学,就能获得许多有关性方面的知识。小孩子会观察、会听、会看、会参加同伴的性游戏,等他上学以后,他还会从早熟的同学那里听到一些具体或想象的性经验,也会似懂非懂地揣测女孩子的身体构造、男孩子的行为反应——当父母觉得自己的孩子还小,还用不着给他任何性方面的指导时,常常已经太迟了。

孩子比我们想象中早熟得多,调查结果显示,大多数的孩子从自己的父母获知性方面的事时,距离他从别人那里听到的"真相"和歪曲的说法至少晚了五年!

3."他可以在学校里学到。"国外有些学校已经开始有了性教育的课程。但没有一个学校能确切知道你的孩子,或任何一个孩子,在某一特殊时期的特殊需要。

如果孩子对性已经有了误解,这些教材并不能帮助他们纠正错误,因为学校里学生众多,没有时间循序渐进地教育,也无法听取每一个孩子的意见和疑问,故而也就很难针对他们的错误加以澄清了。

再者,学校的性教育常常附属于生理或生物课程中,有关爱、婚姻与家庭的事绝口不谈,但是,性教育的真正目的却不是要把孩子教成生理学专家,而是要让他们获得完整和成熟的人格。因此,唯有与子女相处最久,了解最深,最得他们信任,也最希望他们有一种幸福美满人生的父母,才能给他们最恒久与细心的指引。

4."我一说起这件事就很难为情,甚至窘得无法启齿。"这种父母误以为孩子和自己一样,对性有着深重和强烈的感受,因此和孩子谈这件事会觉得难堪。事实上,孩子对性毫无经验,任何话语都不会触发有益的或有害的记忆或联想。

"宝宝是从哪里来的""妹妹为什么和我不一样"等问题,实际上就和问"为什么不先喝汤"一样的单纯。如果你一再地回避这个问题,就会让孩子学会隐藏自己对性的看法和想法,使他们认为性是一种秘密、下流、放任而又不愉快的事,而最大的损失是:以后,他们就再也不会和你谈任何问题,试图从你这里得到任何知识了。

5."我真不知道该如何选择。"教导孩子获得性知识,不需要具备性教育学的学位,甚至不需要知道所有的学理名称。你所需要的只是几点基本的事实和一份希望将这些事实灌输给子女的愿望。

当孩子问"为什么不穿鞋不能出去"时,你不会说"我不知道该如何解释",你一定会尽力把最令他信服的答案讲给他听;当碰到一些你不懂的问题时,你也会请教他人、找资料,务求给孩子一个完满的答案,因为这对他们很重要。

同样,如果你不先存着"我不知该如何解释"的心理,并且肯事先对基本的性知识稍加涉猎，那么，当你的孩子问你："男人和女人性交时，男人会在女人里面小便吗？"你就可以轻轻松松地告诉他："当然不会，因为，有一个瓣膜会自动地关闭尿道。"——这么说，一点也不窘，一点也不难。

其实任何问题都是一样的，只要肯花心思，就可以找到答案，并且很简单而又清楚地说给孩子听。

6."我以前也不了解，还不是照样没事儿！"这句话听来仿佛很有道理，但要知道我们不是这个时代的孩童，我们不曾被这么多电影、电视、报纸杂志等性浪潮所侵袭，我们更不曾经由大量传播工具或实际生活中发现婚前性关系、通奸、私生子，以及各种不正常的性行为。我们应该承认，这一代的孩子和我们那一代不同。

此外，我们也该检讨，"我以前也不了解"，这不了解，是真的没关系吗？如果是，为什么我们一想到要和孩子谈性问题，就窘迫不堪？若说今日的儿童是性狂热下的牺牲品，那么为人长辈的我们就是另一极端的受难者。

性教育的意义

性教育是一种艺术，而不是一门科学，性教育其实也就是生活教育，它的内容包括我们的身体，也包括我们的心理、欲念、行动和人格发展与表现，它同时也教给我们接受和给予爱情的奇妙能力，教我们从传宗接代的狭隘观念里超越出来，让我们更广泛地学习与人相处和适应环境的方法，并且帮助我们建立一个更健康、更完满的人生。

专家调查发现一个人在童年时若能获得健全的性教育，那么他成年以后就不会有不正常的性行为，他不会把性当作随随便便的事，也不会产生不正常的性心理。他是一个男人，他就像个男人，有男人的特质；她是一个女人，她就像个女人，有女人的特质——性教育不强调两性间孰强孰弱，性教育旨在引导男人或女人成为一个快乐的、知足的"人"，并且能够建立快乐、知足的家，养育快乐、知足的下一代。

性教育教一个人认识自己的身体，并且享受它，性教育让人能适应夫妻生活，不把"性"看成是一种在黑暗中进行的暧昧行为。

性教育教我们学习爱，教一个男人和一个女人在生理和心理两方面互相补足、互相吸引、互相教导爱的真谛。性教育唤醒一个人的自我，教我们看重别人，也看重自己，让我们知道自己是被人深深爱着的，因而也会敞开胸怀去爱人。

性教育包容广大，有太多意义，太多目标，所以它不可忽略。华伦·约翰生医师写的"人类的性和性教育"中有一段话，最适合用来阐释性教育的意义和它的最高目标——性教育要使一个人：

"更与人同心、融洽，而非敌对；能尊重他人，而非只是对人友善；易于在身心两方面接受自己，而非否定自己；能摆脱告诉别人（包括将来的配偶及孩子）该如何生活的责任感。——这就是性教育，它要帮助我们成为一个看得更高，做得更多，想得更远，更不自私的'人'。"

早期的性问题

在子女五岁以前，你只需要让他们获得基本而正确的性观念就够了。简单、坦率而且自然地供给孩子少量而必要的性知识，教孩子认识并喜爱自己的身体和性器官，这就是早期性教育的课题。

婴儿的身体是他们的第一个玩具，当他的双手无意识地在空中挥舞时，他的眼睛会忽然望见自己的手，并且停止了舞动，这是他第一次对自己的身体产生迷惑。接着，他会一再地尝试，舞动手脚并吸吮它们，等有一天，他们发现了自己的性器官，他们也同样会喜欢它们，把玩它们，这没什么好吃惊的。

母亲的爱心，可以让婴儿对他的身体产生自信。你替婴儿换尿布，哄他拉屎，替他更衣，为他洗澡，你和悦的态度就教会了他坦然正视自己的身体。

逐渐的，你会教孩子"这是手""那是脚""还有眼睛、眉毛、鼻子……"身体各部位都有特定的名称，你没有理由不告诉小男孩他有"阴茎"，也没有理由不让小女孩知道她有"阴道"——这种性知识具有保护作用，否则当小女孩发现男孩子有阴茎时，她可能会以为自己是不正常的，因而产生"阴茎嫉妒"的意识。若你能事先让她明白那个器官本来就是男孩子才有的，就可以使她少受许多罪。男孩子也是一样，一旦他发现女孩子没有阴茎时，他可能会大吃一惊，并且幻想那是受责罚的结果，于是他开始日夕担心自己有一天也会失去阴茎，这种心理称作"阉割病态"。

愈早让孩子明白两性的差异愈好，如果你有性别不同的子女，那么利用洗澡、上厕所的机会让他们观察彼此的身体，并适时加以解释吧！

除了尽早让子女明了性器官构造不同之外，孩子的如厕训练和健全的性观念也有很大的关系。

对儿童来说，性和排泄几乎发生在同一部位，所以如果孩子认为排泄是很脏的，长大以后他也不能去除"性交不卫生"这种看法。

如厕训练不能强制实行。当孩子的骨骼强硬到站得起来，你才会教他学步，当然你也必须等孩子的膀胱有了控尿的能力，大便规则化以后，才鼓励他和"大人一样"不排泄在身上。

你万万不要对孩子强调粪便的肮脏，也不该对他们把屎尿弄在衣服上表示厌烦，视生理排泄机能为正常的态度才能帮助孩子建立正确的性观念，这样，在他们长大时，才不致误认性是一种肮脏、令人羞耻的行为。

总有一天，你的孩子会问出一句话："妈，我是怎么来的？"这时你应该有备无患地告诉他："你是从我的身体里生出来的。"如果孩子接着问："怎么生出来的呢？"你可以说："妈妈身上有一个特殊的通道可以让宝宝生出来。"这就够了——若孩子希望看一看那个通道，让他知道，那个地方不是随便让人看见的。不然制造一个机会，让他见识一下一个女婴的身体好了。

据实以答并且只答复孩子所问到的那部分。你不用为一个小问题发表一个钟头以上的演讲，孩子对他的问题只有三十秒的兴趣，如果他愿意知道更多，让他再提出问题，只有这样，你才能给他足够而又并不过多的性知识。

早期的性问题不外是这些：

"我从哪里来？"

"妹妹为什么没有小鸡鸡？"

"爸爸的种子为什么会跑到妈妈身体里面？"

"爸爸会不会在妈妈身体里小便？"

"如果婴儿出生以前是浮在水里的，他怎么呼吸呢？"

孩子的问题都是很简单很容易解答的，你无妨带着他一起学习，做一个合格的好母亲。

性与学龄

上学是儿童生活的一大转变，这时，他从眷恋父母的感情中挣脱出来了，他开始迈向家庭以外的辽阔世界，他对性的关心似乎没有过去那么强烈了，因为学校、同学、功课、游戏……好多好多新事物分散了他的心神。上学年龄一到，也就是他对性的兴趣潜藏休息的开始。

这时的孩子初尝团体生活的滋味，他会希望和团体的规则取得一致，当别的男孩都和同一性别的孩子玩在一起的时候，他也会就此疏远了儿时最好的女玩伴。女孩子在这时也一样，喜欢和性别相同的朋友在一起——这个时候，孩子会培养出认为自己性别特别优越的想法来。

过去，他们会从父母那里得到做一个男人或一个女人的基本印象，但现在，他们有了自己的想法，他们开始也重视同伴的想法和经验，所以他们要和能肯定自己的朋友在一起。

孩子虽然不像从前那样依恃父母了，但他们仍喜欢父母，想讨他们欢心，所以你仍然对他们有影响力。此一阶段，父母对子女的性教育中有一点最重要的，就是让男孩像个男孩子，让女孩子像个女孩子。

现代的父母即使生了一个不是预期性别的子女，也能够理智地接受他们的性别。但是，他们却常常犯另一项错误，坚持让孩子按自己对性别的理解，长成一种特定的典型。

其实，生命并不是如此黑白分明的，在真正的男性和女性的范畴中，每个人仍可能有相当大的变通余地。体力的强弱、高矮的差别、兴趣的异同比性别更重要，你要帮助孩子发展成为"他自己"，这才是最重要的。

坚强的男人未必没有落泪的一刻，温柔的女子也有意志不屈的时候；男人若不具备一点温柔体贴、为人设想的女性气质，女人若不能稍微带点创意，有点勇气,则他们一点都不吸引人了。

严格要求孩子表现出不同的性格症候,就等于限制了孩子发展,甚至还会造成更大的伤害——让他们在成年以后,无法接受一个理想的婚姻对象,只因为那人不完全合于父母亲所教给他们的那个特定的"模式"。

在孩子到达上学年龄时,你应当为他打好性教育的基础,并且培养母子之间倾谈的习惯。这样,他遭遇青春期的困扰时,经验会告诉他,他可以信任你、依赖你。因此,他也才会向你求助,让你帮助他度过颠荡不安的青春期。许多调查资料显示,小时候受过适当性教育的孩子,长大后很少变成不良少年,并且,越是了解正确的性知识的孩子,成长以后也越能对性欲作妥善的调节。

进入学龄以后的孩子最容易从同伴那里得到错误的性传闻,所以你必须加强家庭中的性教育,并负起纠正错误的责任。

孩子不会因为听到性方面的知识,就要实地印证一番,性教育也不会破坏孩子将来对爱情的美好向往;相反的,若让他们知道得不够,他们的性教育只是一些道听途说的马路新闻,则这种一知半解的好奇反会威胁到他们的纯洁。

有系统地教你的子女认识男女两性的生理结构,以及身体自然反应和自我节制的方法,才是最好的性教育。

性教育不是对孩子说黄色故事,也不只要让孩子知道感官的快乐,而是让他们了解这种快乐必须借爱而行,因爱产生,并且和生命的延续有关。

青春期的开端

男孩子通常在14岁,女孩子通常在11岁就进入了这个阶段。

这时,孩子的体型会发生很大的变化,而他体内的某些腺体也会开始分泌荷尔蒙,促使第二性征的发育。好些父母都说:"孩子好像一夜之间就长成了大人!"事实上,这种变化虽为隔夜即来,却不是隔夜就会消失的一种过程。青少年时期是近代最受注目也最被争论的一个问题,并且也是一个人生命中发展最复杂最不理解的一个阶段,过强过快的变化往往会使孩子惊慌失措,为人父母的你们,就应该适时地给孩子以帮助。

如果在孩子小的时候,你已经灌输给他们许多正确的性知识,那么这时你的负担就会轻些,你要做的只是继续对他施行性教育,并额外地增订一部分"补充教材"——你要详细告诉女儿有关月经的种种,也要敦促父亲去跟儿子谈谈"梦遗"这回事。要知道,能帮助孩子安全地度过青春期,即等于把快乐的光明的一生也同时交到他们的手上,这个阶段,你和你的丈夫是不可以掉以轻心的。

女孩子的成熟比较富有戏剧性,除了乳房发育、身体蹿高、臀部扩大圆满以外,她还会每月一次排出经血。你可以帮助你的女儿做一些"心理建设"

的工作，在孩子的初经来临之前，即对她解释她的身体随时可能发生行经的变化，否则，如果经血突然流出，孩子会惊恐万分，以为自己得了重症，即将流血致死。再者，初经若是在与朋友游戏或上课时间中发生，也会使孩子窘迫不堪，甚至觉得从此无脸见人——你可以保护你的女儿不受到这种羞辱的打击。对孩子说明有关月经的知识时，不要让她觉得行经是肮脏、罪恶或可羞的事，要让她明白这是美好的成长过程之一，每一个女人都该有这种变化。你自己就是一个例子，而你不是活得很愉快吗？

母亲是女儿学习成人的一个最主要的榜样，适当的词句、坦白的诉说、不故意制造过分的关切或忧虑，会使你的孩子很快就适应发生在她身上的这些变化。

男孩子成熟虽没有他的姊妹那样富于戏剧性，但是，也有不少令他困扰的变化会陆续发生。比方说，他会变声、会梦遗、会碰到手淫的问题等。青春期的发育变化在何时开始，何时结束是因人而异的，父母没有办法给他们一个确切的回答，只能让孩子明白：当青春期开始，睾丸会开始长大，阴毛会出现，嗓音会改变，会开始梦遗，长腋毛和胡须，这些变化会交叠成长，全部完成的时间差不多要五年。

当男孩子进入了这个阶段，父亲应该帮助他，和他谈谈自己的实际经验，这可以使孩子安定些。

梦遗不是罪恶，但孩子可能会因而觉得羞耻或不纯洁，父亲应该在男孩子踏入这个阶段以前，让他明白这种事是发生在每一个男孩身上的自然现象——到了某一年龄，身体会制造很多精子，当身体觉得精子储蓄过多，需要排出体外时，阻茎后面的肌肉就会收缩，排出一种乳白色的液体。

这些多余的精液多半在睡眠时放出，所以通常称为"梦遗"。梦遗次数的多寡没有定数，可能每月一次或更多次，也可能每年才只有几次。

父亲是可以引导儿子获得实际知识的，而母亲也可以间接地帮助他——如果你有一个踏入青少年开端的孩子，别像小时候一样太无微不至地照顾他了，适应他的成长和因成长带来的羞涩，有些事情让他自己去处理，他会感谢你的。

总归一句话，在青少年的开端这个阶段中，你应该让你的子女了解并适应自己身体的种种变化；此外，也让他们对异性的转变有一点概念，让儿子知道女人会有月经，这样他不会在某些时候使女孩子难堪，也让女儿知道男孩子会梦遗。真实的知识会杜绝无益的好奇和幻想，帮助他们保护自己也尊重别人。

后期的特殊问题

从出生到进入青春期要经历四个不同阶段的情绪发展——第一是"自我陶醉期"，第二是"家庭罗曼史期"，第三是"同性恋期"，第四才是"青春期"。倘若你对子女的性教育开始得太晚，甚至当子女进入青春期的开端时，你仍未采取任何行动，那么，你的工作显然就困难重重了。因为你可资利用的时间已经无多，而该告诉孩子的性知识又似乎浩瀚无边，有待你为之澄清的错误性观念也实在不少，这时你该怎么办呢？

亡羊补牢，犹时未晚。你且先安慰自己一下，然后，你就该立即付诸行动了。当然，如果你和你的子女从未进行过这一类的谈话，那么，一旦谈起，吃力、尴尬、诧异等都是难免的。但是，你千万不能再犹豫、再退缩了。

你可以利用孩子注意一个新生婴儿的机会，或利用孩子本身开始发育的事实做引子，从头把有关性与生育的知识说给孩子听；你也可以介绍给孩子一本或几本有关性知识的好书，这都可以省却你不少唇舌；但母子或母女间亲近的、充满温爱的、互相了解的谈话却绝对不可缺少，你要借由这些亲密的谈话取得子女的信任，让他们在碰到困扰时，很自然地来找你帮忙。

成长的情况

总有一天，你的孩子要开始交异性朋友，当这一天即将来到，性教育的重要课题就是让子女明白，男女不仅在生理构造上有所不同，在生理反应上，也有极大的差异。

在这个世纪中，我们身处的这个世界发生了一个重大的改变——从前，女人生命的宗旨是成为一个母亲，她们被认为无法像男人一样享受性的乐趣，也不应该要求性的满足，但在现代，这一套陈腐的观念完全被推翻了。

不过，我们仍须承认，男女在基本上的确有所不同：男人的性欲容易冲动，而女人，常常只是情感激动而已。

因为男人的性欲比女人更为强烈，所以在两性的关系上，男人通常扮演一个追求者与一个主动要求肉体满足的角色。父母应该让进入约会阶段的子女明白这种差异，并且让女孩知道，她的某些言语和举动，可能会使男孩误解，而引致他的性冲动。

有一个19岁的男孩子说，他发现"男孩和女孩的真正区别在于：女孩子是以性为手段来追求爱，而男孩子是以爱作为手段来追求性的"，这句话对沉湎于幻想式恋爱中的女孩敲响了警钟：男孩子和一个女孩亲热，不一定就是喜欢她，很可能他只是喜欢接触她的身体罢了！

有些男孩子会利用女孩子"以性为手段来追求爱"的弱点占她们的便宜，但是大多数的男孩都是善良的，他们天生容易冲动，而并非心存邪念或不纯洁。

女孩子和男孩子约会的时候，不应该引诱他们（即使是无意识的动作或穿着），生理感应不同，男孩无法了解女孩试图吸引他，并非想引发他的性冲动，只是想要他更喜欢她一点而已。

总而言之，父母若不希望女儿在性方面铸成大错，应该让她明白男性的生理反应，这样她才有机会保护自己的清白。

同样，男孩子也该被告以同样的知识。父母该让他明白，女孩子对性的感应，不像男孩子那样强烈，她们较注重情绪，不像男孩那样注重肉体，所以倘若他真喜欢一个女孩，就得尊重她，对她表现出了解、体贴和深厚的感情。

因为生理反应不同，男女在爱和性的活动中不可能都是公平的，女孩不该招惹男孩，让别人把她当成泄欲的工具；男孩也该有道德意识，不在女孩子的身上寻求自己性的解脱。在性这回事上，男孩有责任，女孩也有责任，正确的性教育能教他们彼此尊重——而教他们明白这层道理，是父母的责任。

性教育的环境

性教育的环境应该就是爱的环境。

在一切与性有关的课程中，你都要强调这个"爱"字。爸爸妈妈是因为有爱这个先决条件才在一起的，孩子是因为父母的爱才孕育出来的。同样，如果他们长大，也要有爱才能够对异性采取行动。

空话没有用，冠冕堂皇的道理也许是对的，却会左耳进、右耳出，很难在孩子心里扎根，真正能影响他们的，是他们亲眼看到、亲身体验到的环境。

当家庭中的气氛充满了爱，子女即可呼吸到它的清芬，也会不知不觉地建立起正确的性观念。当父亲和母亲的关系是和谐美好的，孩子就会相信他是爱情的结晶，而他也会从父亲或母亲那里学到自己将来要担当的正确角色。

从爱的环境中长大起来的孩子变不坏，他不会对别人严酷；从爱的环境中长大起来的孩子会像种子一样衍生出另外许多充满爱的家庭，并且同样给他们的孩子正确的性教育。

上一代没有受过正确的性教育虽然是我们这一代的不幸，但我们可以确信，我们这一代的努力将不会白费。

第六章

美容与化妆

额之美丽

额以光洁、饱满为美,如果你的额不尽如人意,其实美化额的办法很多。

额部化妆

前额是构成面部的一个重要部分,它与发型有着密切的关系,为了美化额部,可选用以下几种方法:

1. 遮盖法。指利用人们头部发式的优势对额部的宽窄、长短、凹凸进行调整,使整个头面协调美观。如果额部较长,头前顶部的头发就不要梳得过高,以稍微遮盖住前额为宜。额前头发应有卷曲波纹感。

2. 衬托法。设法使头发向左右两个方面展开,并且向外篷出,一般头发自然飘逸下垂,使长额充满亲柔感。

适用于前额窄或短者,它使发角充分暴露出来。

3. 均明法。在额部凹陷的部位使用亮色(淡肉色、肉色或者黄色中加一点白色),产生一种隆凸的感觉。

4. 渲影法。用深紫红色、褐色、蓝紫色等,晕染额部凸出的部位,使之产生平凹感。如额头过宽,可用比粉底暗一些的色彩,晕染到额边使额中央着色稍亮,从而使额部收到变窄的效果。

额头太高的修饰

额头之所以会显得太高,是因为额头的高度超过了鼻子的高度。额头太高,会产生秃发的感觉,使人显得老相。这类人一般不宜把头发光光地全部往上梳,而应该尽量留些刘海,把太高的额头遮掉一部分,使额头的高度缩短。但要注意以下两点:

1. 前刘海一般应稍微烫一烫,有一个大的弯儿便可以了。但也不能把前刘海烫得太卷,形成一个一个的卷,这样的刘海反而会把高额头衬托得更明显。

2. 刘海的样式很多,有一个大弯曲的,有两边分的,有一刀齐的,等等。要根据年龄和爱好而定,如果留有同自己年龄和身份不符的刘海,也会破坏整个形象的美感。

额头偏低偏窄的修饰

额头偏低偏窄的原因,主要是从额头发际线到眉弯之间的距离不是一个鼻子的高度。这种形象会产生一种压抑感。弥补的方法可以区别对待:

1. 额稍微偏窄的人,可以利用发式来补救。尽量把头发往高处梳,用头发的高度延伸额头的高度,这样也能起到一些弥补作用。但不要把头发朝后梳得全贴在头皮上。

2. 有些人额头偏低偏窄,一般可以留较浓的前刘海甚至童花式的刘海,用刘海来遮掉太低的发际线,以错觉来调整额头的比例。

装点耳畔

耳饰是当今女性生活中不可缺少的饰品之一，如何将它巧妙佩戴，显出俏丽的风姿？

一般说来，耳饰可分为：豆式，大致有球形、半球形、方形、多边形、椭圆形；珠式，多为圆珠状、水滴状和心状，用短金属连接垂于耳下；穿珠式，用圆形或其他形状的珠体穿缀而成；璎珞式，以小珠排列连缀而成，可大小、长短搭配，色彩各异；流苏式，由穗状金链排列而成。在了解了各种耳饰的式样后，就应留心其搭配。

与脸色协调

深肤色的人应佩戴浅色耳环，而浅肤色的人则应佩戴深色耳饰，才能使深浅相互映衬对比和烘托，产生较为理想的服饰效果。颜色搭配以肤色较黑的配银瑰色为最佳。至于金色的耳饰则适合各种类型的肤色。

与服装统一

如果穿着民族色彩、地域色彩浓厚的服装，最好选择穿珠式耳环，其色彩明艳，富于变化；穿连衣裙装则可配以流苏式耳环，细致而动感；穿着宽松式休闲味浓厚的服装，应选择耳钉式耳环，其形状各异，色彩缤纷，使你尽现个性魅力；如果着正规服装出席隆重的社交场合，则应选择珠式耳环，端庄华贵，不失风韵，尤其是镶嵌宝石、钻石的耳环，在灯光的辉映之下，会令你魅力四射。

与年龄相称

中老年女性应选择有质感的传统风格的"真品"耳环，如镶嵌钻石、珍珠、宝石的品种；而年轻女性若选择富于曲线、别致典雅、款式新颖的耳钉或耳环，会增添几分活力。但是少女一般不宜戴耳环，可选择各式耳钉。

目前，市场上流行各种"泰银"耳钉，其造型别致新奇，有卡通形、小动物形、花形等，色彩艳丽，正是年轻女性的心仪之物。

此外，发型也是佩戴耳饰应该考虑的问题，如长发不宜选戴穿珠式，以免头发缠绕其间。圆脸形的人为改变视觉上脸型的圆润，往往将头发梳高，此时若再配以穿珠式耳饰，则会破坏发型效果，故应选择长方形、叶形、橄榄形、菱形等豆式耳饰。

有耳畔情结的你，一定要细心妆扮自己的耳边风景。

化耳部妆

许多女性化妆，往往忽视了耳朵，实际上光洁柔嫩的耳朵往往更令人着迷，所以要重视耳部的化妆。

现将耳部化妆的具体方法及步骤介绍如下：

第一步，涂抹底粉。在面部化妆抹粉底时，就应该同时将颈部和耳部一起匀染。耳的轮廓、中间凹凸部分及耳垂等处均要涂匀。

第二步，匀明。在涂好粉底的基础上，再将耳凸部及耳垂、耳后部位，用与粉底同色调稍亮的颜色匀明，其目的是要突出这些部位，以反映出层次变化。

第三步，加上红色。因健康人的耳朵是有血色的，所以在化妆时要略微用点红色，涂于耳垂部位，使其更显丰满、自然，与红润的面部才会显得协调一致。但应注意不能用带珠光的红色，颈部不要加添红色。

耳部化妆要因人而异，如果耳垂稍厚且大，添加红色则应淡些，涂抹于耳垂及耳轮下半部即可；反之，耳垂较薄且小，涂抹红色需扩大到整个耳轮。若佩戴耳环，可在耳轮周围轻染淡红，以相互衬托，更加美观。

值得注意的是，耳部化妆有些步骤是较难做的，比如涂粉底时，若手法不当，很容易产生斑驳痕迹。所以，在涂抹时应用中指和无名指，并蘸少量的粉底沿耳部轮廓起伏，薄而匀地覆盖一层，切忌粉底过厚，以免失去自然的肌肤感。

耳部的装饰

1. 选择耳环时，一般应根据自己的脸型、体型，耳朵的大小、长短和面部化妆的浓淡，以及所要出入的场所进行选择佩戴。例如，耳垂较大者，可选择种类精细的耳环佩戴，以取得画龙点睛的效果；耳垂较小者，可选择大一点的耳环佩戴，使其突出，并与面部取得平衡协调。

2. 穿耳的方法很多，以现代激光穿耳的方法比较好。做了穿耳手术后，不宜马上戴耳环，以防感染，待恢复正常后再佩戴耳环。

耳朵的清洁与修饰

耳朵的卫生是人们容易忽视的部位，而耳朵的修饰又是人们往往热衷的。因此，提醒大家要注意耳朵的清洁，更增加耳朵的美感。先用棉棒把耳朵孔擦干净，再用温水清洗耳廓，涂上雪花膏后按摩，耳朵后面也要仔细按摩。拉捏耳垂还是一个美容小秘方。

美丽的鼻子

鼻梁不高或比较低平的人，都希望通过技巧使鼻子看起来高挺。其实重点就在于勾勒眉型与加强鼻子的阴影，如果能掌握这些技巧，就会使鼻梁变得挺直美丽。

1. 强调鼻影是最好的方法，选择自然的颜色更是关键。一般人化妆很少画鼻影，不过要让鼻子看起来高挺，鼻影的强调很有效。然而，如果对颜色选择不慎，反而会显露出鼻梁扁平的缺点，所以要选择与自己肤色相近，但要稍暗一二度的淡黄色系，顺着眉根到眼角的位置描画。最好选用斜角笔刷，正好与鼻影部位的斜度完全吻合。

2. 将眉头梳立，也会使鼻子看起来高挺。借用眉胶，将眉毛梳立是过去常用的化妆技巧。眉毛向上直起会产生立体感，脸部的纵向被强调出来，看起来格外有精神。具体方法是：先将眉胶直接刷在眉毛上，再用螺旋刷往上梳直到眉胶干，以固定好眉型。另外，画眉时，眉头的地方稍往内侧描画一点，也能让鼻子看起来高挺。

3. 在鼻梁上画一道白色粉底，并扑上白色蜜粉润饰。打粉底之前，先在鼻子上画一道白色粉底，顺着鼻梁画下来，然后用手指轻按，沿着鼻梁推匀，注意千万不要晕开到左右两旁，要选择纯白颜色，最后在脸部打完粉底之后，在鼻梁上扑上白色蜜粉就可以了。

4. 在鼻翼两旁涂上鼻影，强调鼻梁和鼻翼的高低落差。在鼻翼上加些阴影的效果也不错。要选择和鼻影相同的色系。用平头笔在鼻翼上以画圆的方法刷涂，这样鼻梁与鼻根的高低落差就可以被显现出来，使鼻子看起来变得高挺，但要注意不要涂得太浓太厚，否则看起来就像舞台妆一样不自然。

5. 嘴唇上描画出明显的唇峰，会加强脸部的线条。如果光沿着上嘴唇的唇线描画，不会突出五官的线条。不妨试试把唇峰清清楚楚地画成锐角，并在鼻线间加上些阴影，再把下嘴唇沿外缘唇型画成船底形，这样就突出了脸部线条，让五官产生立体感，而使妆容更加妩媚动人。

普通鼻型侧面

涂过鼻影之后，对着镜子从侧面看看，看上去像画线一样清晰，这是不成功的。

长鼻梁

长鼻梁的化妆应从眼角涂至上眼皮，不能涂至眉头，如果涂至眉头，会适得其反。

短鼻梁

短鼻梁的化妆，阴影涂至眉头，如把阴影从眉头涂至鼻头时，会使鼻子显得轮廓分明。

宽平鼻梁

宽平鼻梁的化妆，鼻翼处也涂阴影，这是技巧所在，不要只涂鼻梁，也要涂至鼻翼处。

歪鼻梁

歪鼻梁的化妆，鼻子从右向左倾斜时，上部右侧，鼻翼左侧涂上浓度阴影。

迷人的下巴

下巴，书面语言称为颌。它以圆润、尖巧为美。它在整个面部占有重要的位置。

面部化妆，不能忽略下颌，因为它关系到整个面部的协调与否。颌部化妆，关键在于画好下颌沟，它不但能使整个颌都明显突出，还能调整下颌的长短、宽窄。画下颌沟，要依据自己的脸型，调整好下颌沟的位置，然后用肉色在嘴部与颌部交界的凹陷处向下勾画出一个小小的弧形。由于每个人下颌不同，所以要根据不同的颌型来进行化妆：

1. 圆下颌。可用影色从面颊向脖颈晕染，这样显得舒畅些。
2. 长下颌。可在颌下加横长阴影色，使下颌显得短些。
3. 尖下颌。在下颌加少许影色，上面边缘外用胭脂冲淡。
4. 方下颌。可在突出部分加影色，向脖子方向晕染。但注意不要使脖子有影，这样显得随和些。
5. 双下颌。可在面颊至下颌的面部轮廓上及颈部、喉部加影色，这样显得轻快些。
6. 坠腮下颌。在肉多的部位涂阴影，一直涂至颈部，这样显得紧凑些。
7. 洼下颌。突出部位涂阴影，显得圆些。
8. 小下颌。嘴唇下边涂阴影，下颏部涂光点，使其丰满。

怎样修整唇型

嘴型有缺陷的，可以通过化妆加以修整。它主要是以色泽的浓淡所产生的视觉效果来造成一种错觉，使人们感觉到你的嘴形是端正的、美观的。

有的人上嘴唇太薄，下嘴唇太厚，则可以使用红色的特种铅笔将上嘴唇沿勾出一些，使它与下嘴唇沿相配，再涂上唇红，即能弥补嘴形厚薄不一的缺陷。

有的人嘴唇过小，可用红色的特种铅笔将上下唇沿线勾大一些，再涂上唇红，就会有扩大嘴形的效果。

有的人嘴唇唇角下垂，可用大红色底色将下垂的嘴角盖住，再用特种铅笔把上嘴唇的唇角勾翘一些，然后涂上唇红，就可弥补嘴角下垂的缺陷。

有的人嘴唇过大过厚，就要利用色彩的明暗关系来造成变小变薄的印象。先用棕紫色作为暗色画在嘴唇的后沿线上，并向嘴唇的内侧淡化，以隐去过大过厚的唇形，再用朱红色作为对比的亮色，涂在双唇中间，并向上下方向淡化，染入暗色之中，就能给人以嘴唇变小的感觉。

这种利用勾画唇沿线和色彩的明暗浓淡效果造成错觉的嘴形修整方法，必须依靠光照才能获得。所以，其效果的好坏，是基于光照的强弱，一般来说，在强光之下，色彩效果比较明显，勾唇沿线时可以稍淡一些，否则，过明显的线条是没有自然美感的；反之，在弱光之下，色彩效果不太明显，勾唇沿线时就应该加重一些，否则，不太鲜明的线条就显示不出应有的视觉效果。我们在修整嘴形的时候，一定先要掌握现场的光照是强是弱，再决定用色的浓淡。

具体操作如下：

厚嘴唇：用内描法将轮廓线画在原有唇型稍内侧，比原轮廓小 1 毫米涂口红。

薄嘴唇：用外描法在唇的稍外侧描轮廓线，然后涂口红使唇部丰满起来。

嘴角下垂：此嘴角提高 5 毫米左右涂口红。

突出的嘴唇：在唇形直线的线条中间描得浓些。

轮廓不清的唇：对这样的唇型，要将上唇峰描得明显些。

牙齿之美

拥有一口健康、漂亮的牙齿也能提升你的整体形象，下面几种小方法将对你有所助益。

能清洁牙齿的食物

那些需要人咀嚼的食物能引起唾液的大量分泌，也能清除牙垢。口腔专家列出了这些食物的清单：苹果、橘子、芹菜和萝卜。还有一些食物，像菠菜、甘蓝和洋葱，它们是通过在牙的表面形成保护薄膜，从而使牙齿保持洁白。现在，你知道多吃这些食品除了营养之外的好处了吧？

亲吻能防治蛀牙

一个情意绵绵的长吻当然是一种精神上的享受，可同时它也对牙有好处。亲吻能防治蛀牙的主要原因是，它能促使唾液的大量生成，这种天然的抛光剂可以洗掉牙斑和进食后积累在牙中引起蛀牙的酸性物质。

常吃无糖口香糖和干酪

虽然很多时候人们总是提倡不要吃口香糖，但如果适量吃一些无糖口香糖，尤其是在饭后，这样可以促进唾液分泌，从而清洗食物残渣，并中和口腔中的酸，防止蛀牙的发生。而且，你一定想不到吧，干酪也有同样的功能。

要啜饮饮料，不要吃零食

专家建议最好一次喝完高糖饮料和零食，而不要成天不停地食用。否则，你口腔内的酸性物质不断增加，会利于细菌生长。如果你坚持这样的话，你应该在饮食后用牙线剔牙或反复刷牙，这样就能够去除有害的酸性物质，保护你的牙齿。

选择最适合你的口红

你知道吗，口红的颜色选择失败，反而会突出你牙齿的缺陷，而合适的口红则能使你的牙齿看起来更白，更富有光泽。

如果你的牙齿有点发黄或发灰，紫红色或是酒红色能使它们更有光彩。可是棕色调的口红，像古铜色、珊瑚或是橘红色，则只会强调牙齿的缺陷。

皮肤的日常保养

因为柔美，女人的肌肤一年四季都有不同的需求；因为纤丽，女人的肌肤昼夜24小时都发生着最细微的变化。所以，护肤便成了天经地义的环节。

皮肤日常保养准则

日常生活中，需要特别注意自己的护肤方法，具体讲，应尽量遵守如下10个行为准则。

1. 清洁肌肤及时、彻底

每天至少清洁2次面部皮肤，至少每3天洗一次澡。从外面回到家的第一件事就是洁肤，面部有彩妆时，应选用专业卸妆乳，将彩妆乳化后，再用清水洗干净。要特别注意眼线液、睫毛膏、眉笔等化痕的清洁。

2. 谨慎选择护肤品

根据自己的年龄和肤质特点选用护肤品。一般来讲，年轻人不宜使用专为中老年人设计的抗皱、延缓衰老类的高营养精华素；油脂含量过高的护肤品，纯度过高的维生素类护肤品，强效换肤类产品，也不适于年轻人使用。最好选择高效、提纯护肤品。

3. 日间以清爽类护肤品为主

清爽类护肤品通常触感轻柔、通透性好，以水、露、乳质为最佳，部分结构好的霜质产品也不错。一套理想的清爽日间护肤品应包括：不含酒精的爽肤水，润肤露或润肤乳，防晒日霜及随时为肌肤补充水分的保湿喷雾。

4. 晚间以修护类护肤品为主

这里的晚间指晚上7～10点。因肌肤细胞在晚间吸收营养的能力较强，所以在晚间使用修护类护肤品最有效果，如增加肌肤弹性、修复幼纹的胶原蛋白类产品，淡化黑色素的去斑类产品，对抗游离基的抗衰老产品等。

5. 适当使用油质护肤品

不要一味认为油质护肤品会让肌肤腻得透不过气，其实，在春、秋、冬干燥又多风的季节里，肌肤需要适量油质化妆品的保护。因为油质化妆品能在干燥季节里为肌肤补充失去的油分，并有很好的防风防冻作用，还有助于锁住肌肤内的水分，起到保湿作用；相反，不使用油质化妆品的肌肤，却会因没有油质保护而使毛孔受到干燥冷风的侵蚀，造成毛孔过分收缩，从而影响肌肤的顺畅呼吸。

6. 睡眠时不用化妆品

夜间11点至凌晨5、6点钟的睡眠时间，

是肌肤细胞最活跃的时间，也是肌肤最需要顺畅呼吸的时间，最好让肌肤处于洁净的"裸"状态，什么化妆品都不用，这样才不会干扰人体肌肤细胞自然的自我调节功能，也可预防肌肤对化妆品的过分依赖。

7. 用粉底前正确护肤

在使用容易造成肌肤毛孔堵塞的粉底及干粉前，应先采用正确的护肤程序，使肌肤具有一定的通透性和适应性。具体步骤是：用中性洗面奶彻底洁肤，拭干；用不含酒精的爽肤水轻拍面部肌肤，锻炼肌肤毛孔的收缩弹性；用保湿平衡水为肌肤树起一道保湿屏障；用保湿滋润肌肤，然后以极轻的手法轻拍肌肤1分钟后再上粉底。

8. 谨慎选择粉底

几乎80%的肌肤呼吸不畅都是因为使用不当粉底引起的，要想真正为自己的肌肤状况负责，在选择粉底时就要秉持几近"挑剔"的态度。

9. 谨慎使用彩妆

带有金银闪光屑的彩妆通常结构致密，不亲肌肤的金银屑极易成为毛孔堵塞的罪魁祸首。如果不得不用时，也尽量在第一时间彻底洁肤。同样是闪光彩妆，含有天然珍珠粉成分的珠光彩妆是不在排斥范围的，因为细腻的珍珠粉不但能被肌肤吸收，还对护肤大有裨益。

10. 注重局部清洁

很多人怕毁妆或为了图省事，补妆只在原妆的基础上再补涂一层，殊不知经历了时间的风尘历练，肌肤上的彩妆已被难以察觉的灰尘污染，如果在原妆基础上补妆，不但灰尘会阻塞毛孔，残留彩妆也对肌肤呼吸造成潜在威胁。

正确的补妆方法是先进行局部清洁：如补唇妆时先用面巾纸轻敷在脸上，通过手指按压面巾纸的方法将浮尘清除，再补新粉。为了肌肤的顺畅呼吸，补妆最好不超过3次，彩妆在脸上停留的时间最好不超过6小时。

皮肤日常保养步骤

完整保养就是日常基础保养加上每周特殊护理。日常基础护理是我们每天都必须履行的护肤步骤，若皮肤出现问题，如黑眼圈、眼袋、肤色暗淡、毛孔粗大、干燥、斑点等，每日还需进行加强保养。

每周特殊护理是指每周进行磨砂、按摩、敷面等步骤，促进面部的血液循环，增加肌肤的弹性与光泽，供给肌肤水分和养分，让肌肤处于健康状况之下。

日常基础保养

（1）洁肤。卸妆后，取洁面用品，用无名指以向上向外打圈的手法揉洗面部及颈部，清除尘垢、过剩油脂及化妆，去除表面老化细胞，促进新陈代谢，让肌肤清新、爽洁。洁肤是令肌肤美丽的第一步。

（2）爽肤。用棉球蘸取爽肤水，在脸及颈部以向上向外手法轻拍，避开眼部，再次清洁面部残留的污垢，补充水分，平衡皮肤的pH值，帮助收缩毛孔。

（3）润肤。将润肤品抹于脸部及颈部，以向上向外打圈的手法轻轻抹匀，为肌肤补充必要的水分与养分，肌肤柔润而有弹性。

每周特殊护理

（1）摩砂（去角质）。去除老化的细胞，预防角质增厚，使新生细胞更快到达表层，加速新陈代谢，使养分更易吸收，令肌肤光洁平滑。取磨砂膏，以按摩手法在面部轻轻按摩，T字区较为油腻，可稍加按摩，然后用清水彻底清洗。每周1~2次。

（2）按摩。按摩可促进血液循环，增强肌肤弹性。

脸部按摩从额头由内向外，T字区则往上往下按摩；面颊从鼻翼旁由内而外打大圈；在下眼圈及眼尾处稍加轻拍（可清除眼部疲劳）。

颈部按摩以由下而上手法轻推，可舒缓精神疲劳，令肌肤结实，更有弹性。每周1~2次。

（3）敷面。利用在表皮形成的薄膜，阻隔皮肤水分和体温的散发，使皮肤温度升高，加速血液循环，促进新陈代谢。撕拉式面膜通过软化角质层，深层清洁，彻底清除毛孔内的尘垢。水洗式面膜在清洁的同时，补充水分及养分，令肌肤柔软光滑。将面膜敷于面部10~20分钟，待干后用清水彻底冲洗干净。每周1~2次。

（4）加强保养。主要是嫩肤、眼部护理等方面。

爽肤后，使用嫩肤品，以促进皮肤细胞的新陈代谢，增强细胞活力，使肌肤保持健康的生理机能，达到嫩肤的美容效果。

取眼霜轻抹于眼周，以向上向外打圈手法轻轻按摩片刻，减少眼部皱纹、眼袋和眼部浮肿，保持眼睛明亮有神，达到眼部护理的美容效果。

皮肤日常保养妙法

保养小秘诀

（1）情绪乐观。这是效果最好的"润肤剂"。情绪不好，催人老；情绪好，促人少。俗话说"笑一笑，十年少"。这是有科学道理的。经常笑，可以使面色红润，容光焕发，给人一种年轻和健康的美感。因为笑的时候，表情肌的舒展活动，使面部皮肤新陈代谢加快，促进血液循环，增强皮肤弹性，起到了美容的作用。

（2）良好的睡眠。晚上好好睡一觉，会感到精神振作，心旷神怡，容光焕发，眼睛明亮。在睡眠状态下，人体所有的器官（包括皮肤在内）都能自动休整，细胞加速更新；皮肤可以获得更多的氧，用于满足代谢的需要。

（3）多饮水。皮肤的弹性和光泽，主要是由它的含水量决定的。如果皮肤的含水量低，就呈现干燥、粗糙、无光泽，并易出现皱纹。因此，要使皮肤滋润、细嫩，就要多饮水，每天起码要保证饮2000毫升。

（4）常梳头。梳头，不仅是健脑提神的良方，也是一种美容的要诀。

因为梳头所经过的穴位有百会、风池、印堂等近50个穴位。梳头时，使这些穴位得到按摩，促进血液循环，不仅对防治脑动脉硬化、脑血栓症、脑溢血症、头昏脑涨和头痛症等多种疾病有效，而且对面部美容也大有好处。

（5）多吃蔬菜。黄瓜、冬瓜、甜菜、西红柿、胡萝卜等，含有丰富的多种维生素和微量元素，常吃这类蔬菜（有的可以生吃），有滋养皮肤和美容的效果。

（6）注意防晒。现代医学证明，紫外线对皮肤的弹力纤维有着明显的破坏作用。如过度日晒，会导致弹力纤维断裂，使皮肤粗糙，并出现皱纹。因此，太阳光强的天气，切记出门带伞。如果皮肤被太阳晒黑后，可用稀释柠檬汁洗脸，再用清水洗净，然后用干毛巾铺在脸上轻轻按摩，能使皮肤洁白光滑。

（7）学会"放松"。一天的工作，情绪紧张，非常劳累，需要松弛一下。每天能坚持放松10分钟，全身放松，什么也不想，平静地仰卧在床上，使脚的位置比头高，这样可以增加面部的血液供应，加速面部皮肤的新陈代谢，可以起到美容的作用。

（8）坚持"浸脸"。天天让脸浸入冷水中一次，约20分钟（用水花喷在脸上更好），早晚均可。冷水的刺激，使面部皮肤的血管收缩。促使血液量增加，加速皮肤的代谢，从而使皮肤富有活力。

（9）蜂蜜涂面。蜂蜜是一种保健的佳品，也是一种美容剂。蜂蜜含有大量的果糖、葡萄糖、维生素、微量元素、酶和激素。每天用蜂蜜涂敷面部（将蜂蜜加2~3倍的水稀释后再涂），可以促进面部皮肤的新陈代谢，消除色素沉着，减少皱纹，使面部皮肤光滑细嫩。

（10）重视做"面膜"。面膜美容是现代流行的美容护肤方法之一，愈来愈受到人们的青睐，即将药物、营养素混合制成的面膜液（如漂白面膜、蛋清面膜、黄瓜面膜、中草药面膜等），涂敷在脸上，保持10~20分钟，然后洗去。

食物美容法

美容愈来愈成为女士们生活中的大事，但是，美容不等于涂脂抹粉，这里说的是只要女性注意一下饮食，就会在面容、皮肤上显出青春、自然的活力。

（1）饮食能改变肤色。红脸膛是由于摄取动物性脂肪和蛋白质过多所致。在食用动物性脂肪和蛋白质食物时，一定要辅以含大量叶绿素的蔬菜，如菠菜、芹菜、莴苣等，生吃效果好，如此，可治红脸膛。

赤红脸原因是血液循环不好，特别是末梢细胞血液不畅通。为使体内更好地充分吸收蛋白质，要食用大量含维生素B_1、维生素C的食物，吸收维生素D（日光照晒）。

油脂黑脸是由于过量食用动物油和植物油所致，最好控制动植物油的食用量，多吃含叶绿素的蔬菜。吃饭前喝一杯用温开水沏的菜末汁，效果更好。

食盐过多，有可能导致面颊长出雀斑。而饮食中如只摄取动物性脂肪和蛋白质，则会影响肝脏正常功能而使雀斑更显眼。所以，长雀斑者一定要大量食用水果和蔬菜。

（2）美容食物。在每日的饮食中保持足够的蛋白质，可以使皮肤保持光泽，防止干燥；少吃动物脂肪，勿饮酒，因为它们可以增加肝脏负担，从而使女性额头添上皱纹。为此，最好每天多饮几杯白开水。

但饮食中也不能完全排除脂肪，如果没有必需的脂肪酸，会带来斑秃或诱发湿疹发生。另外，脂溶性维生素的吸收也要靠脂肪，而其中的维生素A可防止皮肤粗糙、增厚与干燥。

盐、糖、咖啡摄食过多会增加肾脏的负担，使女性的眼圈发黑无光，吃点萝卜对此倒是有帮助的。水果、蔬菜中富含多种维生素，它们对女性的皮肤有益。维生素C可保护毛细血管，从而防止齿龈及皮下出血，还有助创口愈合；维生素B也可防止口角破溃，并减少皮肤脱屑；叶酸也是维生素B族的一员，缺乏它，暴露于日光的皮肤会出现色素沉着斑。喜欢吃甜食和巧克力的姑娘要当心鼻尖发红。

银耳含有人体必需的多种营养素，具有润肺、生津、补肾、提神、益气、健脑、嫩肤等功效。银耳中的胶质，对皮肤中的角质层有良好的滋养和延缓老化的作用。

猪蹄中含有数量相当可观的大分子胶原蛋白，可促使人们皮肤润嫩、丰满；同时，猪蹄中还含有多种维生素和微量元素，他们对皮肤亦有营养保护之功。

因兔肉具有含蛋白质多（25%）、脂肪少（8%）、胆固醇低等特点，所以，是肥胖症美容者的理想保健食品。

洋葱中富含人体必需的维生素C和含有一种抗癞皮症的维生素——叶酸。它能促进表皮细胞对血液中氧的吸收，有利于细胞间质形成，使皮肤保持洁白、丰润和光洁。

鱼肝油拥有皮肤及黏膜需要的维生素，如果缺乏这种维生素，皮肤将变得干而粗糙，容易出现皱纹。

粗粮包括用面粉做的面包、麦糠、酵母及麦粒，由于他们含有帮助新陈代谢的维生素，所以为保持皮肤青春所必需。

新鲜水果含有人体所需要的维生素C，使皮肤保持平滑并有生气。

瘦肉、鱼肉、鸡鸭、鸡蛋、牛乳制品等含有丰富蛋白质，能保养皮肤，避免出现皱纹。

苦瓜，维生素含量丰富，每百克高达84毫克，含铁6毫克，还含有多种氨基酸、苦瓜甙、果胶、矿物质等。从苦瓜中提炼出一种叫奎宁精的物质，含有生理活性蛋白，有利于人体的皮肤更新和伤口愈合。经常吃苦瓜能增强皮层活力，使皮肤变得健美细嫩。

核桃、红枣与蜂蜜是人们喜爱的食品，也是健身美容的佳品。冬春季节合理食用这3种食品，可使人强身健美，尤其能使女性皮肤红润，富有青春魅力。服法：早晨取两汤匙蜂蜜，用温开水冲服；午饭后半小时吃5个红枣；晚上睡前嚼吃几个核桃仁。

保持青春的食物，具体如下：

苹果，含有纤维素、维生素B和维生素C，可调节人体生理功能；橙子，有助于增加皮肤弹性，减少皱纹。

胡萝卜，富含维生素A，可使人头发保持光泽，皮肤柔软。日本人称胡萝卜为长寿食品；菠菜，含有维生素和铁质，有助于保持皮肤和指甲的美观。

麦芽，富含维生素E和蛋白质，有助于头发的生长。

贝类，含有维生素B，有助于保持皮肤光泽。

金枪鱼，含有大量维生素D、钙和磷，有助于牙齿和骨骼的健康。

矿泉水，可使皮肤柔软、白洁，有助于消化解毒。

脱脂牛奶，含有维生素D和钙，使人的骨骼和牙齿强健。

面膜美容法

自己动手制作的面膜，可选用天然材料，如新鲜的水果、蔬菜、鸡蛋、蜂蜜、中草药和维生素液等，它的副作用少，不受环境和经济条件的限制，是物美价廉的美容佳品。下面介绍几种家庭面膜的制作方法：

（1）蛋清面膜。将蛋清打入碗内（去蛋黄）搅拌至起白色泡沫后，加入新鲜柠檬汁6～8滴，搅匀直接涂在脸上，具有收敛皮肤、消炎抗皱的作用。

（2）牛奶面膜。用鲜牛奶一汤匙，加4～5滴橄榄油，面粉适量，调匀后敷面。此面膜，具有收敛作用，长期使用可消除面部皮肤上的皱纹，增加皮肤活力和弹性，使皮肤清爽润滑，适用于中老年女性或面部皱纹较多的孕产妇。

（3）香蕉面膜。将香蕉去皮捣烂，呈糊状后敷面，15～20分钟后洗去，长期坚持可使脸部皮肤细嫩、清爽，特别适用于干性或敏感性皮肤的面部美容，效果良好。

（4）银耳面膜。银耳、白芷、茯苓、玉竹各50克，共研末过筛，每晚取粉5克，配面粉3克，用水调匀涂面，次日清晨洗去。银耳、白芷、玉竹均能滋养肌肤，茯苓能祛面斑，并引导诸药直入肌肤，但面部患有皮炎的人要慎用。

（5）苹果面膜。将苹果去皮切块或捣泥，然后涂于脸部，如系干性过敏性皮肤，可加适量鲜牛奶或植物油，油性皮肤宜加些蛋清。15～20分钟后用热毛巾洗干净即可。隔天一次，一个疗程为20天，具有使皮肤细滑、滋润、白腻的作用，还可消除皮肤暗疮、雀斑、黑斑等症状。

（6）橄榄油面膜。把橄榄油加热至37℃左右，再加入适量蜂蜜，然后把纱布块浸在油中，取出覆盖在脸上，20分钟后取下，有防止皮肤衰老、润肤祛斑除皱之效，适用于皮肤特别干燥者。

（7）柠檬面膜。将一个鲜柠檬榨汁后加一倍的水，再加入3大匙面粉，调成面膏状，随后敷在脸上，15～20分钟左右取下。或将一个鲜柠檬切片直接贴于面部15～20分钟左右取下，洗净脸部。每天1次，7天为一个疗程。此面膜具有收敛作用，可使皮肤清爽、润滑、细嫩，长期坚持能延缓皮肤衰老。

（8）黄瓜面膜。取鲜黄瓜汁加入奶粉、蜂蜜适量，风油精数滴调匀后涂面，20～30分钟后洗净。或将黄瓜洗净切薄片，直接贴于脸部，具有润肤、增白、除皱的作用。

（9）白芷面膜。取白芷10克，白附子10克，共研细末，加水和蜂蜜适量调匀敷面，20分钟后洗净，有祛皱、消斑、增白的作用，适用于面部色素沉着或黄褐增斑美容者。

（10）蜂蜜番茄面膜。先将西红柿压烂取汁，加入适量蜂蜜和少许面粉调成膏状，涂于面部保持20～30分钟，具有使皮肤滋润、白嫩、柔软的作用，长期使用还具有祛斑除皱和治疗皮肤痤疮等功能。

日常美容法

（1）蔬菜水果美容法。将黄瓜、冬瓜、西红柿、苹果等切成薄片，贴于双颊，并用其摩擦脸部、颈部和双手，可使皮肤充分吸收天然瓜果中的各种营养成分，而呈现出红润、水灵状光泽。摩擦0.5～1小时后可用清水洗去。

（2）米汤美容法。在煮大米粥或玉米粥时，适量加水。煮熟后取米汤适量涂抹脸部，可使谷物所含蛋白质中的多种氨基酸及其他营养成分渗入皮肤表皮的毛细血管中，达到促进表皮毛细血管血液循环、增加表皮细胞活力的功效。

米汤美容法在晚饭后或早餐时均可进行。如没有米汤，用新鲜的牛奶、果汁、豆汁等都可以。因用量较少且操作方便，适宜家庭主妇边做饭边美容，一举两得。

（3）牙膏美容法。牙膏中含有甘油、碳酸钙、淀粉、白胶粉、水、肥皂粉、香料、杀菌剂、增白剂等多种物质，药物牙膏中还含有某种中西药物。因此，清晨起床后借刷牙的机会，取少量牙膏涂擦脸部，然后在洗脸时洗掉，可以去除脸部污垢油腻，削磨脸部细小疤痕，滋补脸部皮肤，达到美肤、漂白、保健的功效。

（4）牛奶土豆美容法。土豆泥具有滋润肌肤的作用，葡萄皮具有漂白作用。若将蒸熟的土豆研磨成土豆泥，加入鲜牛奶搅拌均匀，将用温水浸软的葡萄皮，用小刀切碎，放入土豆泥中制成膏状物涂抹脸部，可以起到美容作用。

（5）凉白开洗脸美容法。科学研究发现，自来水经煮沸处理后自然冷却至25℃左右时，水中所含有的气体相当煮沸前的1/2～1/3。因此，平常所喝的凉白开实际上是一种缺少空气的"缺气水"。

另外，由于煮沸后，水分子之间内聚力增大，水分子结合力更加紧密，极易与人体细胞的水分子"亲合"，所以如果平日洗脸时使用凉开水，那么，凉开水可较容易地渗到皮肤表层内，使皮下脂肪呈"水灵灵"的状态。若长期坚持，定能使皮肤保持足够的水分而显得柔软、细腻、水灵。

洗脸美容法

美容专家认为，人体皮肤细胞在晚上更新得快，是皮肤的"再生"时间。因此，睡前的洗脸不要因不再外出而漫不经心。最好配合温水洗面时轻拍皮肤，除去死掉的上皮细胞，轻柔按摩而加快表皮血液循环。如果没有优质晚霜，不如什么化妆品也不要涂抹，以防不能滋润皮肤，反而堵塞毛孔。

饮料美容法

自制美颜饮料与进补美容食品类似，也可达到使皮肤光滑、滋润的美容效果。下面介绍两种配方。

（1）蜂蜜柠檬茶。取新鲜柠檬，洗净、切开、榨汁，对入适量蜂蜜搅匀。夏季调凉白开加冰块饮用，冬季调温开水加枣汁饮服，是最滋补的美颜饮料，长期饮用可使皮肤洁白晶莹。此外，榨汁剩余的柠檬放入浴盆内可使皮肤漂白增香。

（2）绿豆薏米汁。绿豆有清火漂肤的功能，薏米有去除脸部雀斑、粉刺的功效。将二者洗净加水煮汁后，加适量冰糖和蜂蜜饮用，是营养价值很高的美容圣品。

桑叶美容法

桑叶在我国与蚕丝"结缘"历史悠久，又是一味常用中药。除能散风除热、清肝明目外，古医书还说它有"驻容颜，乌须发"的功效。近年研究证实，桑叶确是物美价廉的天然美容护肤佳品，尤其对脸部的痤疮、褐色斑有较好的疗效。现代分析表明，桑叶含有较丰富的铜，有防治毛发和皮肤白化的作用。

取霜桑叶或鲜桑叶500克，除去梗叶，研末；另取黑芝麻250克，炒熟研末；二者加白糖调匀或制成大蜜丸，每日早晚各服20克，白开水送服，长期坚持可使白发转黑，面容红润，并能预防少白头发生。

痤疮是常见于青年人的一种炎症性皮肤病。进入青春发育期后，体内性激素分泌旺盛，促使皮脂腺分泌增多，导致皮脂淤积，堵塞毛囊口，容易形成痤疮。用桑叶煎剂治疗痤疮，每日取鲜桑叶50克，煎水分3次服，一般15天可见效。若取鲜桑叶适量，捣烂后敷于痤疮处，每日30分钟，也有满意的效果。

脸部褐色斑常使不少女性为之苦恼，可用桑叶治疗。取冬桑叶500克，隔水蒸煮消毒，去除杂物，干燥处理后备用。每日取15克，沸水浸泡当茶饮。1个月为一疗程，一般服用20天后即有明显疗效，斑块消退或色素变浅。治疗期间应多吃些豆制品，如豆腐、豆芽等。

桑叶洗浴对美容也大有裨益。取经霜的干桑叶50～100克，放入锅中，加水煮10～15分钟后，倒入浴盆内晾凉后洗浴，护肤而不脱脂，是很好的健美浴方，皮肤粗糙的人可使皮肤尽快变得细嫩起来。若取冬桑叶适量，水煎15分钟后去渣取汁，再加热浓缩，藏入冰箱内备用。每天清晨洗脸时，于洗脸水中加入30毫升冬桑叶煎液，可治疗面部雀斑、黧黑斑，使肌肤美白增色、光洁如玉。

桑叶味道可口，无副作用，我国古代养生家曾用桑叶代替茶叶作饮料，借以长葆青春。日本中央蚕业研究所已开发出有保健功能的桑茶，茶色碧绿，富含优质蛋白质、必需脂肪酸、粗纤维、糖类及钙、磷、铁、锌、锰等营养成分，饮用方便，营养成分吸收快，具有促进新陈代谢、血液循环，消除疲劳等功用。

除桑叶茶外，日本还推出了风靡市场的桑叶面、桑叶小甜饼、桑叶荞麦面等系列食品。桑叶提取物又可用作糕点的安全色素，真可谓用处多多，好处多多。

指压美容法

每日坚持指压美容，可以消除疲劳，延缓皮肤松弛和皱纹的出现。指压美容法的要点是：用指尖（有指纹的部分）对准面部穴位，用整个手腕的力量强力按压。注意不要用指甲，以免划破皮肤。右侧用右手，左侧用左手。按压的方向是自上而下，从中间到两侧。具体部位和手法如下：

（1）眼睛。下眼皮自内眼角至外眼角，每隔两秒钟向下按压1次，反复3次。用中间3个手指左右同时用力按压太阳穴10秒钟。用同样3个手指轻轻按压眼珠10秒钟。这样可以使眼睛明亮有神。

（2）鼻子。自内眼角到鼻窝处取4点，以每隔两秒按压3次的频率，向鼻梁中心用力按压。这样可以使鼻子感到舒适，对防治伤风也有效。

（3）额头。用拇指以外的4个手指固定在发际，上下运动4次，再将指尖上下平行移动，到眉毛为止，反复上下运动。

（4）嘴角。用中间3指，从中央向两侧嘴角取3点按压3次，可以消除嘴角肌肉紧张，给人以亲切的印象。

（5）两颊。用中间3指，从颧骨到耳根按压3点，可使面颊肌肉健美，表情丰富。

（6）颈部。以下颌下部的颈动脉（用手指按压有脉搏跳动的地方）为起点，沿血管到锁骨，左右各4点按压3次。这样可以改善面色，对治疗失眠也有效。

（7）颈肌。用中指按压后脑底部，按压3次共约5秒钟，可以增强活力，消除全身疲劳。用中间 3 指在后脖颈自上而下分 4 点按压 3 次，可以消除颈部疲劳。

咀嚼美容法

咀嚼运动是一种常用的美容方法。牙齿在咀嚼东西的时候，用力较大，因而使咀嚼肌剧烈地收缩，面部肌肉也紧张地活动，这些部位的肌肉得到锻炼，肌纤维增粗，逐渐发达起来，于是面部就显得饱满。

有些人爱用一侧牙齿咀嚼，经常嚼东西的这一侧脸面显得饱满，而不经常嚼东西的那侧脸面咀嚼肌得不到锻炼，面肌也得不到活动。时间长了就萎缩退化，形成凹瘪，结果两侧脸颊大小不一样，影响美容。

青少年时期，面部肌肉正在生长发育，咀嚼时必须注意：嚼东西时要两侧轮流嚼，不要单用一侧牙齿嚼，以免引起脸部的畸形。要多用脸面小的那一侧牙齿嚼东西，有意识地对咀嚼肌和面肌进行锻炼，使不发达一侧的肌肉逐渐发达起来，使两侧脸面变得大小对称，纠正偏脸，加强牙齿的咀嚼功能。

美国的一些医学研究人员指出，吃口香糖有益美容。咀嚼口香糖能锻炼面部和颈部的肌肉，使其逐渐发达，面部显得健美。咀嚼口香糖还会使脸部下垂的肌肉收紧，皮肤的皱纹消失，面容显得年轻，使双颊逐渐红润。不仅如此，经常咀嚼还可神奇般地减少面部已有皱纹，使皮肤光滑。在日常生活中，咀嚼甘蔗、面筋等，也可起到同样的作用。

弹击美容法

剪去指甲，用十个指肚在脸部似弹琴状轻轻弹击敲打，可以改善皮肤新陈代谢的状态，抑制皱纹和色素斑点的产生。此法比起搓擦皮肤的美容效果更好，甚至因皮肤血液循环加快和局部肌肉的丰满可使已有的皱纹消逝。

鸡蛋美容法

两个蛋黄（蛋白留下另有用处）搅拌一下，加入一小杯温水搅拌均匀。先将头发用洗发水洗净，再用蛋黄水洗涤头发，用清水冲洗干净，能使枯干的头发变得滑润而有光泽。

再将留下的蛋白搅拌一下，涂在脸上，同时用手指按摩，待蛋液干后（大约 15 分钟左右）再用清水洗净。这不但会使皮肤光亮细嫩，还可以防皱。

在炒鸡蛋时，可把留在蛋壳内的蛋白涂在手上，等其干后用清水冲去，会收到意想不到的美肤效果。

皮肤日常保养误区

"习惯成自然"，护肤也一样，我们每天都洗脸、润肤，有的人还经常化妆，可是，实施的护肤方法都未必正确，还是存在日常保养误区的。

1. 洗脸后不立即用化妆品

洗完脸后即刻使用护肤品，可保持皮脂膜健康。每一次洗脸或多或少都会破坏皮脂膜，必须尽快使用护肤品，以保持肌肤皮脂分泌平衡。

有些人的皮肤比较干燥，皮脂分泌量较少，若使用的洁面乳洁力强劲或洗脸时力度过大，新的皮脂膜很难即刻形成，如果不马上使用护肤品补充水分和养分，皮肤将会出现干燥、紧绷等不适感，这对皮肤是一种伤害。因此，建议在洗脸后3~5分钟内，迅速涂用护肤品。

2. 常用洁面乳去角质

为了让皮肤光洁，常常在同一天使用磨砂洁面乳去角质，接着用洁净面膜为肌肤做深层清洁，认为这样才够干净。其实，同一天使用磨砂洁面乳和洁净面膜，又去角质又深层清洁，太伤害肌肤。

这两种产品都有去除油脂、剥除角质的用途，当将老的角质去除后，又用洁净面膜再一次清洁皮肤并去除角质，对细致的皮肤来说，是相当刺激的，尤其对干性肤质而言，可能会造成过度干燥。去除多余角质后，皮肤需要水分补充，这时用温和的保湿面膜是最安全的，保湿成分也会很好地被吸收。

3. 用手拍打紧肤水

将紧肤水倒在手上拍打，既起不到再次清洁的作用，紧肤水又会在拍脸的过程中流掉，其实挺浪费的。正确的做法是，取适量紧肤水浸湿化妆棉后，轻轻地涂抹在已洁净的面部及颈部，一点点的量就够涂满整张脸，不但不浪费，而且化妆棉与肌肤的黏合度比手好，产品发挥再次清洁及滋润、调理肌肤的功效，效果就更好了，同时也更卫生。

4. 涂眼霜又快又用力

眼部肌肤是脸上最脆弱的部位，如果用力涂抹或过度拉扯，会让皱纹越来越多。正确涂眼霜的方法是，用中指指腹轻柔涂抹于眼部四周肌肤。动作要慢要轻，可在眼部四周轻轻点弹，并顺着一定方向稍做按摩。尽量不要扯动皮肤，也不要给皮肤过多的压迫感，以免拉扯过度、影响正常的血液循环而导致眼部皮肤松弛，进而形成皱纹。

5. 洗完脸用毛巾擦干水分

粗糙的毛巾在细嫩的皮肤上揉搓，不但会伤害并刺激皮肤，让肌肤长细纹，还会暗藏细菌。更可怕的是，如果长痘痘，又常常使用毛巾擦脸，很容易将痘痘搓破，于是痘痘里的细菌就会藏在毛巾里，并随着毛巾蔓延到脸上其他部位，这样，脸上的痘痘就会连绵不绝地往外冒，难以根绝。

洗完脸，用毛巾或面巾纸将水按干，比用擦干的方法对皮肤的拉扯和伤害要轻得多。尤其是在脸上长了痘痘的时候，必须用面巾纸代替毛巾，并以按压的方式吸掉水分，这样才不会造成细菌感染。

6. 早晨直接用清水洗脸

皮肤经过一整夜的新陈代谢，其实并不像所想象的那么干净，既有汗液、油脂的分泌，也有

新陈代谢所产生的老化角质的脱落。此外，被单、枕巾上也会有螨虫、灰尘等不洁之物沾染到脸上，这么多的问题，仅仅用清水是不能彻底清除的。

如果污垢没有清洁干净，之后又化妆，就很容易堵塞毛孔，产生黑头、粉刺等，影响仪容。而使用洁面乳洗脸，在彻底清洁的同时给予肌肤丰富的水分，使肌肤镇定舒适，恢复肌肤清新、柔嫩的感觉。

7. 面部按摩愈久愈好

面部按摩的时间宜适度，不可太长或太短，必须视肤质、皮肤的状况和年龄来定。一般来说，中性皮肤的按摩时间为10分钟左右。干性皮肤的按摩时间可长些，一般为10~15分钟。

由于按摩，除了可以增加皮肤弹性和加快新陈代谢，还能够促进皮脂的分泌，因此，油性皮肤按摩时间应控制在10分钟之内。易敏感的皮肤按摩时间也宜短不宜长。过敏性皮肤则最好不要做按摩。

老年人由于新陈代谢较慢，可相应增加按摩时间。年轻人（25岁以下）因皮肤弹性和新陈代谢较好，按摩时间应略为缩短，因为过度按摩反而容易产生反效果。

8. 不使用专用的卸妆品

只用一般的洁面乳、露卸妆是不够的。洁面乳的作用是清洁面部及毛孔内的污垢和油脂，对于一般的化妆品也有清洁作用，但对于卸除持久性的化妆品残迹，一般洁面乳的清洁力度并不足够，往往无法达到彻底卸妆的目的，这时，就需要专门的卸妆品帮忙了。

卸妆是洁肤的第一步，它可以温和、彻底地卸除皮肤表面包括细纹褶皱内各种水溶性及油溶性的化妆品。卸妆后再用洁面乳对毛孔内的污垢、油脂及残余化妆品进行再次清除，就可令肌肤更干净爽洁。

所以，对于有化妆习惯的人士来讲，使用洁面乳洁肤前一定要先以专用的卸妆品卸妆，两者结合，才能更彻底清洁皮肤。

9. 干性皮肤不能使用美白产品

干性皮肤与使用美白产品没有直接的关系，但干性皮肤一定要将保湿放在首位，以充足的水分保证肌肤的自然代谢正常化，否则美白成分不会被肌肤吸收。最好能在夜晚多加用美白精华素或晚霜，让肌肤充分吸收营养，才能逐渐显现美白的效果。

10. 唇部卸妆时先用纸巾

直接用纸巾抹去唇膏，这样做对嘴唇的刺激过于强烈，会对唇下皮肤的毛细血管造成破坏，长此以往会令唇色改变，严重的甚至引发炎症。

其实，同面部其他部位的卸妆一样，幼嫩的唇部肌肤也需要专用的卸妆品。进行面部整体卸妆前，先进行眼部、唇部的局部卸妆。取适量眼部及唇部卸妆液于化妆棉上，轻轻涂抹，让唇膏浮离嘴唇，再以化妆棉或纸巾擦拭干净或以清水洗净。

11. 节约使用护肤品、彩妆品

保证美容化妆品的干净及不变质，是在美容化妆时需格外当心的。因为变质或不洁的化妆品不但不会使面容得以美化，还有可能污染皮肤，甚至出现中毒或变态性皮肤反应，使皮肤变得粗糙或产生色素沉着。

因此，我们在平日使用美容化妆品时，首先应尽可能避免用不洁的手指去挖取瓶（盒）内的产品，以免细菌感染到里面尚未使用的部分。建议用挖勺或粉扑取用每次所需的化妆品；若取出的化妆品尚未用完，谨记不要再放回瓶内，以免造成污损。化妆品用后要把留在瓶口处的残渍用纸巾擦拭干净，再把盖子拧紧。

12. 防晒护肤

紫外线是造成肌肤老化最大的原因。即使是不遭暴晒的季节，也会夺走肌肤的水分，一点一点地破坏肌肤的组织。想拥有美丽的肌肤，防晒工作不可缺。

13. 与家人合用护肤品

家族的肤质的确会比较相似，不过年龄和生活习惯不同，肌肤的状态也会变得不同。尤其是妈妈所使用的化妆水、乳液营养性比较高，容易造成青春痘。

14. 敏感性肌肤使用的护肤品最安全

敏感肌肤专用的保养品对肌肤较温和，但部分污垢的洗净度不够。选择适合自己肌肤洗净度及保湿度的产品很重要。

春季皮肤日常保养

春天，皮肤的新陈代谢逐渐加快，皮脂和汗液的分泌越来越旺盛。由于温度和湿度都很适宜，这个季节的皮肤是非常美丽的，显得更加白皙滋润和有光泽。

然而，春天的皮肤抵抗力最差，很容易受到外界有害因素的侵袭。这是皮肤最易过敏的季节。原因是多方面的，就食物而言，某些人对某些食物会引起过敏，但更重要的是由于春天温差大，冷暖相差悬殊。

初春时，皮肤腺分泌功能尚低，冷暖空气交流使皮肤适应不了。比如有时气候温热，将近20℃左右，一般人又都认为皮肤似乎不太需要护理，停止了护肤保养，再加春光明媚充满活力，温暖天气又使内分泌旺盛，不少人因过分地使用洗面奶及去脂力强的洁肤品，导致破坏了皮脂膜而缺乏抵抗力，产生皮肤过敏。

许多人皮肤过敏后，又停止了护理保养，致使皮肤水分不足，容易起皱，导致恶性循环。

因此，春天除了在家自己要保持每天3次温水洗脸，用特效疗肤水、疗肤霜爽肤、润肤持之以恒外，还必须借助美容院的正规皮肤测试，判断了解自己的皮肤状况，找出皮肤问题的原因，对症下药。

春季常见的皮肤问题及对策

春天温暖多风，空气中的花粉、灰尘和细菌随着阵阵春风四处飘扬，很易使肌肤产生敏感反应。干燥的空气与阳光中紫外线含量的增高，更为春天皮肤病的发生创造了良好的条件。防御各种不良因素对皮肤的侵扰在此时变得尤为重要。

（1）皮肤过敏。春天是皮肤最易过敏的季节，忽高忽低的温度，使皮脂的分泌时多时少，同时温暖的春风加快了皮肤水分的蒸发，而且带来了风沙、尘埃、花粉等的刺激。不少人认为增加清洁力度能减少刺激，就过分地使用洗面奶及去脂力强的洁肤品。这样更容易导致破坏皮脂膜而缺乏抵抗力，产生皮肤过敏。

因此，对敏感性皮肤者来说，春季应尽量避免外出春游。必要时，外出可戴面纱或口罩，避免接触花粉。

（2）肌肤干燥。春季多风干燥，很多人的皮肤都会紧绷绷地发干，此时我们应内外兼备地为肌肤补水。适当饮用果汁、矿泉水、茶水等，保证体内有充足的水分，尤其是在临睡前。别小看了这一杯水，它对肌肤非常宝贵。当睡觉时，这一杯水被细胞吸收，使肌肤更加细嫩柔滑。

对于肌肤常缺少弹性的女性，最好也能养成洗澡前喝一杯水的习惯。因为，它在洗澡时能使体内的细胞得到充足的水分，滋润皮肤。

春季使用的护肤品，应选用有保湿功效的护肤品而非油性的面霜，因为春季是人体机能逐渐活跃的时候，在此时使用油分高的护肤品，会使皮肤长出白色的小脂肪粒。同时每周做一次保湿面膜护理也是必不可少的。

（3）紫外线照射。一年四季中，春季阳光中紫外线的含量最高，人对紫外线的敏感性也最高。有的人脸上的肌肤此时常变得干燥、粗糙，甚至长疙瘩或出现苔癣样变化，这种春季性皮炎与中波紫外线的照射有关。

很多人不知道皮肤晒黑其实是从春天开始的，皮肤的新陈代谢周期是28天，故在4月底5月初接受了过强紫外线照射的皮肤，却要到6月才出现晒斑。因此，在春季就要避免阳光对面部的直接照射，尽量减少户外运动，出门要抹上防晒露，以阻挡紫外线对皮肤的伤害。

而对于有春季性皮炎的人，不但要谨慎选择有防晒功能的美白隔离霜，同时日常不要用含光感物质较多的化妆品，如香料等。洗脸时尽量不用热水、碱性肥皂、粗糙毛巾。多食含维生素A的食物及新鲜蔬菜和水果，以维持皮肤的正常功能。对一些可诱导春季性皮炎的光感性物质，如油菜、菠菜、莴苣、无花果等，应尽量少吃或不吃。

春季肌肤护理技巧

春季是护理肌肤的好时节，沉睡了一冬的肌肤此时焕发出新的活力，开始进入旺盛的细胞更替时期。因此，要把握这段皮肤细胞最活跃的时期，在春季为自己制订一个有效的护肤计划。我们不但要帮它除旧换新，更要为它补充多种营养，令它能闪现出健康的光彩。

（1）清洁是肌肤护理的基础。春天皮脂分泌会变得较活泼，空气中的灰沙、粉尘和细菌也很容易阻塞毛孔，面疱之类的小痘痘常常会悄然露面。为了保持面部皮肤的光滑，清洁肌肤是最重要也是最基础的一步。

洁面用品的选择因人而异。油性肌肤宜选择清洁力较强的泡沫型洁面用品，它能把面部多余的油脂清除干净，让皮肤恢复到清爽的状态；干性肌肤宜选择乳状的洁面用品，以在洁肤的同时补充水分；中性肌肤可按本人喜好来选择。

洁面品不仅要彻底清洁面部更含有独特的乳化分子和活化细胞的成分，能够软化角质层，去除死皮，促进新陈代谢，用后肌肤柔滑不紧绷。

（2）春季护肤注意去角质。护肤首先要去角质，要以较和缓的方式将皮肤最外层的通常由多层角质细胞叠合而成的角质层去除少数几层，以促进表皮的新陈代谢，加速细胞更新，改善皮肤出现的干燥、皱纹、痤疮等现象，使皮肤产生如换新颜的感觉。

角质层过厚时，触感相当粗糙、易现皱纹。去除后，可令皱纹淡化，感觉皮肤光滑、细嫩。去角质的手法不同一般的按摩，要顺着皮肤纹路操作，在额部处横向揉搓；脸颊部分双手更替向上轻搓；鼻头则直线上下揉搓，整套动作用力要轻柔，感觉和缓舒服为佳，动作粗鲁会对肌肤造成无谓的伤害。

要注意避开眼部及有伤口、皲裂、病变、过敏的部位。去除角质不能太过频繁，每月1～2次就可以了。

（3）各类肌肤的不同护理。在对肌肤进行清洁和去角质之后，滋润护理是必不可少的，这就需要了解自己的肌肤种类对症下药。

干性皮肤在春天也会变得较润泽。可根据情况改用油性较轻、水分多的乳液类化妆品。因其透气性好，使人感觉舒适。同时适当的指法按摩，促进血液循环，可缓解干燥状况。用天然植物敷面，进行深层清洁，畅通毛孔，渗透营养，也是干性肌肤的护肤良方。

化过妆的人一定要彻底卸妆，并应该进行适当的指法按摩，促进血液循环。然后针对干燥皮肤做特润去皱的精华素导入。最后用天然植物敷面，进行深层清洁，畅通毛孔，渗透营养，使肌肤紧密而富有光泽。

春夏之交，油性皮肤会更油腻，气温越高皮脂腺分泌越旺盛，容易诱发痤疮。尤其在晚春时节，要注意及时清除皮肤表面的汗液、皮脂及污垢。平时不要扑粉，避免使用粉底霜。每天可用温水洗脸3～4次，每周敷面膜1次，以疏通毛孔。同时可选择淋巴排流护理，以泄毒、排通、点压来减轻及治愈暗疮、粉刺。然后用真空吸力喷雾吸垢黑头，疏通毛孔，并用挑针清除粉刺、黑头，做精华素导入，再用高周波消炎去疤；最后做冰河泥面膜，既对治疗暗疮、粉刺有特殊效用，又不会留下疤痕及黑色素沉淀。

过敏性皮肤平时可选用抗过敏精华素导入，然后做消除敏感的面膜，以降低皮肤对外界的直接反应，强健敏感的细胞膜，以调节和减轻皮肤的敏感，增强皮肤的抵抗力。

要注意预防皮肤过敏发生。春季气温忽高忽低，皮脂的分泌时多时少，而且，随着气温的转暖，人们外出的机会也增多了。此时，由于气候干燥，加快了皮肤水分的蒸发，而且又由于风沙、尘埃、花粉等的刺激，极易发生过敏反应。一旦发生，应请医生诊治。对敏感性皮肤来说，春季应尽量避免外出春游。必要时，外出可戴面纱或口罩，避免接触花粉。

另外，还需注意饮食营养的均衡，如油腻、甜食及刺激性的食物，酒均应适量。多吃维生素丰富的食物以保持体内健康。还要保持心情舒畅。这样，才能拥有完美的肌肤。

春季护肤调理事项

肌肤在春天很易受到伤害，在做好日常护理的同时，还需要一些特别的调养。饮食、按摩、沐浴、控制情绪，都是很好的辅助调养方法，有助于我们的肌肤健康成长。

（1）注意饮食。在日常饮食中，食物营养要均衡，给身体充足的养分来滋养皮肤，使皮肤健康。油腻、甜食、刺激性的食物及烟酒会破坏肠胃、影响皮肤的健康，因此不要过量。

食物中的维生素可促进皮肤末梢血管的血液循环，调节激素正常分泌，润滑皮肤。食品中有许多较好的美容作用。如豌豆，除了食用能补充人体的营养以外，炒而嚼之，可锻炼面肌，促进人体的血液循环和新陈代谢，从而使面色红润、光滑。将豌豆粉调鸭蛋清涂敷在面部，有去斑润肤之功能。

（2）重视洗浴。春天皮肤代谢加快，皮屑、皮癣等常于此时露出头角。但如果每次洗澡时使用40℃左右的温水缓慢浴洗，并轻轻揉搓周身肌肤，则可起到改善的作用。40℃的澡水会使全身放松，最大限度地消除疲劳，恢复精力。而且，揉搓皮肤能使周身血流畅通，使肌肤清爽亮泽，让春天皮肤更富有生机。

若能再配上一些药用植物效果会更好。如桑叶浴，经过霜雪的桑叶，性味甘苦而寒，具有散风清热、明目等功能。用它作为浴水洗澡，护肤不脱脂，特别是皮肤粗糙者，用后可使皮肤变得细嫩。方法很简单，将干桑叶100克左右，放入锅内，加热熬10~15分钟后，倒入浴盆晾温就可洗用。

（3）按摩健美。为了促进面部肌肤新陈代谢，除了借助春天温暖的阳光外，还可进行面部健美按摩，增强皮肤弹性，减少皱纹发生。下面介绍一种简单的按摩方法——搓脸。

先将两手搓热（两手互相搓），然后用两手掌顺着面部肌肉，血管走向，上上下下揉搓，直到脸上发热为止。每日早、午、晚各一次，每次3～5分钟。搓脸时手掌和脸部皮肤互相摩擦，血管遇热扩张变粗，血液循环加快，新陈代谢旺盛。

由于供给面部皮肤的营养增多，皮肤逐渐变得红润、光滑、丰满，皱纹减少，显得年轻。另外，由于搓脸时局部血液循环改善，抵抗力增强，还能够有效地预防痤疮、疖子、痱子。但是，脸部患有皮肤病，如疖肿、顽癣、白癜风的人不要搓脸，以免使病变扩散。

（4）心情愉悦。春天时阳气升发，人易产生情绪波动。因此，春天护肤还要注意避免过度紧张。如果一个人经常焦虑、忧伤、愤怒，精神长期处于异常状态，会使细胞中的镁离子移向血液，造成细胞暂时无力。虽然这种情况持续15分钟就可复原，但这一连串的过程会使皮肤细胞疲劳，经常这样必然使皮肤加速老化。

有规律的生活，避免过度紧张，不要时常熬夜，保持轻松愉快的心境，这对皮肤的保健很重要。只要我们重视对皮肤的保养，即使在最易出现问题的春季，也能使皮肤与春天一样健康美丽。

各种肤质的春季保养技巧

（1）偏油性的肌肤春季保养。由于春季气候不稳定，而油脂分泌已日渐增多，以致造成粉刺及面疱性肌肤。因此，油性皮肤在保养上应注意清洁及做好防晒准备，应搽清爽型而不是滋润型保养品。

很多人看见痘痘冒出来了，总会用手去挤压它，这实在是危险的动作。一旦挤破后，就会有细菌侵入，使症状恶化，也会伤害到痘痘四周的皮肤，甚至会留下痘痕。如果实在受不了脸上的痘痘，请找皮肤科医生，千万不要自行解决。

（2）敏感性肌肤春季保养。春天气候忽冷忽热，新陈代谢也开始活跃，敏感性肤质会变得脆弱而引发肌肤问题，所以使用保养品时，手势应轻柔、用量适度，并选择无香料的产品，听取美容专家的意见并且试用后再买护肤品。一旦选定了某个品牌的保养品之后，不要再随意更换其他牌子。

春季肌肤的保养重点是注意肌肤清洁，减少肌肤负担，以免汗和皮脂的增加，加重皮肤的负担而容易阻塞毛孔。因此，要加强清洁、去角质及敷面护理；日晒防护也很重要，要抑制黑色素的产生；季节交替，肌肤会有干燥、蜕皮和不舒服的感觉，可适时使用滋养面膜。

在春季里，为了拥有美丽的肌肤，在饮食上应注意食物营养要均衡，给身体充足的养分来滋养皮肤，使皮肤健康。油腻、甜食、刺激性的食物及烟酒会破坏肠胃，影响皮肤的健康。因此，不要过量。应多摄取含有丰富维生素的牛乳、奶油、蔬菜及水果，以维持身体健康及增加肌肤的美丽。

夏季皮肤日常保养

夏季天气炎热，对皮肤的保养又增添了新的内容，以下问题不可忽视：

1. 防晒

每天从晨练开始涂防晒乳；根据在户外停留时间的长短选择相应防晒指数的防晒乳；经常出汗或去海滨戏水时，应选择防晒指数高且具防水性的防晒乳；随身携带一瓶防晒乳，以便随时随地使用；夏季的彩妆用品，如粉底、粉饼、口红之类，也尽量选择有防晒功能的。

2. 美白

将基础护肤品换成具有美白功效的护肤品，如美白乳液、美白日霜、美白晚霜等；少食含色素的食物，尤其是各种诱人的冷饮及冰激凌；特别注意手、足、脖颈等容易忽略的身体部位，在涂防晒乳前也为这些部位涂上美白基础乳液。

3. 防斑

原来就已有斑的人，要在6月特别注意控制斑量的增加，斑色的加重。除继续坚持使用指定的祛斑膏外，尤其要做足防晒工作，建议使用高防晒指数的防晒乳；容易在夏季生斑的人要极力避免在户外活动时间过长，外出时最好戴上太阳镜及遮阳帽，每周用两次美白精华素，防止新斑的生成。

4. 保湿

包里面随身放一瓶矿泉水，口干时就喝两口；使用保湿眼霜和保湿乳做最基础的护肤乳；在充满阳光的户外活动不超过两小时；每周做去角质护理，这样才能让保湿乳的滋润深入到皮肤深层。

5. 控油

随身携带化妆纸巾，经常用干纸巾擦拭皮肤，保持肌肤表面的洁净，防止油分阻塞毛孔；油性肌肤的人可在上彩妆时使用控油乳液或肌肤平衡调理液；时刻保持肌肤干爽，避免使用油性化妆品。

6. 抗皱

保证充足的睡眠和有规律的三餐；30岁以上的人士每周至少使用3次去皱眼霜；定期做皮肤按摩；使用可帮助肌肤恢复自然弹性的骨胶原面膜，如有条件可重点护理眼部、脖颈与手部。

秋冬皮肤日常保养

气候干燥、寒冷，皮肤的水分容易散失，皮脂的分泌也变得缓慢，所以皮肤容易发干、粗糙，使皱纹增加，弹性减退，保湿是秋冬肌肤保养的重点。

秋冬护肤保养常识

（1）不用含酒精化妆品，如爽肤水或收敛剂。因为酒精容易挥发皮肤的水分和油分，宜改用含水性的爽肤水。

（2）不用去油力强洁肤品。尤其是干性皮肤，应用温和的洁肤乳，或含油脂的香皂。

（3）不用热水洗脸。热水去油力强，用热水洗脸，冲走皮肤油分，水分容易流失，皮肤更加干燥和瘙痒。

（4）不将暖气调得太强。使用暖气提高室内温度的同时，室内的相对湿度会下降，皮肤的水分容易流失。

（5）不宜浴后立即干身。不适宜洗澡后即用毛巾擦干脸庞和身体，在寒凉的天气洗澡，当离开温水时，大家都会赶快擦干身子，穿上衣服。然而，要防止皮肤干燥和瘙痒，应在身躯半干之际，涂上润肤油和润肤乳液，把水分留住。

各类肌肤的秋冬保养

（1）对于油脂分泌过剩、毛孔粗大易堵的油性皮肤而言，进入冬季，皮肤同样也会干燥、起皮。此时首先要做的是给皮肤补充足够的水分，不妨使用去油紧肤水，这样既可以收缩毛孔，又可以给皮肤补充水分，还有抑止油脂分泌、消炎等作用；保湿后，配以水包油性质的滋养乳液，给皮肤补充营养，使之滋润。

（2）中性皮肤在洁肤后，先用无油保湿液爽肤，然后配上含橄榄油成分的滋养紧肤乳，在皮肤表面形成透氧性保护膜。这层膜能不让水分蒸发，既润肤又抗污染。中性皮肤虽然是较理想的肤质，但同样也要加强护理，出门前的防晒品必不可少。

（3）干性皮肤更要小心呵护。冬季的干性皮肤宜用保湿液补充水分，因为干性皮肤的酸碱度易被破坏，保湿液可以起到修护皮肤 pH 值的作用，使皮肤达到平衡。同时配以油包水性质的紧肤霜，给皮肤补充营养，使之滋润少干燥。防晒霜同样也不可省略。

此外，对于干性皮肤者，由于皱眉、说话等脸上肌肉的运动，干性皮肤者极易在秋季皮肤干涩时生假性皱纹，所以，一定要多喝水，多吃蔬菜水果，少吃辛辣食物。

冬季唇部的日常护理

即使是不化妆的素面佳人，到了冬天，皮包里也要常备一支润唇膏。寒冷的天气，已经把护肤提到重要议程上来了。可是，呵护红唇又岂止是涂涂润唇膏这么简单。

（1）要彻底清洁。彻底清除唇膏是护唇的重要任务，平时习惯搽唇的女士在卸妆时，应先以一般卸妆水，由嘴角中央方向把唇膏抹去。抹干净大部分唇膏，再用嘴唇专用的卸妆液沾湿化妆棉，在唇上敷数秒使残余唇膏溶解，然后用干净化妆棉抹平，即可。

（2）定时去角质。最好用专用去角质的唇膏，或者以儿童专用的软毛牙刷轻轻刷去死皮。如果平日护理得当，这个步骤只需每月进行一次；做得太多反而会对唇部造成太大的刺激。

（3）嘴唇按摩。在睡觉前，涂上润唇膏，用无名指以点压方式轻轻按摩。这样可以促进黏膜下的血液循环，使唇部呈现自然健康的粉红色。

（4）保湿最重要。润唇膏通常只能令嘴唇油润，不能补充水分，所以每日要饮足够的开水，也可以把化妆水涂抹在嘴唇上，以保持嘴部湿润。如果嘴唇严重干裂，要在涂上润唇膏后，加一块沾上热水的化妆棉敷10分钟，这样嘴唇便会回复光滑。

（5）滋润防晒不可少。做完嘴唇保湿后，一定要再搽上润唇膏，防止水分再次流失。选择的润唇膏最好具有防晒作用，因为日间的紫外光对唇膏的损害是无可估计的。平日在涂唇膏前，一定要涂润唇膏，以免唇膏色素沉淀在唇上的微细毛孔中，令唇色变得暗哑，失去天然光泽。

光洁皮肤的几种方法

1. 有一位女子的皮肤使许多人羡慕不已。她的美丽秘方是三十年如一日，麦粉加一只鸡蛋，涂抹到脸部等候50分钟，先用温水，再用凉水洗一次。麦粉有收敛作用，鸡蛋能供应蛋白质。

2. 想要不化妆也美丽的方法是洗脸完毕，在脸上滴几滴玫瑰露（两份玫瑰水，加上一份甘油即成）。

3. 调整皮肤：在室内正常气温下，将脱脂奶水拍在脸上，使它自己干透。

4. 换肤：要除掉干而老的皮肤表层，可以用捣碎的木瓜敷面。木瓜素能吸收皮层上的角质。30分钟后洗掉。

减少皱纹的方法

一般家庭常用的沙拉酱，有消除皱纹的作用。专家建议，可以只使用沙拉酱，而不用其他的化妆品，直至皮肤改善为止。一年后，粗糙的皮肤可以变得白里透红。经常在厨房打转的家庭主妇，不妨试一下，一天3~5次把少量沙拉酱在脸上抹匀，其他的化妆品一概暂停使用。

有女性维他命称号的维生素E是必备之物，到药房买液体维生素E，用5勺分量加1只鸡蛋及1/4杯蜜糖混合，以它作为面膜，敷在脸上30分钟后用温水洗去。另一种自制面膜也简单而有效：蛋黄与蜜糖拌匀涂于脸上、颈上，10分钟后以温水洗净，程序并不复杂，但皮肤得益不小。

（1）黄瓜面膜：将黄瓜连皮刨成细丝或切成薄片敷于脸部。可滋润、柔软、增白皮肤。

（2）香蕉面膜：将香蕉去皮后捻成泥状敷在脸部，干、油性皮肤应另加些牛奶或滴几滴柠檬汁，可润肤。

（3）西红柿面膜：将成熟的西红柿捣烂涂于脸部，它适用于多毛的油性皮肤。

（4）胡萝卜面膜：挑多汁的胡萝卜切成细丝，加入几滴植物油。它适用于脸色苍白且长有粉刺的萎缩性油性皮肤，对色素沉着、雀斑也有效。

这些面膜敷 15~20 分钟后即可用热毛巾擦洗干净。面膜宜隔天做一次，一个疗程通常为 20 次。

按摩皮肤保弹性

皮肤失去弹性及光泽的最大原因，是血液循环不顺畅。每日不间断地做 2~3 分钟的按摩最见效果。按摩时要注意沿着肌肉生长的方向进行，眼睛与口部周围的肌肉是圆形，两颊的肌肉向外侧生长，鼻肌向下生长，额头的肌肉则向发际做辐射状生长。按摩眼睛周围时，力量特别轻，以免生出小皱纹。

美容六忌

1. 别乱做面部按摩。不当的按、拉、搓会把皮肤下层的组织破坏，可做面膜及轻拍面部以加强面部的血液循环。
2. 别在暴露于阳光下的部位涂上香水，如太阳穴等，阳光会使皮肤敏感而变色。有香味的化妆品也不宜用，特别是香粉底对皮肤最有害。
3. 避免用含酒精的化妆品，酒精对皮肤也是有害的。
4. 不要把浓缩的洗发水直接倒在头发上洗头，要先把洗发水稀释后再用。用清水洗头发时，一定要把残留的洗发水清洗掉，否则会刺激头皮引起脱发。
5. 阳光灿烂时外出，别忘了戴太阳镜，以免阳光暴晒，对眼睛和皮肤不利。
6. 不要整天维持一个不变的姿势，这会造成血液循环不畅，影响面容。

方便的食物美容法

巧用蛋清

（1）在用洗面奶洗净皮肤后，用蛋清敷面部 15~20 分钟，此间应保持沉默和安静。然后用清水洗净，拍上收缩水，搽上面霜，可使皮肤收紧，光泽柔滑。

（2）用 1 个鸡蛋黄的 1/3 或全部，维生素 E 油 5 滴，混合调匀，敷面部或颈部，15~20 分钟后用清水冲洗干净。此法适用于干性皮肤，可抗衰老，去除皱纹。

（3）用蛋清加 5 滴柠檬汁调匀，敷面 15~20 分钟，洗净，可使皮肤润白，减淡雀斑色素，油性皮肤适宜采用此法。

（4）用 1/3 或 1/2 个蛋黄，再加 5 滴橄榄油，调匀涂于面部和颈部，15~20 分钟后用清水冲洗干净。此法适用于中性皮肤。

白萝卜美容的窍门

白萝卜性平和，除痰润肺。将白萝卜皮捣烂取汁，加入等量开水，用来洗脸，可以使皮肤清爽滑润，对于有哮喘、慢性咳嗽的人尤为适用。

常喝鸡、鱼骨汤的美容窍门

鸡、鱼的软骨富含硫酸软骨素，常食用可预防或减少皱纹出现。

具体方法：取鸡骨汤或鱼骨汤200毫升，软骨素散剂1克，维生素A滴剂30滴，调和均匀后温热饮用。单独用鸡骨、鱼骨（特别是软骨）经常煮汤喝，效果也很好。

南瓜美容的窍门

南瓜性温平，能消除皱纹，滋润皮肤。将南瓜切成小块，捣烂取汁，加入少许蜂蜜和清水，调匀搽脸，约30分钟后洗净，每周3~5次。

橘皮水美容的窍门

把少许橘皮放入脸盆或浴盆中，热水浸泡，可发出阵阵清香，用橘皮水洗脸、洗身，能润肤，治皮肤粗糙。

盐水美容的窍门

每天早上用30%浓度的盐水擦脸部，然后用大米汤或淘米水洗脸，再用润肤霜搽面，半个月后，皮肤可由粗糙变白嫩。

别具一格的化妆效果

化妆是一种礼貌

有人会问："在办公室必须化妆吗？"或有人说："除了重要的事情外，我一向不化妆。"对于化妆问题，可说是议论纷纷。不过，每天早上化了妆再上班，其实也是工作的礼节之一。

因为上班时，即使你是坐在办公桌前，也经常要跟别人接触，当和别人接触时，如果有人看见你那张光秃秃的脸，虽然，你极注意说话的态度不使别人感到不愉快，却还不能算是一位完整的社会人。

也许有人认为化妆是一种人工美，不够自然，其实化妆原本的目的就在强调脸部的优点，掩饰其缺点。这就如有客人来家中拜访时，你一定会把家里打扫干净。同样，到公司上班，必须以和悦的脸孔来接待客人，又怎能不稍加修饰呢？

会化妆的人将得到极高的评价

如果说化妆的高明与否可以影响一个女性的评价，也许有人要抗议这句话是只看外表，不看能力。但事实上，化妆也是表现工作能力的方法之一，岂可轻忽。当然，这里所说的化妆，并非指职业美容的技术，只是要你多去注意一些细

节而已。

例如，基础化妆水要连发际都涂到，如果涂得不匀，十足就是大而化之的作风，这种人在工作中当然也会给人粗心大意的印象。诚然，以化妆的好坏来评论女性能力的高下，确是有失远虑，但化妆代表了一个女性的注意力，会格外受到男性及上司、同事的注意。相信没有人会愿意让别人视为肮脏不整的，故还是在化妆上下点功夫为佳。

化妆不只是为了掩饰缺点，也是为了推销自己

在女性杂志上经常有"如何把小眼画成大眼"及"如何把塌鼻画成高鼻"的化妆方法，这种很在意自己脸部缺点而想掩饰的女性心理并不难了解，其实就是因为，即使再高明的化妆技巧也不可能使小眼睛变大，塌鼻子变高，如果你刻意地去化妆，不但不能收到预期之效，有时反会弄巧成拙。

因此，我们在心理上应先确立正确态度，即化妆并不是为了掩饰自己，而是为了推销自己。因为每个人的脸部都有优点和缺点，先决定你要强调的优点，再将它表现出来，这才是化妆的正确方法。

不要在眼睛四周部位打太厚的粉底

多数的男性职员皆表示他们最厌恶的便是浓妆艳抹的女性。事实上，妆化得太浓、太厚，不只是男性，连女性也是不屑一顾的。然而，各位也应有正确的认识，即浓妆艳抹并非以化妆品的使用数量来决定。譬如，职业美容师化妆时，即使选用多种色泽的眼影，也能产生适合自然之效。但是，为什么许多女性同样的方法，却不能将眼部的妆化好呢？

归究其因，可能多至不可胜数。但其中之一便是由于眼睛的四周部分上太厚的粉底，在拍粉时粘上太多的蜜粉。我们知道：眼睛是经常在眨动的，如果粉上得太厚，可能就会产生许多裂痕，造成不自然的结果。同时，眼部四周通常都比较干燥，若有因粉太厚而产生皱纹，使你原本年轻的脸突然老去了十岁，那可就真划不来了！

使用眼线笔来强调眼神的生动

化妆是门极为深奥的学问，有些人虽懂得如何化妆，却没有生动的表情，而使美好的化妆变得呆板而生硬。因此，除了要有巧妙的化妆术之外，表情的生动也是完美化妆的重要条件之一。

我们常说"眼睛是灵魂之窗"，一个人的表情生动与否，只看眼睛就可得知一切。因此，若能对眼睛稍加修饰，必可使你增添几分"媚"力。

提到眼部化妆必离不开使用的工具：眉笔、眼线笔、眼影等。不过，由于个人脸部形状的不同，使用的方法也是因人而异的。一般说来，年轻人的睫毛较多，只要以眼线笔轻轻画过，即可产生生动的效果，但若睫毛长度不够，也可用纤维眼线笔稍加修饰。

不过，通常在办公室里，眼睛的化妆是不受欢迎的。尤其是对中年以上

的男性而言，即使是稍加修饰而已，也会令他们产生反感。但是，若是只用眼线笔刷刷，非但生动，且不易为人发觉，可说是使你成为美女的好伴侣。

画眼线会使你更富青春气息

如果你到欧美旅行过，便会发现东方人常有被误认为比实际年龄还年轻的情形。有一位三十来岁的东方人，曾因此被视为尚未成年，而不准他喝酒。

为什么会有这种情形发生呢？这就是东方人与西方人极大的差异。因为东方人的睫毛很黑，使眼睛产生黑白分明的生动感；而金发的外国人则不然，故她们也常喜用黑色的眼线液来增加年轻的气息。

但是，东方人的睫毛虽然很黑，若粉拍得太多，而把睫毛沾白，看起来也是老气横秋的，千万要多加注意才好。大致而言，画眼线可使睫毛产生浓密的效果，而使你更富青春的活力。因此，要使化妆更加生动，眼线笔及眼线液都是不可或缺的工具。如果你有了一双生动的眼睛，必可使你更受欢迎。

眼线画在睫毛边可使眼睛生动

对于不习惯化妆的女性来说，眼部化妆失败的原因大多是把眼线画成一线。事实上，眼线应画在睫毛的毛根与毛根之间，如此才能使睫毛看来十分浓密，且使眼睛更加灵活有神。而这方法即连内双眼或小眼睛的人都可适用。

也许你在开始练习时觉得画眼线是件十分麻烦的事，但当你画好之后，如能加深别人对你的印象，提高公司或同事对你的评价，又何乐而不为呢？

鲜艳的眼影会使眼睛看起来不自然

刚开始化妆的人最易犯的错误便是选择不当的眼影，以为一般人都偏好鲜艳的蓝色或绿色，而予以涂上。但若将这些颜色涂在眼部四周时，眼睛反而看来浮肿不安。这是因为其彩度太高，与肤色、脸型不易调和的结果所致。

眼影涂抹在眼睑时不产生排斥感，看起来自然，化得过浓，颜色太明显的眼影是失败的涂法。因为，这样往往会引起男同事误以为你是浓妆艳抹，而投以奇异的眼光。因此，若有人对你说"你的眼影颜色很好看"时，千万不要以为人家在夸奖你，奉劝你还是赶快去照照镜子，看看自己的眼影是不是太浓了些？

由于眼影的颜色包罗万象，故选择起来也是十分困难。但不妨多利用与同事逛街的机会，在化妆品店当场试其颜色，请同事提供意见，如此就可选择合宜的色调了。

棕色眼影可掩饰眼睛的浮肿现象

一些单眼皮的女性由于眼部看来比较浮肿，故在心理上，常常十分在意。事实上，若能作技巧的化妆，单眼皮也是有其特殊的魅力的。但这并非要你刻意地去掩饰浮肿的眼睛，因为那样的结果只会使你看来更加不自然而已。

为了避免此种不自然的现象发生，就必须先用比肤色更深的棕色眼影。化妆时，首要原则便是让眼影能均匀而自然地涂在眼睑上，如此，便可缓和眼部的浮肿，且别具一番风味。也许有人会对棕色眼影的效果产生疑问，事实上，比肤色稍暗的眼影确实是可使眼睛看起来较为凹陷，而采用的道理便是利用此种感觉来掩饰眼睛的浮肿现象。

当然，眼影的选择还是应以肤色为标准。

粉红色的口红可展现你的女性美

开始意识到自己已经成长，而尝试使用化妆品的少女，第一次使用的化妆品通常是口红；而感觉到自己已经年老，慢慢停止使用眼影或做基础化妆的女性，也仍然会对口红爱不释手。可知口红是女性最初的，也是最终的化妆品，可以说是一种女性标记。

口红的颜色很多，到底应该如何选择，常因人而异。在办公室里，颜色太暗的口红给人一种萎靡不振的感觉；而太鲜的口红或有油亮光泽的唇膏，虽可使嘴唇看起来性感，却也不适于办公场所的打扮。

从古到今，婴儿鲜嫩的红唇始终是人们所喜爱的，而这种自然的粉红色，便是女性始终向往的颜色。同时，若以男性的眼光来看，粉红色的嘴唇更是表现女性魅力的理想颜色。因此，要表现年轻的气息，粉红色可称得上是最佳的选择。如果你正对唇膏的颜色举棋不定，不妨试试这种令人着迷的色调！

依照唇型来涂口红既自然又简单

刚学化妆的人还有一项常犯的错误，便是期望以口红来将原来较大的嘴唇变小，或将较小的嘴唇变大。殊不知，此种勉强调整的结果，虽可予人不同的形象，却会令人产生不协调的感觉。

而且，办公室的化妆应力求自然，对于口红的使用当然也不例外。奇妙的是：上天造人时会分配好了你的五官形状，有什么样的脸型便赋予你什么样的嘴唇，只要配合自己的唇型做适度的发挥，便可表现出你的美感；反之，若过分矫饰，一旦脱妆而露出原来的大嘴巴，那可就更加难看了！

现在是个注重表现自我个性的时代，性感的厚唇或樱桃小口皆各有千秋。因此，对自己的嘴唇要有信心，如果能依自己的唇型去描绘，并以唇膏的颜色来做各种变化，发挥你特有的唇型魅力，必可使你更加靓丽动人！

肌肤较粗可在眼部及唇部表现光泽

一般来说，女性的皮肤多半都很细腻，即使不用基础化妆，也非常娇艳美丽。但若是肌肤较粗，不易上妆的话，即使是工作能力卓越，也常因自卑而不敢在同事之间大方地表现自己。可说是件非常遗憾的事！

类似这种烦恼，其实是可以通过化妆来弥补的。但要注意在打底时，不要使用油分太多的化妆品，因为这种化妆品虽然可使皮肤产生光泽，也会强调皮肤的粗糙。

但粗糙的皮肤却仍宜使用抑制光泽的化妆品。只是为了不使脸部有阴暗的感觉，最好也能使用有光亮的唇膏及含有珍珠成分的眼影来达到完美化妆的效果。

如何展现你的特点

　　头上戴着发饰，耳朵戴着耳环，脖子挂着项链，两手又满是戒指……此种满身披挂的样子，除了使人觉得珠光宝气外，实一无可取。前节亦说过，化妆并非一种数学上的加法，而应酌情减省，如此才能依自己的特点而造出自己特有的形象。

　　换句话说，化妆并非一定是反复不变的，它可省略掉一些不适于自己的装束，而把重点集中在一点。因为，当你把重点集中在一点时，就不会令人觉得自己如唱戏一般地全副武装，满身披挂了。而且，如此也能吸引别人的视线，使别人能注意你的特点，而留予别人良好的印象。

　　那么，应如何来决定自己所要表现的重点呢？除了前面说的眼睛及嘴唇之外，白嫩的皮肤也是其中之一，如能以鲜明的腮红来衬托雪白的肌肤，同样可产生健康的美感。总之，不管是哪一个部分，只要能根据自己的造型来做重点式的强调，就必能予人良好的印象。

早上的化妆时间以五分钟为宜

　　据调查，职业妇女早上化妆的时间平均是五分钟左右。也许有人会怀疑五分钟的时间太短了，怎么可能把妆化好。事实上，除非是要参加宴会的盛装，否则是绰绰有余的。而且，早上的时间其实也是十分宝贵的，扣除吃饭、选择服饰的时间，实在也没有太多的时间来化妆。

　　虽然化妆的时间常因人而异，但上班的化妆确是不需花费那么多时间的。例如，在基础化妆时，在容易脱妆的部分多下功夫，而其他部位可酌情省略或只描眼线就可以了。只要你能把握重点，便可在最短的时间把妆化好，甚至会有出人意料的效果；相反，如果花太多的时间，反而会将脸涂得过分复杂而造成化妆失败的效果。

　　不过，化妆的时间是不须过分拘泥的，如要出席重要场合时，就得细心一些。因为即使用的是相同的化妆品，也会因细心与否而有极大的差别，为了使你在特殊的场合更加容光焕发，此点是不容忽视的。

愉快的心情可使妆化得更完美

　　由于早上起得太晚，不吃早饭便匆匆赶着化妆，挤公车。但到了公司后，往往会在镜前发现眼周还留有眉笔描坏了的黑线。在众目睽睽之下，你是否也有过此种令人面红耳赤的经验呢？

　　大体而言，早上化妆与平时化妆相同，但为什么会有此失败呢？主要的原因便是因你并未以轻松的心情去做的缘故。例如，眼线液才上好，在没干时便眨动眼睛，当然会弄得眼部一团糟。因此，慌乱、紧张常会使你犯下一些可笑的错误，尤其是在画眉毛时，正面看也许还好，而侧面却常常不够对称自然，可是却常被忽略了！

因而，早上化妆还要以稳定的情绪来做，如此才不致出错。如果你能带着一种享受而愉快的心情来进行，必能得到极好的效果。若再以音乐调整一下气氛，则更是人生一大乐事了！

使用自己满意的镜子来化妆

镜子是化妆时最不可或缺的工具，但镜子的选择却常被忽略了。原则上，镜子要以能让自己看起来很满意为佳；反之，若不慎选用使你看起来极丑的镜子，原本愉快的化妆也会因之而信心大减，使化妆更易失败。

此外，镜子的使用与光线的来源有着密切的关系。大致而言，最理想的光线是由镜前45°射入，因为这时镜子不会形成影子，可正确判断色调，即使有眼影或腮红过浓或过淡的情形，也可在镜中一目了然。

当然，太明亮的镜子也是不理想的。因为如果它连你的毛细孔都照得一清二楚的话，定会令人很不舒服。因此，最好是使用连侧面也可照到的三面镜，不但是脸部，就是全身的穿衣镜也是必备的。除了这些之外，一面随身携带的小镜子也是不可或缺的。如此一来，你在此化妆时便可得心应手了。

镜前的表情训练使你的笑容更迷人

若要在办公室得到别人的好感，一定要常带着明朗愉快的表情。因为即使再好的妆，若藏有一张黯然、凶恶的脸，也是绝对无法表现你的魅力的。

大多数的人对于自己的表情如何是不得而知的。为此，职业模特儿都得经过彻底的研究而来反复训练自己的表情。对一般人来说，此种训练是不需要的。可是，若能在镜前观察自己的表情，选择最佳的表情来训练自己，使自己能留予他人完美的印象，又有何不可呢？

大体而言，好的表情关键在于眼线及笑容上。因此，你可以参考自己认为满意的照片，或是模仿你喜欢的演员，在镜前勤加练习。如果你是个笑容迷人的人，自然就会受到欢迎。可知好看的笑容实是你的无价之宝，希望你能朝着"笑脸美人"的目标迈进。

怎样弥补一张长相平常的脸

大多数女性都曾在镜子前面想："我能不能更漂亮点呢？只要能更漂亮些，再痛苦的事我也愿去做。"

事实上，希望更漂亮并不难，但先要对自己拥有信心才行。"对自己有信心，就会更美吗？"答案是肯定的。信心会使一个人改变。一些歌星及演员随着名望的升高而更加美丽，那就是因为他们对自己充满了信心的缘故。人若失去了信心，表情自然黯淡无光；若有了信心，表情自然会生动起来，可以展现出你最美好的一面。所幸的是，这个时代并不是只是脸部好看才能成为美人；相反，即使没有漂亮的脸蛋，只要健康活泼，也可以成为美人的。因此，一定要对自己有信心才好，若对自己有了信心，化起妆来一定会更加好看。

女性外在的美如何适度展现

对大部分男性来说，女性雪白的肌肤会令他们怦然心动。女人适度将自己最美的部位展现出来，是外在美的表现方式之一。但什么可以适度地展现，什么又该适度地隐藏，须作一番自我审视才是。

1. 对颈部有信心的人。穿V字领衣衫，再佩一条闪亮的项链，可将修长的颈部衬托得更迷人；或将颈发往上梳，再戴上耳环，也可以强调颈部的优美线条。

2. 对肩部有信心的人。可穿无袖或削肩的服装，以展露圆润的肩部线条。有些女性不习惯穿着无袖的衣服，其实肩部优美的人，大可不必吝惜展现自己的外在魅力。

3. 手臂修长的人。可以穿无袖的服装，并在手腕上戴上手饰，将重点放在手上，能吸引他人的注意力；若穿正式晚礼服，在袖子部位不妨选用透明质料。

4. 对腿部有信心的人。拥有修长玉腿的人穿迷你裙，开边衩窄裙，或是花纹丝袜，可以展露你迷人的风采。

5. 对胸部有信心的人。可穿V形领的服装，稍微露出乳沟线，这会使你更性感，露出乳沟线以1~2厘米为宜，过度的裸露会显得放荡。

6. 对背部有信心的人。为了展现你优美的背部，可穿露背或后开V字形领口，或者强调背部剪裁及设计的服装。以上的展露，应视场合而定。上班的服饰应以端庄为主。而在属于你自己的时间里，何不展现你自信的地方，凭添你几许妩媚。

如何根据皮肤选择化妆品

选用化妆品要根据本人皮肤类型、性别、生理特点、季节、职业、爱好不同灵活选用。国外有人主张油性皮肤者用弱酸性（pH6）洗面奶、洗面皂，平性皮肤者用中性的（pH7）洗面奶、洗面皂，而敏感性皮肤者更应用酸性（pH4）的。油性皮肤者，特别是患痤疮的，更不宜涂油腻性化妆品。抹香水时也应区分：油性皮肤选用香气浓郁的，而平性皮肤的人则偏于淡雅些，至于中性皮肤者可随意选用，而过敏性皮肤者则应慎用。

掩饰雀斑、疤痕、胎记的窍门

脸上的雀斑、黑斑、疤痕，可用不透明的盖斑膏、掩盖霜掩饰，也可用油性的浓稠的粉底掩盖。

在抹普通粉底时，应将长有雀斑等斑痕的地方突出不抹，而后，在这些地方涂以较浓的油性粉底，并以之为中心向周围伸展，使颜色自然地、不留痕迹地由浓转淡。采用这种手法时，应注意先抹的普通粉底与用来掩饰的浓粉底一定要相融合，不留痕迹。打完粉底后，可用香粉扑面，以达到更好的效果。如果斑痕的颜色与肤色相差不大，可选用与粉底颜色相似的盖斑膏；若斑痕为红色或黑色，要用较浅色调的盖斑膏遮掩；白色的疤痕等则可用较暗的盖斑膏，涂在所要掩饰的部位，轻轻揉匀，令其边线与粉底相融合。

脸色较深者，可使用控制色来调整肌肤的色彩。控制色可用补色或调整色，如绿色、灰色、粉红色，通常用绿色。

眼角皱纹巧掩饰

粉底掩饰法：将乳液状粉底薄涂面部，然后在小皱纹处以指尖轻敲，使粉底有附着力地填进去。减缓其凹陷程度，并可突出重点化妆。如施眼影膏时，选颜色应避免暗色，以免眼睛色沉而不突出重点，而应选用鲜艳的暖色系并有珍珠感的。

眼线掩饰法：眼周的小皱纹最好再次用眼线来掩饰一下，画眼线时，上眼睑不画，下眼睑画以清晰线条，但不要画全长，只在眼尾处画全长的1/3即可，眼线笔为0.2~0.5毫米，颜色开始用棕色，以后可用黑色。

如云秀发

美丽的头发会使平凡的人显得更美，这是极其简单的原理。梳不配合脸型的头发，即使发型很美，也不相称。女性一年中送往美容院的金钱，是一笔不算小的开支，可惜大部分女性所花费的金钱并不能有效应用。这一章里我们由头发的生理解剖，来谈头发的营养、头发的护理及去头皮、染发等方法。让你有一头"乌溜溜"的头发，而又所费不多。

烦恼丝的生理解剖

一般说来，一个17~27岁的女性，应该有多少根头发，才会显得不浓不疏，合乎理想？据专家指出，三万根是一个正常的数字，但不要为了你头发只有两万五千根而担心太疏，也不要为了你的头发足有三万五千而担心太密。

通常一个人的身体上，以头发数量弹性最大，普通脸型而言，从一万五千根到四万五千根的头发看起来都很合适，但如果你的头发少于一万根，那就太少了，如果你的头发超过五万根，那也太多了。因此，头发稀少的女性，要好好保护你的头发，不要让它少于五千根。

其实头发每天一定会脱落，脱落之后的毛囊，接着又会重新生长，经过五六个月之后，又会脱落，像这样新陈代谢的循环，每天梳头脱落数十根左右，是正常现象。

无论男女，头发都分成发育期、生长期和休止期，总共可以维持五六个月的寿命，到了休止期，就自然脱落了。

如果头发长得很慢，却又很柔软，最好的方法，就是常常修剪头发，这样可以不断刺激皮囊促进它的生长，而且会生长得比较粗黑。头发正常生长速度是每天0.3或0.5厘米，但发质有了变化，或发尾分叉，就会妨碍它的生长，这时便需要剪头发了。

构成头发的最大元素，就是蛋白质、水分和油脂，头发如果缺少蛋白质、天然水分消失、油脂成分减低，头发一定会变得干燥。秋天时，头发脱落得特别多，春天时就生长得特别快，这是因为温暖的季节，血液循环加快，营养增多的缘故。

东方人喜欢乌黑的头发，西方人则喜欢金黄色，爱好虽不同，但基本的原则是不变的，每个人都喜爱富有弹性、柔软而又健康的头发，一旦缺乏弹性而又枯涩，这时就等于头发已经受了伤，必须经过一段相当时间的护理，才能恢复原有的光泽。

头发常修剪，可以加速它的生长，可以使它变得粗硬，但头发如果经常"拔除"时，情形就有所不同。刚开始拔时，它还会生长出来，次数一多，它就会停止生长。

头发也要维生素

有些女性了解许多美容头发的道理，却忽略了头发的营养。头发有了营养才能自头皮上生长出来，有不断的营养供给，才会长得健康，不注意营养而谈美，无异舍本逐末。

维生素是生命之源，身体每一部分都需要它，头发也不例外，下面特别提出与头发有关的维生素。

维生素A：蛋黄、胡萝卜、牛肉等食物内含量最多。水果中柿子、凤梨、香蕉也有维生素A成分。虽然由水果中的维生素A来补给头发，远不如从蛋黄、牛肉等动物中摄取效果大，但总比没有的强，两者相辅助当然最好。如果维生素A不足，头发便容易脱落，不易生长。

维生素B：这里所指的是B族维生素，包括B_1、B_2、B_6、B_{12}，这是促使头发生长的要素，尤其治疗秃头最有效，但食用此种药片时，应当经过医生的指示才可服用。

维生素D：在食物中，以骨头、蛋黄所含的成分最多，在大自然中，阳光中所含的维生素D亦不算少，平时多接受阳光的照射（避免强烈阳光的直射），即可吸收到。维生素D可使毛发发育正常，不会过于纤细柔软。

上面说的是头发与维生素的关系，如果你的头发有下列情形，应多食指示的食物，才能挽救。

（1）头发暗淡无光或渐渐变色时，该多吃含有碘质及钙质的食物，如海带、小鱼、蛤蚧、鲜蛋等。

（2）有掉头发现象：该多吃菠菜、瘦肉、水果、花生。

不同发质与基本护理

一个人的头发和他的健康情况有密切的关系,但健康并不能保证头发的秀美。因为还有很多其他的因素会影响到头发的成长和外观。头发的内在保养从食物着手,如前面谈到的维生素。外在的保养就要从护理方面着手。头发的护理,不外洗发、按摩、刷发三项。

洗头是清洁头部的必需过程,有人用肥皂洗头,也有用洗发精,甚至有人用碱。其中当然以洗发精洗头最好。洗发前先将头发梳通,然后略将头皮轻刮数下,才能开始洗。许多人洗头时,喜欢用指甲用力抓,其实正规洗发不该如此,这样会伤到头部。头发洗净之后,最好再用"润丝"冲洗,可使头发柔软。通常油性头发每周洗1~3次,干性头发每周一次,中性头发则可4~5天洗一次。

油性头发应使用酒精性或含有硫黄的洗发精,可以帮助你驱除过多的油质与头垢。加些啤酒或蛋白,可以使你的秀发更添光泽,看起来浓浓郁郁,可惜无改善头发"健康情况"的效果。

按摩可以使血液循环正常,新陈代谢旺盛,按摩脸部的效果如此,按摩头部的效果也是一样。尤其头部接受按摩后,不但调节了皮脂腺的分泌,更可以松懈脑神经,是一种很好的间接护理头发的方法。按摩的方法可分轻擦、敲打和指压等类,而最常用的还是揉捏的方法。先由发际开始,用手指作圆形的揉捏,每只手指都要活动到,这种按摩的动作,不但洗发时可以做,平时也可以经常按照这个方法按摩,不但使头皮健康,促使头发生长,而且也可以消除疲劳。最好在每次洗头之前进行按摩,以激起油腺的分泌。

刷发能促进血液循环,输送油分至每根发梢,增加光泽。所以切不可忽略刷发。准备一把好刷子和正确的刷发方法是同等重要的。最好是用猪鬃做的刷子来梳理头发。天然猪鬃做的刷子虽然硬点,但能除去发里的油垢。尼龙刷子效能不如猪鬃刷子,但还是有许多人爱用。使用尼龙刷子,一定要看清小梳齿有没有磨成圆形?有些尼龙刷子的刚毛是剪齐而有棱角的,这种刷子容易伤害头发。如果你想折中的话,最好用猪鬃做的刷子清理发里的油垢,用尼龙刷子把纠缠的发结梳通。发刷上刚毛的硬度应视发质而定。

厚而密的头发要用硬刷子,稀而软的头发要用软刷子。猪鬃刷子会愈梳愈软,如果买到较硬的,也不要抛弃,千万不要用残缺不齐的刷子梳头发,否则将损伤你的头发。虽然每日梳一百下的说法已不再流行,但常常刷发总是有益的。

刷发的技巧是这样的,利用发刷将头发不断地刷直,由前向后刷,由后向前刷,再由外向内刷,由内向外刷,头发越刷越健康,越富光泽弹性。因为刷发可以刷去头皮及灰尘,使头皮维持清洁,进而促进血液循环,使养分由根部到尾部,得到充分的补给。

脸型与发型

相信许多女性都为了选择发型而苦恼,或许你看过许多关于方脸型、长脸型、圆脸型的发式图样,但仍然没有你满意的式样,因为你是高颧骨,或方下巴,或塌鼻子，或宽额角，你的脸型无法恰好归于哪一类。选择发型必需避免别人由你的发型而注意到你脸上不动人的部分，所以做发型时，要把握两个原则：

隐藏——所谓隐藏，是让你的头发掩盖或隐藏你容貌上不够美的部分。

抵消——所谓抵消，是让你容貌上太过突出的部分，在发式的高低长短比照下，陪衬得不太显著。

现在我们把重要的原则，分别列举在下面，以供参考：

低额角：发梢离开前额向上梳，如果你喜欢刘海，必须前面短，绝不低于发线。

高额角：发梢应向下梳，做刘海或发球和波浪，让你的头发遮盖部分前额。

窄额角：沿两鬓向后梳，如果你做了刘海、发球或波浪，绝对不要让它延伸到太阳穴前边。

宽额角：发梢从两边向中间梳，用发球或发卷、波浪遮盖住你的一部分额角。

大鼻子：头发梳高或向后梳，避免中间分开，最好不要做发球或刘海。

小鼻子：头发绝不要向上梳，刘海下垂，遮盖发线，但刘海不要蓄得过长。

高颧骨：两鬓的头发向前梳，超过耳线，盖住颧骨，刘海略长些，但决不要梳中分式。

低颧骨：两鬓的头发尽量向后梳，不要遮蔽耳线，两鬓可以做发球，从中间分开更好。

方颚：两边应作发球、发卷或波浪，但要做得比颚线高些，使方颚看起来不太尖锐。

阔额：在太阳穴上做发球、发卷或波浪，额前梳高。

缩下巴：额前和两鬓的头发，都应当向前梳，做刘海和发卷，脑后的头发要梳低而丰满。

突下巴：两鬓及额前的头发，都应该向上梳，让发线显露，脑后微向上梳。

细长脖子：头发向后梳，起码要低于发线，避免选择较短的发式。

短粗颈子：头发四面向上梳，头发留短，永远不要让头发遮盖发线。

美发护理从头皮开始

没有健康的头皮，根本不会长出健康的头发，而影响头皮状况的，除了本身的健康外，压力、食物营养也是重要因素。外界的因素诸如劲风、热力、温度，对头发的健康也有不容忽视的影响。不健康的头皮和头发各有成因，所以，要彻底解决头发带来的烦恼，最好的办法是请教专家，对症下药。

发丝的护理更为重要。尽管有不少洗发水护发素的广告，声称能使开叉受损的头发恢复健康光泽，而事实上，没有一种洗发水或护发素具备"修补"的作用。切实可行的方法是，剪掉已开叉的部分，防止未受损的头发开叉，直到拥有一头健康的乌丝。

无论是出于加速头发生长的目的，还是保持发丝上油脂的愿望，洗发的频率都没有硬性的规定。只是，如果你生活在终日尘土飞扬废气充斥的城市里，不出三天，就是再有光泽的头发，也会蒙尘纳垢，在这种情况下，即便天天洗头，也无不可，只是每次清洗后的护理是不可或缺的。因此，护发素是最起码、最必要的。

潮湿状态中的发丝，比干燥时弱三倍。因此，洗头后要注意不可强扯湿发。按有的说法，每天擦头若干下，让头油平均分布于每根发丝，可令头发光采照人，事实上这样做只会使头发更易开叉受损。其实，只要将头发梳理整齐即可，还要弃用那些只能使头皮受损的尖齿发擦。

烫发的间距不要太密，有些人为了保持头发的弹力或曲度，频频烫发。烫过的头发要比正常的脆弱三成，且伸展力大大减弱。最好的间距是六个月，即便平日做头发，也以用古老的发卷为好，护发美发两不误。

让头发漂亮的最佳方法

头发的致命伤——热与干燥

洗发后，漫不经心地使用吹风机猛吹头发的人，并不在少数，对于头发而言，这是一种摧残。我们须知道，伤害头发的凶手就是这种热风和干燥。吹热风时须距离头发 20 厘米以上。

植物蛋白能使你的头发亮丽

拥有美丽秀发的女性，必定具有美丽的肌肤。我们应该认识头发是皮肤的变形。想要拥有好的头发，必须先促进血液循环，而要达到这个目的，就需要多吃豆类、胡麻、胡桃等富有植物性蛋白质的食物和含有叶绿素的绿色蔬菜。为了使头发光润，每天须吃嫩海带芽、羊栖菜、海带、贝类和含有钙的食物，长期坚持即可见效。

防止秃头——更换梳头的方向

梳发的方向如果保持不变，头发缝儿分开的地方，由于常常被阳光照射的关系，将会呈现特别干燥或变薄。如果分开的地方开始变薄，应该在搽发乳或头油后，加以按摩，使已经干燥的头皮得到滋润。有时不妨将分开头发的方向改变，不但能够享受变发型的乐趣，且能避免分开处干燥，导致秃头的麻烦。

防止秃头的早晚梳发

你是否有早晚把头发梳得很整齐的习惯？每天早晚各梳发百次，能刺激头皮改善头发间的通风。由于头皮是最容易出汗弄脏的地方，勤于梳发可能有助于防止秃头和头皮屑的发生。

四种高明的梳发技巧

（1）整理头发时，如想要做得又好又快，洗发后，以吹风机吹九分干的时候，才开始整理头发。

（2）开始涂抹发乳。

（3）卷曲要小而整齐。

（4）整发后，以吹风机完全吹干。整发如前所述。就寝前，发乳要少一点，卷完后，须戴上睡帽。

自己整发后持久不变形的方法

喜爱漂亮的人，喜欢自己动手整发，随自己的兴趣而改变发型，享受乐趣。想要使整好的发型持久，须在洗发后，大约九成干的时候整发，隔天早晨已经完全干了，须知道完全的干燥就是持久的窍门。如果希望更持久一点的话，喷一点胶水就可以了。就寝前或沐浴时，不要忘记戴上发网。

受损的头发不可烫发

头发受损的人，无法将头发烫好。头发烫不好的人，这时应先做的是头发的保养而不是烫发。因此这个时候，如果他们劝你保养头发的话，那就证明这家美容院是一流的。头发恢复健康后，再烫发就可以烫得很好了。

烫发应选择上午

有些人烫发时，只因闻到烫发的药水而整天不舒适。有些人则写信告诉我说皮肤产生过敏而难过，我猜想那个人很可能是处于生理期中或正值身体不适，而烫发才会引起这种毛病的。烫发应选择身体情况最佳的上午。因为在上午烫发，不但节省时间，且烫的头发会更美观。

烫发与染发不可同时进行

染发与烫发不可同时进行，如果你刚刚烫过头发，须两个星期之后才可以染发。因为烫发时，头发已受了药品的伤害，如果再加以染发的话，对于头发而言，实在是太残酷了。因此，必须要隔一段时间，这样不但可以减少头发的伤害，且能够将头发烫得很漂亮。

如何认清自己属于何种头发

洗发前须认清自己究竟属于何种头发，才能够选择洗发剂和润丝剂。一般而言，脸孔如果是脂性的，那么头皮应该也属于脂性。此外，如果分泌物多，头发呈现些许黏性的人，是属于脂性；相反，如果老是干燥无光，就可以视为是干性的头发了。

海水浴后，以清水洗干净头发

海水浴后的头发，如果放任不理，头发内的盐分将会伤害头发，造成分叉和断毛的现象。为了防患这些毛病于未然，游泳完后，须以清水将头发清洗后，使用护发素保护头发。干燥之后，须搽发乳。头发也和肌肤一样会晒伤，因此，最好以正确的方法加以保护。

润丝的最终目的在于营养补给

洗发后使用润丝精已经成为一定的原则了。这是由于洗发时，头发里面含有的脂肪和营养被洗发剂洗掉，需要借润丝精加以补充。正确的润丝精使用法是将润丝精泡在微温的水之后，将这些水浇在头发上，再以双手揉搓头发，使头发没有遗漏地吸收营养。最后再以微温的水清洗后，使用毛巾擦干。

令人清爽的柠檬汁润丝

脂性的头发很容易脏和黏，因此，有许多人天天洗头发。这种人应注意的是需将洗发精稀释之后再使用，洗发精也限于每次只洗一次，否则会伤害头发。洗发后的清洗，必须很彻底，绝不可遗留香波在头发里。润丝则有时使用稀薄的柠檬汁就好了。

按摩应使用指腹

张开两手的手掌，以指腹抓起头皮，作拉头发的动作或将两手掌贴放在头皮上，轻拍头皮。拉头发与轻拍头皮，能刺激头发，促进新陈代谢。如果每天能拨出时间做三分钟这种按摩，能使头发光润。

细长、软弱的头发最好染色

虽然染发有分叉、断折毛发的缺点，但是也有优点。细长软弱的头发，如果加以染色，将会改变头发的性质而变成较硬的头发。此外，染色的头发，整发后的发型也能持久不变。但是染过的头发需要勤于保养、滋润。

乌黑有重量的头发最好染色

东方人特有的乌黑而粗的头发，可借染发而改变成为明亮柔和的秀发。染发能使面孔看起来明亮，导致头发给人的印象也改变。染发前轻轻地漂白之后，再染发就可以轻而易举地将头发染得很美。初次染发的人，最好到美容院染发。

头发稀薄的人最好常做头部按摩

因头发稀薄或秃头而伤脑筋的人，最好早做头部按摩，促进血液循环。按摩能使头皮柔软，提高新陈代谢，促进头发的发育。按摩的方法是以手指揉搓或拉紧头发就行了。按摩前，在头皮上搽发油，更能提高效果。此外，使用马毛制成的刷子，每天以直角轻拍头皮也可奏效。

治疗白头发的饮食与轻拍疗法

年轻而长白头发的人，大部分都是摄取过多的动物性脂肪和盐分。改变偏向酸性食物的个性，而改变吃碱性食物，使血液成为中和状态有助于减少白发。此外，可以利用刷子轻拍头发，加以刺激使头皮更生。

焦黄的头发应用力拉

焦黄软弱的头发叫作猫毛。造成猫毛的原因是头皮的血液循环不良。治疗的办法是把头发拉一拉，使用刷子轻拍头发，加以刺激头皮就好了。这种毛病有些不是与生俱来，但是仍然也借这种方法和饮食获得改善。这种毛病的人，须避免摄取过多的动物性蛋白质。

第七章

美人与养生

美是一个多面体

追求美，不单是在面部化妆上下功夫，一张漂亮的脸蛋，对人的整体而言是不够的。光亮细致、弹指即破的肌肤，是一种美；健康匀称的身材，散发无限青春气息的曲线，更是一种无可言喻的美。而一切外在条件的美都具备之后，更要注意后天训练和培养的仪态美，这里所指的仪态，只是平时的行走、坐立与应对的礼节。

每个女性都要依着先天的条件、自己的天赋，去发挥属于你个性的美，那才是美的捷径。

性感美

这是一个高度竞争的时代，每个人在每天的分分秒秒都会面临挑战，妇女们在职业、生活、恋爱和婚姻方面也经常要受到各种不同程度的考验。如何使自己充满信心，显得格外动人，是女性们最重视的问题。我们经常会发现一些面貌平庸，身材也不出色的女性，男士们却对她们趋之若鹜，她们的家庭生活也较一般聪明、能干、漂亮的家庭妇女更为美满。

也许你要慨叹上帝赐予她们的好运气，其实不然。男性与女性的眼光，不全然相似，也许在男士的眼中，她们是最性感、最具吸引力的女性，她们知道如何与异性融洽相处，使得与她们在一起的男性产生一种"自尊与成就感"。

不要错误地认为性感美，就是穿着暴露，举止轻率，作风大胆。性感是一种融风度、举止、谈吐与体型为一体的美，所以美貌的女人也许一点也不性感。

下面介绍一组由国外著名美容健身专家设计的运动，可使你的体态更具性感。

1. 两腿分开跪立，两手扶在骨盆附近，不须用力。双臂向两侧张开，然后尽量放松骨盆部位的肌肉。做这项运动时，可以准备一张节奏快的摇滚乐唱片，将摇滚乐开得响些，臀部自然随着音乐的节奏，做前后左右的摇摆，由骨盆而臀部而大腿肌肉都可以旋转起来。这个部分的运动在追求性感美的过程很重要。因为，臀部及骨盆部位在性生活地位显著而重要。

2. 采用跪姿，双手在头的两侧分别举起，做运动之初，臀部坐在脚后跟上，再将臀部向上抬起两寸，令臀部肌肉紧缩，将骨盆向外推出，数十下后再往后收缩，使背部成为弓形，骨盆前后收缩继续做五次，然后再回到最初的姿态反复再做五次。

3. 跪姿，跪下之后，双手平放于大腿上，并拢两膝盖及脚跟，记住背部要挺直，否则重心后倾，就会失去原来的目的。缓慢地向后倾斜，倾斜时要靠大腿和臀部肌肉的力量，倾斜到极限时，双手向上缓慢举起，数五下之后，再利用大腿的肌肉，使自己回复到原来的直挺姿态。

4. 这项运动没有前一项的辛苦。跪下之后，首先使膝盖分开一些，手掌垂直平放大腿上，再将骨盆向前推进，尽最大的力量向后仰靠，但不能跌倒，一直到大腿前部肌肉抽紧为止。注意背脊骨须保持直线，接着双手向头顶两侧举起，保持此种后仰的姿势约十分钟，然后再回到最初跪立的姿势。

做这项运动时，每次的后仰程度最好能有所增进，背部尽量地后扳，愈能达到运动的目的。这项运动对于大腿肌肉的弹性很有助益。

5. 第五项运动须有前四项运动基础，因此比较困难。前面四项都有一个共同的动作——以挺直的背部向后倾斜，第五项运动就是要使背部倾斜到双手能摸到脚跟为止，如果你不能做到这点，就得重做一至四项动作。双手摸到双脚跟之后，再将两臂向上张开，这种姿势大约保持五秒钟的时间，然后再回到原来的姿势。

6. 与前面五个动作一样，挺直背部，向后仰斜直到背部靠在地板上，然后再上伸两臂，使躯体往上抬离地约30厘米，保持静止的姿态约五分钟。最后再逐渐回到原来的位置，这是进一步的运动，以上五种练习尚未纯熟以前，万不可尝试这项运动。

谈吐、音调美

一个美丽的女孩突然出现时，每个人的目光都会为之驻足，可惜一开口，就把她散发出来的美的气息，完全给破坏殆尽了。这种情形经常可以发现。

具备优雅的谈吐，可以使美人美上加美；反过来说，如果你是西施再世，但说话有若指甲划过黑板般地刺耳，也会令人退避三舍，可惜大多数女性对自己的声音悦耳与否，缺乏概念。

当然，人的声音是天生的，但后天多少也可调养，有空暇时，无妨作一些简单训练，请教专门教说话的老师，让他们帮助你发挥声音的优点，使你的声音变得更加有吸引力，使口部更富弹性。

建议你张口说话前，先由一数到五。如此能使你紧绷的口部先获得松弛，而让人觉得更悦耳。即使是恼怒或受到刺激，也不宜将声音提高。

风度与内在美

这一项是性感美中最重要的，一个女人无论穿得多么考究，脸孔生得多么动人，假如她人格学识方面毫无修养的话，那么，当别人和她相处稍久，便会失望，觉得她肤浅。根据统计，男士喜欢的女性以具有知识和幽默感的女性为最多。每一位女性必须平时即留心人品和学识方面的修养，不要对这个新世界茫然不解。

香水造成的性感

除非你四周的男士对香水敏感，否则每一位女性应该经常使用一点香水。很多人对于香水的选用无所适从，大抵年轻女性使用的香水气味宜淡，中年以上的妇人或参加晚宴时气味可以稍浓，夏天宜淡雅，冬天就适合稍为浓郁的味道。

女性们不妨准备一瓶喷雾式或瓶装的香水，在沐浴后、外出前，洒一点在身上，如耳根、喉头、手腕内、腋下、胸口、手掌心等脉搏剧烈跳动的地方，这样，能使香味散发出来。

内在美

美，一般分为外在美与内在美，外在美指的是漂亮的脸蛋、动人的身材、华丽的衣着装饰，固然这些是构成美不可或缺的条件，然而仅具有外在美而缺乏内在美，就像一个人徒具一个躯壳而没有灵魂与精神存在一样。

内在美主要是指个人的人格与知识的修养。一个人若缺乏内在美，比外在美的缺陷容易补救。外在的美多半是先天的，无法再尽人事。而内在美全然是后天的培养锻炼，个人的努力。

女性无论就学就业与否，断不可因离开学校，就与一切学问、知识不相往来，也不可因赋闲在家，而忽略了人格的培养。

为了更适应这个不断进步、变化万千的社会，每个人都应不断地充实自己，才能跟得上时代的脚步，女性亦然。

内、外美兼备，才能相互辉映。记住，逛街时不要只顾浏览时髦的衣饰，不妨也顺便光顾光顾书店。

曲线美

女人的曲线美，不但是男人注目的焦点，在这愈加开放的社会，也日益受女士们关心。

在女性曲线美范畴中，胸腰臀三围是最重要的项目，丰胸隆臀加上一个纤腰，真不知有多少女性企盼。

女性臀部发育，多半因生理使然。但是一位有心的审美专家也曾经缜密观察，比较各阶层，指出农村、渔家等劳动较多的女性因为经常运动，多数臀部丰隆；都市人坐卧机会多，臀部整天受压迫，当然无法显出均匀美来。

很多日常生活上一些细碎习惯常常会破坏臀部的美丽，比如长期搓麻将，相信能拉长你的玉手，相对地也会令你的玉臀因长期坐卧而压扁了。今天的许多文明利器，如方便的升降梯、电梯、轿车等，也是女性曲线美的致命敌人。要知上楼梯和走斜坡都可以帮助加高臀部。

下面向你推介一项有效的美臀体操：

（1）立正站好，高举双手，向后弯腰，单腿后踢，快如弹簧。

（2）采取坐姿，上身垂直，手足平伸，全身不动，运用臀部力量，向前滑动。

（3）仰卧床上，屈膝提腿，运用腰臀力量，把双腿靠向左方，再一起扭到右方，如是周而复始，连续做八次。

除此之外，游泳及跳绳也都能促进发育。臀部肌肉固然要丰隆，同时也要结实。要让肌肉结实，可以采用下面三个方法：

（1）卷筒压按法：使用按摩筒，或空酒瓶亦可，将爽身粉涂在臀上，然后以上述道具按压，可以消除松弛的肌肉。

（2）入浴的美容法：入浴时用海绵或丝瓜络擦臀，用花洒式的水流强烈地冲击臀部，或用冰冷的水刺激都是有效的。

（3）普通按摩法：将冷霜涂在手上，再用手搓摩臀部肌肉按摩。

许多医生都不赞成女性束腰，因为束腰过久，足以诱发肠疼、胃疼或腹疼等毛病，然而他们也同意女性依赖束带的确能保纤腰。束腰的时间，最好不要超过四个钟头，使腰部与腿部略事休息。

对于保持纤腰美的问题，专家们建议以下面的运动来取代落伍与不仁道的束腰行为。

（1）俯卧在地毯上，双手反握在背后，双脚尖抵触着地，做深呼吸调气。

（2）双手反握伸直使头部尽量抬起，眼睛望向前方，利用腰力和脚尖，上身离地，使头、肩的筋肉有收缩的运动。

（3）深呼吸，上下身慢慢压低，双手亦徐徐放下。

长腿美

一双修长、圆滑、细致而有光泽的腿，常常能在伸展台上获得无数欣羡的眼光。

腿的长短及形态虽不能彻底改造，但可借修饰及锻炼，加以改善。

美腿的第一步骤是尽量保持清洁光滑，随着站立挺直，动作优雅，才可倍觉动人。

下面两个运动方法，都可健美腿部：

（1）平躺、竖起双腿，作踩脚踏车动作，此时身体如果支撑不住，可用双手撑在臀部两侧，稳固全身。这个动作可使腿部线条均匀。

（2）全身挺直，脚尖着地，脚跟竖起，然后两腿半弯，再竖起，脚跟放下，恢复全身站直。这个动作有助于小腿线条美。

风度美

风度是一种说不出来的气质，不是化妆品所能堆砌，也不是模仿、矫饰、造作所能造就。它表现在你的一举手、一投足之间。

如何建立良好的风度美呢？下面几点须随时注意修正：

要有清洁整齐的外表：一切穿戴，无须浮华，但求整理和烫洗，使其一尘不染。

要有自然大方的态度：经常保持自然、愉悦的态度，尤其在陌生的环境，或是遇到陌生人时，更要表现落落大方。

要有高尚的嗜好：养成一种高尚的嗜好，如弹琴、唱歌、运动，这一切都会使你显得更动人、更可爱，获得更大的成功。

要有淡雅脱俗的化妆：不要涂过多的脂粉，如果你的肤色够白，只需一点口红，便很妩媚，浓妆艳抹让人觉得庸俗不堪。

要有充实悦耳动听的谈吐：每一位女性平时便得注意人格和学识方面的

修养，不要对生活中的东西茫然不解；和人交谈时，要避免令人不快或难堪的话题或字眼；博览群书，不仅谈话内容充实，更使你谈吐清雅。

时刻当心发音是否尖锐、混浊而令人不快，要柔和悦耳，而不要装模作样。

健康美

这个时代，肥胖的身材固然不被视为美，但属于林黛玉式纤细瘦弱的体型也不再为男士所拜倒。取乎中庸的健康美才是男士推崇的对象。

下面由各部位分述健康美的条件：

体型：过去有所谓胖即是"福"的说法，然而到了今日，由健康及美的观点看来，那句话已被否定，而为"胖不是福"所取代。身高与体重恰成比例的体型才称得上健康，而又具有美感。

脸色：健康的脸色，应该像跑完一圈下来那般泛着红晕，所谓白里透红，那真是健康美的极致。

头发：乌黑、柔软的秀发当然不是人人唾手可得，但显然头发的色彩与脸色一样重要，干黄分叉的头发绝不可能有美感可言。

眼睛：如果说一定要双眼皮、大眼睛、乌黑的眼珠才算健康美，那真是强人所难了。上述条件，美则美矣，但都是天生的，而且没有几个人生下来就完全具有。然而如果一双大眼睛却配着无精打采的神态，再美也没有吸引力。

仪态美

所谓仪态美是指风度、谈吐、姿态、举手投足的动作。也许你遇见过美丽而又风度不错的女士，但总觉得不对劲，不能给人以完美的印象，这可能她的手部仪态出了问题，也可能走路的仪态，也可能坐的姿态。

仪态美不是天生的，必须靠平常不断修养锻炼。事实上，要有自然、大方的仪表，并不难，只要你在日常生活中经常用心注意，不管在自家，在公共场所，坐、立、行等动作，都保持一定的姿态，习惯成自然，就都能表现一派优雅、动人的仪态。

仪态的美妙，能增强你的自信，使你对人生充满希望，把一些百般无聊的事物抛诸云外。

仪态最大的表现在身体的姿态，身体的姿态，可以影响衣服，使它们变得更为合身。

随时抬起头部，让你的下巴和地板平行，肩膀靠后自然下垂，腹部肌肉收缩，双腿的膝盖呈松弛状态。

在头上放一本书，维持身体平衡，这种增加姿势美的方法对改善步行姿态，增加美感，的确有意想不到的效果。

还有一种所谓伸懒腰式的伸展身体法，就是让身体挺直，用足尖支撑身体站高，让肌肉拉动，这样做能增加身体的直线美感。

在仪态美里，手部的姿势占了一个很重要的地位，尤其是握手，握手是社交上一种最普遍的仪式。大家都知道男女握手时，一定由女方把手先伸出来，表示愿和对方握手，虽然这已经是一种很普遍的社交礼节，可惜有许多人做起来时，十分不好看，既不够大方又有轻浮现象。

握手时应把手尽量向前伸展，把手腕作为助动力，然后才把手掌轻轻地转过来，迎握着对方伸出来的手，这样的握手方式既温文而又富有感情。

美胸：凸显女性曲线

让乳房轻松挺起来

（1）牵拉运动：采取站或坐的姿势，两臂放于身体内侧，缓慢地向两边举起，达到头、肩之间高度后，再缓慢向前举，直到两臂快要相碰时停止，之后两臂分开，还原并使肌肉放松。如此反复慢移5~8次。

（2）反支撑挺身：坐在椅上，两臂撑于椅两侧。上体后靠，重心移至手臂，同时两腿伸直，臀部紧缩向前提髋，抬头挺胸，使身体成直线，持续5秒钟，还原。注意自然呼吸，两臂和身体均伸直。

（3）挺胸运动：跪立，两臂自然下垂。上体后移，臀部坐在脚跟上，同时呼气。两臂胸前平屈，手背相对，手指触胸，含胸低头。然后重心前移，挺髋，上体立起，同时吸气，两臂肩侧屈（手心，五指张开），抬头挺胸。反复进行此动作。

（4）俯卧运动：俯撑，双脚分开与肩宽。上体下压，两臂弯曲置体侧，使上臂与地面平行，然后吸气，两臂用力撑地将肘关节伸直，同时抬头挺胸，还原成预备姿势，呼气。每次尽力重复数次。

（5）仰卧运动：仰卧在床上或长椅上，双手握哑铃，两臂平伸，依靠胸肌收缩力直臂上举，然后放松还原，每分钟重复做20~30次。

（6）床上运动：俯卧于床边，将胸部伸出床外，然后上半身抬起，双手交替做"划水"的姿势。每分钟10~15次。

做个丰胸俏佳人

丰满的胸部是女子线条美的特征，乳房对女子胸部健美起着决定性作用。要使胸部丰满而富有弹性，首先要锻炼胸壁肌肉，因为发达的胸肌肉是支托乳房的基础。

胸部锻炼有很多种，除了去健身房锻炼之外，时常做一些小运动也是一种不错的方法。

这里教你几种在不同场合都能够进行的健胸运动。

（1）沐浴是很多人的爱好，但是少有人能够养成利用沐浴来健身的习惯。其实沐浴时是健胸的好时机，利用热水喷射胸部，同时按摩皮肤，促进血液循环，能够预防胸部松弛。

（2）对于经常伏案工作的白领女性来说，利用椅子来锻炼不失为一个好方法。方法是用双手扶着椅背，做突出胸部的运动。此举有利于加强胸部的韧带组织。

（3）睡觉前，在床上俯卧，胸部以上伸出床外，抬起上半身，然后双手有如蛙泳般做划水动作。

传统法美胸

（1）饮食清淡：不偏食，不挑食，合理摄取营养是预防乳腺疾病的有效手段。

（2）坚持哺乳：不进行或不经常进行母乳喂养的女性患乳腺癌的概率要高于与之相反的女性。一些女性为了体型美等因素，不愿用母乳喂养孩子，结果使激素分泌加快，导致各种妇科疾病的发生。哺乳时间在8个月左右，是不会影响乳房健美的。

（3）顺应自然规律：城市女性的西方化问题引起全社会的关注，为减少罹患乳腺疾病及妇科疾病，女性应顺应自然规律，不要滥用嫩肤美容、丰乳产品。丰乳霜、丰乳膏确实能使乳房有所增大，但效果并不持久，而且它们大多含有雌性激素，会引起色素沉着、黑斑、月经不调、乳腺疾病等不良反应。

（4）维生素是天然美乳品：维生素E可促使卵巢发育和完善，女性应该注意多摄取一些富含维生素E的食物，如卷心菜、菜心、葵花子油、菜籽油等。维生素B是体内合成雌性激素不可缺少的成分，富含维生素B_2的食物有动物肝、肾、心脏、蛋类、奶类及其制品；富含维生素B_6的食物有谷类、豆类、瘦肉、酵母等。

（5）良好姿势让胸部更动人：走路时保持背部平直，收腹、提臀；坐时挺胸抬头，挺直腰板，这样胸部的曲线就会显得更动人。长期坐办公室的女性，伏案时胸部不要与桌边贴近，应与书桌相距10厘米左右。睡觉时以侧卧为好，且左右轮换侧卧。

（6）文胸大小、质地要合适：正确选用适合自己的文胸，可以起到衬托、固定乳房的作用，从而避免因乳房过分摇动而引起韧带松弛、下垂甚至病变。选择文胸时应根据自己的体型，以及乳房大小选用适中的，同时还要观察文胸的材质，一定要选择透气材料制成的，一般主张戴棉布或真丝面料的乳罩。

（7）锻炼、按摩不可少：做一些俯卧撑及单、双杠运动及游泳，或者每天早晚深呼吸数次，也可以促进胸部发育。

每个月丰胸时间有讲究

从月经来的第11、12、13天，这三天为丰胸最佳时期，第18、19、20、21、22、23、24七天为次佳的时期，因为在这10天当中影响胸部丰满的卵巢激素是24小时等量分泌的，这也正是激发乳房脂肪囤积增厚的最佳时机，在此时间段进行健胸运动、按摩等，适时地激发乳房都能使乳房慢慢增大。与此同时，适量摄取含有动情激素成分的食物，如青椒、番茄、胡萝卜、马铃薯及豆类和坚果类等，多喝牛奶，能获取更好的丰胸效果。

使乳房自然丰满的有效方法

决定乳房发育大小的是乳腺，因为女性的胸部主要是由乳腺外覆盖脂肪而形成的。女孩子在青春期是胸部发育的顶峰，乳房坚挺而富有弹性。20岁以后，脂肪逐渐增多、胸部变得柔软而丰满。25岁以后，尤其是哺乳以后，如果不注意乳房的保护，就会因脂肪增多、乳腺萎缩而造成乳房松弛。

乳腺主要由两种激素促成乳房的发育。一是雌性激素，这与妊娠有直接关系；另一个因素是从皮肤直接刺激乳腺，刺激部位以乳房上下侧至腑下间的皮肤位置尤为见效。

方法步骤一：由内而外做圆形按摩。双手握住乳房，轻轻震动，由乳下轻轻拍打，双手交替由胸颈处向上按摩。

方法步骤二：用右手掌面从左乳房根部至右肋骨、左锁骨自上而下，自外而内地按摩，共做60下，然后按上述方法用左手按摩右乳房。

方法步骤三：

（1）一手放在乳房下侧，从胸谷向腋下按摩，然后再由腋下向外按摩；另一只手放在乳房上侧，由腋下向胸谷柔和移动，两手相对进行。按摩20次再换一侧。以上为旋转按摩法。此法可以促进胸肌多活动，使乳腺发达，起到隆胸的作用。

（2）先用右手托住右乳房，再将左手轻放右乳房上侧。右手沿着乳房线条之势用掌心向上托，左手顺着圆势向下压。进行20次再换一侧。以上为轻压法。此法对整个乳房发育有益处，还可增加乳房弹性。

按照上述方法坚持三个月，可使乳房隆起2厘米。请不要忘记沐浴时的按摩。

丰胸特效食物

女性一定要注意营养摄取，不要刻意减肥，在维持适当体重的情况下，胸部才有较好的条件发育，毕竟乳房主要为脂肪构成。女性若想使胸部更丰满，必须多摄取下列食物：

（1）木瓜、牛奶：木瓜、牛奶都有助于胸部发育。另外，青木瓜、地瓜叶和各种莴苣，也都是效果不错的丰胸蔬果。

（2）种子、坚果类食物：如含卵磷脂的黄豆、花生等，含丰富蛋白质的杏仁、核桃、芝麻等，都是良好的丰胸食物；玉米更是被营养专家肯定为最佳的丰胸食品。

（3）富含维生素A的食物：如花椰菜、甘蓝菜、葵花子油等，有利于激素分泌，可帮助乳房发育。

（4）富含B族维生素的食物：如粗粮、豆类、豆奶、猪肝、牛肉等，有助于激素的合成。

（5）富含胶质的食物：如海参、猪脚、蹄筋等，也都是丰胸佳品。

成熟期的女性平常多食上述食物，可有助于丰胸，美化身材，凸显女性曲线美。

塑造迷人小蛮腰

腰部由粗变细的方法

很多人在形容女性的线条美时，都喜欢用纤细的腰肢一词，当然腰不是越细越好，但腰部的确是女性体现曲线的重要部位，通过如下练习，可使腰部由粗变细的美梦成真。

方法步骤：

（1）面朝上躺在床上，双膝弯曲成直角，以双脚为支点，以双手为重心支撑在床上，将身体慢慢抬起再放下，连续做10次。

（2）仰卧。两腿伸直，两臂体侧变曲，掌心向下，右腿变曲用力向左，膝部触地，左腿保持伸直不动，吸气，然后还原到开始的姿势，呼气，以后换左腿做同样的动作，每条腿做10～15次。

（3）仰卧起坐。这个动作有一定难度，但它有一箭双雕的效果，既有助于使腰变细，又可使大腿变细。

五分钟成细腰美女

1. 使腰变细的毛巾操：必备用品，毛巾一条。

（1）双腿向前伸直坐正，臀部肌肉收紧。

（2）双手各持毛巾的一端，两臂向前伸直（肩膀不可用力，手臂不可弯曲）。

（3）保持手持毛巾、手臂伸直的姿势，向左右转动，臀部也要同时迅速扭动。运动到稍微出汗为止，最少10次。运动时，脸朝向正前方，手臂要伸直（本节操对提臀也颇有效）。

2. 消除小腹赘肉的运动：

（1）仰躺，臀部紧缩，两脚分开与腰同宽。

（2）两脚尖向内侧靠拢，双手枕在脑后。

（3）边吐气，双腿边往上抬至离地5厘米高，并伸展跟腱。两手支撑着头部往上抬，伸展颈部。充分伸展之后，吸气、憋住，直到憋不住时，恢复原来姿势，重复做10次（两脚尖靠在一起时应呈直角）。

3. 改善肥胖体质的运动：必备用品，毛巾一条，事先烫热的碗一只。

将事先烫热的碗反盖着，铺上毛巾，身体俯卧，腹部贴在碗上面。保持这个姿势，做腹部深呼吸5～30分钟。注意：碗可以稍微移动，使整个腹部都能碰触到。当腹部感觉不舒服时，别勉强，可缩短运动的时间。

十分钟练腰操

下面三套实用省时的练腰操，只要 10 分钟，每天坚持，相信不久你又能找回你的细腰了。

护理方法一：

（1）躺平，双腿并拢向上伸直（运用到腰腹部的力量）。

（2）背和臀部也同时向上挺直（离开接触面）。

（3）然后慢慢放落。

（4）重复次数可依自己的能力来衡量。

护理方法二：

（1）躺平，双手抱于脑后。

（2）身体伸直（可屈膝），运用腰腹部力量，使身体坐起再躺下。

（3）重复次数可依自己的体能来衡量。

护理方法三：

（1）躺平。

（2）运用身体腰腹部的力量把双腿向上举，同时上半身向前挺起，双臂平伸（身体此时呈屈形）。

（3）试着让双臂和两腿互相碰触到。

（4）可依自己的能力来决定每次运动重复次数。

以上三套动作分别单独进行或整合都可，一天 10 分钟不偷懒，梦想中的纤细腰身即将出现！

"点头哈腰"是维护人体"脊梁骨气"的好方法

"点头哈腰"是人体脊柱运动的基本动作，可以维护"脊梁骨气"，是防治颈腰痛的简便好方法。

一位博士生由于长期从事电脑操作，颈部酸痛。中医骨科专家为他检查后说："你的颈椎没必要治疗，每天'点头哈腰'100 次，每 20 次休息一下，一个月就可康复。"点头（下巴点到胸骨呈 90°）后伸腰，就是锻炼颈项韧带，让其恢复弹性和韧性。铁轨直了，车轮也就不跑偏了。专家还对博士生说："你的症状只是生理曲度稍微变直，通过颈项韧带锻炼，就可以自行恢复。"一个月后，博士的脖子不酸痛了。

"点头哈腰"不仅能防治颈椎病，还能防治腰痛，这对于经常伏案工作的人特别有效。长期坐着工作的人都应该定时起来做一下"点头哈腰"的运动。

美女细腰法则

（1）多喝水，少喝碳酸饮料：碳酸饮料和那些含糖量高的饮料会让你的肚子鼓得像个气球。

（2）不要常吃薯条：盐分会保持水分，尤其是在生理期前。压力和罐头食品也是含盐分高的食品。

（3）让你的下巴休息一下，不要一直嚼口香糖：嚼口香糖会让你吞下过多的空气，肚子因此会发胀而鼓出。

（4）如果感觉排便不顺，多喝咖啡：一杯或两杯咖啡有助于通便。

（5）束身内衣，高腰束裤或腹带，可以使人看上去瘦了一些：内衣的束身效果好，不过，多余的赘肉在过紧的内衣里会凸显出来，所以要避免穿太紧的内衣。

（6）选择现在最适合你的礼服：不要考虑尺码，没有人会去看你礼服的标签，但如果你的衣服太紧，你可能会把肉肚子暴露。所以，要把自己身材最好的部分显示出来，吸引别人的目光，把注意力从你发胖的腹部转至细腰上。

快速消除小肚腩

消除腹部多余脂肪的方法

腹部是女子体型健美的重要部位。腹部肌肉紧而富有弹性，可使身体显得轻盈、苗条。所谓腹部健美，就是要消除腹部多余的脂肪。

为使腹部减肥而采用无限制的节食是不理智的。节食应以每天七成饱为度，但要注意蛋白质的摄入。这样可促进体内脂肪的消耗。另外，还应少吃糖、淀粉、动物脂肪等。

有效的锻炼，如跑步、爬山、骑车、游泳、跳绳等可使腹部脂肪减少。下面介绍两种锻炼小腹肌肉的方法：

方法步骤一：

（1）坐在椅子上，两手握紧椅子两边，手臂下垂，身体紧缩并稍稍从椅子上抬起一点。

（2）躺在床上，屈膝，两脚板固定在床上，两手伸向两膝的位置，身体放低，躺回床上。重复运动10次。

方法步骤二：

（1）举腿收腹。主要是发展下部肌肉。身体平卧，双腿伸直尽可能抬高，接着再缓慢放下，反复练习。

（2）扭腰。手握把手或拉一定重量的重物，作各种姿势的扭腰和转身练习，以锻炼腹外斜肌和腰部肌肉。

（3）每种方法重复15次以上。

"六步"减掉腹部脂肪

第一步，坐在椅子上，两腿慢慢往上抬。

第二步，两手轻轻放在小腹上，慢慢地吐气，吐气的同时渐渐收紧小腹。

第三步，吐气慢慢加快，小腹越收越紧，肩膀保持轻松。

第四步，小腹已收到最紧的程度时，气也同时吐完。

第五步，肩膀与小腹都放松后，慢慢地开始吸气。

第六步，尽量吸气，此时小腹不用刻意收缩，转而换成腹部向下压的方式。

这种体操的主要目的是为了消除小腹的赘肉，只做两三次是看不出任何效果的，至少得持之以恒地每天上下午各做两三次，每次至少做八拍，持续三个月后，你一定能看出效果来。

另外，凡事追求完美的你，在晚上洗浴后最好用一些美体的产品（纤体塑身类的）涂于身上，并在腹部做一会儿按摩，不仅可以消除多余的脂肪，也有利于睡眠。

腹部自然平坦法（两个月见成效）

腹部是全身最容易堆积脂肪的部位：这里的脂肪因距离心脏较近，又最容易进入血液循环造成危害，是名副其实的"心腹"之患。因此，当腹围在90～100厘米以上，或腹围与臀围的比值男大于0.9，女大于0.85时，腹部的脂肪就非减不可了。

怎样才能较快地减少腹部多余的脂肪，使它显得平坦？

方法步骤：

（1）热身活动10分钟，至全身微微出汗后，再用保鲜膜捆扎腹部5～6层。

（2）平卧位做腹肌运动。脐上练习：下身固定不动，仰卧起坐，旨在使胃部凸出部分收紧平坦。脐下练习：上身固定不动，双脚抬起做屈伸腿和头上举练习，目的是收紧和减去整个腹围。腹外斜肌练习：完成上下腹部练习后，再做各种腰部转体练习。这种练习作为辅助练习，使上下腹部练习的减肥效果更加明显。

（3）揉捏腹部，"驱赶"脂肪。有道是："七分运动，三分揉捏"。在腹部运动后再以顺时针和逆时针做环形按揉各100次，"驱赶"脂肪，促进脂肪代谢。

（4）以上方法每次做30分钟，每周3～4次，坚持下去两个月后必有效果。

产后不要急于瘦身

很多女性急于在产后过早瘦身，殊不知此举会损伤女性自身的健康，造成子宫脱垂、尿失禁及排便困难等，严重影响生活质量。同时，产后节食会影响乳汁质量，间接影响婴儿的生长发育。

专家建议，产后运动最好在7天后开始。

生完孩子，肚子要回去

在怀孕期间，孕妇的腰围大约增加了50厘米。因此，产后你会感到腹部是如此地伸张与松弛。你可以做一些简单的运动，让肌肉尽量恢复原来的形状与力量。

仰躺，屈膝，脚底贴于地面或者床上，用力拉你的腹部肌肉，并将头与肩膀抬离地面。同时，伸出一只手，朝脚掌方向平伸。另一只手的手指置于肚脐下方，你可感觉到两条有力的腹直肌正在用力。

新妈妈美丽的"收腹计划"

怀孕期女性为了满足胎儿生长发育的需要，会在体内储存大量脂肪，而产后缺少运动和营养过剩，就会造成腹部肥胖。难道完美身材真的一去不复返了吗？想拥有一个平坦的小腹，新妈妈的"收腹计划"就要从早上开始。

第一步：喝一大杯凉开水。

一大杯凉开水喝下去可以刺激肠胃蠕动，加速排便，并使内脏进入工作状态，其功劳甚至大于每天跑步或做操。

第二步：形成排便规律。

在早上排出体内垃圾，可以减轻肠胃负担。如果您有便秘的毛病，可每天吃定量的蔬菜水果和粗纤维食品。

第三步：使用收腹霜。

戴上专用按摩手套，取适量（3克左右）膏体，均匀涂抹在腹部（避开肚脐），用掌心按在腹部，分别以顺时针和逆时针打圈按摩，直至完全吸收。

第四步：有效的腹部运动。

双腿稍微分开站直，两手合拢向下尽量触摸地面，重复此动作30次。

第五步：吃营养早餐。

早餐不仅要吃，而且以吃饭为宜。最好多吃一些豆制品、水果。

转臂巧去"将军肚"

腹部脂肪一多，必然"中部崛起"，人们戏称为"将军肚"。腹胖腰粗，给人们带来诸多不便，为此许多人深感苦恼。而简单的转臂运动可去除"将军肚"，此法简便易行，坚持几个月可见功效，发胖者不妨一试。

（1）身体放松、直立，两腿自然放开，约与肩同宽，呼吸调匀。

（2）两臂向前平举，从左至右，顺时针方向画圆；然后从右至左，逆时针方向画圆，左右交替各做30次，每日可做2～3遍。

注意：手臂向上画圆时，吸气，转至水平向下画圆时，呼气。旋转手臂画圆动作不宜过快，速度要适中，手臂要自然放松，两手高度不要超过头顶，以感到腰、腹部在用力为佳。

令腿修长、匀称的方法

大、小腿由粗变修长的方法

修长、匀称且协调的双腿，给人以美感。如果你的大腿太粗或过细，小腿过细或过粗，都会给人带来不愉快。女性的腿外露机会很多，腿部的健美更有必要。

1. 大腿太粗的锻炼方法：

（1）仰卧，两臂体侧伸直，两脚做模仿蹬自行车的动作，主要是两条大腿用力蹬直，腿弯曲时肌肉要充分放松，节奏要快，一开始每分钟蹬40次，以后可逐渐加快节奏增到150次。

（2）仰卧，两腿放松，稍屈上举，两臂体侧伸直，做两腿交叉动作，即左腿在右腿前，接着右腿在左腿前，节奏要快。同时做到放松，随意呼吸，做150次。

（3）仰卧，两腿并拢伸直，两臂体侧伸直，掌心向内。两腿迅速弯曲，两膝贴胸，两手抱膝，吸气，然后慢慢还原到开始的姿势，呼气，做5~8次。

（4）站立，两臂自然下垂伸直。一开始为便于做动作，两脚左右分开站立，但以后两脚间距离可逐渐缩小。上体前屈，两手尽力触地，两腿保持伸直不动，吸气，然后还原到开始的姿势，呼气，做5~8次。

2. 小腿太粗的锻炼方法：

（1）足跟提起，用足尖行走。

（2）足跟不着地的跳绳。

（3）在沙坑内做连续向上的弹跳。

（4）肩部负重足尖行走。

（5）肩部负重，原地弹跳。

锻炼时要逐渐增加强度和密度，每次练到疲劳为止，而且要持之以恒。另外，游戏、跳舞、打球、踏自行车等，都能使小腿修长。

给小腿减肥

如果能去掉腿部因循环不良所引起的瘀血，再借助由运动送入的良好的血液，就能让腿部呈现出美丽健康形态的曲线。

想瘦小腿，先要检查自己小腿的肌肉是松弛还是紧绷。若有肌肉紧绷的话，要瘦就会较困难。所以首要的减小腿计划，要由打松结实的小腿肥肉开始。

（1）方法一：平日可坐在地上，将一只腿抬高成直角，涂上促进微循环、紧肤消脂的纤体产品并用拳头拍打小腿，或以手掌按摩，每边做10分钟即可。

（2）方法二：睡前将腿抬高，与身体成90°，放在墙壁上，二三十分钟再放下，将有助于腿部血液循环，减轻腿部浮肿。

站姿、走姿美腿方法

站姿：

（1）左脚往前呈弓步，身体重心转移至左腿，右脚绷直，保持15秒。左右轮流15次，可让大腿内侧脂肪减少。

（2）以基本姿势站立，双手叉腰，两脚向左右跨开，背脊挺直，臀部夹紧，向下蹲马步。重复20次，可美化腿部线条。

走姿：常常用脚尖走路，以脚尖支持全身的重量，把腿部的肌肉尽量拉长，并且稍倾向前，用手叉腰，把双脚尽量向前踢和向后踢，就能收到美腿的效果。

动感单车骑出你的腿部线条

起源于美国的"动感单车"是一个很受欢迎的有氧运动项目：这种单车之所以称为"动感"，是因为其音乐的动感力强，而周围的模拟环境也很特别，配合单车本身的新潮设计，让人感觉置身于科幻世界之中。

单车的设计是模仿日常所骑的自行车制造的，前面是一个很大的飞轮，这个轮子很有分量，这样骑起来会有些阻力。车上有一个调节阻力大小的摩擦片，可以调节不同的训练强度。座位、手柄和速度都可以根据骑车人的身体比例来调节。

方法步骤：

（1）5分钟的热身，35分钟的主要训练，再加上5分钟的放松动作。

（2）15分钟的时速单骑等于40分钟的慢跑，不仅可减脂，还可提高心肺功能，令腿、臀部的线条更美。

动感单车最大的功效就是让你最大限度地流汗，这样就可以很轻松地将身体里的毒素排掉，并且减掉脂肪，减脂也就在不知不觉中完成了。

十种美腿妙食

下面介绍的十种美腿妙食法，也许会使你的双腿变得美丽性感。

（1）芝麻：芝麻提供人体所需的维生素E、维生素B_1、钙质，特别是它的亚麻仁油酸成分，可去除附在血管壁上的胆固醇。

（2）香蕉：香蕉含丰富的钾、脂肪，而钠的含量很低，符合美丽双腿的营养需要。

（3）苹果：苹果所含水溶性纤维质果胶可清肠，防止下半身肥胖。

（4）红豆：可增加肠胃蠕动，减少便秘，促进排尿，所含纤维素可帮助排泄体内水分、脂肪等，对美腿有百分之百的效果。

（5）西瓜：西瓜利尿，钾含量也不少，它修饰双腿的能力不可小瞧。

（6）沙田柚：热量低，含钾量丰富，若想成为美腿女孩，可先尝尝沙田柚。

（7）芹菜：芹菜含有大量的胶质性碳酸钙，可补充笔直双腿所需的钙质，还含有丰富的钾，可预防下半身浮肿。

（8）菠萝：多吃菠萝可促进血液循环，将新鲜的养分和氧气送到双腿，恢复腿部元气。

（9）猕猴桃：猕猴桃含有丰富的纤维素，吸收水分后膨胀，产生饱足感，避免过剩脂肪让腿变粗。

（10）西红柿：西红柿有利尿及去除腿部疲劳的效果，长时间站立的美女，可以多吃西红柿保证腿部的力量。

穿拖鞋可以美腿

长期困坐于电脑桌前的上班族们，因为缺乏运动，容易造成臀部与腿部肥胖。英国著名体操家苏珊娜女士发现穿拖鞋对腿部健美有微妙的作用，可使踝、小腿和大腿变得匀称健美。因为穿稍微宽松的拖鞋走路，会迫使人们动用平时用不上的腿部肌肉，脚趾必须"抓"着才能防止拖鞋脱落，不仅锻炼了腿肌，还有助于腿脚肌肉的协调活动、促进腿部的血液循环。

但是，穿拖鞋式凉鞋的鞋跟不宜太高，那样走起路来，着力点会转移到前脚掌，容易摇摇晃晃、重心不稳，从而导致足部伤害。美国人所钟爱的高跟拖鞋的鞋跟高度一般约在三四厘米之间。

臀部圆润健美的方法

健臀的方法

女性都希望自己有一个结实而圆润的臀部。因为，臀部是显示女子身材健美的重要部位。怎样才能使臀部健美呢？

经常进行有氧训练，以消耗多余的脂肪。最佳有氧训练的方法有爬山、重复跑和间歇跑、越野滑雪、快走及骑自行车等。此外，在日常生活中，无论采取何种姿势，都要注意保持收腹、挺胸和提臀。

在饮食方面，要保持热量平衡，坚持少吃多餐，长期摄入低脂肪和高蛋白食物。多吃各种绿叶蔬菜、西红柿、蘑菇、马铃薯、新鲜水果、豌豆等。平时要喝大量的水。

每天进行健美训练，这是使臀部健美的最佳方法。

方法步骤：

（1）坐在椅子上，两臂伸直，两手放在椅子面上，尽量往后靠。两腿向外分开伸直。用臂力使臀肌紧缩向前推，持续6秒钟。重复3～6次。

（2）背部挺直，收腹，臀部收紧，双臂前平举，吸气，然后放下双臂，尽量朝后高举，背部不得弯曲，保持几秒钟后再吸气。

丰臀的方法

一般说来，女性体型曲线的通行标准是：胸围＝身高×0.51；腰围＝身高×0.34；臀围＝身高×0.56。由此看来，即便是一个女人的胸部隆起，而臀部瘦小扁平，也难以呈现出"S"形的曲线美。臀部过大，就会显得肥胖失常，给人一种累赘之感。有的女性尽管身材比较好，但因臀部松弛下垂，使得整体的形象被破坏殆尽，也失去了美臀女子的特征。臀部是女性最易发胖的部位，如果不注意锻炼，久而久之便会影响到形象美，因而应及早锻炼。这套保健操可帮你把臀部肌肉绷紧，使臀部肌肉结实而有弹性，以重展矫健的身姿。

在开始进行臀部肌肉锻炼之前，最好根据自己的爱好，先进行跑步、快步走或游泳等运动，每周须进行3～4次。头一个月每次锻炼20～30分钟，以后每次锻炼延长至30～40分钟。进行完上述锻炼后，就可以按下列顺序做这套保健操了。

方法步骤：

（1）保持身体直立，双脚并拢，左腿向前弯曲90°，右腿向后成弓步，以左腿为支撑点，再用臀部肌肉的力量向下压，然后改换右腿。双腿交替各做8次为1组，休息5～20秒钟后再做3组。

（2）取仰卧位，双腿垫高，或把腿放在低凳上，绷紧臀部肌肉，抬高骨盆，慢慢数到8，恢复原状，休息5～10秒后再做3组。

（3）让胳膊及膝盖着地，将弯曲的腿慢慢抬起再放下，挺直腰部。双腿交替各做32次，休息5～10秒后再做1组。

总之，身体各部分肌肉发达均匀、丰满而有弹性是健康健美的表现。至于那些具有先天健康美态的女性，常因其一部分肌肉经年累月缺少活动，往往有逐渐退化的迹象，破坏了均匀的美态。因此，只有通过科学健身才能达到减肥健美的目的，从而拥有优美的臀部曲线。

女性要想使自己的形体在先天和遗传的基础上更加优美，就必须了解身体各部分的不足，而且针对自身的不足，通过合理营养与科学的健美锻炼，方能使身姿体态匀称、丰满、柔韧和强健，更加富有无比动人的魅力。

臀部肌肉结实法

要想使臀部肌肉结实起来，可以每天做下面的臀部运动，只需三个星期就能有显著效果。

（1）半蹲：两脚分开站立，距离约一脚宽。双手放在大腿上，臀部慢慢下降，好像是要坐在椅子上。保持这种姿势约10秒钟，然后慢慢恢复原状，重复5次。

（2）跪腿抬起：前臂和膝盖着地。小腿沿地面向后伸直，与大腿成90°，收腿，收臀。抬起一条腿，伸直与地面平行，然后屈膝，向上抬脚举小腿，将腿伸直放下，恢复原状15次。再换腿做。

（3）弓背跃起：两脚分开，双手撑地分开呈"V"字形（双腿绷直）。抬起一条腿，收臀，将抬起的腿弯曲，再伸直，连着10次。然后换腿做。

青葱玉指柔嫩法

美手秘诀

（1）选择"对"的清洁品：注意选择成分中以含维生素E与B为主的产品，避免碱性过强的清洁品。

（2）洗碗时戴上手套，避免清洁剂的皂碱伤害。

（3）一周一次的去角质工作。使用手部专用去角质霜以避免过粗颗粒的刺激。

（4）注重滋养与呵护。只要感觉干燥就随时涂上护手霜。白天时最好选择有 SPF 防晒系数的防护手霜。

（5）每天睡觉前用一盆温水，将双手浸泡几分钟，再用小刷子刷去指缝中的污垢，将几滴柠檬汁与医用甘油混合，按摩双手，戴上棉质手套，使柠檬汁的漂白与甘油的滋润作用借助身体的温度扩散到皮肤表面。

粗糙皮肤变柔嫩细滑的方法

如果手部皮肤已经变得粗糙，可用温水、香皂（或洗手液）洗净，擦干，然后用榛子油（也可用婴儿油或凡士林代替）按摩，或将茶叶包加在含糖的矿泉水中，加几滴柠檬汁洗手，这种方法每月做 1 次即可，可使皮肤变得柔嫩细滑。

玉指光滑柔嫩的秘密

现在市场上除了护手霜之外，还有一些软化去除指缘硬皮的相关产品，只要涂在指缘两侧，稍加按摩，就能改善指甲周围干燥粗裂的状况。

指缘保养产品的共通特性皆是具有软化角质的作用，但是就其主成分而言，可大致分为以下两种：

保养类：多是以油性物质，如杏仁油、橄榄油等来软化或滋养指缘两旁增生的硬皮及指甲面。可每天使用，觉得指尖干燥时，可随时拿出来滋润按摩。

清洁类：主要有去除角质的作用，有些产品也会在清洁剂中加入些许软化剂，让产品同时兼具软化保养的效果。清洁类产品的主要清洁成分为磷酸三钠，可让老废角质剥落。但此成分具一点毒性，此类产品不需每天使用，1 周使用 1～2 次即可。搽上后待数分钟，以推棒将指缘角质往后推，再擦拭或清洗掉。

下面介绍一下简易的美甲保养步骤：

（1）先在指缘周围及指甲面上，涂上软化剂，停留约 2 分钟。

（2）以推棒在指缘及甲面轻推，去除指根老废角质。

（3）以搓磨棒沿指缘直向搓磨将角质去除，勿来回搓磨。

（4）沿着指缘周围，涂上一层指缘油。

（5）稍加按摩，让指缘四周的肌肤吸收保养成分即可。

让双手永葆圆润洁白

想要双手圆润洁白如玉葱，应该怎么做？

（1）防晒不可少：当我们举起手，阻挡刺眼的阳光，殊不知手正在受紫外线的伤害。紫外线会让手部皮肤粗黑，也容易出现老人斑。平常可以搽含防晒指数 15 以上的护手霜，而且最好每两小时补搽一次。

（2）做家务时，从洗碗精到洗衣粉对手都有化学性的伤害。所以，做家务时，可以戴上外层橡胶、内层棉质的手套，最好半小时就脱下透透气。

（3）可用浮石去厚茧：如果手有厚茧，可以在泡温水后，用浮石去除。

（4）勤搽护手霜：勤搽护手霜来保湿是不错的方法。每晚洗完澡后，角质层充分含水，再搽护手霜最有效果。

令双脚柔嫩、白皙

美足秘诀

脚部的疾患与全身的健康息息相关，脚形的美丽与周身协调一致：研究表明，足部与全身的各脏器有相对应的区域，身体脏器的病变在足部相应区域都有反应。按摩脚上的肾上腺区域，能够调节激素分泌，使皮肤白皙有光泽。根据此作用，足疗可起舒筋活血、消除疲劳、强身健体的作用。

方法步骤：

（1）先从足浴开始，点几滴精油，双脚浸泡15～20分钟以充分杀菌、加速血液流动，同时放松神经、软化角质。

（2）以去角质霜或浮石轻擦足部，别忽略脚后跟与硬皮厚茧处。

（3）反复活动脚腕。一只手抓住脚踝，另一只手抓住脚背，转动脚踝数回。再用双手握住脚，由前往后搓揉按摩。然后，对小腿进行按摩。先用一只手往上按摩，再从膝下往下揉捏至脚踝。重复5次。持之以恒，不仅能缓解疲劳，还可消除脚踝四周的脂肪，使脚部变得结实纤细！

（4）柠檬皮用来擦拭脚趾周围的皮肤，可以漂白并消除肌肤发黄黯沉的现象。

（5）在睡前搽上滋养霜，适度按摩，穿上袜子，睡觉后更利于营养物质加速吸收。

轻盈步态法

要想消除足部疲劳，改善其血液循环，使步态自然、雅观、轻盈，请常做下述足部健美操。

方法步骤一：

（1）双腿直立，脚尖并拢，双手扶椅背。徐徐提身用脚尖站立，保持1分钟，然后放下，身体重量先由脚掌外侧承受，再过渡到全脚掌。

（2）坐姿，用脚趾夹住一条手帕，然后用力将该物体向两脚中间拨动，直至两脚相触。

（3）双膝微屈，两脚掌前部夹住放在地上的一本书。然后徐徐抬高身体，用脚尖站立，再徐徐复原。

（4）用脚趾从地板上夹起小球。

（5）用脚掌外侧着地走动。

（6）坐姿，两脚掌紧紧相触。

（7）尽力分开脚趾。

（8）席地而坐，不要盘膝，以脚掌外侧着地。

上述练习，一周至少做3次，每天1次则更好。

方法步骤二：

有些女性很喜欢早晨散步，这很好。不过，早晨散步时，要注意脚步要轻快而有弹性，不要穿后跟太高的鞋，因为穿这种鞋脚会觉得不自然。远距离散步的话，最好穿平跟鞋。在家里最好穿柔软的便鞋，使脚得到充分的休息。正确而经常地保养双脚，每周洗一次脚浴，用较热的水每次洗20分钟，在水中要加放专用洗脚液。用泡沫石摩擦粗糙的部位，并在脚掌上搽些润脚油膏。这样可消除脚疲劳。

只要注意了一些对脚的保养知识，平时再做些脚部的锻炼运动，可以使你的步法轻盈而优美。

（1）原地踏步。站立，两脚距离10厘米，左脚后跟稍提起，脚尖不离地，数"1"时放下左脚后跟，右脚后跟稍提起；数"2"时放下右脚后跟，左脚后跟又稍提起。当脚跟提起时腿稍屈膝，另一只腿的膝部用力绷直，上臂屈时轻轻和着"步子"的节拍。做该操时速度要快。

（2）脚掌绕环运动。坐在椅子上，一只腿放在另一只腿上，用没有着地的脚画大圆弧。向左4次，向右4次，然后两腿交换再做。

（3）头顶重物。把一个纸夹（或书本，但不要用茶盘或汤盘）放在头顶上，从房间走到厨房，或从一个房间走到另一个房间。开始练习时可用左手和右手轮换扶着纸夹。当学会保持平衡后，再把手放下。行走时背要挺直，下巴稍抬起，这是一种极好的练习。经常进行这种锻炼，可使女性身体匀称优美，脚步轻盈。

爱足小要领

（1）为自己选一双理想的鞋子：专家认为，所谓理想的鞋子都应该有坚硬而柔软的跟部支撑鞋底，十个脚趾可以在鞋里自由地活动；还应有舒服的衬垫和足够的内部空间；鞋面最好选用柔软、透气，有一定伸展性的材质；鞋跟高度应该在3~5厘米左右。

（2）磨合期VS试用期：很多人认为鞋都需要"磨合期"，这是不对的。我们要选择一双适合自己双脚的鞋子，而不是一双要让自己的脚度过"试用期"才可以长期使用的鞋子。千万别相信专柜小姐所说的："新鞋是有些紧，穿一穿就合适了！"如果你感觉自己穿着不舒服，那么，再漂亮也不要把它买回家。

（3）正确地修剪趾甲：有时你会感到平日里挺合脚的鞋子突然变短了，而脚趾边缘开始发红、发肿、疼痛，趾甲向内生长。这是因为你没有及时修剪趾甲或修剪方法不正确造成的。修剪趾甲前应先用温水泡脚，待趾甲软化一些再开始。修剪时尽量将趾甲修平，使长出的趾甲不要扎进肉里，但也要注意切忌修剪得过深，伤及甲床。如果已经发红、发肿，应将脚浸泡在温肥皂水或盐水中，擦干后涂上抗生素药膏，用消毒纱布包好让其自愈。

足反射区健美疗法

人类的双脚承担着全身的重量和负担行走的艰巨任务，人类的脚掌是动物中最发达的。在我们的脚掌上，分布了许多血管，有成千上万的神经末梢与神经中枢（大脑），以及各个内脏器官紧密相连。由于双脚处在人体最远离中枢神经的部位，从信息传递途径来说，是脚—脏腑器官—脑。因此，脚上存在着各脏腑器官的许多信息，脚所受的刺激也会传送到各脏腑器官相对应的反射区。

反射区分布在整个足部，包括脚底、脚背、脚内外侧，甚至延伸到小腿。脚如同一个缩小了的人体，其上分布着各个器官的反射区：头、五官、心、肝、肺、脾、肾、胰、肠……五脏六腑俱全。

由此可见，人体各脏腑器官在足部均有其对应的反射区，运用按摩手法刺激这些反射区，能增强血脉运行，调理脏腑，舒通经络，增强新陈代谢，取得强身健体，防止足衰，防病治病，自我保健的疗效。

护理脚的五个步骤

（1）浸脚。舒适地坐在椅子上，将脚放入一小盆温水中浸泡5～10分钟，对浸液附加剂可以根据脚或趾甲的问题加以选择，较好的是含有镇静或兴奋作用的药草提取物的保留油分的浸油（专业商店有售）。也可以将薰衣草、紫苏和迷迭香花汁液加入浸液中，针对趾甲或皮肤真菌的浸脚液可以在药房购买。

（2）磨去茧皮。用削茧器或刨刀将脚趾底部或脚后跟的厚茧去除，但要非常小心和谨慎，不要使脚受伤，在茧皮不太厚的部位，可以用浸湿的浮石。

（3）剪趾甲。在去除茧皮之后，如果需要的话，用趾甲钳将趾甲剪掉。一般趾甲每周须剪一次。

不要像指甲那样将趾甲剪成椭圆形，不要让趾甲侧面长入甲床，长入甲床的趾甲容易发炎，必须由扦脚师治疗。

最后用砂纸将趾甲边锉光。

（4）抹护肤膏和按摩。这是脚护理中最放松的部分。

舒适地坐在地上。

用一只手握住一只脚，用另一只手抹润肤油、含脂肪的膏或护脚膏。

一个一个地将脚趾轻轻拉长，不要忘记脚趾间。

最后用手掌轻轻敲击脚掌。

（5）涂趾甲油。在涂趾甲油前将卷起的纸手巾或药棉放在脚趾间，这样易于上趾甲油和不使趾甲油涂出边界。

先涂保护趾甲的底油，待干后用带色的趾甲油涂1～2遍，在穿上袜子和鞋子之前让它好好干一下。

对护理脚的有益建议

（1）尽可能经常地赤脚走路（不要在冰冷的石砖上）。

（2）始终穿天然纤维的长筒袜（棉的或丝的），使脚不容易出汗。

（3）不要穿太紧或不合适的鞋，否则必须考虑会有压紧部位和增加茧皮。

（4）白天多换几次鞋，并变换鞋跟的高度。

（5）体操鞋容易使脚出汗，因此不要穿太长时间。

如果胀大的脚穿太小的袜子，会引起趾甲往里生长。因此，在早晨穿袜子时，必须注意袜子的脚尖处与大拇指之间要有可延伸的空隙，勤换袜子，鞋宜常晒，保持干燥。

根据自己的脚形，选择合适的鞋垫，如果是扁平足，应当使用较厚的而且弹性强的鞋垫，以防足弓下降。

不可小视的脚病

脚病不仅会影响日常工作和学习，还会破坏整体美，让人为之焦虑和苦恼。

（1）治疗鸡眼。不要自己治疗鸡眼，应该由专业人员来处理，并且一定是大医院的专业人士。

鸡眼是由于始终压迫某一部位而产生的，在一个茧疱中间藏着一个角质栓，容易压住神经末梢，这个刺必须在进行脚护理时去除。

为了减轻疼痛，可以用膏药、膏和从药材店买的浸液先软化鸡眼。

（2）预防脚气。脚气只有通过绝对的卫生才能避免。因此，在桑拿浴室、游泳池和体操房应该用消毒剂将脚喷一下，在洗脚后总是让脚干透，接着撒上防臭脚粉。

如果真菌已经定居下来了，你必须去看医生。

脚病的预防

（1）常洗脚、常按摩。

（2）保持脚干燥。

（3）经常保持脚的通气。

（4）常修趾甲。

（5）注意保暖。

（6）加强锻炼，多活动脚。

（7）用食醋擦脚。

（8）保持鞋袜干净。

（9）不要用碱性很强的皂类洗脚。

（10）不要在脚没有擦干水分时走来走去。

矫正八字脚的妙法

（1）在走路或跑步时要随时注意自己的膝盖和脚尖是否对着前方，不要偏离，随时发现随时矫正。

（2）有意识地练习矫正，在沙土、松土和湿地上走一步，然后观察自己的脚印，看脚尖是否朝正前方，边走边改。

（3）反复练习从高台阶上往下跳的动作。跳的时候，要把两脚尖并拢一起跳，不论是内八字脚还是外八字脚，脚尖都会朝前。练习成为习惯后，走起路来就会克服八字脚了。

（4）踢毽子不仅是一项运动，也可以作为矫正八字脚的练习。外八字脚用脚内侧拐踢毽子，内八字脚用脚外侧拐踢毽子，并且两脚交换进行。这项运动，可消除专为矫正八字脚所做运动的单调和乏味，使人容易坚持做下去。

从八字脚形成的原因看，完全是后天的习惯造成的。习惯既然可以养成，也是完全可以克服的。但养成习惯容易，改掉习惯就困难多了。这就需要有决心、有毅力地长期坚持矫正。

矫正平足的妙法

矫正平足，目前医学上除了采用矫正鞋外，主要还是靠加强体育锻炼，增强足部肌肉和韧带的力量与弹性，消除过度负重和长久站立的疲劳，消除多余的脂肪而减轻体重，其具体锻炼方法如下：

（1）足尖走，足跟走，足底外缘着地走，各1～3分钟。

（2）两脚前伸，用力勾足尖和绷足尖，并且尽量使足外翻或者内翻，停留20秒钟。

（3）足尖向内或者向外绕环，做20次。

（4）足背弓起，放下，做20次。

（5）屈足趾，伸直，连续做数次，然后再做用足趾夹起小球、沙袋等小物件的练习。

（6）用两足心合抱一小皮球，前后左右滚动，做20秒钟。

（7）用脚踏一圆木棍在地上滚动，做1～3分钟。

（8）站立，足前掌用力顶地，足跟提起，放下，连续做10～20次。

（9）下蹲，足尖着地，足跟抬起，做短跑起跑姿势，直到足部稍感疲劳为止。

（10）踮足尖跳绳，连续跳2分钟。

这些体操练习，每天早晚各做一次，连做3个月见效。

让你的背影优美一生

不让背痛骚扰你

不管你是在写字、做家务，还是驾车时，背痛都会在你毫无察觉的情况下突然袭击。你必须防患于未然，及早预防。

（1）不良的姿势，如低头垂肩地坐在椅子上、俯身趴在书桌上，都会使脊柱偏离正常位置，将过多的压力压在背部肌肉上。因此，坐立时，要尽力保持良好的姿势。

（2）如果你需要整天坐在办公桌或电脑前，那么选择一把高度适当的椅子。脚和背应靠在支撑物上，膝部可以略低于臀部，这是一种对你来说最舒服的姿势。

（3）在办公室久坐的你需要至少一个小时站起来活动一下。如果无法离开办公室，试着将文件夹等物品放在你必须站起来才能取到的位置。

（4）当你提东西时，将它尽可能与身体接近，不要伸直手臂或弯曲拾起物品，应尽量保持背部竖直，然后弯曲膝部蹲下拾起。

（5）防止背痛的一个办法是维持理想的体重。如果超重的话，肌肉会处于不良状态。建议你每周进行4次20～30分钟的有氧健身运动，并注意饮食结构，多吃低脂肪、有营养的食物。

香肩美背小技法

我们的肩背虽不像颈部、脸部那样容易显现岁月的痕迹，不过随着年龄的增长，粗糙干燥度也日渐明显。那么如何预防它的提早老化呢？——定期进行肌肤按摩保养，效果极佳！

护理方法一：

（1）清洁后，抹上按摩霜，手掌从背部、肩部往上按至后颈，以抗拒重力作用引起的肌肤下坠。随着淋巴、血液系统循环加快，肩部肌肤的健康活力也逐渐增加。并且，平时卸妆必须伸到胸肩部，下颌并非分界线。

（2）此外，每日沐浴后，可在肩背处涂上柔肤水或化妆水，再抹上护肤霜。早上使用面霜、防晒霜时也不要遗忘肩部。

（3）如有时间，最好每星期去美容院做一次整体护理。

护理方法二：

（1）两手与肩宽，举过头顶，尽量向后，维持20秒，放下，做10次。

（2）两手与肩平，分别向左右两边伸展，做10次。

当然你若利用一般芭蕾舞动作来进行身体锻炼，不但身体曲线会变漂亮，还能够进行局部雕塑！所以，平常多用些时间来进行这些伸展舞蹈动作，你会有意想不到的效果。

健美

健美标准

从事健美活动，追求自身健美，那么，经过锻炼后使形体发生了变化，怎样认定是否达到健美呢？这里，有一个标准，凡达到这个标准的，就跨进了健美世界，成为人们羡慕的健美女士或健美先生。

健美标准，主要表现在以下四个方面：

1. 骨骼匀称。体型是以骨骼为基础，头、躯干、四肢的比例，以及头、颈、胸的连接适度，符合健美参数。上下身比例也要符合"黄金分割"——这一健美参数。

2. 肌肉强健、发达、协调，富有弹性。人身共有600多块肌肉，约占体重的一半，它包裹在人体的外部，是构成人体外形轮廓重要的"外衣"。男性要求肌肉突起、有力、雄浑、圆滑。

3. 身材匀称。双肩对称，脊柱正视垂直，侧看有正常的弯曲度。女性要求胸部隆起，乳房丰满，腰部结实，腹部扁平，臀部圆浑适度，腿部线条柔和等。

4. 肤色红润、富有光泽。肤色常常给人第一印象，它能反映人的健康状况及精神面貌，与人的气质也有较密切的联系。所以，肤色的美观对人体的健美有着直接的影响。

综合起来，目前国际上对现代女士形体健美的直观印象是：苗条的腰、收紧的腹、隆突的胸、紧而有弹性的臀、修长而有力的四肢、红润的肤色。

健美锻炼的原则

健美锻炼是一门科学，要想得到理想的效果，必须遵循下列原则：

1. 循序渐进。健美锻炼不是一日之功，要想使身体由弱变强，由不美变美，各个组织器官的功能逐渐提高，在锻炼过程中，应逐渐加大运动量。如果突然加大运动量，身体不适应，会造成不良后果，比如跑步，刚开始时速度慢些，距离短些，经过一段时间后，再逐渐增加；练习体操时，动作由简到繁，逐渐增加动作的难度和强度。

2. 经常坚持。健美锻炼和其他运动一样，若不经常坚持，而是三天打鱼，两天晒网，肯定收不到预想效果。因为每锻炼一次，大脑皮层和身体其他器官的功能就增强一次，这种良好状态一般能保持两天。一次接一次地锻炼，所产生的效果就会积累起来；如果不连续锻炼，原先锻炼取得的成绩，不但保持不住，而且会低落下来，这样锻炼是不能取得好效果的。

3. 全面发展。健美要求身体发育匀称，全身肌肉都得到锻炼。因此，必须采取多种多样的锻炼方法，使整个身体得到全面锻炼；相反，不仅不能提高整个身体的素质，还会引起畸形。例如，每天只练习投手榴弹和铅球，右臂锻炼机会就多，肌肉就发达；左臂得不到锻炼，肌肉就萎缩。因此，在锻炼过程中，就要注意灵活多样，既练习臂，又练习腿；既锻炼胸腹，又锻炼腰背，使身体得到全面发展。

4. 个别对待。要按照每个人的年龄、性别、爱好、身体条件与所处环境等不同情况，安排运动项目和运动量，不能强求一致。运动量掌握合适，第二天会感到精神振奋，头脑清爽，体力充沛。

5. 做好准备活动和整理活动。准备活动能使神经系统的兴奋性提高到一定水平，促使心肺功能逐渐加强，使血液循环和气体交换得到改善，新陈代谢旺盛，更好地适应锻炼时的生理要求。准备活动能使肌肉关节的微血管扩张，提高肌肉的收缩力和弹性，扩大关节的活动范围，锻炼时不会发生关节扭伤和肌肉拉伤，有利于提高锻炼效果。运动后的整理活动也十分重要，它能使剧烈运动的身体逐渐恢复平静，使肌肉得到伸展和放松，使身体尽快消除疲劳。

健美锻炼要注意什么

参加健美锻炼，既不同于跑步、打球、游泳等运动，也与技巧、舞蹈等项目有区别，它是在场地、器材条件要求不高的情况下，进行简单动作，易于坚持，而且效果显著。但在锻炼时应注意以下几个问题：

（1）不要急于求成。应根据自身的体质、体态，制订一个切实可行的计划，一步步由简到繁，由慢到快地进行。如果心血来潮就猛练一阵子，一懒就几天不练，这是健美大忌。只有坚持天天练，经常练，逐渐加大运动量，才能促进机能的发展，改善体型，而达到健美锻炼的目的。

（2）严格要求自己，请教名师指导，方法一定要正确。照健美书刊学习，也要严格、准确。如果自己随便锻炼，当然可以，但效果往往不佳；而请名师指导，或按他人（最好是健美教练）编制的训练方法去做，就能很快取得成绩。一定要保持动作准确。如做体操时，每个动作要到位，该举平的要举平，该屈的要尽量屈，绕环时要放松，幅度要大。采用某节或某套体操时，要坚持多次反复练，练熟。只有动作正确，才能达到锻炼的效果。有的人爱追求新鲜，刚学会一套，就变换花样，贪多求变，兴趣很浓，但很难达到预期的、满意的效果。

身体某一部分有缺陷的人，如腿粗等，可重点在一套操中多做有关动作，或做完一套后，再做用以矫正的专门性操练。如因病造成的X腿、O形腿、脊柱弯曲、驼背等，应在青少年时进行矫正；生长发育已经定型时，只有借助锻炼，增强肌肉力量，来弥补缺陷。有些畸形症，必须进行医疗整形，体育锻炼只能起帮助恢复的作用。锻炼时按医生要求进行，切不可自行蛮干，以免使病情加重。

（3）不要半途而废。健美锻炼虽然很好，但并不是一项轻松的事情，锻炼过程中也要用力，出汗，吃许多苦。有些人一看动作要求严格，就打退堂鼓，这很不好。要干成一件事是很不容易的，健美锻炼更是如此，没有恒心，缺乏信心，是不会成功的。

体育与健美

体育活动是一种灵活、机动、方便的肌肉活动，通过肌肉活动，能够塑造健壮、优美的体型。经常参加体育锻炼，在发展肌肉力量的过程中，肌肉纤维内部的细微结构和化学成分都发生明显变化。一般人的肌肉中含糖量约为350克，经过锻炼后，可增加到500克，糖是人体的主要供能物质，糖增多了，肌肉的力量就增大了。据观察，坚持一年较系统的体育锻炼，就能使肌肉块明显增大，肌肉的表面突起，更加丰满有力。身体魁梧健壮，线条明朗多姿，肌肉发达，体型自然就健美了。

另外，在体育运动中，由于肌肉消耗了大量的能量，心脏跳动加快，血液循环通畅，需氧量增多，呼吸加深加快，新陈代谢处于旺盛状态，身体的各个器官和组织，都保持着很强的生命力。体育运动会使你的情绪饱满，面色红润，目光有神，皮肤弹性增强，能够保持青春常在。

利于健美的体育项目很多，如游泳、跳水、武术、自由体操、花样滑冰、民族舞蹈等。女士经常练习哑铃、高低杠、双臂屈伸等，能使上肢和胸部健美；经常练习俯卧撑、仰卧起坐、负重收腹等，能使腰部和背部健美；经常练习跳绳、跳高、跳远、长跑等，能使腿部健美。身体瘦高的人，要多参加哑铃、投掷、器械体操等体育运动；身体矮胖的人，要多参加短跑、打篮球、吊环、单杠引体向上等体育运动。总之，体育运动项目很多，可根据自身条件和兴趣，选择几项合适的体育运动项目，坚持锻炼，一定会使身体更加健美。

体育运动能使人体健美，但体育运动又不能取代健美活动。因为体育运动中的某一单项，对于运动员来说，反复、长期的训练，为的是出成绩。它对人体的改变也只是与这一项运动有关的部位，并不能改变整个形体。所以，单单指望一两项体育运动项目是达不到健美效果的，这就是运动员，甚至运动健将并不一定都是健美小姐或健美先生的道理。

怎样消除锻炼后的疲劳

经常参加健美锻炼的人，一般不感到疲劳。可对刚刚参加健美锻炼的人来说，由于心肺功能还没有提高，血液循环和气体交换不好，神经系统还没有适应，精神过度紧张等，所以容易感到疲劳。

消除锻炼后疲劳的最好办法是积极休息，如锻炼胳臂，胳臂疲劳了，可以进行腿部的健美锻炼，胳臂的疲劳就会很快消失。如果锻炼腰部感到疲劳了，再进行面部锻炼，腰部的疲劳也会很快消除。医学专家称这种生理现象是大脑皮质的"诱导作用"。因此，刚刚参加健美锻炼的人，最好是利用这种"诱导作用"，对面部、胸部、腹部、腰部、臀部、腿部等轮流进行锻炼，既能节省时间，保证效果，又能较快地消除运动后的疲劳。

运动后听听轻音乐能很快地消除疲劳，因为优美的音乐能转化成生物的化学能，对人的神经系统、心血管系统、内分泌系统、运动系统等都有良好的刺激作用。另外，看电影、看球赛，也能使大脑得到安抚并引起美好的遐想，转移兴奋灶；疲劳后练习绘画、书法，可使人感到心旷神怡；下棋、打扑克、猜谜语等智力活动，也有助于调节精神、消除疲劳。

洗温水澡也是个好办法，能使大脑皮质受到温和的刺激，对周围神经也有良好的影响。同时，温水澡能使毛细血管扩张，血液循环加快，积聚在肌肉中的乳酸和其他废物能很快排泄出来。如果锻炼后没有条件洗温水澡，用盆热水烫脚，也能较快地消除疲劳。

睡眠是消除疲劳的主要方法。睡眠对大脑皮质由兴奋转为抑制，心跳、呼吸、新陈代谢都变得缓慢，肌肉也处于放松状态，从而得到很好的休息。因此，养成良好的睡眠习惯，按时作息，对身心健康极为有利。

有的人经过锻炼后，总感觉到身体疲劳，甚至精力不佳，食欲不振，很可能是由于运动量过大，身体还没有完全适应，应当休息一段时间再进行锻炼。

女子健美锻炼方法

女子健美锻炼可从以下几方面入手：

1. 准备活动：通过一些徒手操使身体各运动器官的关节、肌肉韧带活动开，使内脏器官的机能活动水平逐步提高，这样就可以避免肌肉损伤，韧带拉伤。这在冬天尤为重要。

2. 把杆练习：单手扶在肋木上，做前踢腿、后踢腿练习；双手把杆做压肩练习和单脚压腿（轮流）练习等。这些练习有助于发展柔韧素质，也有利于塑造健美体型。在家中借助窗台、椅子就可以练习，简单、方便、收效大。

3. 垫上运动：包括仰卧做腹肌练习和背肌练习两项。

4. 上肢力量的练习：用俯卧撑或哑铃锻炼，是发达胸大肌简便而有效的办法。发达的胸大肌是乳房最好的衬托，可弥补某些女子乳房发育不良的缺陷；哺乳后的妇女，往往乳房下垂，弹性降低，发展胸大肌可使胸部丰满，保持体型的曲线美；过分消瘦的女子，也可通过哑铃上举、侧举、侧上举、扩胸等运动，有效地发展肩带肌、胸肌和背肌，

使人变得健美起来。

5. 跑跳练习：各种原地跑跳练习，可以增强下肢力量，锻炼内脏机能的能力，发展灵敏素质和协调能力。原地跑跳时可以结合扭髋动作一起进行，改善小骨盆内的血液循环，强化全身肌肉系统，有助于妇科疾病的预防和治疗。

时尚健康新忠告

经常烹饪，增加女性患肺癌危险

一项肺癌流行病学调查发现，经常烹饪的女性罹患肺癌发病率较高，与经常接触厨房与经常吸烟这两者的肺癌患病概率几乎对等。

研究发现，70％的男性肺癌患者死因与吸烟有关，只有18％的女性患者因吸烟或长期被动吸烟导致肺癌。在非吸烟女性肺癌危险因素中，超过60％的女性长期接触厨房油烟，做饭时眼和咽喉经常有烟雾刺激感；有32％的女性烧菜喜欢用高温油煎炸食物，同时厨房门关闭，厨房小环境油烟污染严重；还有25％的女性家中厨房连着卧室，高温油烟久久不散，甚至睡觉时也在吸入，这些有毒烟雾严重损伤了呼吸系统细胞组织。

专家提醒：讲究饮食和营养，如经常饮茶和补充维生素C对防治肺癌十分有效。

果汁＋菜泥是"减法"

随着家用多功能切菜机的普及，许多人在家里制作混合蔬菜汁或菜泥。超市里也有混合菜汁和果蔬汁出售，并号称是"含有丰富而全面维生素的健康食品"，特别是用它来喂养婴幼儿和不能吃饭的老人、病人。

为了追求全面营养，人们往往把含有大量维生素C、维生素A的西红柿、黄瓜、胡萝卜等蔬菜混合制作成菜泥。其实从营养学上来讲，它们的混合不是"加法"而是"减法"。

在胡萝卜、黄瓜、南瓜、茄子等蔬菜中含有一种"抗坏血栓氧化酶"，它能够氧化、分解维生素C。如果把上述蔬菜混合制成汁或泥，维生素含量就会变成零。

从科学观点来看，食用混合菜汁或菜泥，不如直接吃烹制或凉拌的蔬菜。如果要给婴幼儿、老人及病人喂食菜汁或菜泥，也应该把各种蔬菜分别制成菜汁或菜泥，分开喂食。

上午喝绿茶，下午喝枸杞

绿茶和枸杞都很有营养，绿茶含有儿茶素与β-胡萝卜素、维生素C、维生素E等，多项实验证明，绿茶能清除自由基、延缓衰老、预防癌症，还可以预防感冒、龋齿及消除口臭等。

枸杞性平、味甘，具有补肾益精、滋阴补血、养肝明目、润肺止咳的功效，很多保健养生的药物中都含有枸杞。

绿茶和枸杞都可以用开水冲泡饮用，不少人干脆就把它们放在一起冲泡。但是，绿茶里所含的大量鞣酸具有收敛吸附的作用，会吸附枸杞中的微量元素，生成人体难以吸收的物质。

专家建议：可以上午喝绿茶，开胃、醒神；下午泡饮枸杞，可以改善体质、有利安眠。

有损大脑的生活因素

人人都想聪慧、机敏，并且人人都会为此而采取自认为有益、有助的措施。然而，在日常生活中，生活因素和人们的用脑习惯，对大脑智力却有着不利的影响。

（1）懒散少用脑：有道是"脑子越用越灵"。科学合理地多用大脑，能延缓神经系统的衰老，并通过神经系统对机体产生调节与控制作用，从而达到健脑益寿之目的。假如懒懒散散不常用脑，对大脑和身体的健康都是不利的。

（2）胡思乱用脑："脑子越用越灵"是建立在科学用脑的基础上的，倘若过分紧张焦虑，或是不切合实际地殚思竭虑，则对大脑有不利影响。

（3）带病强用脑：在身体欠佳或患病时，勉强坚持学习或工作，不仅效率降低，而且容易造成大脑的损害，还不利于身体的康复。

（4）饥饿时用脑：有的人早晨起床晚，来不及吃早餐，或有免用早餐的不健康习惯。这样就使人一上午处于饥饿中，血糖低于正常供给水平，导致大脑的营养供应不足。若经常如此，势必有损大脑的健康和思维功能。美国学者经过实验证明，孩子吃高蛋白早餐时的学习成绩，要明显优于进素食早餐的；而不进早餐的孩子，其学习成绩都较差。同理，其他时候在饥饿的情况下用脑，也会对大脑有不利影响。

（5）睡眠质量差：成年人一般每天需要有7小时以上的睡眠时间，并要保证睡眠的较高质量。如果睡眠的时间不足或质量不高，那对大脑是一个不良刺激，会使大脑的疲劳难以恢复，易发生衰老。故睡眠不足或睡眠质量较差，应适当增加睡眠的时间（夏天宜午睡片刻），并设法改善睡眠状况。

（6）蒙住头睡觉：有人睡觉时习惯将被子蒙住头，这样，随着被窝中二氧化碳浓度的升高，氧的浓度不断下降，长时间吸入如此污浊的空气，对大脑的健康必定有害。

警惕劣质纸饭盒带来胆结石

现在，许多餐馆使用的一次性饭盒，多是以聚丙烯成分为主的不发泡塑料餐具。若餐具中的聚丙烯加滑石粉含量高达90%以上，就过不了卫生这一关。

有些餐具手摸着软绵绵，一搓就掉粉，用力一撕就破裂，气味刺鼻又呛眼。这样一来，就很容易造成渗油、渗水、变形及粘米饭等情况，这多是醋酸残渣严重超标造成的。

醋酸超标会对人体造成胆结石疾病，而附着在无机物表面的偶联剂，如钛酸酯含有有毒重金属，会对健康造成更为严重的危害。

使用薄膜制品需谨慎

近日，有关部门的检测结果表明：不少食品保鲜膜制品存在严重的蒸发残渣超标和包装袋色料脱色等问题，不符合卫生指标。使用此种包装袋包装食物，尤其是包装含油脂类食品时，会影响食品和人体健康。

据了解，欧美等发达国家已经不再使用聚氯乙烯树脂做原料生产保鲜膜或食品包装袋，尤其禁止使用含苯结构类物质作为加工聚氯乙烯食品包装的增塑剂。

镶假牙后要补充营养

假牙也需营养，有许多人会不相信。然而事实确实如此，理由是：假牙紧紧地镶嵌在上、下颌骨的牙槽突上，而当牙齿脱落后，牙槽突便会出现废用性萎缩，如果营养跟不上，必然会令其萎缩速度加快。正所谓"皮之不存，毛将焉附"。所以，镶假牙后注意补充营养是情理之中的事。

那么，镶假牙后注意补充哪些营养呢？

首先，是钙、磷、钾等防止骨质疏松的无机物。其次，要补充足够的维生素。维生素C若不足，会出现齿龈萎缩、口腔黏膜溃烂和出血。最后，要保证蛋白质的供给，全口牙齿脱落之后，咀嚼肌随之退休，为了延缓这群肌肉的退休速度，应每日摄取定量蛋白质。

春季少吃糯米

春天应该少吃刺激性不好消化的食物，如糯米、面团等，多吃清淡食品。如果有胸闷、喉咙不适、头晕眼花的现象，可用菊花、陈皮、牛蒡子、甘草、少许盐泡水代茶饮，可清肝明目，消除积食并保持排便通畅。

不要将手机放床头

很多人晚上睡觉时都有将手机放在床头充电的习惯。最近的研究表明，这样做会使人体受到巨大的伤害，大大提升癌症的发病可能性。所以，千万不要将手机放在床头充电。

老人乘车莫倚窗

阳春三月，许多老年朋友要乘车旅游。在此要提醒老年朋友，行车时千万别将肩或臂倚靠在车窗玻璃上，以免受寒。坐在靠玻璃一侧，有种凉风吹过的感觉。若是长时间将肩、臂部靠在玻璃上，会因此而受风着凉。尤其是患有颈椎病或类似疾病的老年朋友更得注意。

春日佳蔬韭为先

早春时节，韭菜是人们餐桌上喜爱的日常佳蔬。唐朝诗人杜甫就曾留下"夜雨剪春韭，新炊间黄粱"的诗句。韭菜营养超过白菜、油菜、包菜、芹菜、莴苣等叶类菜和所有的瓜茄类蔬菜。此外，韭菜进食时能锻炼嚼肌，增进胃肠消化功能，防止便秘，预防龋齿，减少粪便中的有毒物、致癌物质与肠黏膜接触。药理分析还证实，韭菜中所含的挥发性精油及含硫化合物，有降低血脂的作用。但是，韭菜一次不宜多食，以免上火，阴虚者应忌食。

早春不要急减衣

早春气温乍暖还寒，常有寒潮来袭。老年人气弱骨疏，抗病力差，稍受风寒，易引发疾病，于是感冒、肺炎、气管炎、哮喘、关节炎、偏头痛、冠心病等便会接踵而至。在这个时候，应注意防风御寒，常备棉衣，遇冷用之。春季衣着款式应宽松舒展，纯棉织品吸湿性好，暖和又贴身，是内衣的合适选择。

反复感冒，请换把牙刷

如果你患感冒或上呼吸道感染疾病，经医治而仍缠绵不断，请换把牙刷。牙刷经常潮湿，而刷毛的间隙又是细菌、病毒居留及滋长的温床。若刷牙时造成损伤，细菌、病毒就会再次进入血液，导致感染。因此，牙刷应放在通风干燥处，如果患过感冒，最好将牙刷用消毒液浸泡消毒，或更换一把新牙刷。

睡不香就换个时间睡

科学家们已经发现，睡眠的好坏取决于睡眠的质量。那么，何时入睡才能取得较好的睡眠质量呢？答案是：晚上9：00～11：00，中午12：00～1：30，凌晨2：00～3：30。应该尽量避开人体昼夜生理上的三个兴奋期：早上9：00～10：00点，晚上7：00～8：00点，深夜11：30～12：30。此时，人体精力充沛，反应敏捷，思维活跃，情绪激昂，是不利于机体转入慢波睡眠的。

春捂要讲科学性

"二月休把棉衣撇，三月还有梨花雪。"这是我们耳熟能详的民谚，既道出了春捂的必要性，又指示了春捂的时间。

二月（农历）是气温多变的早春，诚如王安石的诗所说："春日春风有时好，春日春风有时恶。不得春风花不开，花开又被风吹落。"可恶的春风挟带的寒流，吹落了初绽的花，也常吹病脱了棉衣的人——感冒、气管炎、青光眼、心肌梗死、心脏猝死、中风，在寒流过境时往往形成发病高峰。于是，便有了"二月休把棉衣撇""吃了端午粽，再把棉衣送"之类劝人春捂的告诫。医疗气象学家根据大量研究资料，向人们提供了一些更具体、更科学又便于"操作"的春捂数据。

比如，就该"捂"的气温来说，最高气温15℃以上，日间温差在5℃左右，就是可以减衣的气温指数；而一旦日间温差在8℃以上，则是人体对温度难以自我调节而需要添加衣服的信号。

再如，添衣的时机，应该在冷峰过境前24～48小时及早开始，因为多数与气温下降有关的疾病，都是在冷峰过境前或过境时达到高峰的，"捂"晚了犹如雨后送伞。

那么，捂多长时间就可以不捂了呢？研究表明，骤然降温后"捂"着的衣服，虽然气温缓缓上升了，却不可见热就脱，应该捂1周以上，体弱者可能需要持续2～3周。因为人体要有个适应的过程，捂不到"位"便匆忙减衣，将可能出现"一向单衫耐得冻，乍脱棉衣冻成病"的结果。

夏季须防空调引起中风

中风一般多发于每年霜降以后，夏季怎么会是中风的多发季节？专家解释说，这与使用空调不当有关系。

专家分析，限于目前条件，一些居民家并不是每个房间都安装使用空调，这样居室间就形成了温差。这对老年人，特别是患有高血压、动脉粥样硬化的人来说，就很难适应，容易导致脑部血液循环障碍而诱发中风。再则，长期待在温度过低的空调间里，人体排汗不畅，不利于血液循环，促使间接诱发中风的发生。

专家告诫市民，使用空调室内外温差不要超过7℃，尽可能减少进出空调房间的次数，以免一冷一热对人体血管，尤其是脑部血管反复舒张而发生意外。老年人应尽量避免在烈日下活动，预防因大量出汗、血液浓缩、血流缓慢而导致中风发生。

入秋天燥排便难，小技巧来解忧

1. 先做一次彻底的清肠：在训练排便习惯之前，必须"清扫"肠道，彻底排空结肠中淤积的大便，以提高下一步排便的训练效果。具体方法是：服用盐类泻药，连用三天，同时增加饮水量，以排出水样大便为宜。

2. 重建良好的排便习惯：人类进食之后，结肠会出现短时间蠕动增强。因此，可以利用这段宝贵时间进行排便训练，一般安排在每天早餐后，无论有无便意都应用力做排便动作。排便时，可将双手压在腹部，模拟咳嗽的动作，增强腹内压力，以促进排便。经过努力仍无大便排出，可在午餐或晚餐后再进行排便训练，如实在不行，可少量用泻药。持之以恒，坚持每天在固定时间训练排便，如果效果良好，可逐渐减少泻药的用量，直至停药。

3. 请促胃肠动力药帮忙：有的人结肠转运功能异常，食物残渣在结肠中停留时间过长，达到56小时，甚至超过140小时，如有此情况，可适当应用促胃肠动力药帮忙，以达到缓解便秘的作用。

4. 纤维素类食品不可少：适当增加食物中纤维素的含量，如水果（香蕉、梨）、蔬菜（豆芽、黄瓜）、玉米和大豆，尤其要摄入纤维素含量高的食物，如糙米、麦片等。此外，适当加大饮水量，平时还可以吃一些蜂蜜、芝麻等食物，也有润肠通便的作用。

5."解秘"小配方：一般说来，多喝水、多运动、多吃杂粮、多吃新鲜蔬菜和水果，便可以有效防治便秘，您不妨试试以下简便易行的小配方。

（1）冷饮疗法。早晨起床后先空腹饮用一杯凉开水或一杯冷牛奶，肠胃受到刺激会产生便感，长期坚持就能形成早上排便的好习惯。

（2）茶饮疗法。杜仲茶是便秘者和肥胖者的上好饮品，可以解除便秘，减少脂肪，稳定血压。体胖的便秘者饮用此茶可一举两得。

（3）运动疗法。患者安静地仰卧在硬板床上，上肢不动，两腿伸直，两脚交替下蹬，每秒蹬一次，每只脚蹬100~200次，视体能而定，体能好者可增加蹬的次数，下蹬的重力必须到位，否则效果会不显著。

此外，爱吃零食的人士还可选择核桃、酸奶、青梅干等润肠通便的零食，少量食用咖啡和香蕉，以及饮用蜂蜜（最好是睡前）也能起到促进排便的作用。

入冬警惕脉管炎

脉管炎在医学上的全称是血栓闭塞性脉管炎，主要侵犯四肢。病变过程系中小动脉血管壁发炎，导致动脉血管呈节段性堵塞，出现慢性缺血症状，如手脚发凉、冰冷、苍白、发紫，甚至发黑坏死，往往伴有肢体疼痛或小腿胀痛。

由于病变为一慢性逐渐加重过程，堵塞血管的周围细小血管增生、扩张，建立侧支循环，补偿供血，患者缺血症状轻微或不甚明显。但一到冬至前后，气温常降至0℃以下，肢体较浅表的细小血管因寒冷刺激会收缩痉挛，这对于有慢性肢体缺血的病人好比雪上加霜，因而病情加重，甚至恶化，出现肢体坏死而不得不截肢。

本病预防的关键在于早期发现、早期诊断和坚持治疗。特别应注意戒烟或避免被动吸烟，入冬后穿着上要注意保暖防潮，避免肢体被挤压或踩踏受伤。一些温经通脉、活血化瘀的中药，如桂枝、红花、当归、丹参、川芎、细辛等，内服或外洗，均可起保健或治疗作用。

胸痛千万莫"等天亮"

早春是心梗病高发的季节，很多老人在后半夜和凌晨发病时，不愿惊动子女或者周围家属的甜蜜梦乡，这样等到天亮再叫醒家人，使得病情急剧恶化。专家提醒只要人们在发病的时候意识到胸部疼痛，并及时有效地呼叫，心梗完全可救治。

需要让大家明白的是，当我们把胸痛在1小时以内的患者送达医院抢救成功之后，无论是心电图还是查血，都看不出心肌坏死的任何指征，医生甚至可以从检查报告中认为该患者根本没有过心梗。

温度骤降10℃易发心肌梗死

法国有研究者指出，冠心病患者突然到比原环境温度低10℃以上的地方，诱发第一次心肌梗死的概率增加13%。

每当寒流袭击、温度骤降时，心绞痛发作和心肌梗死的患者会大增。因为人们进入气温低的环境，体表皮肤的血管便立即收缩，以保持体温恒定，使一些重要的脏器能维持正常工作。在这个过程中，心脏要加速工作，血管也要收缩。这时原有冠状动脉血管阻塞的人，就可以发生心绞痛或心肌梗死。

关注寒潮下的"呼救信号"

1. 留意心脏的"呼救信号"：心脏藏在胸腔深部，人们看不见摸不着，但它有病就会发出"呼救信号"，出现下列"呼救信号"，应及时去医院检查和治疗。

各年龄组的人，尤其是青壮年，在患感冒或腹泻后，出现明显的全身乏力，行走时心慌气促，平静时脉搏每分钟超过100次或少于60次，可能是发生了病毒性心肌炎。

入睡后，突然因胸闷、气急惊醒，接着频繁咳嗽，气急加剧，并咯出泡沫或红色的泡沫样痰，这大多是患有风心病或冠心病。

中老年人，在过度劳累、过量饮酒、情绪激动后突然出现心前区发闷、压榨痛等症状，多为患了冠心病。如反复发作持续时间较长，经用硝酸甘油、救心丸，心绞痛不能缓解，则可能是发生了心梗。

2. 让"心痛"的感觉不再有：冬季人体的血管容易出现痉挛，从而诱发心绞痛，预防心绞痛应注意做到以下几点：

（1）早晨锻炼不要空腹。因空腹时人体的血糖较低，运动时心肌能量有时会出现供给不足而导致心绞痛。晨练时应吃一些碳水化合物及乳类食品，如牛奶、豆浆、米粥等，但进食量不宜太多。

（2）早晨不要吃过烫的食物。起床后马上吞食过热的食物，会使心律加快，心肌耗氧量增加，从而诱发心绞痛。这种情况大多发生在血管脆性高的患者身上，尤其是体质较弱者和老年人，所以这些高危病人群应多加小心。

（3）增强对冷热的适应能力。冬季早晨可用冷水洗脸，晚上睡觉前用热水洗脸烫脚，只要长期坚持，就可有效避免冬季户外冷空气及户内热温度对心血管的刺激，使心血管保持正常的调节功能，心绞痛及心律不齐等意外也会大大降低。

刷牙有助驱疲倦

脑力劳动者都很珍惜夜晚的黄金时间，但也常为疲倦瞌睡所困扰。有人为了提神，常采用抽烟或冷水冲头的方式，殊不知这是有害健康的。

因此，有专家建议，正确抑制瞌睡的方法有：开窗呼吸清新空气、听一段舒缓的音乐等，而其中最有效的就是刷刷牙、漱漱口。

因为当人感到疲倦想睡觉时，嘴里就会发黏，这时若刷牙漱口清洁口腔，便可以发挥醒脑功效，使人精神倍增。刷牙时最好以脚尖支撑身体，如果能顺便洗一下脸，则更有助消除睡意。

常发无名火须防动脉硬化

进入老年后，人极易发生动脉硬化。脑动脉硬化大多起病缓慢，多数早期会出现头痛头晕、失眠，继而记忆减退，尤以近事忘记障碍为明显，对新事物的领悟能力减退，工作效率降低。

病情到后期的患者，则思维联想发生困难，理解、判断和分析力均受到损害，且情绪不稳定、易激动，常为小事大发脾气。

早期脑动脉硬化，若能及时治疗，多数可有明显缓解。药物治疗主要针对动脉硬化，可酌情使用抗精神病药物和改善智力的药物。

贫血切勿乱补

贫血的原因多种多样，其伴随症状也由此不同。所以，服用补血药也要对症。

贫血的常见病因有：铁、维生素 B_{12}、叶酸摄入不足；各种急慢性失血；红细胞破坏过多；各种慢性疾病和恶性疾病所致贫血等。

当怀疑有贫血时，应先去医院检查血象，看血红蛋白值是否真的低于正常，再在医生的指导下查找病因。即使是常见的缺铁性贫血，也应遵医嘱用药、复查，不要轻易相信某些补血药广告或说明书上的自我吹嘘。

腰腿痛时别随便按摩

自我按摩是腰腿痛患者最常用的自我治疗手段，但专家提醒患者：按摩治疗看起来似乎能舒筋活血、缓解疲劳，其实这样做并没有太多的依据，腰腿痛时别轻易用此手法治疗。

因为腰腿痛有很多原因，除常见的腰椎退行性改变、腰椎间盘突出症、腰椎管狭窄外，还有腰椎滑脱、腰骶椎肿瘤、骨质疏松症造成的压缩骨折甚至压迫两边刺激。如果想当然地进行按摩，有可能造成神经严重受损，下肢瘫痪的悲惨后果。

头部被撞可能存隐患

最好在伤后 8 小时左右，再做 CT 确诊。

无论何种情况下造成头部伤，不要凭经验，当时没事就放弃治疗。事后若出现头痛、呕吐、手脚不灵便、视物不清及言语有障碍等症状，要及时到医院再次进行 CT 检查。

早餐吃冷食易伤胃

早上喝多了冷饮容易伤害胃肠道，因为经过一夜的睡眠，早晨起床后，肠胃功能尚未由夜间睡眠时的抑制状态恢复到兴奋状态，所以消化功能相对弱些，食欲相对差些，此时若饮用过多的冷饮，容易刺激胃肠道促使体温下降而导致胃肠道痉挛，引起发炎等现象。

从中医的角度解释，冰冻的食物会刺激胃，使胃黏膜受伤，引起胃痉挛，导致胃疼、打嗝、吐清水、不思饮食。所以不宜早上大量喝冰豆浆、冰绿豆汤等冷食。

吃早餐等于吃补药。因此，应注意科学饮用早餐，合理膳食。专家建议，早餐最好吃热腾腾的稀饭或者面条，再加上个鸡蛋，这样才不伤胃又保证了营养。

倦时莫用凉水冲头

当睡意或疲惫袭来时，不要用凉水冲头。因为睡意或疲惫出现本是大脑自身的一种保护性抑制反应，它警示人们应立即采取措施让大脑休息。如果这时用冷水来刺激神经，只会造成脑细胞过度消耗以致引起脑功能下降，兴奋与抑制调节紊乱。

眼睛也需要"假期"

眼科大夫认为，眼睛也需要"假期"，可采取以下几种方式让眼睛"放假"：短"假期"，学会眨眼按摩，每天特意眨眼 300 次，有助于清洁眼睛；中长"假期"，每隔 1 小时就要休息 5~10 分钟，由于在看近物时，眼睛是向内、向下看的，所以在休息时，尽量让眼睛向左上方和右上方看。

中年妇女保持体型可防乳腺癌

中年妇女应特别注意加强锻炼，使自己能在一个相当长的时间内保持良好的体型。因为体型发胖后，患乳腺癌的危险性会有所增加，所以要尽量避免身体发胖。

在饮食起居中也应注意，少进食含高脂肪的食物、不吸烟、不酗酒、生活规律、保持心情愉快。另外，认真去做每一次单位组织的体检，如果你从事个体经营或目前下岗在家，则应自己每年安排一次体检，进行全面的身体检查，重点检查乳房情况，特别是已往患有各种良性乳房疾病者，更应重视乳房的体检。平时也应坚持做乳房的自我检查。

莫用胳膊给孩子当枕头

妈妈若长期将胳膊给孩子当枕头，不仅会让孩子产生依赖性，更会给自己带来不良后果——桡神经麻痹。

孩子枕妈妈的胳膊睡觉，正好对桡骨神经造成压迫，受压后略感麻木但不明显，因此不易引起注意。但若长期如此，就会感到侧手无力，拿不住东西等，甚至虎口区皮肤感觉不灵或丧失。

轻度患者经服药、针灸、电刺激等综合治疗，1~2 个月内可恢复。但其间，要用伸腕指弹性支架固定患侧手指，防止伸肌腱被动拉长。若 3 个月仍未见恢复，就要采用手术治疗。

高脂血症者应管住嘴

高脂血症可以通过调脂药物治疗，但调脂药物对肝脏会有副作用，所以检查结果只高于正常值零点几和一点几的患者去冒险似乎不太值得。

治疗高脂血症最好的办法是管住自己的嘴，少吃动物内脏、海鲜、肥肉、蛋黄、鱼子等高胆固醇食物。切忌暴饮暴食或塞饱式进餐，改变晚餐丰盛和入睡前吃夜宵的习惯。

饮食应清淡，多吃蔬菜、豆制品及水果，保证每人每日摄入的新鲜水果及蔬菜达400克以上，并注意增加深色或绿色蔬菜比例。戒烟，少饮酒或不饮酒，多参加运动锻炼，保持适量的睡眠和良好的情绪，防止身体发胖。

健康也要拘小节

许多生活细节潜藏着不小的能量，注意这些细节能使您神清气爽、健康有活力。

（1）每天清晨起床后，跳绳是一件既有趣又锻炼身体的美事，不会费时太久，也不会耗力太多。

（2）如果睡眠质量不好，应多吃动物肝脏和新鲜蔬果，它们富含维生素B族，能增强记忆力。

（3）豆芽不可多吃，因为豆芽中含有植物性孕激素，育龄妇女吃得太多容易引起月经紊乱，不容易怀孕。一周不超过两次为好。

（4）黑麦面包或全麦面包富含纤维素，可降低动脉血压，增进血液中糖的代谢，如果每天能吃30克，对健康非常有益。

（5）巧克力不只是好吃，也有助于减轻焦虑的情绪，它和葡萄酒一样，具有抗氧化作用，只是不能贪多。

（6）用手心压住鼻尖，以不痛为原则，像画圆周般地按摩30秒，经常做能放松神经、促进消化，肠胃功能不好者赶紧试一试。

（7）让办公室亮起来，光线充足的环境有防止忧郁的作用。光线弱，易使人的情绪低落。

（8）定期健康检查，千万不要等生病了才去医院，日常的体检不会耽搁太多时间，却可以减少许多危险。

（9）感觉自己要感冒时赶紧喝姜汤，偏头痛按摩太阳穴，这些老偏方还是很管用的。

（10）空气干燥，喉咙容易干涩发炎。如果室内太干，可放一盆水，加几滴香精，使满室清馨。

（11）单独吃糖，很快会形成脂肪，而且挥之不去，但是身体需要糖。所以与其等下午吃巧克力，还不如在餐后就吃点糖果。

（12）锌是人体内含量很少的微量元素，却是全身酶的活性成分，它对调整免疫系统、促进生长十分重要。一般每天锌的摄入量10微克，只要注意摄入海产品、瘦肉、粗粮和豆科植物就可以满足。

（13）人体任何一个细胞都不能缺乏水分，成年人身体的60%～65%是水分，肝、大脑、皮肤含有70%的水，骨骼含水45%，血液含水80%。如果想保持健美的肌肉，就必须饮足水。

八大因素诱发高血压

人为什么会得高血压？为什么其他人有同样的生活环境却没有高血压？目前大量资料显示，血压升高与多种因素有关。

（1）性别与年龄：在世界绝大多数地区，男性高血压患病率明显高于女性，尤其在35岁之前。其发病原因很可能与女性妊娠、孕期及产后饮食习惯和内分泌变化有关。无论男性还是女性，平均血压随年龄增长而增高。一般来说，幼年或青年血压偏高者，随年龄增长，血压增高趋势更为明显。

（2）地区差别：北方人群收缩压平均高于南方地区，原因可能与气候条件、饮食习惯、生活方式等有关。不同种族之间人群血压水平差异排除以上原因外，还可能与遗传因素有关。

（3）职业：从事脑力劳动和紧张工作的人群高血压患病率比体力劳动者高，城市居民较农村居民患病率高。趋于低龄化发病，很可能与生活紧张、精神心理因素和社会职业有关。

（4）饮食：饮食习惯、营养与血压调节有着密切的关系。因此，合理饮食对高血压的防治起着重要作用。

（5）肥胖：肥胖是高血压的重要危险因素。肥胖者高血压患病率是体重正常者的2～6倍。高血压、肥胖、高胰岛素血症、高甘油三酯血症和低密度脂蛋白胆固醇往往合并存在。而高血压和糖尿病常易诱发动脉粥样硬化性心脏病。所以，减肥至正常体重不仅可以降压，对控制糖尿病和冠心病都有益处。

（6）吸烟：吸烟可诱发冠心病，使血压升高。烟草中含烟碱和微量元素镉量较高，吸入较多即可使血压升高。

（7）遗传：调查发现，父母均患高血压者，其子女患高血压概率高达45%。

（8）精神心理因素：精神紧张、不良的精神刺激、文化素质、经济条件、噪声等均可影响血压水平。

防治高血压有标准

世界卫生组织建议，老年人的血压应控制在140～90毫米汞柱为好。不管收缩压或者舒张压，只要有一项超过这个标准即为血压偏高，应服用降压药或采用其他降压方法使血压下降。世界高血压联盟也提出，合理膳食、适量运动、戒烟限酒、心理健康是健康的"四大基石"。并强调防治高血压，主要在于加强自我保健。平时应注意以下几方面：

（1）减轻体重：超重10%以上的病人，体重减少5千克就能明显降低血压，同时可减少血脂升高、糖尿病等危险因素。

（2）限制食盐：每天食盐量小于6克。

（3）戒烟。

（4）限制饮酒：饮酒能引起血压升高。

（5）合理膳食：热量适当、必需的蛋白质、低盐高钾钙镁、丰富的维生素和纤维素，避免过多的动物脂肪和高胆固醇。

（6）适当运动。

（7）松弛训练：如松弛默想、练气功、打太极拳等。

（8）心理健康：生活规律，保持良好的心境和情绪稳定。

高血压防治要持之以恒，无论是血压稍高或是已诊断为高血压的老人，若平时注意这些方面，一定会有所收获。

最经典的降压八法

美国专家提出8项有益的建议，如同从楼梯上下来一样，你的高血压会一步步趋于正常。当然，那些久治不愈的高血压病人还是要吃药的，不过，你的健康状况会明显好转，药量会逐渐减少的。

（1）减轻体重3～5千克。约30%的高血压患者是由于超重引起的。

（2）每天1只香蕉。香蕉里所含的矿物钾能扩张血管，改善血液循环。

（3）参加体育活动。骑自行车、跑步或散步等，每周3～5次，每次20～30分钟。运动有助于改善心情降低血压。

（4）学会放松情绪。你工作的性质对高血压没有什么影响，而有影响的是你从工作中能不能得到乐趣。

（5）饲养家庭宠物。当你爱抚宠物或带它溜达时，血压就有所下降。即使观看动物也有益。

（6）克制愤怒，保持心情平静。情绪异常血压上升就更高。在吵闹的地铁车厢里，大声快速说话会大大增高血压。

（7）要讲真话：为了编造谎言而不被识破，需要绞尽脑汁。因此，说谎是造成紧张的因素之一，能引起血压上升。

（8）笑口常开。笑声是一剂良药，能达到松弛的目的。当你笑的时候，产生的肾上腺素和可的松减少，而这两种物质促使血压上升。

难言之隐，一"泡"了之

外阴不干爽、白带过多是令许多女性相当烦恼的难言之隐，而"泡盆"（热水坐浴）能促进女性外阴血液循环，可有效改善外阴的不舒适，如潮湿、白带过多等症状。

正确的泡盆方法：

（1）将浴盆用肥皂与刷子洗干净。

（2）盆内放入清洁的温热水约八分满，勿加肥皂，用手腕内侧放入水中测温度，以便确定温度不会过烫，以免烫伤外阴。

（3）先将外阴部清洗干净，然后坐在温水盆中泡 10～15 分钟，一天泡 1～2 次。除非有医师指示，水里不要加药。

女性泡盆期间应多吃富含维生素 C 的食物及酸奶等，以使阴道 pH 值倾向酸性。同时，应穿着棉质内裤以利吸汗。有分泌物时，最好不要用护垫或卫生棉，可穿免洗内裤。

专家指出："泡盆"适用于霉菌（念珠菌）感染、细菌性感染或其他分泌物多的情况。不过，阴道滴虫感染所引发的阴道瘙痒及白带增多者必须要用药物来治疗。

夏天女性须补钾

夏季要注意补钾。

汗液中含有一定量的钾离子，在炎热的夏季，如果人体大量出汗，钾离子就会大量丢失。另外，夏季人们的食欲减退，从食物中摄取的钾离子相应减少，这就可能引起体内缺钾。

当缺钾时，会造成精神不振、心肌收缩力减弱、脑供血量减少，引起头昏眼花，四肢乏力。此外，体内缺钾会使胃肠蠕动减慢，导致肠麻痹。严重者会导致呼吸困难、心跳骤停而危及生命。预防缺钾最有效的方法就是多吃含钾丰富的食品，如菠菜、油菜、雪里蕻、紫菜、海带、竹笋、马铃薯、花生、香蕉、橘子等，多喝茶。

五种开水不能喝

开水的重新煮沸会造成水中亚硝酸含量的超标，可不同程度地引发人倦怠、乏力、嗜睡、昏迷、全身青紫、血压下降、腹痛、腹泻、呕吐等症状，日久还能引起恶性病。因此，要坚决杜绝开水的重复利用、重复煮沸。以下五种水不能喝：

（1）在炉灶上烧了一整夜或很长时间，饮用时间已经不冷不热的开水。

（2）自动热水器中隔夜重煮的开水。

（3）经过多次反复煮沸的残留开水。

（4）盛在保温瓶中已非当天的水。

（5）蒸过饭、肉等食物的剩开水。

滴鼻净也会伤鼻

春天来了，有不少人出现了鼻塞的现象。市面上买的滴鼻净（萘甲唑啉、鼻眼净），医生常开的麻黄素和诺通，使用这些药物不当会患上药物性鼻炎。

使用这些药会出现以下情况：开始使用时效果不错，但是用一段时间后，疗效愈来愈差，甚至鼻塞得更严重，鼻涕也流得更多，这时你很有可能患上一种新的病：药物性鼻炎。

药物性鼻炎是怎么得上的呢？原来这些治鼻塞的药物，之所以能改善鼻子通气，是因为这些溶液具有较强的收缩血管的作用，能使鼻黏膜血管收缩，缩小鼻甲，这样"空气"进入鼻子就顺利了好多。

但是如果用药过量，收缩过度，持续时间过长，血管就会像弹簧过度受压一样，出现"反跳充血"，鼻甲更为肿胀，鼻子反而通气更差。若长时间用药不当或滥用，会引起鼻黏膜的病理改变，并影响到鼻内纤毛和植物神经的正常活动，这样药物性鼻炎就出现了。

得了药物性鼻炎怎么办？

药物性鼻炎是个"坏东西"，因为它具有不可逆性，治好它有三种方式，激光、微波和手术。当然预防是最重要的。

"久坐一族"小心坐出病

长期伏案久坐，很容易患上久坐综合征，它包括颈椎病、腰酸背痛、肌肉关节疼痛、便秘、痔疮、肥胖等多种综合性疾病。

长时间低头易形成颈肩病，长时间弯腰易导致腰痛病，长时间用电脑会导致手腕痛等，长期的不当姿势及劳作，到了某一天，疼痛就会给你点"厉害"瞧了。

预防久坐综合征，坐班一族应注意调整坐的时间。原则上每坐 3 小时，应起身做散步、体操等全身性活动约 20 分钟，然后再继续工作；还可利用双休日安排一些室外活动，如骑自行车郊游、爬山、游泳、垂钓等。疼痛发作时间，可涂抹一些扶他林乳胶剂，一般采取一涂二搽三按摩的方式，每天 3～4 次，也能起到消除疼痛的作用。

仰头止鼻血，小心

鼻子流血不止，有人把头一仰，血止住了，可是胃却受不了了。原因是鼻血流到胃里去了。一般引起鼻出血部位是鼻腔内侧的细小血管，出血时只需用手指压紧出血一侧鼻翼，几分钟后就可止血。用棉花或止血海绵塞住鼻孔，再捏住鼻翼效果则更好。

金丝边眼镜会增加手机辐射的危害

英国剑桥的一个权威实验室最新研究显示，戴金属眼镜框的移动电话用户，容易因为手机的辐射而导致眼睛损伤。

这项研究报告说，移动电话的辐射，也穿透手机用户的眼镜，由于金属框架是一种导电体，使辐射更有效地投射在头、眼两个部位。因此，移动电话能够令大脑温度上升，影响脑部运作，进而损伤眼睛。

报告还说，金属眼镜框可导致电磁场增强，而使用者对辐射的吸收会增加 63%。

我国现有一个亿的手机用户，其中戴眼镜者很多，应引起注意。

帮你数数钞票上的细菌

钞票与人们的生活密切相关。一张钞票从银行出纳员，到取款、用款、收款人员，在流通过程中不知要经过多少人的手。

某卫生部门曾从纸币上检测到多种致病菌和条件致病菌。在检测中，大肠菌群检出率高达72.46%，变形杆菌检出率达63.38%，其他细菌、病毒和寄生虫卵的检出率也相当高。平均每张货币带菌达118万个。有报道称，从每平方厘米纸币上检查发现，染有细菌最低为7000个，最多达11万个。在钞票上可以发现的污染有葡萄球菌、链球菌、绿脓杆菌等数十种细菌。

　　卫生专家指出，货币不但能传播多种病菌引发常见病，还会传播病毒性肝炎和寄生虫病。首先受到货币污染之害者，恐怕是银行工作人员和商店里的收款人员，据检测发现，银行出纳员工作一个半小时之后，手上带菌量竟达300多万个。某市近年观察发现，银行储蓄员的各型肝炎感染率都高于其他人群。

　　虽然人们都知道钞票会对人体的健康带来一定的危害，也能采取一些措施加以避免，如在点钞之后及时洗手，但是在接触钞票的过程中人们的双手不可避免地会接触到身体其他皮肤表面，使皮肤染上病菌。所以在触摸钞票后要时刻注意不要碰触身体其他部位，尽可能避免沾上细菌。

吃海鲜过量会造成汞中毒

　　香港有毒金属医学会一项调查指出，在1000多名向该学会求助的病人中，近一半人体内水银含量超标，即俗称的水银中毒。医学界人士提醒市民，预防身体摄取过量重金属，要减少进食海产品。

　　水银中毒病人通常会出现失眠、疲劳等症状。水银和铅都是较为常见的有毒金属，它们的来源包括油漆、工业废料、某些电池和温度计，还有受污染的海产品、化妆品等。所以，进食过量海产鱼类可能导致体内水银含量过高。

酸奶饮用不当损健康

　　酸牛奶不宜加热或过量饮用。如果加热，其中活的乳酸菌就会被杀死，从而失去保健作用。而且过量饮用酸牛奶，会使胃酸浓度过高，影响食欲与消化功能，不利于身体健康。早上空腹饮用酸牛奶，胃酸浓度增高，活的乳酸菌极易被杀死，会导致酸牛奶保健作用降低。

　　一般来说，3岁以下的儿童最好不喝酸牛奶；在早上喝酸牛奶前最好先喝一杯白开水；服用抗生素类药物时，应间隔2~3小时后再喝酸牛奶。

四杯酸奶营养抵不过一杯牛奶

　　一袋牛奶中的蛋白质相当于55克鸡蛋，热量相当于120克猪肝，钙相当于500克菠菜，磷相当于300克鸡肉，维生素A相当于125克活虾，维生素B_2相当于225克羊肉，维生素C相当于150克西瓜。

而酸奶是将牛奶发酵后制成的，其乳糖大部分转化为乳酸，部分蛋白质也在发酵过程中水解，导致其营养成分低于鲜奶，主要适宜消化道功能不良者和老年人食用。

至于酸奶饮料，几乎都不是乳酸菌发酵的，而是加香味剂调制成的，只是一种含乳饮料，与酸奶完全不同，其营养成分也仅有酸奶的1/10左右，甚至更低。

睡前服蜂蜜能促进睡眠

蜂蜜是一种天然食品，它能美容养颜。

据美国佛罗里达食品科学和人类营养中心的研究，蜂蜜中的蜜糖不含脂肪，大部分由单糖（葡萄糖和果糖）组成，不需要经消化就可以被人体吸收，非常适宜老人食用，所以有人称蜂蜜为"老人的牛奶"。

研究表明，神经衰弱患者，在每天睡眠前，口服一汤匙蜂蜜，可以促进睡眠。蜂蜜中含有大量单糖、维生素，对肝脏有良好的保护作用。

多吃核酸抗衰老

美国著名科学家佛兰克经过多年研究指出："细胞的健康有赖于核酸。如果核酸充足，就能有效地抗衰老，延长人的寿命。"他指出，一个人每天最少应摄取1～1.5克核酸。为此，他提出了以下6条建议：

（1）每天吃一种海产品。

（2）每天至少要吃鲜芦笋、胡萝卜、洋葱、韭菜、葱、蘑菇、菠菜、芹菜等蔬菜中的一种。

（3）每天至少喝一碗菜汁或一杯果汁。

（4）每周吃一次动物肝脏。

（5）每周吃一次或两次牛肉或饮用牛肉汁。

（6）每周有一次或两次以上以各种豆类为主食或配菜。

刚锻炼完莫洗澡

做完体育锻炼后，洗一个热水澡可以解除疲劳，这似乎是被大家公认的。可近日专家特别提醒说，这样做其实是非常危险的。

为适应运动的需要，心率加快，流向肌肉和心脏本身的血液增加，运动后，较快的心率和血流速度仍要持续一段时间。如果立刻洗热水澡，导致肌肉和皮肤的血管扩张，会使流向肌肉和皮肤的血液继续增加，使剩余的血流不足以供应其他器官，尤其是心脏和脑，这对高血压病人来说十分危险。

一旦引起心脏和脑缺氧，就有诱发心脑血管系统疾病急性发作的可能。所以，高血压病人运动后千万不要马上洗热水澡，应先休息片刻，再选择温水淋浴的方法，时间要短，在5～10分钟内完成。

空调"开开停停"有益健康

室内温度多高的时候人会感觉舒适？空调怎么用才有利于健康？

从人体舒适角度来说，在冬季室内环境中，如果将室内温度控制在 15℃~18℃之间。人就感觉舒适了。因为在冬季，人们穿的衣服本来就多，如果室内温度高于18℃，便会感觉有点热，反而不舒服。所以空调温度不宜打得太高。

从保健的角度看，冬季使用空调时，至少要注意两个问题。首先，室内外温差不宜过大，最好保持室内比室外高8℃。如果室内外温差过大，人在骤冷骤热的环境下，容易伤风感冒。对于老人和患高血压的人而言，室内外温差更不能太大。因为室内温度过高，人体血管舒张，而这时要是突然到了室外，血管猛然收缩，会使老人和高血压病人的脑血液循环发生障碍，极易诱发中风。其次，开空调时必须紧闭门窗，时间长了会导致室内缺氧，细菌、病毒也会趁机大量积累。因此，空调每次开两个多小时就应该停下来，并开窗通气。

小心家中"美丽的毒品"

水晶制品是一种颇具威胁的铅污染源，水晶制品中的氧化铅含量高达20%~30%，用它来盛水，一般还不至于引起铅中毒；但若用来盛酒，酒会将水晶制品中的铅溶解出来并溶于酒，酒对铅元素的溶解量与时间成正比。由于水晶制品做工精细，外表晶莹剔透，故有"美丽的毒品"之称。

许多塑料餐具的表层图案中的铅、镉等金属元素会对人体造成伤害。一般的塑料制品表面有一层保护膜，这层膜一旦被硬器划破，有害物质就会释放出来。

不锈钢中的微量金属元素同样值得警惕，镍就是一种致癌物。不锈钢餐具上印有"13-0""18-0""18-8"三种代号，代号前面的数字表示含铬量，铬是使产品"不锈"的材料；后面的数字则代表镍含量，产品的镍含量越高，耐腐蚀性越好。为防止镍、铬等重金属危害人体，国家对其溶出量规定有相关的标准。所以，只要是正规产品均可放心使用。但不锈钢餐具不要长时间盛放强酸或强碱性食品，防止铬、镍等金属元素溶出。一旦发现不锈钢餐具变形或者表层破损，应及时更换。

铝制餐具轻巧耐用，但铝在人体内积累过多，可引起智力下降，记忆力衰退，导致老年性痴呆。如用铁锅配铝铲、铝勺，则会对人体带来更大危害。

摆盆"吸毒"花，居室保健康

据花卉专家介绍，室内摆放吊兰、文竹、龟背竹，能吸收室内的二氧化碳、二氧化硫、甲醛等有毒有害气体，消除、减少空气中的化学污染，抵抗微生物侵害。如吊兰能吸收一氧化碳和甲醛；天南星能吸收空气中的苯和三氯乙烯；石竹能吸收二氧化硫和氯化物；月季和蔷薇可吸收硫化氢、氟化氢、苯酚、乙醚等有害气体。

一些花卉不但有"居室净化剂"的美誉，还有抑制病菌、预防疾病的功效,如石榴花,能降低空气中的含铅量;金橘、四季橘和朱砂橘等,富含油苞子,可抑制细菌,预防霉变,还能预防感冒;万年青,由于含有一种有毒的酶,摆放在室内可以驱除蟑螂。

此外,各种花香因含有芳香族物质和酯类、醇类、醛类等物质,而这些物质能够刺激人们的呼吸中枢,从而促进人体吸进氧气,排出二氧化碳。如茉莉、菊花等花香,可减轻头晕、目眩、感冒、鼻塞、视力模糊等症状。

晒完被子别拍打

晒被子时要注意,被子不能晒得太久,一般在上午11点到下午2点时晾晒2~3个小时最好。羽绒和羊毛不需频繁晾晒,也千万不可暴晒,因为高温会使羽毛及羊毛中的油分起变化,产生腐臭味,此类被子通风晾晒1小时就可以了。晒完被子,人们都习惯拍打拍打,觉得这样既干净又能使被子蓬松,其实则不然。棉纤维粗而短,易碎。合成纤维细而长,易变形,一经拍打,纤维紧缩结成块就不会再复原了。而羽绒被更不能拍打了,羽绒断裂成细小的"羽尘",会影响保暖效果。

柑橘浴促进血液循环

柑橘类的水果包括橘子、柠檬、柚子、柳橙等,它们的果皮中因为含有松油、柠檬醛等用来提取精油的成分,不仅能美化肌肤,更有使身体发热、消除疲劳的功效,对治疗感冒初期症状也具有相当良好的效果。做法:把橘子皮放在通风、阴凉的地方干燥一个星期就可以用了。想洗的时候就抓两把陈皮放入棉布袋或丝袜里,放在有温水的浴盆中,然后再将5~6个橘子切成圆片,也放在浴缸里,入浴浸泡20~30分钟。

穿衣谨防中毒

衣服里为什么会含毒?生活中,"毒"这个字似乎离服装很远,但有关专家称,有些服装会被污染而含毒。在服装原材料如棉、麻纤维的种植过程中,为控制害虫、植物病毒和杂草的侵蚀,确保其产量和质量,大量使用杀虫剂、化肥和除草剂,导致农药残留于棉花、麻纤维之中,虽然在服装之中含量甚微,也经过消毒洗涤,但还会有少量残留在衣料里,长期与皮肤接触,危害极大。

同时,在储存这些原材料时,要用五氯苯酚等防腐剂、防霉剂、防蛀剂,这些化学物质残留在服装上,轻者会引起皮肤过敏、呼吸道疾病或其他中毒反应,重者会诱发癌症。在衣料的生产过程中又使用氧化剂、催化剂、阻燃剂、去污剂、增白荧光剂等化学物质,使服装

再次污染。

一件服装从衣料的成型到服装的制作过程中,"留毒"的机会随处可见。如果你是一个爱把衣物拿去干洗的人,在你衣服上留毒的机会就更大,因为某些衣料同干洗溶剂四氯乙烯会发生化学反应。四氯乙烯又名全氯乙烯,是一种无色而含"醚"气味的非易燃液体,能刺激皮肤、眼睛,是对人体非常有害的物质。

如何拥有自己的"绿色服装"?在挑服装时,一般来说浅色比深色更环保,因为浅色服装面料在生产中引入污染的机会较少,特别是贴身内衣或童装更应选颜色浅些的。选购服装应尽量选择没有衬里或垫肩的,因为粘衬需要胶水,而胶水大部分是需要甲醛来做溶剂的。那么免熨的裤子也应该多洗几次再穿,因为这样可以把布料上残留的游离甲醛去掉。还有就是当心所谓"出口转内销"产品,可能是因环保问题而退回的货。最好不买假冒伪劣的名牌或粗制滥造的便宜货,有些新衣服一开包装,气味就特别大,或者有颜色的衣服,在你洗涤甚至出汗都会掉色,这都不是环保型服装,且会对人体造成危害。因此,提醒读者在购买服装时,一定要看好是否印有各项生态指数。要知道,同一个材料不同品牌的面料,"环保"程度也不相同。

小心第三大污染源:电磁辐射

电磁污染目前已成为继水质污染和空气污染之后的第三大污染源,防电磁污染已成为我国环境保护、卫生保健的又一重大课题。

电磁污染来源于电子机件工作时散发出的一种"电子雾",也称之为电磁辐射污染。这种污染由于人们通常条件下看不见、听不见、闻不着,因此电磁辐射比空气和水污染对人体的侵害更为隐蔽。电磁辐射,眼睛首当其害,使眼球晶体混浊,严重时造成白内障,是不可逆转的器质性损害,影响视力。同时也可导致出现头痛、乏力、烦躁、记忆力减退、多汗、心悸、失眠等症状。电辐射对孕妇的危害更大,据最新调查显示,在中国每年出生的约3.5万残疾儿童中,有2.5万为智力残缺者,有专家认为电磁辐射是影响因素之一。

如何减少电磁辐射带来的影响?首先要避免家电摆放得过于集中,尤其不要集中在卧室里使用,同时也应避免长时间的操作。当然,治本的方法是尽量配备使用针对电磁辐射的屏蔽用具,如屏蔽防护服、防护屏、防护眼镜等。

给教师的"教师病"提个醒

(1)胃肠毛病多:饮食不规律、精神压力大等种种原因,很可能会导致老师们的消化系统功能紊乱。消化不良使胃肠负荷加重,长时间紧张蠕动得不到缓和,会出现胃及十二指肠球部溃疡穿孔及出血等慢性顽症,便秘、肠道疾病综合征等这类胃肠道疾病都容易缠上教师这类职业人群。

专家建议:保护胃主要在饮食的规律性上下功夫。注意膳食合理,少食冷饮和瓜果,不吃过热、过硬、过辣、难消化的刺激性食物,少吃多餐,定时定量，戒烟戒酒，以增强胃肠的适应力。

（2）久站不利血循环：老师们讲课往往一站就是几个小时，每天站立的时间很多，于是腿部、脚部容易感到沉甸甸的，甚至会出现浮肿，血液淤积循环差，易导致静脉曲张。足部负担过大，若加上鞋子不适时，容易引起足部疼痛。不当的站姿还会使腰椎过度弯曲而致下背痛。

专家建议：准备一双舒适的工作鞋，调整工作台至合适的高度，尽量让身体重心有移动的空间，最好可以找一个靠脚处。

（3）久说坏咽喉：老师讲起课来，一张嘴就会不停地说，要是课堂纪律不好，还得高声调，时间一长，他们的声音难免嘶哑。由于长期用嗓，使咽部组织因疲劳损伤，咽部出现充血、疼痛、多痰等症状，容易引发慢性咽喉炎。

防治咽炎首先要讲究科学用嗓，讲课时嗓音适度，气沉丹田，掌握正确的发声方法，使嗓音既洪亮又有力。防止过度用嗓，感冒期间尤须注意，咽喉片也不宜长期含服。日常饮食重在清肺养阴，化痰散结，可常饮绿茶、胖大海茶，并注意控制烟酒，少吃辛辣食物。

（4）久坐伤骨头：不仅老师、司机，大部分办公室白领都是以坐姿为主工作的一群。久坐者的骨连接处无法产生足够的黏液而变得干燥，继而容易引发关节炎和颈椎病。长时间保持一个姿势，身体处于强迫状态，不仅会引起颈椎僵硬，使人体的正常生理弯曲被破坏，出现弓背或骨质增生，还使得整个躯体重量全部压在腰骶部，压力承受分布不均，会引起腰、腹和背部肌肉下垂、疼痛。

（5）痔疮也是教师主要的职业病。老师每天花大量的时间伏案备课，久而久之，便容易引发痔疮。这主要是因为长时间坐姿使臀部产生局部高温和麻木感，年长日久，导致下肢静脉和直肠下部静脉曲张。由于血液在直肠静脉结上长期停滞，使营养供给被破坏，造成黏膜萎缩，并处于慢性炎症状态，直接导致痔疮生成。妇女还会因盆腔静脉回流受阻、瘀血过多导致盆腔炎等妇科疾病。

痔疮重在预防，平时要加强运动，增强体质，饮食上多摄取一些含纤维素较高的绿色蔬菜，常吃水果，多饮水，少食辛辣热燥的食物，限酒戒烟，养成每天定时排便的习惯。伏案工作一段时间就要起身活动一下筋骨，做几个下蹲起立的动作，用手掌由轻到重拍打臀部若干次，以使血脉畅通，尽量避免疾病的发生。

中老年女性莫要仰头过度

年过 50 的中老年女性，应尽量避免做那些使头部长时间悬垂的姿势和仰头动作，即使是活动颈部时，也不要向后弯曲或转动 15°以上，以免压迫动脉血管，造成供血不足，严重时会损伤血管或引发小中风。

因为人过中年后，向大脑后区供血的动脉极易受到损伤，而人们在美容院做面膜或蒸面清洁等时，基本上都是头朝后仰的动作，这些动作恰恰都是压迫动脉的动作，从而阻碍大脑血液供应的通畅。如果压迫动脉较轻时，可能会出现眩晕、眼前偶尔一阵发黑等症状。此时，如能及时站立或稍微活动头部，这些症状都能够自然消失。而对动脉血管压迫较重时，可能会出现语言不清、恶心、面部单侧表情肌无力等"小中风"症状。

专家建议：对中老年女性来说，如果确需头朝后仰接受按摩治疗或美容，可以用一个软芯枕头垫在后颈部，以降低悬空后仰的角度，减轻脑动脉受压迫的程度，做到美容、健康两不误。

腹胀消，胃肠好

进入老年后，随着身体的不断衰老，消化系统的功能会逐渐出现紊乱或减弱。因此，老年人常常会感觉到腹部脘胀。此时，不妨采取以下方法来减少腹胀的不适：

（1）少食高纤维食物：如土豆、面食、豆类及卷心菜、花菜、洋葱等蔬菜，都容易在肠胃部制造气体，导致腹胀。

（2）不食不易消化的食物：炒豆、硬煎饼等硬性食物既不容易消化，在胃肠里滞留时间也较长，很容易产生较多气体引发腹胀。

（3）改变狼吞虎咽的习惯：进食太快或边走边吃，都容易吞进空气；常用吸管喝饮料也会让大量空气潜入胃部，引起腹胀。

（4）克服不良情绪：焦躁、忧虑、悲伤等不良情绪都可能使消化功能减弱，或刺激胃部产生过多胃酸，其结果就是胃气增多，腹胀加剧。

（5）锻炼身体：每天坚持 1 小时左右的运动，不仅有助于克服不良情绪，而且可帮助消化系统维持正常功能。

（6）适度补充纤维食物：摄入高脂食物后适当吃些高纤食物，可使受阻塞的消化系统迅速得以疏通。

（7）注意某些疾患：对某些疾患来说，腹胀常常是先兆或症状之一，如过敏性肠炎、溃疡性结肠炎、膀胱瘤等。

女性"好脸色"的好方法

俗话说"男靠吃，女靠睡"。近日，美国美容专家提出，如果不利用晚上对皮肤呵护，一定不会有"好脸色"。

早上起床时，人们常发现脸上出现枕痕，那是由于受到枕头挤压使局部血液循环不畅，导致皮肤未得到足够的氧气进行自我修复。如果晚上熬夜，精神高度紧张，皮肤会提出抗议，便面色黯淡浮肿。所以，要想皮肤好，最根本的方法就是按时起居，给它进行自我修复的时间。

皮肤专家认为，除了保证作息正常外，使用护肤品必须遵循皮肤代谢规律，应像吃药一样，尽量按时按点：

（1）早上7点：皮肤处在随时抵抗紫外线和空气污染的紧张状态中，但如果前一夜自我修复做得充分，皮肤将呈现最佳状态，并有能力抵抗各种外界压力。

（2）上午11点到下午3点：大量电脑辐射会使皮肤新陈代谢速度减慢，于是皮肤开始由兴奋变得疲倦，显得比早上黯淡很多。而且，由于大脑里的疲倦信号会直接传到皮肤细胞中，所以精神的疲倦也会让皮肤显得发黄干枯。让皮肤有光彩的最好办法是保持良好的精神状态。

（3）下午6点到晚上10点：如果能够运动一下，可使皮肤因为运动中获得充分的氧气而变得红润，气色也会变得更好。

（4）晚上10点到凌晨4点：皮肤处在完全放松的状态下，皮肤细胞生长和自我修复效率最高，能为迎接新一天的到来做好充分准备。此时，滋润皮肤能达到最佳效果，因为护肤品在此时的吸收和利用率最高。

人到中年五不熬

（1）起居不熬夜：人到中年，由于工作任务繁重，特别是文、卫、教、新闻工作及各类脑力劳动者，有时适度地开开夜车，第二天午休补上，对身体不会有多大妨碍。如果工作上长期硬拼，生活上长期熬夜，就可引起因神经系统过度紧张而导致的神经衰弱、溃疡病、高血压和冠心病等。长期睡眠不足，还会造成大脑受损，促使早衰。

（2）饮食不熬顿：有些中年人因工作忙、学习紧张或生意脱不开身，长时间连口水都顾不上喝，不吃早饭更是常事，长期下去会导致"水、营养缺乏症"，促发脑血栓和尿结石症。经常饥不进食，还会引起胃溃疡，诱发低血糖，甚至引起昏迷、休克；相反，经常饥不择食、暴饮暴食，更有损健康。因此，只有定时定量按餐按顿进食，才能保证大脑机能得到充分发挥，使记忆、理解、思维、分析等能力处于较为理想的状态。

（3）玩乐不熬神：文明、轻松、健康、适度的娱乐活动，可以调节人的神经，陶冶情操，有益健康。但玩乐过度，会使体内维生素A消耗过多，视力下降，神经疲劳。如长期听狂躁音乐，会使耳膜过度紧张，影响听力；长期玩电子游戏机，将会患"游戏机综合征"；整夜打牌、下棋、搓麻将，会过多消耗脑力和精力，伤身劳神，影响健康。故玩乐也应适可而止，更应注意文明雅趣和轻松舒畅。

（4）运动不熬劲：适当的体育锻炼可增强体质，有益身心健康。但过量的运动会使热能大量消耗，乳酸等代谢物在血液中堆积，大运动量还会造成心律不齐，影响肝脏功能，导致筋骨和肌肉酸软，出现适得其反的效果。

（5）病痛不熬拖：不少中年人时常感到活得很累，经常出现头晕、乏力、胸闷、心悸、胃痛、失眠、气短、关节痛、食欲差，仍满不在乎地"熬拖"，结果小病熬成大病，轻病拖成重病，以致失去治疗良机，酿成大祸。俗话说："四十以前人找病，四十以后病找人。"中年是人一生的顶峰时期，但中年又是承受事业压力、家庭压力、角色压力最多的阶段，同时又是处于许多重要变化、重要转变的时期。人们常说更年期是多事之秋，这恰恰是中年身体变化的生动写照。

人到中年，难免有些毛病，然而很多人发现生病时却已经很重了，有的甚至失去了治愈的机会。大部分的疾病都有一些警告信号，依据这些信号对照自己的身体状况，会对早期发现身体的疾病有一定的益处。

（1）小便增多，常上厕所，晚上口渴；或小便频繁，尤其是夜尿增多，尿液滴沥不净。要小心是否得了糖尿病、前列腺肥大或前列腺癌。

（2）上楼梯或斜坡时就气喘、气慌，经常感到胸闷、胸痛。要小心是否得了高血压、脑动脉硬化症等。

（3）近来常为一点小事发火，焦躁不安，时常头晕。要小心是否得了高血压、脑动脉硬化症等。

（4）近来咳嗽痰多，时而痰中带有血丝。要小心是否得了支气管扩张、肺结核、肺癌等。

（5）食欲不振，吃一点油腻或不易消化的食物，就感到上腹部闷胀不适，大便也没有规律。要小心是否得了胃病、肝胆疾病或胃癌、结肠癌。

（6）近来酒量明显变小，稍喝几口便发困、不舒服，第二天还晕乎乎的。要小心是否得了肝脏病、动脉硬化等。

（7）胃部不适，常有隐痛、反酸、嗳气等症状。要小心是否得了慢性胃病，尤其是胃溃疡或胃癌。

（8）最近变得健忘起来，有时反复做同一件事。要小心是否得了脑动脉硬化、脑梗塞（脑软化）等。

（9）早晨起来时关节发硬，并伴有刺痛，活动或按压关节时有疼痛感。要小心是否得了风湿性关节病。

（10）脸部眼睑和下肢常浮肿，血压高，多伴有头痛，腰酸背痛。要小心是否得了肾脏病。

这些"习惯"伤健康

（1）起床先叠被：人体本身也是一个污染源。在一夜的睡眠中，人体的皮肤会排出大量的水蒸气，使被子不同程度地受潮。人的呼吸和分布全身的毛孔所排出的化学物质145种，从汗液中蒸发的化学物质有151种。被子吸收或吸附水分和气体，如不让其散发出去，就立即叠被，易使被子受潮及受化学物质污染。

（2）饮热浓茶：经常饮用高温（80℃以上）茶水，有可能烫伤食管，而茶叶的鞣质可在损伤部位沉积，不断刺激食管上皮细胞，使之发生突变，突变细胞大量增殖后可变成癌组织。饭后喝茶也不利健康，茶叶含有单宁酸，这种物质会阻碍肠胃吸收铁质。喝茶最好避开就餐时间，每天2～3杯为宜。

（3）空腹吃糖：越来越多的证据表明，空腹吃糖的嗜好时间越长，对各种蛋白质吸收的损伤程度越重。由于蛋白质是生命活动的基础，因而长期空腹吃糖，更会影响人体各种正常机能，使人体变得衰弱以致缩短寿命。

（4）空腹吃泡菜：上餐馆吃饭时，最好不要空腹吃太刺激的开胃小菜，如泡菜、辣椒、生洋葱等，以免腹胀生风，饭后产生很不舒服的感觉。

（5）饱食：饱食容易引起记忆力下降，思维迟钝，注意力不集中，应激能力减弱。经常饱食，尤其是过饱的晚餐，因热量摄入太多，会使体内脂肪过剩，血脂增高，导致脑动脉粥样硬化。还会引起一种叫"纤维芽细胞生长因子"的物质在大脑中数以万倍增长，这是一种促使动脉硬化的蛋白质。脑动脉硬化的结果会导致大脑缺氧和缺乏营养，影响脑细胞的新陈代谢。经常饱食，还会诱发胆结石、胆囊炎、糖尿病等疾病，使人未老先衰，寿命缩短。

（6）饭后松裤带：饭后松裤带可使腹腔内压下降，消化器官的活动与韧带的负荷量增加，从而促使胃肠蠕动加剧，易发生肠扭转，使人腹胀、腹痛、呕吐，还容易患胃下垂等病。

（7）跷二郎腿：跷二郎腿会使腿部血流不畅，影响健康。如果静脉瘤、关节炎、神经痛、静脉血栓患者，跷腿会使病情更加严重。尤其是腿长的人或孕妇，很容易得静脉血栓。

（8）强忍小便：强忍小便有可能造成急性膀胱炎，出现尿频、尿疼、小腹胀疼等症状。美国科学家发布的一份研究报告指出，有憋尿习惯的人患膀胱癌的可能性比一般人高5倍。憋尿时，膀胱储存的尿液不能及时排出，形成人为的尿潴留。如经常憋尿，就会使括约肌和逼尿肌常常处于紧张状态；如果憋尿时间过长，膀胱内尿量不断增加，还会使内压逐渐升高，时间长了就会发生膀胱颈受阻症状，造成排尿困难、不畅，或漏尿、尿失禁等毛病。在尿潴留时还易引起并发感染和结石，严重时还会影响肾功能。

（9）俯睡：俯睡使脊柱弯曲，增加肌肉及韧带的压力，使人在睡觉时仍然得不到休息。此外，还会增加胸部、心脏、肺部及面部的压力，导致睡醒后面部浮肿，眼睛出现血丝。

这些坏习惯会"偷走"美丽

（1）伏案而眠伤心：午睡要讲究体位。坐着打盹不利于消除疲劳，因为人体处于睡眠状态时，全身肌肉松弛，血液循环减慢，头部供血减少，使人醒后易出现头昏、眼花等大脑缺血缺氧的症状，所以这种午睡方式不正确。

一些人中午爱伏案小睡片刻，以解疲乏。这种方法也不可取，往往醒后出现暂时性的视力模糊，因为伏案睡觉会压迫眼球，造成眼压过高，倘若每天如此，会使眼球胀大、眼轴增长，使视力受到损害。而且心脏的负荷依然与清醒一样，并没有得到充分的休息。

什么睡姿最佳？科学的姿势是右侧卧位，这样血液呈水平方向流动，心脏负担减轻，而且流过肝脏的血液增加一半，有利健康。因此，建议您在办公场所备一把躺椅，让身体科学地休息片刻。

（2）闻鸡起舞伤肺："闻鸡起舞"一直作为褒义词，用来形容某些人的锻炼习惯。其实，这一习惯并不适用于现代大都市，许多人以为清晨空气最新鲜，鸡鸣时刻起身锻炼，最利健康。殊不知，此时大都市汽车尾气和人与植物呼出的二氧化碳沉积在城市地表，还没有完全散发。所以，黎明前城市地表空气是一日中较差的时候，锻炼于健康无益。

上午最佳锻炼时间是选择在日出后，大地复苏，植物光合作用开始，地表污气随着日光加温，开始散发，空气才新鲜，有益身心健康。

（3）饮料冰透伤胃：什么事都要做到极致，何况是夏天喝冰饮补水分，冰透才过瘾。这是很多人的想法和做法。其实不然，据生理学家观察，夏季，最佳清凉饮料的温度是10℃左右。这一温度能促进口腔唾液分泌，具有显著的解渴作用。如果温度高于15℃，解渴作用就明显减弱，低于5℃时，刺激胃壁，胃黏膜血管收缩，甚至痉挛，影响胃蠕动和胃液分泌，有碍消化。夏季有不少人诉苦，胃部胀满难受，食欲减退，可以先从嗜食冰饮上查找原因。

紧身衣裤惹麻烦

女性为了追求线条美，爱穿紧身衣裤，用皮带把腰勒得紧紧的。这样做时间长了，便会发生尿失禁现象。这是什么道理呢？从生理解剖上看，女子的尿道具有短、宽、直和肌肉力量薄弱的特点。女子成年以后尿道的长度也不过3～5厘米（平均为3.5厘米）。同时，女子尿道较男子尿道宽，行程也比较直，它的关闭、开放是靠尿道内外括约肌的舒张和收缩来完成的，肛门、阴道及会阴部分的肌肉也起协同作用。由于女子尿道又短、又宽、又直的生理解剖特点，再加上尿道肌肉收缩的力量较弱，往往抵挡不住腹腔内高压尿液的冲击，故容易发生尿失禁。但由于女人尿道与膀胱底部的后角为90°～100°，上尿道轴与站立位垂直线之间所形成的尿道倾斜角约为30°，这样的角度不利于尿液随着流出膀胱。所以，女子尿失禁者尽管有半数之众，但只是在外部因素的引发下才偶尔出现，这包括奔跑、弯腰、剧咳、大笑。

如果长期穿紧身长裤，腰带勒得紧紧的，膀胱就会被压向前下方，使尿道与膀胱连接处的后角增大变直，这非常不利于排尿的控制，一遇到诱发因素，尿就会不由自主地流出，令人非常烦恼。

此外，现代医学研究证明，紧衣束腰对臀部和大腿部神经有压迫，久之会出现麻痹感觉和疼痛；穿紧身裤运动和跳舞也不利于汗液散发，会引发皮炎、湿疹等皮肤疾病，皮肤的汗渍、磨损、皮炎及细菌繁殖，又会诱发阴道炎、盆腔炎、尿道感染等，而这些症状又是引发婚后不育症的重要因素。

第八章

卫生与保健

经前期紧张综合征

经前期紧张综合征指的是伴随着月经周期出现的一系列不适症状,一般在行经前 7～14 天出现,行经后消失。

首先,是精神方面的症状,主要表现为精神紧张、易怒、烦躁不安、全身乏力、孤僻多疑、失眠、注意力不集中等。

其次,是全身性水肿,是患者体内水盐潴留而形成的。往往由于盆腔的充血水肿,引起下腹部沉重感、腰背钝痛;由于颅内充血水肿,引起偏头痛;由于胃肠道充血水肿,引起食欲减退和排便习惯的改变等。

最后,是乳房的变化,乳房肿胀,有时乳房内出现疼痛的小结节,行经后自然消失。

经前期紧张综合征不仅给女青年造成身体上的痛苦,而且往往会影响性格的发展,情绪低落,信心不足。因此,应采取综合治疗的办法,对症下药,给予及时的治疗。

针对水盐潴留的治疗,大约在行经前 10 天,吃清淡些的食物,减少食盐的摄入,同时服用利尿剂,以利于水分的排出。用双氢克尿噻 25 毫克和氨苯喋啶 50 毫克合用,根据水肿情况,每日服 1～3 次。

对精神方面的症状,可服用镇静药,如安定 2.5 毫克,每日 3 次;口服调节植物神经功能的药物,如谷维素,每次 10～20 毫克,每日 3 次;头痛、腰痛、关节痛可服去痛片等止痛药。

也可用内分泌治疗,甲基睾丸素舌下含服,每次 5 毫克,每日 2～3 次;或丙酸睾丸酮 25 毫克,每周注射 2 次,从经前 1～2 周开始,对乳胀效果明显。从经前 1～2 周开始,每日或隔日肌内注射黄体酮 10～20 毫克,连用 5～10 次,颇有效果。

另外,充足的营养和适当的体育锻炼,对提高身体素质也十分重要。

痛经

有些女青年在经前或行经期间发生难以忍受的下腹疼痛,甚至影响正常学习和工作,这种异常情况就是痛经。疼痛常为阵发性或持续性而阵发加剧,有时放射到阴道、肛门及腰部,并可引起尿频和排尿感。严重时,面色苍白、手脚冰凉、恶心、呕吐、出冷汗,甚至昏厥。

女青年发生的痛经,一般都是功能性的,多见于未婚、未孕的女青年,往往婚后自愈。发病原因:身体虚弱、有慢性病、精神过度紧

张、感觉过敏者；子宫颈口比较狭小，子宫过度屈曲使经血不能畅流；子宫发育不良，子宫肌肉与纤维组织比例失调，导致子宫收缩不协调；子宫内膜整块脱落，使经血排出不畅，致使子宫收缩增强或发生痉挛性收缩等，都可引起痛经。

痛经患者，应注意以下几点：

学习一些青春期卫生保健知识，消除心理上对月经的紧张与恐惧；适当参加体育锻炼，增强体质，一般健康状况良好者，就不容易发生痛经现象，即使发生，也会很快得到缓解。

痛经发作较严重时，应卧床休息，下腹可置热水袋，注意不要着凉。同时可服阿托品，每片0.3毫克，每次服1片，每天2～3次；阿托品能够缓解子宫肌肉和胃肠道平滑肌收缩，减轻或消除疼痛、恶心、呕吐现象。也可以口服颠茄片，每次2片，每天3～4次；或服消炎痛、去痛片等。中药有痛经丸、当归丸等，可根据病情选用。

如果生殖器官患有慢性病，应积极治疗，以减轻盆腔充血。继发性痛经是指生殖器官有器质性病变，像子宫内膜移位症、盆腔炎和子宫黏膜下肌瘤等，应早日去医院妇科请大夫确诊，施行必要的根治手术后，痛经问题也就随之解决了。

闭经

年满18岁的女青年，一直没出现过月经初潮的，称为原发性闭经。从生理上讲，这是一种不正常现象。

月经的正常来潮，有赖于丘脑下部—脑垂体—卵巢轴的功能协调，以及子宫内膜对性激素能起周期性反应，其中任何一个环节发生故障都可导致青春期无月经。常见的原因可分以下三个方面。

心理因素。有的女青年由于学习过度紧张，精神上受到某种不良刺激，使情绪低落，过分忧伤等，影响中枢神经—丘脑下部—脑垂体—卵巢的正常调节，而发生青春期无月经。

疾病因素。少数女青年正在青春发育期，突然患有结核病、重度贫血、心脏病、营养不良症等，也会导致青春期无月经；其他内分泌腺，如肾上腺、甲状腺、胰腺等功能紊乱时，也可影响丘脑下部的调节功能。

生殖器官发育异常。一种是真性原发性无月经，常见的疾病有先天性无卵巢、先天性卵巢发育不全、先天性无子宫、子宫严重发育不良等。这样的女孩子进入青春期后，除无月经外，如果卵巢发育不全，也不会出现女性体型；如果卵巢发育正常，还可以出现女性特征，但却闭经。另一种是假性无月经，实际上，子宫内有子宫内膜剥脱、出血，只是没有排出体外。常见的疾病有先天性子宫颈闭锁、先天性无阴道、阴道横隔、处女膜闭锁等。这样的女青年通常会出现周期性的腹痛，是由于通路受阻，而致经血无法流出。

治疗办法应对症治疗，属于前两种原因的可保持乐观情绪，根治本身的慢性疾病；属于后一种原因的，要到医院妇科仔细检查，以便及时确诊和治疗。

滴虫性阴道炎

滴虫是一种原虫，由滴虫寄生在阴道内引起的滴虫性阴道炎是妇科常见病。

主要症状：阴道分泌物较多，呈泡沫状，乳白色或黄色；阴道黏膜水肿、充血，或有出血点；外阴瘙痒、灼痛、性交疼痛；如果尿路也受到感染，可出现尿痛、尿频，有时有血尿；少数病人还有全身无力、腰酸及下腹痛等现象。不过，也有不少感染滴虫而阴道无炎症反应的带虫者。

滴虫可通过性交直接传播，或通过公共浴池、浴盆、浴巾、便桶、游泳衣、游泳池、公共洗衣盆、医疗用具等间接传播。因此，预防隔离工作应从以下几方面着手：

（1）患者的内裤、毛巾，要用开水烫洗。

（2）治疗期间，禁忌性生活，丈夫也要进行尿液检查，如有滴虫，应同时治疗。

（3）做好卫生宣传，积极开展普查普治工作。妇女要定期检查白带，发现滴虫，及时治疗，消除传染源。

（4）公共厕所应改为蹲式，大小便后，使用消毒卫生纸，并从阴道向肛门方向揩拭。

（5）提倡淋浴，公用浴巾、浴盆和游泳池要定期消毒。

治疗办法：常用的口服药为灭滴灵，每次200毫克，每日3次，7天为一个疗程。服药后，可能有些胃肠反应，如食欲减退、恶心、呕吐等，一旦出现头痛、皮疹、白细胞减少，应立即停药。局部常用药有滴维净片、灭滴灵等，每晚塞入阴道1片，10天为一个疗程。塞药前，先用肥皂水擦洗阴道壁，再用1%乳酸或0.5%醋酸冲洗阴道，可提高疗效。将黄连、黄柏、苦参、蛇床子、白头翁等浓煎，灌洗阴道，也有一定效果。

应注意，此病容易治好，也容易复发，所以治疗结束后，也应在每月月经结束后去医院检查一次，连续3次复查都为阴性，方为治愈。同时，妻子患病，丈夫同治，才能防止愈后复发。

霉菌性阴道炎

霉菌性阴道炎是由霉菌中的一种白色念珠菌感染所致。和滴虫恰恰相反，这种念珠菌在酸性环境中特别容易生长。所以，孕妇容易患此病。

主要症状：外阴瘙痒，严重时，使人坐立不安，甚至影响工作和睡眠。如果经常用手搔搓，使局部糜烂、溃疡，则更感到灼痛、尿痛、尿频及性交疼痛。同时，阴道内分泌物增多，像白色豆腐渣一样。妇科检查时，可发现阴道壁充血、发红，表面有斑斑点点的白膜覆盖。

传染途径：通过接触传播。特别要提出的是，如果婴儿患有鹅口疮，母亲不注意卫生，也有将婴儿口腔内的霉菌带入自己阴道的可能。

经化验，白带中找到白色念珠菌后，如果本人正在应用激素或广谱抗生素，应当立即停药。霉菌生存力很强，抗干燥，对白光、紫外线及化学制剂的抵抗力也很强，但加热到60℃，1个小时即可杀死。所以，患者的内裤，用过的毛巾、浴盆，均应用开水烫洗。

治疗的关键在于改变阴道的酸碱度，造成不利于念珠菌生长的条件，及时应用杀菌药物。可用碱性溶液，如2%～4%碳酸氢钠（小苏打）冲洗外阴及阴道，10次为1个疗程。这样可降低阴道的酸度。冲洗后，用1%龙胆紫涂抹外阴、阴道，隔天1次，5～10次为一个疗程。为了防止过敏，第1次涂抹时面积不要太大，没什么反应时，再扩大涂抹面积。还可选用制霉菌素、曲古霉素，每晚1粒塞入阴道，10次为一个疗程。感染严重时，也可同时口服制霉菌素，每日2～3次，每次50万单位，10天为1个疗程。治疗期间禁用抗生素类药物。

经过一个疗程后，症状明显好转，但必须复查白带，即使白带中已经找不到霉菌，最好还要随访3个月，每月检查一次白带，找不到霉菌，才算治愈。

外阴瘙痒症

外阴瘙痒是由多种原因引起的，也是妇女各种外阴疾病最先出现的自觉症状。其特点是外阴部位特别痒，非挠不可，严重时患者非常痛苦，影响学习、工作和休息。

外阴瘙痒症可分局部和全身两个方面的原因：

局部原因有：

（1）外阴白斑。多见于生育年龄的妇女，且生二胎的经产妇发病率较高，也可发生在其他年龄。主要症状是外阴皮肤干燥、肥厚、变粗、发白、萎缩、丧失弹性，重者出现皲裂及溃疡，引起严重的刺痛及性交疼痛和排尿障碍。

（2）外阴皮炎。病变主要发生在大阴唇内侧及阴唇间沟，有时波及肛门周围，这是由于不注意经期卫生和局部清洁卫生所造成的。另外，多汗、肥胖，或者内衣过紧使局部皮肤经常受摩擦也可引起皮炎。

（3）过敏反应和化学性刺激。如冲洗外阴和阴道的新洁尔灭、呋喃西林、高锰酸钾等，阴道内用的磺胺、避孕药膏等药物，以及塑料月经垫、化纤内裤、碱性肥皂等，均可引起外阴部过敏反应或刺激皮肤造成瘙痒。

（4）女阴皮肤病。如湿疹、牛皮癣、神经性皮炎、外阴白色病变等，或者尿瘘、尿失禁、粪瘘、肛裂、肛瘘等，尿、粪刺激外阴。

（5）寄生虫病。如蛲虫、阴虱等的刺激。

从全身原因来看，患糖尿病的妇女，由于糖尿的经常刺激，或因伴发霉菌性阴道炎，而引起外阴瘙痒；黄疸、核黄素缺乏、贫血、白血病等常伴外阴瘙痒；绝经后老年妇女等也会出现外阴瘙痒。

由此可见，预防外阴瘙痒的办法在于寻找原因，去除病根；要养成良好的卫生习惯，注意局部清洁，每晚用肥皂水洗外阴；衣裤要宽大柔软，经常保持会阴部干燥；发生瘙痒时，应尽量克制，不要抓搔，更不能用热水烫；忌酒，少吃或不吃辛辣食物。如果发现局部皮肤有变粗和发白的变化时，应到医院仔细检查是否患了外阴白斑病。

子宫颈炎

子宫颈因分娩、流产、手术或性交受损伤时，细菌乘机侵入引起急性炎症。由于宫颈腺体分支复杂，子宫颈管内膜皱褶多，感染不易彻底清除，所以急性期过后，常遗留慢性炎症。

主要症状：子宫颈急性发炎时，宫颈充血，又红又肿，一触即痛；阴道流出大量黄色脓状物；小腹胀痛，有时体温上升。炎症如向周围扩散到盆腔，可有腰骶部疼痛和下坠感。转为慢性炎症时，子宫颈有糜烂、肥大、变硬或腺体囊肿形成等病变，阴道分泌物增多，色白或黄，或染红，呈黏液状或脓状。因炎症的范围及程度的不同而伴有腰酸骶痛、下坠感、月经失调等。在月经前后、排便和性交后加重。

预防办法：应当注意性生活卫生，落实避孕措施，避免人工流产，采用新法接生，以便产后及时修补子宫颈撕裂。

急性发炎时，需用抗生素，治疗期间禁忌性生活。治疗慢性子宫颈炎的方法有：用0.5％醋酸或1％乳酸冲洗阴道，提高阴道酸性，增强抵抗力，从而促进子宫颈上皮的增生。宫颈常用的涂药很多，有各种中药栓剂，铬酸局部治疗效果也很好，子宫颈电熨也可行。

盆腔炎

女性内生殖器及其周围的结缔组织或盆腔腹膜发炎时，统称为盆腔炎。有急慢性两种，炎症可局限1个部位或波及几个部位。

急性盆腔炎感染一般可发生在下列情况：

（1）分娩、流产与手术之后。如分娩时软产道裂伤、难产动手术、流产刮宫时也常有损伤，只要有致病菌带入伤口，就会迅速繁殖而引起子宫发炎，并进一步经血管与淋巴管或者直接扩散到输卵管、卵巢或盆腔结缔组织，而造成广泛的盆腔炎症。

（2）淋菌感染。淋菌可通过性交进入阴道，到达输卵管引起发炎、粘连和封闭管口。甚至由卵巢入盆腔，引起整个盆腔发炎。

（3）继发于其他感染。

主要症状：盆腔急性发炎时，有发热、寒战、食欲不振、下腹疼痛、阴道脓性分泌物增多等症状；有腹膜发炎时，还会出现恶心、呕吐、腹胀等消化系统症状；如果膀胱受刺激，则尿痛、尿频；直肠受刺激，则腹泻。妇科检查时，子宫颈充血、水肿、触痛明显、子宫增大、压痛，两侧增厚或有肿块且触痛。

预防办法：

（1）要注意经期和孕期卫生。

（2）行经期间和妊娠后期禁忌性生活。

（3）注意产褥期卫生，采用新法接生。

（4）妊娠以后，出现阴道出血，下腹疼痛等流产先兆时，应马上到医院就诊。

（5）积极治疗阴道炎、宫颈炎。

（6）患了急性盆腔炎时，应用抗菌消炎药治疗，并取半卧位以利于炎症的局限性。

（7）多饮水，补充营养。

（8）腹痛严重时，可酌情服用止痛剂。

由于急性盆腔炎未彻底治疗，或因体质较差，病程过长，就会转为慢性盆腔炎。一般表现为慢性输卵管炎和慢性盆腔蜂窝组织炎。患慢性盆腔炎后，主要症状是腰酸、背痛、下肢不适或隐隐作痛，尤其在行走和工作后加重，手按下腹部时，感觉痛楚；有痛经、月经延长、月经过多等变化。在过度疲劳、健康不佳、性交以后，以及月经前后，往往有急骤发作，上述症状加重，还有体温升高、白带增多症状。

预防慢性盆腔炎的办法与预防急性盆腔炎相同。当急性发作时，必须先用抗菌消炎药物控制，待急性感染稍稳定后，再治疗慢性盆腔炎。要注意卫生，月经期充分休息，还可服中药。中药热敷和理疗，也有一定效果。

乳腺炎

急性乳腺炎，俗称奶疖子。多发生在哺乳期内，由于不注意保护乳房，使细菌侵入而引起乳房急性发炎。

主要症状：乳房急性发炎之前，大多先有乳头疼痛、破裂、乳房硬块或胀痛的情形。然后，有怕冷、寒战的感觉，体温突然升高，可达39℃以上；患侧乳房疼痛不能按；表面皮肤发红、肿胀、发热，并有块状物在皮下出现，与皮肤相连；或者表面皮肤不红、不肿、不热，块状物部位比较深，与皮肤不相连，但是疼痛或压痛厉害；除此之外，同一侧的腋下，还会出现肿大或压痛的淋巴结。

如果治疗及时，体温会迅速下降，乳房红肿和硬块都会逐渐消失；如果治疗不及时、不恰当，患侧乳房红肿将更厉害，硬块变大变软而出现波动，形成皮下或乳房浅部脓肿。最后脓肿向外穿破，或者向乳房内部扩张，病变范围越来越大，全身症状也越来越严重。乳腺一经破坏化脓，就有瘢痕组织生成，影响分泌乳汁的功能。

预防办法：加强乳头皮肤的耐力，使乳头外突，保持乳头清洁。尤其是初产妇，在妊娠后期一定要每天用肥皂和热水擦洗乳头，或用乙醇擦乳头，使乳头表皮增殖变厚。乳头发育不好、内陷或扁平的孕妇，在擦洗后，需将乳头轻轻外拉。分娩以后，更要保持乳头清洁，不让孩子含着乳头睡觉，不让乳汁淤积，每次哺乳时，乳汁吸不完，应用吸乳器吸尽。如果发现乳房有硬块，需要局部热敷，使它软化，再用吸乳器吸出。

如果预防不周，得了急性乳腺炎，应及时去医院诊治。

子宫脱垂

子宫脱垂是一种比较多见的妇女病。脱垂的程度分3度：子宫下移，位置虽较正常低，但是子宫颈仍在阴道内，为1度子宫脱垂；子宫体到了阴道内，子宫颈突出在阴道外，为2度子宫脱垂；子宫颈和子宫体都脱在阴道外，为3度子宫脱垂。

发病原因：分娩时，由于子宫韧带、子宫旁组织和骨盆横膈过度伸展、撕裂、损伤，影响子宫支托，从而引起子宫脱垂；产后，由于支持组织松弛，子宫常会向后倾斜，如果经常仰卧，更易发生；产后休息不好，过早参加重体力劳动，长时间站立工作，咳嗽，便秘等都会促使子宫脱垂。

主要症状：有下坠感、腰酸，劳动后加剧，休息后减轻。严重时，自觉有块状物从阴道脱出，随病情进展，脱出的块状物渐大，并且不能自动回缩，必须用手推拿。脱出的子宫在外面，易破皮、感染，变得肥大，或溃烂而流出脓样的白带和血水。而且常使尿道弯曲和膀胱变位，因此，便频、排尿困难、尿潴留、尿失禁等都可发生。由于血液循环受阻，子宫瘀血，还会引起月经过多。

预防办法：关键在于正确处理分娩过程和注意产褥期卫生。产褥期间要充分休息，增加营养，治疗便秘等疾病。

治疗子宫脱垂的方法很多，例如：

（1）针灸和中药内服，达到升提和收敛目的。

（2）提肛肌锻炼：坐在板凳上，两脚交叉，双手放在大腿上，交替做起立与坐下2种动作，每日2次，每次30～50回；闭缩肛门，每日2次，每次30～50回；小便时自动停止排便若干次。

（3）膝胸卧式：卧前，先把脱出的子宫回纳，往上送，每日2～3次，每次15分钟。

（4）如果采取保守疗法效果不显著，可进行手术。

产褥感染

分娩后，由于细菌侵入生殖器官而产生的炎症，称为产褥感染，也叫产褥热。在产后24个小时至10天内，每4小时量体温1次，如有2次体温达到或超过38℃时，可诊断为此病。因为产妇身体本来就很虚弱，抵抗力差，生殖器官还未恢复正常，一旦发炎，就比平时严重，也容易扩散，对产妇威胁很大，不仅直接危害健康，还容易留下病根，将来易发生痛经、月经不调、不孕等妇科病。

主要症状：周身不适、发烧、头痛，有时先冷后热，食欲不佳，下腹部疼痛、发胀、恶露多而且有臭味，有时阴道流脓。严重时，四肢发凉、出冷汗、脉搏微弱、血压下降、口唇发紫、烦躁不安或中毒性休克。所以，在产褥期有发烧现象时，一定要引起重视，要与感冒、乳腺炎等容易引起发烧的病症相区别，不要随便吃解热去痛药物，以免耽误病情。

治疗办法：一般可用青霉素、链霉素、卡那霉素、红霉素等抗生素药物；对产后子宫有小量出血、淋漓不断者，可用益母草膏或麦角制剂，促进子宫收缩；外阴局部热敷或红外线照射可使早期炎症消散，产后10天起可用1∶5000高锰酸钾溶液坐浴；如外阴伤口化脓，应去医院及时拆线，扩创引流，排出脓液。

加强护理也很重要。产妇应卧床休息，取半卧位，以便炎症局限于盆腔，有利于恶露排出；产妇用便盆，应严格隔离，单独使用，定期消毒，以防交叉感染；严密观察体温、脉搏，每小时测1次，若有高热可物理降温，用40%乙醇擦浴产妇的四肢、腋窝和腹股沟处，此时应停止哺乳，并用吸奶器吸出乳汁；保证营养的摄入，多吃高蛋白、高维生素膳食，如牛奶、鸡蛋、鸡汤、肉汤等；保持外阴清洁，用消毒液如0.1%新洁尔灭擦洗外阴，每日2次。

引起产褥感染的细菌很多，主要有厌氧性链球菌、溶血性链球菌、葡萄球菌、大肠杆菌等。为了预防产褥感染，应注意以下几点：

（1）按期做好产前检查，发现孕妇有不正常现象时，要及时治疗。

（2）产前两个月不能过性生活，以免把细菌带进阴道里。

（3）做好产前准备，临产时要吃好、休息好，防止体力过度消耗。

（4）要用新法接生，接生用具要严格消毒，会阴有裂伤时要及时缝合。

（5）产后要注意保持阴部清洁，要用消毒的月经纸和垫子；注意休息、增加营养，让身体尽快恢复好，增强抵抗力；产褥期内绝对不要性交。

子宫肌瘤

子宫肌瘤是女性生殖器官中最常见的一种良性肿瘤，多发生于中年妇女，30岁以下的较为少见，常见年龄为35～50岁，不孕的妇女尤为多见。

子宫肌瘤常与卵巢卵泡囊肿、子宫内膜腺癌等与雌激素有关的疾病并存，绝经后随着雌激素水平的降低，子宫肌瘤一般会逐渐萎缩。子宫肌瘤是球形实质性肿瘤，可生长在子宫的任何部位。开始时，子宫肌层里的不成熟的平滑肌细胞增生形成小节结，逐渐长大后仍然存在于子宫内壁内，称为子宫壁间肌瘤；肌瘤倘若一边长大一边向表面突出，甚至发展到和子宫只有一蒂相连，则称为浆膜下肌瘤；若是在发展过程中，逐渐向子宫腔突出而根部越来越细，那就是黏膜下子宫肌瘤。肌瘤单个较少，常为多发性，并且大小不等，生长部位不同。

主要症状：

（1）月经量多。黏膜下子宫肌瘤和壁间肌瘤较易引起这个症状。原因是肌瘤使子宫增大，子宫腔跟着增大，而子宫内膜面积也自然扩大，内膜脱落时出血面亦大，流出的月经血当然增多；由于存在肌瘤，子宫收缩不良，不能把破裂的血管很好闭塞；子宫内膜增生过长，使月经过多。

（2）白带多。子宫有黏膜下肌瘤，子宫里流出来的液体就多，如果肌瘤发炎，白带会更多。

（3）疼痛感。子宫生长肌瘤，体积增大，如果压迫盆腔内的神经，会引起腰酸背痛，有人还会感到腿痛。如果子宫肌瘤长得特别大，像怀孕5～6个月一样，必然压迫膀胱，引起尿频和排尿不畅；压迫肠子，还会造成便秘。肌瘤红色变性时，除引起剧痛外，还伴有恶心、呕吐、发热和白细胞增多。

（4）不孕。由于肌瘤妨碍受精卵着床，或由于肌瘤压迫输卵管入口妨碍精子进入输卵管。所以，约有1/3的子宫肌瘤患者不孕。

（5）块状物。妇科检查时，子宫增大、变形、表面高低不平、质硬。患者自己有时也可摸到下腹部有块状物，硬而不动，按压也不疼，不过，常有解小便的感觉。

治疗办法：肌瘤直径在10毫米以下，生长缓慢，又无明显症状，不需要马上手术，可观察随访；肌瘤直径大于10毫米，且有月经量多或不规则出血者，应手术切除。

药物治疗：常用甲睾酮10毫克舌下含化，每日1次，每月用药20天，或丙酸睾丸素25毫克肌内注射，每周2次。

卵巢肿瘤

卵巢虽小，却经常会长出肿瘤，有的是实质的，有的为囊性的，在囊内充满浆性或黏性液体，或是油脂样东西。有的肿瘤是良性，手术后就好了；有的是恶性，术后还可能复发。

卵巢肿瘤不一定引起症状，特别是瘤子很小时，往往没有不良反应，所以，要想早期发现卵巢肿瘤，必须定期进行妇科检查，最好每隔3个月检查1次，最多不要超过半年。如果出现下列情况，应立即到医院妇科就诊：

（1）腹内出现肿块。卵巢肿瘤太小时，不容易发现，如果长到拳头大小时，常会在无意中摸到，尤其是肚皮薄的人，在早晨起床空腹时，更容易摸出来。但要注意，摸到后不必紧张，应及时去医院确诊。

（2）腹部逐渐长大。肚皮厚的人，很难摸到肚子里有包块，但如果不是怀孕，而肚子突然长大，长得又很快，就应引起警惕。

（3）月经发生变化。卵巢长了肿瘤，一般照样每月来月经，还会受孕生孩子，但肿瘤往往扰乱内分泌的平衡，引起月经变化，如闭经、经血过多、经期不规则等。

（4）种种压迫症状。盆腔里面有子宫、输卵管、卵巢、膀胱、输尿管、大肠小肠等。当卵巢肿瘤长得很大，并且不活动时，就可能挤压其他器官，而引起种种压迫症状。

（5）腹痛。卵巢肿瘤本身很少引起腹痛。如果肿瘤与周围组织粘连，活动时，就会感到轻微疼痛；肿瘤发炎或化脓时，将引起剧烈腹痛。

一旦发现肿瘤，应及早施行手术。一般情况下，良性肿瘤，如果患者年轻，可只割除肿瘤，尽量保存部分正常卵巢组织；对于40岁以上中年妇女，为了防止癌变，常将双侧卵巢和子宫一起切除。

卵巢肿瘤往往像瓜果一样，有一个蒂连接着。肿瘤转动，它的蒂也随着动。当腹壁松弛，身体猛烈转动及用力进气等，腹内压力突然增高时，就会使瘤蒂扭转，引起急性腹痛、恶心、呕吐等症状。此时如果不立即手术，将造成肿瘤内出血、坏死、感染，甚至破裂，后果严重。瘤蒂发生扭转，肿瘤血液循环受影响，组织发生变化，肠道细菌就乘虚而入，引起发炎与化脓，致使患者出现发热、腹痛等症状。

由于暴力挤压腹部，或继发瘤蒂扭转后，肿瘤发生破裂，会感到剧烈腹痛、恶心、呕吐、发热、白细胞增多，甚至休克。应及时去医院诊治。

另外，良性肿瘤如果长期存在，很可能转为恶性。所以，卵巢肿瘤和其他疾病一样，要做到早发现，早治疗。

子宫颈癌

子宫颈癌是指生长在子宫颈突出于阴道部分的恶性肿瘤。子宫颈表面盖着一层像鱼鳞一样叠起来的上皮细胞，而子宫颈管腔却铺着一层柱状上皮。开始时，癌瘤从子宫颈上发生，并逐渐地向子宫颈周围扩散，还能通过淋巴管和血管向全身各处转移，对妇女健康和生命威胁很大。

子宫颈癌多发生于中年以上，即 40～50 岁的更年期妇女，20 岁左右的女青年非常少见。但早婚、早育、多产、多次结婚和性生活紊乱的妇女发病率较高，而且与子宫颈的损伤、撕裂、炎症等有密切关系。

初始时，癌的变化只局限在原来部位的上皮层内，没有扩散，所以称"原位癌"。这时病变很小，也没有什么自觉症状，很容易被人忽视。如果没有及时发现和治疗，癌细胞在上皮层内发展到一定程度，就要突破上皮层而侵入上皮下层的组织里，成为"浸润癌"。从"原位癌"发展到"浸润癌"，比较缓慢，一般需要 5～10 年的时间，但往后的进程就逐渐加快。医学上根据癌症浸润范围的大小和程度，可划分为以下五期：

初始期：癌瘤只局限于子宫颈的一部分上皮里，也叫"原位癌"。

第一期：癌变局限在子宫颈。

第二期：癌变已蔓延到子宫颈周围组织或阴道上部。

第三期：癌变范围由子宫颈两旁扩展到一侧或两侧的骨盆壁，或由阴道上部扩展到中、下部。

第四期：癌肿进一步扩散，向前侵入膀胱，向后侵及直肠，或经淋巴管转移到肺、肝、脑、骨等其他器官，已到癌症晚期了。

主要症状：初始期往往没有什么明显症状。但是，40 岁以上的妇女，发现白带增多，由正常转为水样或米汤样，或有腥臭味，带有血丝，性交时阴道流血等现象时，应及早就医检查确诊。

第二期症状比较明显，阴道不规则流血，有时多，有时少，甚至发生大流血；白带增多，有时像稀粥、米汤一样，腥臭；疲倦无力，胃口不适，小肚子和腰有酸痛，消瘦、贫血，甚至全身浮肿。

到了晚期，白带更多，臭味更大，经常流血，有时还有烂肉一样的东西掉下来。当癌瘤侵犯骨盆压迫神经时，就会出现小肚子痛，腰腿疼得厉害；当癌瘤侵犯膀胱和直肠时，会出现便频，排尿刺痛，尿中带血，无尿或大便困难，甚至出现从阴道往外漏尿或漏屎等现象；当癌瘤转移到肺、肝等，会出现咯血、黄疸等。

治疗办法：在于早发现，早治疗，治疗越早，效果越好。具体方法有中医中药、手术、放射和化疗等。据临床观察，原位癌几乎百分之百可以治愈；第一期有 80% 以上可治愈；第二期只有 60%；第三期仅有 30% 可活 5 年以上。

乳腺癌

乳腺癌是比较常见的恶性肿瘤，发病率很高，仅次于子宫颈癌，占女性恶性肿瘤的第二位。近年来，其发病率有增高的趋势。

在医疗实践中发现，放射线照射是致乳腺癌的一个重要因素，乳房用放射线照射后，患乳腺癌的机会增加4～6倍；有的妇女多次拍X线片，也容易诱发乳腺癌。

长期服用降压药利血平、双氢氯噻嗪、甲基多巴等，会使催乳激素分泌增加，体内激素平衡紊乱，导致乳腺癌发生。

遗传也很明显，如果近亲患有乳腺癌，其亲属患乳腺癌机会比其他正常人高2～9倍，且以母女的遗传和影响最大。

乳腺癌发病最关键的原因是体内激素平衡失调，特别与雌激素有密切关系。体内雌激素水平增高的标准是月经初潮较早和绝经期年龄推迟。月经初潮在16岁以前的妇女，比月经初潮在16岁以后者患乳腺癌多80%；55岁以后绝经比45岁以前绝经者患乳腺癌多1倍。所以，乳腺癌发病年龄有两个高峰，一个是生育哺乳期妇女，另一个是绝经期前后的妇女，原因是体内激素平衡紊乱。

早期病人，一般没什么不适，仅在乳房内有一个较小的肿块，不痛不痒，乳头也无变化。当肿块增大时，侵入周围皮肤或肌肉，与之粘连固定；乳头内缩，抬高，有时有血性液体流出；皮肤呈橘皮样变，腋窝淋巴结肿大，锁骨上淋巴结、胸骨旁淋巴结等都会同时肿大。尤其在妊娠期发展特别迅速，癌肿呈炎症状态，乳房红肿充血、发热，就像急性乳腺炎一样，很容易误诊。癌细胞也可通过血液转移到肺、骨或肝脏等。

治疗方法很多，如手术、放射线、激素、抗癌化疗、中草药等。目前，早期手术比较好，效果一般都很满意。

自我检查，自我发现，有80%以上是早期乳腺癌。其方法如下：检查时间应在每次月经后或两次月经之间，因为月经前乳房胀满，不好触摸。检查时，面对镜子，脱去上衣，双臂伸直或上举，或双手叉腰，上身前倾，观察乳房下垂情况，进行双侧对比，注意乳房大小是否均匀对称，乳头位置是否等高，乳头及皮肤有无回缩及凹陷。然后，仰卧在床上，用左手检查右乳，用右手检查左乳。检查方法是，手指伸直并拢，平压在乳房上，依顺序触摸，不要遗漏，要把被检查一侧手臂抬起放在头上，检查外侧时，手臂自然放在身旁，不能用手捏或夹起乳房组织。还可检查腋下有无肿大淋巴结。一旦发现肿块，可请医生确诊，及时治疗。

子宫外孕

在正常情况下，精子和卵子在输卵管里相遇，形成受精卵，也叫孕卵。孕卵依靠输卵管黏膜纤毛的摆动和输卵管肌层收缩产生的输卵管的蠕动，在受精后4～5天被送到子宫腔里，7～8天后在子宫体的前壁或后壁着床，然后生长发育，直至分娩。如果受精卵不是定居在子宫内膜，而是定居在内膜之外，则称为异位妊娠，俗称宫外孕。由于定居部位不同，宫外孕分为输卵管妊娠、卵巢妊娠、宫颈妊娠、腹腔妊娠等，其中最常见的是输卵管妊娠，约占宫外孕的95%。

发生输卵管妊娠的原因：

（1）输卵管有慢性炎症，引起周围粘连，使输卵管扭曲、狭窄、阻塞。

（2）输卵管发育不良或过长，或有肿瘤压迫。

（3）输卵管结扎后出现再通。

由于输卵管壁很薄，不适应孕卵的发育需要，妊娠40～60天时便被胀破，可危及生命。患者会突然感到一侧剧烈的下腹疼痛，并逐渐蔓延到全腹痛，常伴有恶心、呕吐、肛门下坠感和便意，并有少量阴道流血。病情加剧后，阴道流血增多、面色苍白、四肢厥冷、脉搏细弱、血压下降等休克症状。

此时应立即拨打120急救电话，呼叫急救车送往医院抢救治疗。在救护车没到之前，患者取平卧位，静躺床上，注意保暖，有条件者立即吸氧，口服止血药，同时还可用抗生素。到医院后经手术治疗，效果很好。

不孕症

结婚后，夫妻经常生活在一起达3年以上未曾怀孕的，称为原发性不孕；过去曾生过孩子，或者有过流产和宫外孕，但现在已有3年以上没有再怀孕，属于继发性不孕。据统计，已婚妇女中有5%～10%患不孕症。

孕育决定于男女双方。男子性生理方面的缺陷，如阳痿、早泄；性器官的疾病，如结核性副睾丸炎等，都是导致不孕的原因。此外，一般健康差，有慢性疾病，甚至失眠、嗜烟、酗酒等，也会影响生育能力。女子不孕的原因是多方面的，临床上常见的有以下几方面的问题：

（1）卵巢功能不良：多由内分泌失调、精神紧张、过度焦虑、重度营养不良、慢性疾病等引起。也有的卵巢发育不全、功能早衰等。

（2）输卵管不通：不孕的病例中有80%～90%属于此种原因。由于输卵管发炎或阻塞造成的。

（3）子宫发育不全：子宫患病，不适合孕卵着床和生长。

此外，女子年龄、性交时间等也有密切关系。

因此，夫妻婚后长期不孕，要到医院去，男女双方同时进行检查，查明原因，对症治疗。

女性性功能保健

女性性功能障碍通常表现在性欲产生障碍、性兴奋障碍和性交困难三个方面。性欲产生障碍指对性的兴趣淡漠；性兴奋障碍指性接触时难以产生正常的性兴奋反应；性交困难指阴道痉挛和性交痛。

女性性机能障碍的发生率大致在35%～60%

之间，其中性欲产生障碍最为普遍。新近有一份统计资料显示，被调查4700位已婚妇女中，患性欲冷漠的占23%。

性欲低下

指女性对性的欲望不强烈，对性生活不感兴趣。女性缺乏性欲的原因，往往不是生理问题，更多的是心理问题，常见的有以下几种：

（1）由于妻子整天忙于工作和日常生活琐事，身心疲惫不堪。一个人的精力是有限的，当主要的精力被工作、家务、孩子等牵制，便会逐渐地对性生活丧失了兴趣，即使勉强去做，也难以达到理想的效果，久而久之，妻子会产生厌倦的心理。

（2）道德观对女性的禁锢和束缚，以及传统的家庭教育，导致女性对性的困惑和压抑，这是造成婚后性冷淡的重要原因。相当一部分女子从小到大，从青年到老年，从来没有在内心深处真正承认自己也有性要求，没有真正领会到性生活的可贵，反而认为它是可有可无，甚至觉得它是肮脏、下流的，这种羞耻、恐惧、不洁的心理，严重地阻碍了女性感的自然表露与释放。

（3）有些女性过于纯情、浪漫。由于青少年时看了或听了很多言情小说或听过许多才子佳人的传说，从小就沉湎于纯情的爱情和白马王子的潇洒、俊美的形象之中，并以此来衡量生活中的对象。今后即使能碰到理想的对象，但在婚后的生活中也会逐渐地感到理想消失，结果由失望发展成绝望，这正是引起性冷淡的重要因素。这样的妻子往往把性生活当成是义务，缺乏真正的激情，因为她潜意识地认为，那真正的性欲望是留给梦幻中的他的。

女子要克服性冷淡，不在于急迫地知道该怎么办，而在于有没有决心和恒心去一步一步地切实做起。针对以上各种原因，如因身心疲乏、精力不足的可合理安排好家务琐事，正确处理好与丈夫、孩子的关系，不要把感情的天平过于倾向孩子；由于旧观念的禁锢和束缚的，应该勇于打破和挣脱这些禁锢和束缚，多看些科学的、有益的有关性知识方面的书籍，使自己更加充实、勇敢和自在；如果是因为过于浪漫和纯情而影响了夫妻之间的感情的话，则应该从根本上消除脑中不切实际的梦幻。世上真正理想的白马王子是没有的，一切的理想必须从实际做起……

影响女性性欲的因素

不同的人，其性欲强弱会不同；即使是同一位女性，在不同的时期、不同的环境、不同的情绪下其性欲强弱也不相同。哪些因素会影响女子的性欲呢？

（1）性激素。性活动受大脑皮质和下丘脑的控制，与性激素水平有密切的关系。因此，女子在月经期前后，由于性激素水平的下降，性欲相对降低变弱。而老年妇女，由于卵巢逐渐萎缩，性激素水平下降，可以引起性欲淡漠。但补充性激素后，又恢复其对性的要求。此外还发现，有些不孕妇女血中泌乳素浓度升高，反馈性地作用于下丘脑，使雌激素分泌减少，造成阴道干燥、性交困难、性欲降低。

（2）心理作用。有些女子害怕怀孕、人流，尤其是采用安全期避孕者，这些心理状态，直接抑制了性欲的产生。

（3）性生活的作用。和谐的性生活可以使女方保持良好的性欲，但不和谐的性生活，会引起性欲衰退。

（4）药物作用。镇静催眠药，抗精神药，抗高血压药，抗肿瘤药和某些利尿药可引起性欲减退。

性厌恶

它是患者对性活动或性想法的一种持续性憎恶反应。有的人厌恶是表现在心理上的；有的人则表现在生理上，如恶心、呕吐、腹泻、心悸等。性厌恶者的表现比较古怪。有人厌恶性交，一年仅性交一两次。有人并不厌恶性交，但却厌恶接吻、拥抱、刺激某个部位或厌恶某个动作。还有人厌恶与性有关的谈话，一听到就会马上转身走开或掩上耳朵。还有人只要一想到与性有关的事情就会莫名其妙地厌恶起来。

性厌恶的表现虽然很令人费解，但是造成它的心理原因还是可以寻找出来的。首先，性厌恶与某种恐惧性心理反应有关。比如，有的女性受到强奸，这种凌辱对其心灵造成很大创伤，便产生了性厌恶。更有甚者，有的女性并没有这种痛苦的经历，只是在报纸杂志上看到了描述强奸案的文章，想象力便受到了激发，于是对性厌恶起来了。有些人是由于不可告人的隐私导致性厌恶的。比如有的男青年长有女性乳房，有的姑娘身上多毛或乳房不发育，生怕被异性发觉，便极力回避性生活。这种性厌恶完全是从恐惧心理发展而来的。还有一种性厌恶是由害怕妊娠的心理派生出来的。这种人主要是女性，她们在青春期里看到了妇女分娩时的痛苦，留下了强烈的印象，便对性接触充满了恐惧，进而形成厌恶感。

性厌恶还能够由一些小事情诱发出来。比如丈夫晚上睡前不刷牙，妻子不能容忍他的口臭味，便对接吻厌恶起来。丈夫给妻子买了一件贵重礼物，妻子便与他性交，觉得是用肉体作出一种报偿，便会产生厌恶的心理。另外，在不自愿的情况下勉强过性生活，看不惯对方在性交中的表情或动作，都可以发展到讨厌性生活的地步。

性高潮障碍

所谓女性性高潮障碍，指在性交过程中，女性虽有性欲和反应，但不能体验性高潮，难于获得性满足，这是一种多见的症状，带有较大的普遍性。

高潮障碍主要由于精神心理因素引起的，常见原因有：性观念抑制、性知识贫乏、缺少交流、心情紧张、自身疾病。以上情况，除疾病须医治外，其他因素都要靠夫妻相互关心，相互体贴，协调好性生活。

阴道痉挛

阴道痉挛指的是男子的阴茎即将插入阴道时，阴道周围肌肉发生不自主地反射性痉挛，使性交难以进行。重度阴道痉挛只能伸进一个指尖，轻度阴道痉挛可插入阴茎，但患者感到很疼痛。

阴道痉挛的成因主要在于心理因素。比如在儿童青春期受到所谓正统观念的熏陶，脑海中被灌输进了一大堆否定性活动的念头，像什么"女人最重要的是贞操""和男人睡觉最肮脏""男人享受，女人受苦""只有不要脸的女人才觉得和男人在一起睡觉快活"，等等，把性行为与焦虑恐惧、有罪的情绪联系在一起。

等到实际发生性交时，这些情绪立刻起了作用，也就不由自主地发生了痉挛。性交所留下的感情创伤，也是造成阴道痉挛的一个重要原因。比如有的女性在童年或青春期受到过暴力强奸，或者新婚时丈夫动作粗暴，这种经历给她们留下了性交等于痛苦的强烈印象，由此形成条件反射。夫妻关系不正常也能造成阴道痉挛。比如有的妻子对丈夫表现出软弱的性服从，参与性交只是一件迫不得已的事情，而在心理上她又不愿意听从丈夫的摆布。这种矛盾心理状态在性生活中就通过阴道痉挛表现出来。

此病治疗方法主要靠心理治疗，向患者讲解有关性知识，消除顾虑。并辅助以暗示的疗法，采用宫颈扩张器，不但可以使女方逐步适应，而且这个循序渐进的过程，也就是消除顾虑、树立信心的过程。要是没有宫颈扩张器，采用手指疗法也可以。此法由医生或其丈夫戴橡皮手套，涂上润滑剂，开始时将一个手指插进阴道，动作宜轻柔，慢慢伸入。成功以后加插一个手指，当两个手指插入而患者无疼痛不适时，乃告诉患者可以开始尝试过性生活了。

过性生活时也要循序渐进，阴茎一点点插入，无不适再全部插入，最后就会"水到渠成"。对一些神经过敏的患者，用少量镇静药物辅助也可以，如性交前涂 10% 的可卡因软膏，也可减轻其局部疼痛。另外，还要注意改进性交方法，爱抚女方，性生活时动作要轻柔。假如女方外阴有炎症，要对症做系统治疗，待治愈后开始过性生活。

阴道出血

新婚之夜初次性交，女方由于处女膜破裂而感到轻微疼痛和极少量阴道出血，这是正常的现象。倘若初次性交时，发生阴道大出血，这主要是由于新郎过度兴奋粗暴或新娘处女膜较厚，破膜时出血量多，甚至引起阴道壁或阴道后穹窿部撕裂伤而致大出血；或者是因为新娘原来"闺中"患有尿道炎、阴道炎、尿道肉阜等病，初次性交刺激后也容易引起阴道大出血。

因此，未婚男女必须坚持履行婚前健康检查，发现女方患有阴道炎、尿道炎等生殖泌尿系统疾病应及时彻底治疗，待愈后才能结婚。

新婚之夜性交时动作宜轻柔，勿粗暴。

精液过敏

对有精液过敏的女方，在性交前口服一片扑尔敏或苯海拉明等抗组织胺药物，在阴道内挤点避孕冻胶，以消除精液的抗原性。男方在性交时可使用避孕套，或女方使用阴道套，以防止精液直接接触女方阴道。也可夫妇分居一段时间，待女方适应了男方精液的抗原性后再同房。性交结束后，女方可清洗阴道，将精液冲掉。若遇性交后发生全身刺痒，最好请医生治疗。

房事昏厥症

新婚夫妇在初次同房时，新娘由于羞涩、恐惧，对男方的爱抚和行为显得茫然失措，出现了头晕恶心、面色发白、出冷汗、心跳减慢等症状，于是即赴医院就医。

此类情况在新婚夫妇中并不鲜见。新婚之夜，女方常常有一些顾虑和不安；亦不少夫妇很可能是方法不当，引起上述一系列症状，严重者会发生痉挛和意识丧失。若处理不当，不仅有碍健康，而且会影响日后夫妻感情。

究其发生机制，系由于初次性交时精神过度紧张，大脑有关中枢高度兴奋，使植物性神经功能紊乱所致。这时。体内肾上腺素、儿茶酚胺和血清素等活性物质的分泌水平增高，微血管发生痉挛收缩，出现微循环障碍，于是大脑处于暂时性缺氧状态，患者出现晕厥。这在医学上称为"血管抑制性晕厥"或称"房事晕厥症"。

新娘在新婚之夜出现的晕厥，一般是突发性的，短暂的，只要妥善处理可恢复正常。此时新郎不必慌张，可让新娘平卧，给她喝点糖水，静躺一会儿就能恢复。对意识丧失者可用食指或拇指掐其口鼻之间的"人中"穴，可促其苏醒。若发生痉挛等严重情况，则应及时到医院请医生处理。顺便说一下，在结婚之前，男女双方都应该对性生活有一个初步了解，学习一些有关的生理解剖知识，若在婚前检查时，能得到医生的咨询指导，无疑更有裨益。

蜜月性膀胱炎

有些新婚后的女性，会出现尿频、尿急、尿痛等症状，有的甚至还出现发烧、腰痛等，这就是急性尿路感染。由于新婚女子发生此病较多，故人们戏称为"蜜月性膀胱炎"。据统计，在第一次患有急性尿路感染的妇女中，属于蜜月性膀胱炎的占70%以上，而新婚女子患蜜月性膀胱炎的约为45%。

这是因为，女性的尿道比较短、粗、直，而且尿道口与肛门、阴道等较为接近。未婚女子的尿道口、阴道口全给外面的小阴唇、大阴唇等遮盖保护，不与外界接触，不易受到外界细菌的感染。新婚时，进行初次性生活，男女外生殖器的接触，女性的外生殖器保护屏障受到破坏，由于男女生殖器及其周围都可能有少量细菌存在，这时不但使男性包皮垢堆积的细菌容易在性生活中带到女性尿道口，同时也为女性自身肛门、阴道分泌物波及尿道口提供了方便，细菌容易乘机而入，从尿道口进入膀胱，从而引起尿道炎和膀胱炎，如再往上行经过输尿管，侵入肾脏，就会引起肾盂肾炎。

另外，由于新婚夫妇性交频繁，或男方动作粗暴急速，使女方尿道口受到强烈摩擦与接触，还会导致尿道充血，激惹膀胱，引起尿频、尿急、尿痛。有的女性不懂得外阴清洁物质的使用，在新婚前后过分地使用浓碱肥皂洗擦阴部；或为了求得男方的欢喜，新婚之夜在阴部外使用化学粉雾爽身剂等，也可刺激尿道并发膀胱炎。

什么是性病

世界卫生组织提出：凡是由性行为或类似性行为所传播的疾病，都叫作"性传播疾病"，即习惯所称的性病。

新中国成立以前，性病流行十分严重。新中国成立以后，党和政府采取了一系列果断措施，封闭妓院，取缔暗娼，铲除了性病的主要传染源，基本上消灭了性病。

但是，近年来，随着对外开放，以及一些人自身道德水准的下降，卖淫嫖娼日趋严重，一些歌厅、咖啡屋、洗浴中心、发屋等在经济利益驱动下，在偷偷从事色情服务，一些大宾馆、酒店等娱乐场合的"三陪女郎"屡见不鲜，性病在我国又死灰复燃。

令人震惊的是，因性文化震荡而带来的性病发病率，迅速上升、蔓延。尤其是被人们称为超级杀手的艾滋病也在我国城市蔓延，发展势头很猛。不论对个人，还是对家庭、社会及国家，都会造成极大的危害，成为一个十分严重的社会问题。

现代的性传播疾病（STD）至少有18种，如梅毒、淋病、软下疳、尖锐湿疣、生殖器疱疹、阴部传染性软疣、病毒性肝炎、传染性单核细胞增多症、巨细胞病毒感染、第四性病（性病淋巴肉芽肿）、非淋病性尿道炎、性病肉芽肿、阴部念珠菌病、滴虫病、阿米巴病、疥疮、阴虱、艾滋病等。防止性病的传播和蔓延，应采取以下几种有力措施：

（1）大力开展健康教育活动，普及性病防治常识，提高对性病的严重危害性的认识，从自身做起，倡导文明、健康、科学的生活方式。

（2）坚持打击和取缔卖淫活动，对强迫、引诱、唆使妇女卖淫的违法犯罪分子，必须予以严惩。

（3）除了对卖淫的妇女、嫖客和有性乱行为的人要给予一定处罚外，还要进行思想道德及性病危害的教育，并且对他们实施必要的身体检查，一旦发现性病，要及时治疗，防止传染他人。

（4）严格执行婚前健康检查制度，患有性病而未经治愈的人不能结婚，防止传染给配偶和危害下一代。

（5）加强市场上书刊、音像等管理，对那些传播黄色、下流、淫秽、丑恶的照片、录像带、影碟、书刊等要坚决取缔，对触犯刑律的犯罪分子，要严厉打击。

（6）对广大青少年进行性知识和性道德教育，同时也要普及法律常识，树立正确的人生观和婚姻恋爱观，在两性关系上严格要求自己。

梅毒

梅毒是由梅毒螺旋体通过性关系而感染的性传播疾病。是一种全身性感染病，而且能通过胎盘传给下一代。

梅毒的传染途径包括：性接触；患梅毒的孕妇可以通过胎盘传给胎儿；接吻或哺乳；病人的被褥、毛巾、餐具等；输血。

除先天梅毒外，后天性梅毒按其特点，通常可分为4期：

一期梅毒：梅毒螺旋体从破口处侵入机体，首先进入皮肤淋巴间隙，于入侵部位形成硬下疳之前，往往需3周左右的潜伏期。硬节大部分发生于生殖器部位，男性多在阴茎的内板、系带、龟头及尿道口等处；同性恋男性多见于肛门和直肠；女性多在大小阴唇及子宫颈上。硬下疳开始时为一丘疹，很快破溃，数天后出现腹股沟淋巴结肿大，持续一周后炎症消退，脓性分泌物减少，一个月左右不治自愈，但并不是好事，而为转入二期梅毒的潜伏阶段。若此时得到及时治疗，完全可以治好。

二期梅毒：梅毒螺旋体从淋巴结进入血液，在人体内大量扩散后而出现全身症状，一般发生于感染后7～10周或硬下疳出现后6～8周。主要有以下临床表现：

（1）皮肤黏膜损害。症状复杂，疹型多样，损伤分布广泛而且对称，自觉症状轻微，但传染性极强。

（2）骨骼损害。可发生骨膜炎及关节炎，夜间疼痛加剧。

（3）二期眼梅毒。可发生虹膜炎、虹膜睫状体炎、视神经炎和视网膜炎等。

（4）二期神经梅毒。多为无症状性，但脑脊液有变化。

（5）二期复发梅毒。形态多样，皮疹较大，好发于肛门周围、腋窝、脐窝、阴部等处。

三期梅毒：也叫晚期梅毒，发生于感染后2～4年，多为皮肤黏膜及骨的损害，传染性小，但对组织的破坏性强，严重时可危及生命。

（1）皮肤梅毒疹。损害部分数目少，分布不对称，为暗红色，触之较坚实之硬结。

（2）三期黏膜梅毒。主要侵犯口腔黏膜及鼻黏膜，局部出现溃烂，形成溃疡。严重时骨质被破坏形成穿孔。

（3）三期骨骼梅毒。以骨膜炎为多见，常侵犯长骨。

（4）三期心血管系统梅毒。一般多发生于感染后10～30年，主要有单纯性主动脉炎、主动脉瓣闭锁不全、主动脉瘤等，治疗十分困难，甚至死亡。

（5）三期神经系统梅毒。发病率高，治疗困难，预后不佳。

四期梅毒：也称变性梅毒。感染后经过10年以上，其中包括神经梅毒、心血管梅毒及其他脏器梅毒等。

先天梅毒：也叫胎传梅毒，其感染多在妊娠4个月后发生，严重时可引起流产、早产、死产或生下梅毒儿。先天梅毒分早期和晚期，一般2～4年内为早期；2～4年以上为晚期。

染上梅毒或怀疑可能感染梅毒时，应立即去医院检查治疗，主动向医生诉说发病经过或不洁性交史，力求达到早期诊断、早期治疗，及时治愈的目的。

淋病

淋病是由淋病双球菌感染所引起的泌尿生殖器官的性传播疾病，居四大性病之首。性交或其他性行为是主要的传染途径，另外，接触病人含淋病双球菌的分泌物或经污染的物品和用具均可传染，孕妇患有淋病，婴儿娩出时经过产道也能受染。

男性淋病

（1）急性淋菌性前部尿道炎：潜伏期为2～5天，发病时，尿道口有瘙痒感或灼热感，排尿时伴有疼痛。尿道口发红，有黏稠的脓性分泌物。同时，可出现尿频、尿急、尿痛，甚至出现血尿。有些人发冷、发热、食欲不振、倦怠等。如果治疗及时，尿道口流脓现象可在1～2天内明显好转，3～4天内消失，但仍有尿痛和排尿不适感。

（2）急性淋菌性全尿道炎：淋菌侵入后部尿道，引起急性感染，使整个尿道发炎，出现尿频、尿痛，夜间加重。同时，由于括约肌收缩可发生尿闭，甚至出现疼痛性勃起或滑精现象。如果并发了菌血症，皮肤可出现丘疹、多形性红斑、结节性红斑、紫癜等。

（3）慢性淋菌性尿道炎：当急性尿道炎有所改善而又未完全消退时，由于某些有害因素，如饮酒或纵欲过度等，结果引起复发或恶化。感到有轻度瘙痒感或灼热感，清晨尿道口有白色分泌物排出。如果慢性后部尿道炎和前部尿道炎及前列腺炎并发，可引起性交快感消失，甚至出现早泄或阳痿等。

女性淋病

开始一般没有明显症状，故容易漏诊，成为危险的传染源。一旦出现症状，往往已有了并发症，如子宫体炎、输卵管炎、急性盆腔炎等。

女性淋病可有尿道炎症状，如尿道口红肿，排出黏稠的脓汁。镜检可见大量脓球和淋菌，急性期后可迅速向慢性期转化。分娩、性交过度常使其急性发作。

淋菌性幼女外阴阴道炎

外阴部高度红肿，从两侧阴唇间流出黄绿色黏稠的脓汁，脓汁干燥后形成结痂。阴道口及尿道口红肿，有脓汁排出；处女膜肿胀，使阴道闭锁。患者可自觉灼热痛，有时伴有发烧。在日常生活中，当发现幼女外阴、阴道充血，伴有分泌物或脓汁时，则应去医院检查，以便及时确诊治疗。

软下疳

软下疳是由软下疳链杆菌经性交传染的一种性病。软下疳链杆菌是一种寄生菌，对温度非常敏感，怕热，超过38℃时就很快死亡。

软下疳一般在性交后2～5天发病，也有长达1个月者，但无前期症状。感染后在外生殖器部位出现小的炎症性红斑或小丘疹，很快变为水疱或脓疱，2～3天后脓疱破裂、溃烂，形成圆形或卵圆形溃疡。去掉脓性分泌物，可见溃疡基部为不整齐的血管丰富的肉芽脓性组织，一有触摸容易出血。

好发部位：男性多在包皮内外表面、包皮系带、冠状沟、阴茎头和龟头处；女性主要发生在阴道口、阴唇系带、前庭和阴蒂处，生殖器外很少发生。其溃疡有大有小，有深有浅，对组织的破坏程度也不一样，轻的愈后仅留下浅表性疤痕，重的可使阴茎和阴唇大面积坏死，甚至使整个外阴遭到破坏，造成大出血，后果将更加严重。

治疗办法：首选为磺胺类药物，其次是链霉素等，局部保持清洁，并用抗生素湿敷或软膏外用。

腹股沟肉芽肿

腹股沟肉芽肿，又叫第四性病（即与梅毒、淋病、软下疳统称为四大性病）。多发生于热带和亚热带地区，在一些发展中国家很流行。本病的病原体为宫川小体，经性行为感染。

临床症状如下：

（1）原发病灶：从感染起1～2周内发病，类似疱疹样糜烂，呈暗红色，称疱疹型。其次有呈现疱疹状下疳，并有浸润，大小为3～5毫米，称此型为丘疹型。再增大到5～10毫米时，称为结节型。女性多发生于大阴唇、外阴部或阴道内、宫颈等。男性多发生在冠状沟、系带、包皮、阴茎等处。

（2）横痃：即淋病肉芽肿，一般在感染后2～4周，多为一侧，也有双侧发生者。男性多在腹股沟淋巴腺，特别是浅在性内上方的淋巴结肿胀，可向盆腔内淋巴腺侵犯；女性多有肛门直肠淋巴腺肿胀，无明显横痃。

（3）女阴蚀疮：也称阴部肛门直肠综合征，是第四性病的晚期表现。病原体侵入肛门直肠部位引起肛门直肠淋巴腺发炎后，相继引起附近相关的淋巴管炎及淋巴管周围炎，女阴蚀疮，初期常与横痃同时发生，在外阴部、肛门，以及直肠处有小的松弛性横痃。

（4）全身症状：在横痃、肿胀、化脓时最为明显，有恶寒、高热，可持续数日或数十日，呈稽留热型。化脓自溃，排脓时发热自行降低，伴有全身无力，关节肿胀疼痛，食欲欠佳等。

治疗办法：早期治疗，采用磺胺类、抗生素药物，效果很好。如果忽视治疗病入晚期，则治疗就困难了。另外，局部治疗可采用对症措施，以消毒或抗生素纱布每日换药，可严防继发性感染。

生殖器疱疹

生殖器疱疹是由单纯疱疹病毒引起的一种性病，是西方发达国家内最常见、最痛苦的性病。同时，新生儿疱疹感染也相应增多。

临床症状分为以下四型：

（1）急性型：首次感染主要来自性行为，潜伏期2～7天。开始损伤是一个或多个红丘疹，小而瘙痒，然后迅速形成小疱，继而形成溃疡、结痂。全身症状有发烧、头痛、颈部强直、浑身倦怠不适。直肠损害时可能无自觉症状，但有时伴有痒感，排脓及里急后重感。一般还会出现淋巴结肿大，有压痛。另外，外阴部、会阴部，以及子宫阴道部也会形成溃疡，一般在初发急性型当中，女性症状较剧烈。

（2）再发型：其全身症状较轻，每次发作的病程也较短，约持续1周后消失，但间隙2～3周或月余后可复发。感染1年以上反复再发，可使患者非常痛苦，而且传染性极强。

（3）诱发型：发病原因主要是医源因子所致，如使用抗癌剂、激素、放疗后及妊娠、分娩等使机体免疫功能下降。发病时，常伴有尖锐湿疣、非淋菌性尿道炎、淋病、阴部念珠菌病、阴虱或疥疮等。

孕妇感染此病时，危害更为严重，可发生胎儿畸形或死胎。即使胎儿长大成熟，也会有先天性感染，可出现带状分布的疱疹、癫痫发作、肝胆肿大，随后可发生毒血病或脑炎。因此，患有复发性生殖器疱疹的妇女，最好不要怀孕，一旦怀孕，也应每周去医院做检查，检查有无病毒感染，尽量做人工流产，不能生育。

（4）无症状型：发病后一般无明显症状，只有局部病损，但具有传染性。

治疗办法：为防止继发性细菌感染，应保持清洁，保持干燥；尽量避免性交，

避孕套不能完全防止病毒传播；生殖器损害时，应去医院检查治疗，不要怕羞延误治疗；如果怀孕，应及时中止妊娠，以免胎儿受到感染。

尖锐湿疣

尖锐湿疣，也叫生殖器疣、性病疣，是一种较为常见的性传播疾病。尤其在性生活比较混乱的年轻人群中发病率很高。尖锐湿疣主要通过性接触感染，病原体是人类乳头瘤病毒，简称为 HPV。该病毒同时还会引起人体皮肤上其他的扁平疣、寻常疣等。

本病潜伏期通常是 3 个月，最短 1 个月，最长可达 6 个月以上。主要是由性接触传播，性交时，皮肤和黏膜轻微破损，病毒即可被接种入破损处。由于病毒在温暖潮湿的环境中，最容易生长繁殖，故生殖器的皮肤黏膜处最易发病，常出现多发性乳头瘤样或疣状损害，常由小而扁平疣状，融合成大团块。

病变部位，男性多发于冠状沟、龟头、包皮系带、尿道口、阴茎体、肛门、阴囊等；女性多见于阴蒂及阴唇、会阴、子宫颈口、尿道口等。一开始是小而柔软的疣状淡红色丘疹，逐渐增大增多，表面凸凹不平，以后渐大、破溃、糜烂，并可出现痒感和压迫感。尖锐湿疣还可发生在腋窝、脐窝、乳房等部位。专家认为尖锐湿疣会发生恶变，50%的女阴癌及相当数量的肛门癌是在尖锐湿疣的基础上发生的。

治疗办法：

（1）冷冻外科：在局部化疗无效时可采用液氮冷冻治疗，治愈率达 90%。冷冻后局部形成坏死和溃疡，1～2 周后愈合，间隔 1～2 周后重复治疗，一般 1～3 次可痊愈。

（2）电外科：对较小的损害比较适宜。

（3）二氧化碳激光治疗：凝固深度可达 1～2 毫米，对女阴及阴茎头尖锐湿疣最为适合。

（4）5%酞丁胺霜剂外涂，可治外阴及阴道湿疣，每天 2 次，持续 2 周以上。一般无刺激性，治愈率可达 70%以上。

（5）少数顽固病例，可用干扰素治疗，但有副作用，如出现发热、畏寒、头痛、乏力等。

阴虱

阴虱是由虱子引起的皮肤病。一般由性交直接传播，内裤、被褥、如厕、浴池等可间接传播。本病女多于男。一旦染上阴虱，常有剧痒感，常在阴毛、腋下、胸毛、大腿等处，被阴虱叮咬后呈现豆大的青斑，压不变色，无炎症反应。

防治办法：注意个人卫生，勤洗澡，勤换内裤，一旦患有阴虱，要坚决剃除阴毛，用25%～50%酒精，5%～10%白降汞软膏等，如有继发感染，适当使用抗生素软膏。换下的内裤应煮沸消毒。

巨细胞病毒感染症

巨细胞病毒感染症，又称巨细胞涵体病，是一种疱疹病毒组DNA病毒，分布广泛，人与动物皆可遭受感染，引起很多病变，直至死亡。

感染途径，主要是病人及隐性感染期带病毒者。巨细胞病毒的传播方式有多种，可长期或间歇地自唾液、尿、精液、子宫颈分泌物及乳汁中排出。病毒可通过胎盘侵及胎儿，或分娩时通过产道感染婴儿。母乳喂养也是新生儿受染的主要方式。输血和组织器官移植也常是重要的感染途径，因精液、泪液、宫颈分泌物及粪便内均含有病毒，故性交亦为普遍的传播途径。

巨细胞病毒感染症，可分为先天性和后天性感染两种。

先天性感染是由胎儿在母体内经胎盘或分娩时经产道所感染，是新生儿感染率较高的疾患。感染后绝大多数人无明显症状，但一旦发病则很严重，往往出现明显的中枢神经系统、肺、肝等损害现象，即会发生嗜睡、抽搐、气促、发绀、黄疸等。检查发现患有小头畸形、脉络视网膜炎及肺炎等，可能是由巨细胞病毒感染所致。

后天感染有以下三种情况：

（1）巨细胞病毒单核细胞增多症。多见于成人，但儿童也有发生。主要表现为发烧、疲乏。还会发生一些其他严重的症状。

（2）免疫缺陷患者的巨细胞病病毒。肾移植患者在2个月后，几乎都会发生这种感染，50%～60%为无症状性感染，40%～50%为自限性非特异性的综合征，只有2%～3%的病人可发展为全身弥漫性病变而致死亡。至于骨髓移植、白血病或淋巴瘤患者，尤其是儿童，其发病率也很高，症状为发烧、肺炎、胃肠障碍等。

（3）艾滋病患者的巨细胞病病毒。几乎所有艾滋病患者都有这种感染，甚至传染到全身器官，严重时可造成死亡。

治疗办法：目前还没有一种特效疗法。只能用各种抗病毒制剂、抗巨细胞的免疫球蛋白制剂、干扰素及转移因子等，但无法治愈，停药后还会复发。

阿米巴病

阿米巴病本不属于性病，但近年来由于性观念和性交方式的改变，在同性恋或异性恋中采用口交行为，使阿米巴病的发病率明显增多，便作为性传播疾病而列入其中。

全世界大约有10%的人口感染阿米巴病，男多于女，青年人多于中老年人,是一种严重危害人体健康的常见病多发病。

阿米巴病的潜伏期为2周左右,但有的很长。发病时很急,在患此病的同性恋中,发病过程比较缓慢,约有半数以上没有症状。

(1)阿米巴痢疾:主要症状为腹泻,大便带血,较重者可见血便,每日可达十几次,伴有腹痛、不适、里急后重、恶心呕吐等。

(2)阿米巴性大肠炎:慢性迁延型阿米巴肠病表现为病程长、反复发作,大便呈黄糊状、腐臭、带少量黏液,伴有脐周围钝痛。

(3)肠外阿米巴病:主要由肝脓肿或经由静脉转移至肺而引起的肺脓肿等。但肝脏也会同时受害,其他还有泌尿系统、生殖器、脾、食管、咽、胃、鼻等。阿米巴肝脓肿多发于男性青年,开始病情轻微,进一步恶化后可侵犯邻近器官而形成脓腔、化脓性心包炎、肠道出血和腹膜炎等。10%肝阿米巴病患者同时患有肺阿米巴病,主要表现为发烧、咳嗽、胸痛等。阿米巴脑脓肿一般位于大脑皮质的单独损害,临床症状有发烧、头痛、昏迷、半身不遂等表现,死亡率极高。皮肤阿米巴病通常是由于直肠损害又扩展到会阴的结果。会阴损害可染至阴蒂、阴道、阴茎等。

治疗办法:患者应予隔离,以免传染别人。急性患者应住院治疗,主要药物有羟基喹啉类、有机胂衍生物、碘化铋吐根碱、安痢平、中药等。对所有部位和各种形态的阿米巴病均有效的药物为灭滴灵和双碘喹啉联合应用。

艾滋病

艾滋病一词来源于英文AIDS,中文译为"获得性免疫缺陷综合征"。

自1981年1月全美疾病控制中心为第一例同性恋患者诊断为艾滋病后,相继出现了类似的病例。目前病人日益增多,又无特效治疗,但医药费用相当庞大,美国第一批1万名艾滋病人支出的医疗费用高达15亿美元,即人均15万美元。我国专家估计,一个艾滋病人的医疗费用和间接损失为6.4~8.6万元,是人均国民生产总值的2.9~3.9倍。因此,有些国家的总统遗憾地表示:治不起。

1995年12月1日,是世界卫生组织宣布的世界艾滋病日,在"共享权利,同担责任"的主题下,全世界将开展一场广泛、深入的宣传、防控艾滋病活动。

那么,艾滋病在我国流行情况如何呢?

我国自1985年6月发现第一例艾滋病患者以来,国家艾滋病防治中心跟踪掌握,艾滋病病毒感染者和艾滋病患者大幅度上升,蔓延形势十分严峻,全国各省市自治区,已没有一块净土。艾滋病已对我国人民的健康构成严重威胁。艾滋病感染者和患者在云南为最多,其流行特点是:

(1)以沿边、沿海和大城市为主。在大城市,主要集中于性乱者中;在沿海地区,主要是出国探亲人员;在内陆省份,主要是出国劳务人员;在西南边境地区，主要是静脉吸毒者。

（2）感染者以青壮年为多。80%以上是 20～49 岁的人生最佳年龄。

（3）感染人群涉及面广。有工人、农民、知识分子、干部，尤其是一些大款、经理、推销员、服务小姐等。

（4）性乱是主要传播途径。专家估计，我国仅对 300 万重点人群进行血清学检查，就发现 1000 多例感染者和病人，其实际感染数为 5000～10000 例，目前正在迅猛上升。

艾滋病是由一种特殊病毒引起的。1984 年 4 月，法国巴斯德研究院分离到一种叫 LAV 的病毒。随后美国国立肿瘤研究所也分离到一种病毒，简称 HTLV-3。这种病毒会使人体的免疫系统丧失识别外来抗原的能力，造成某些癌细胞乘机迅速增长，并极容易引起其他病毒性、细菌性、真菌性感染。

人类免疫缺陷病毒进入人体后，主要是破坏人体的防御系统——T 淋巴细胞，其主要攻击和破坏的靶细胞是辅助性 T 细胞；病毒对它有亲和力，穿入这种细胞后可以使它破裂、溶解、消失，使机体的辅助 T 细胞数量明显减少，进而瓦解人体的细胞免疫功能；使人丧失了对平时没有致病能力的细菌、霉菌、原虫的抵抗力，产生致病性感染，发生恶性肿瘤而导致死亡。

艾滋病的传染源是艾滋病人、艾滋病相关综合征及无症状而可以携带病毒的艾滋病毒感染者。传染途径有以下几种：性接触，即同性恋之间或异性恋，包括男性传给女性，或女性传给男性；静脉药物（多为海洛因等毒品）滥用者共用不洁的注射器，输血或输入其他血制品；感染艾滋病母亲可在孕期、产期和产后感染胎儿及新生儿；用感染者的器官、其他组织或精液为供体者。

艾滋病的进程可分为三个阶段：

（1）HIV 感染。90%新近感染了 HIV 的人不会发展为艾滋病，但感染者在 5～7 年内不治，则有 25%发展为艾滋病，有至少 40%发展为艾滋病相关综合征。

（2）艾滋病相关综合征。包括过敏反应迟缓；黏膜损害和皮肤病；持续时间超过 5～6 个月，数目在 2 个以上非腹股沟部位的淋巴结病；体重减轻 10%以上，持续性腹泻；发烧体温 38℃以上超过 3 个月；全身无力；夜间盗汗。

（3）艾滋病期。体重骤减，每 3 周减少约 10 千克，持久性发烧，呼吸困难，虚弱、皮肤癌、恶性肿瘤及出血症状等，病入膏肓，甚至死亡。

根据艾滋病的机会性感染、发病部位和发生恶性肿瘤的情况，艾滋病可分为五种类型：肺型、中枢神经系统型、肿瘤型、胃肠型、无名热型。

治疗办法：到目前为止，艾滋病还是不治之症。还没有研制出特效药物，目前已使用的药物有苏拉明、三氮唑核苷、α-干扰素、S-化合物及白细胞介素-2、γ-干扰素等。

我国对艾滋病预防和控制措施：

（1）将艾滋病列为报告传染病和国境卫生检疫监测传染病之一，重点加强管理。

（2）禁止进口和使用国外血液制品，严防艾滋病通过血液制品传入我国。

（3）大力开展对艾滋病的宣传教育工作，使医务人员和广大群众对艾滋病有正确认识。

（4）卫生部已成立预防艾滋病工作组，负责组织、协调全国性艾滋病的监测和预防工作。

（5）对危险人群进行监测，采集血清进行测试。我国目前重点监测对象是：应用过国外血液制品的病人，特别是应用过进口的第Ⅶ因子的血友病病人；性病患者，与外国旅游者或留学生有过性关系者；长期驻华的外宾、留学生、来华旅游者；我国长期驻外人员、劳工，以及外交人员、旅游及宾馆人员，有外宾门诊任务的医务人员；边缘地区的居民及少数民族；艾滋病人及艾滋病毒抗体阳性者的接触者。

（6）加强社会公共秩序的管理，严禁卖淫、嫖娼、同性恋及吸毒。

（7）建立了酶核法、免疫荧光法、蛋白印迹法等常用艾滋病诊断方法。

（8）对发现的病人和抗体阳性者进行现场调查处理。

（9）开展专业技术人员培训工作。

据世界艾滋病日所公布的惊人数字表明，世界上平均每分钟有2个妇女感染上艾滋病，每2分钟就有1名妇女死于艾滋病。

农家环境卫生

农家环境卫生包括村庄、道路、庭院、厕所及住宅周围环境的卫生。每个村屯如果道路整洁，特别是比较富裕的地方已修上了水泥路面或平坦的沙石路面，干干净净，会给人一种清洁卫生、面貌一新的感觉；相反，没修道路，下雨成河，泥泞难走，整个村屯就显得破烂不堪。一句民谣说得好："要致富，先修路。"道路的平坦与坎坷，反映出农村贫富的显著差异。

农家住宅多是平房，都有或大或小的一个院庭，院子大的农家还种点园田，养猪、养鸡、养鸭鹅，保持清洁卫生，创造一个美丽、舒适的生活环境，对每个家庭都有好处。所以，农家庭院要统一规划，把猪圈、鸡窝、还有牛马等大牲畜，都放在安全、卫生、方便饲养的地方，要经常打扫；常用物品要放在固定地方，不能乱扔乱放；不能乱往院子里倒脏水、扔污物；教育自家小孩不要随便在院子里大小便。

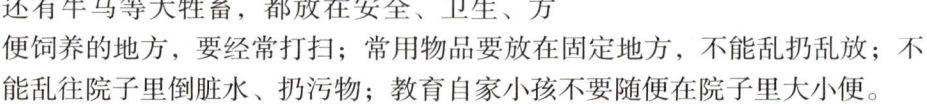

庭院较大、条件较好的家庭，可在院子里栽上几棵果树，种点花草。花

红树绿，给生活增添一点色彩和优雅气氛。

搞好厕所卫生更为重要。农家厕所多数设在院前或房后，但要经过修建，大小便池要深一些，既防止臭味扩散，又要便于清理。有条件的地方，最好修建公共厕所，由专人负责，每天清扫，经常用清水冲刷，既卫生又方便。

住宅周围环境包括房前、房后，一左一右，除田地外，应多种树，不要乱堆乱放柴草、农具，或其他物品。每个家庭环境卫生搞好了，整个村屯就显得特别整洁。

讲究家庭环境卫生，不仅有利于生产生活，更有益于身心健康，防止疾病的发生和传染。

家庭住宅卫生

农家住宅卫生主要包括三个方面：

1. 住屋的卫生。要窗明几净，墙新地洁，物品摆放整齐；被褥要常洗常晒，并保持好个人卫生；家中要消灭虱子、臭虫、蟑螂、老鼠，无苍蝇、跳蚤、蚊子；除平时注意保持外，更重要的一点是要按时清扫，把干扫与清洗结合起来，防止灰尘满屋飞。

2. 厨房的卫生。农家的厨房多数设在住室外间与房门相连的地方，很少有专用的房间，所以更应注意清洁卫生，锅碗瓢盆保持干净无尘；农妇做饭时要洗净手，常剪指甲，做饭过程中不要抓挠头发、擤鼻涕、掏耳朵、打喷嚏等；要保持锅台、水缸、炊具的卫生；抹布要洗干净，晾在通风处，不要乱扔乱放；粮食要放在箱柜内存放，夏天要防止剩饭菜发霉。

3. 食具的卫生。饭碗、筷子、盘碟、勺子等是每个家庭的生活必需品，搞好食具卫生，对家人的身体健康十分重要。所以，用过的食具除认真清洗外，最好是定期消毒处理，并不费多大劲，形成习惯就好了。食具消毒有以下几种方法：

（1）煮沸消毒：把洗净的食具放在开水中煮 10~15 分钟。

（2）蒸汽消毒：把洗净的食具放在笼屉里蒸 5~10 分钟。

（3）药物消毒：可用漂白粉或氯亚明溶液，配制浓度是 0.3%（即 5 千克水中放 15 克漂白粉或氯亚明），把洗净的食具浸泡 3~5 分钟，然后取出用清水洗净。

农家饮食卫生

常言说：病从口入。讲究饮食卫生，把住病从口入关，对农家妇女及每个家人的健康都很重要。农家饮食卫生应做到以下几个方面：

（1）生熟食品分开存放。所谓生食品，是指制作食品的原料，如各种蔬菜、鸡、鱼、肉、米、面等；熟食品是指直接供人食用的食品，如饭菜、熟肉、豆制品等。生食品没经加工，大多带有病菌、病毒、寄生虫等，如将生熟品混放在一起，使人吃后生病。尤其重要的一点是，农家制作食品用的刀、案板、容器等，也要生熟分开，如果只有一刀一板，应先切熟食，后切生食，或切生食后，经彻底清洗后再用。

（2）不吃腐烂变质的食品。剩菜剩饭一旦有味或变质，就要扔掉，否则吃下会使身体受害。从商店买来的熟食品也应蒸煮加热后再吃。

（3）讲究营养，合理烹调。不要总是大锅饭、大锅炖菜，要注意花样多变，色香味美，增加食欲。

（4）吃饭时不要训斥孩子。吃饭时训斥、打骂孩子，不仅会影响孩子的身心健康，造成消化不良，而且对自己也极不利。

（5）剩饭菜要放在凉爽通风的地方，并加上防尘、防蝇设施；再食前一定要煮开蒸透。

（6）生吃瓜果蔬菜，一定要洗净消毒，尤其是生吃黄瓜、西红柿、生菜、香菜等；无法消毒时，可用开水烫一烫再吃，吃苹果、梨等要去皮，防止农药中毒。

用水的卫生

水和空气、食物一样，是人类生活中不可缺少的物质，直接影响着人们的身体健康。所以，家庭用水必须得法，也就是要讲究卫生。如果饮用了不清洁的水或吃了不清洁的水洗过的生菜、瓜果，就可能引起痢疾、传染性肝炎等肠道传染病，以及蛔虫病等寄生虫病，给生活带来烦恼。

有些农村已经用上了自来水，经过过滤、消毒，基本上达到了卫生标准，但也不可忽视，由于工业发展，"三废"对水源的污染也越来越严重，因此加强环境保护，清除污染，是十分必要的，而且是当务之急。

有些农村饮用井水或泉水，也比较好；有的地方还在直接饮用江水、河水，就应很好消毒处理了，否则对身体是不利的。

不要喝生水。因为生水中有很多细菌、病毒和寄生虫卵，喝生水会引起各种疾病。即使是自来水，虽经过滤消毒，但细菌、病毒并没有全部杀死，同样不应生喝。

不要喝回锅水。有些农妇总认为水开后多烧一会儿更好，甚至习惯把热水瓶的水重新回锅，烧开再喝。其实，这是不卫生的，把水烧开了又烧，会使水分逐渐蒸发，沉淀下来的亚硝酸盐的比例增大，这是一种对人体有害的物质。有的农妇爱在蒸锅水中下面条或做玉米面粥，都是不当的。

在家中，不要几个人用一盆水洗脸，以防传染沙眼等疾病。要讲究个人卫生，常洗澡，勤换内衣等。

农忙季节的四期保健

男女有别，妇女与男人相比，有不同生理特点和特殊具体的情况，如月经、怀孕、分娩、哺乳四个时期，就不应下水田或干重活。因此，农活再忙，对妇女也要给以适当的照顾，决不能和男劳力一样对待。

（1）月经期：妇女的正常月经，每次3~7天，出血量以第2~3天最多，总量为50~100毫升，平均约50毫升，一般无明显症状，少数妇女会出现乳房胀痛、下腹部及腰腹部下坠、头痛、失眠等，所以，应防止受凉和过度疲劳。在此期间，家人、亲友等都应多关心照顾，特别是丈夫更要体贴入微，月经期的妇女应不下水田，少干重活，不要过多、过重、过累，以免受凉，使月经时间过长或流血量过多，如患痛经的，应适当休息，不要勉强出工。

（2）怀孕期：主要应避免过重、过度的劳动，但也不要闲待，可干一些力所能及的轻活，如做些家务、喂养鸡鸭等；并要保证充足的睡眠，也要有足够的营养，加强饮食调配。还应注意在孕前、孕后3个月内节制房事。

（3）分娩期：凡到预产期的孕妇，不应下地干活，也不应离家较远，以防突然分娩或出现意外。分娩时最好去乡卫生院，用新法接生，不要在家随便找人接生，避免发生意外。产后要注意阴道及外阴卫生，在家休息2个月左右，禁止性生活，保证足够的营养。

（4）哺乳期：喂奶的妇女，下地干活时不宜离家太远，以便按时给孩子喂奶，但不要把孩子带到田间，喂奶时要注意卫生。

预防农药中毒

农药是广泛应用于农业生产上的杀虫剂。目前我国生产和使用的农药种类很多，如有机磷农药，包括甲拌磷（3911）、内吸磷（1059）、对硫磷（1605）、三硫磷、敌敌畏、乐果、乙硫磷、敌百虫等；有机氯农药，最常用的为六氯化苯（即六六六）和氯苯氯乙烷，以及含有机氯的混合农药甲六粉、敌六粉、螟六粉等；有机氮农药，有杀虫脒、虫蛉畏、巴丹等，主要用于防治水稻螟虫、棉花红铃虫等。

造成农药中毒事件的原因有以下几种：对农药保管不善，造成误食误用；误食拌过药的种子或施过剧毒农药的瓜果、蔬菜等，或吃了被农药毒死的畜、禽、鱼、虾等；滥用剧毒农药灭蚊、蝇、虱等；稀释、配制和施用农药时，不按操作规程做好防护措施，或药剂浓度配制过高；连续施药时间过长，或施药后不洗净手脸、不换衣服就喝水、吸烟和吃食物；人、畜误入施过剧毒农药的田间；长期食用带有微量残留农药的农产品，等等。

农村妇女和男人一样下田撒药、锄草，接触农药的机会很多，较易发生中毒。这里介绍几种农药的中毒症状和急救办法。

有机磷农药，如1605、1059等急性中毒，可分三种情况：

（1）轻度中毒：出现轻度中枢神经系统及毒蕈碱样症状，心率缓慢、血压下降；腹痛、恶心、呕吐、腹泻；尿失禁、呼吸困难、瞳孔缩小、球结膜水肿。

（2）中度中毒：除有明显的毒蕈碱样症状外，还出现骨骼肌兴奋、肌痛、肌束挛缩、肌纤维颤动等症状，晚期转为肌力减退和肌麻痹，呼吸肌麻痹可致死亡。还可致心肌炎、心率加快、血压升高、房颤及房室传导阻滞。

（3）重度中毒：除上述症状外，还发生肺水肿、脑水肿、瞳孔极度缩小、惊厥、昏迷、言语不清、失眠或嗜睡等。

急救办法：将患者脱离中毒现场，移到空气新鲜处，立即脱去被污染的衣服、鞋帽；误食毒物者应尽早催吐洗胃，用清水或1∶5000高锰酸钾溶液（对硫磷中毒时禁用）或2％碳酸氢钠（敌百虫中毒时禁用）溶液洗胃；用大量生理盐水、清水或肥皂水（敌百虫中毒禁用）清洗被污染的头发、皮肤、手、脚等；眼和外耳道污染时，亦可用生理盐水冲洗，至少10分钟，然后滴入1％阿托品1～2滴；呼吸困难应立即吸氧；应服用解毒剂。

有机氯农药，如六六六、滴滴涕等急性中毒时，也可分三种症状：轻度中毒时，精神不振、头晕、头痛等；中度中毒时，剧烈呕吐、出汗、流涎、视力模糊、肌肉震颤、抽搐、心悸、昏睡等；重度中毒时，呈癫痫样发作，昏迷，甚至呼吸衰竭或心室纤颤而致命，也可引起肝、肾损害。

急救办法：立即脱离现场，脱去被污染的衣服、鞋帽，用清水或肥皂水洗皮肤，眼结膜可用2％碳酸氢钠溶液冲洗；误食者用2％碳酸氢钠溶液洗胃，洗毕灌入硫酸镁导泻；呼吸困难应吸氧；应立即送往医院抢救，不要耽误时间。

防治稻田皮炎

稻田皮炎是水稻种植区农民的常见皮肤病。一般分为以下两种：

（1）血吸虫尾蚴皮炎。它是由畜禽类血吸虫引起的。畜禽类血吸虫的幼虫、卵随粪便排到水里，在温度适宜的条件下，即孵化成"尾蚴"，带有纤毛，能在水里游动。当农民在水田里劳动时，尾蚴就可能钻入人的皮肤，形成血吸虫尾蚴皮炎。发病时，先感到发痒，几个小时后，在发痒的地方形成红色斑疹或丘疹，如果搔抓会引起继发感染。但患有这种皮炎，不需要医治，停止几天下水，就可自愈。

防治办法：患有尾蚴病的牛，在治愈前不要下水，以防粪便污染水田；加强粪便管理，特别是夏季，可采用堆肥方法杀灭虫卵，也可将敌百虫撒入粪内杀死虫卵；注意除草灭螺，也可用氨水施肥灭螺；下水前，可在身体侵入部位涂上松香软膏、稻田皮炎防护液等；患皮炎时，为了防痒，可服用扑尔敏、苯海拉明等药物，也可用5％～15％来苏儿溶液外涂。

（2）浸渍糜烂性皮炎。它是由于水中碱性较大，温度较高，手脚在水里浸泡时间过长或摩擦造成的。发病时，手指间、脚趾间有疼痛发痒的感觉，皮肤先肿胀、发白、起皱，如继续浸泡，最后糜烂。

防治办法：注意局部清洁卫生，劳动后应用肥皂水洗手洗脚，擦干，或涂上滑石粉；在患处涂上2%龙胆紫，如有感染，可用1∶5000高锰酸钾溶液浸洗，并涂上抗生素软膏。

防治麦芒痒

麦芒痒是麦收和割稻季节，农村妇女容易得的一种急性皮炎，也叫谷痒症。这种炎症多发生在劳动时露在外面的部位，如胸、脖子、肩、胳膊、手等，以躯干为多，一般症状是出现米粒大小的小红丘疹，奇痒难忍。如果抓破皮肤，很容易感染。麦芒痒，一般不需要治疗，只要不和麦稻接触，3～5天后就可自愈。

如果经常感到痒得难受，但没有感染，可用清水洗净痒处，然后擦干，再涂上痱子粉或爽身粉；如果皮肤已经感染，可涂些消炎软膏，如土霉素软膏、磺胺软膏等；同时，可服用一些消炎的药物，如土霉素、复方新诺明、百炎净片等。

防治办法：主要是养成良好的卫生习惯。每次劳动结束后，都要用清水、肥皂把身体外露的部位洗净，有条件的最好洗个热水澡，以保持皮肤清洁。另外，在收割、打场时，尽量避免暴露肩、胸、背、脖子等部位，可穿上长袖上衣，脖子扎上毛巾，戴上草帽等，这样可以减少皮肤直接接触麦芒，就不会发痒了。

女工保健

男女体质有别，在工厂车间安排生产和分配任务时，要考虑到女工的生理特点。

从形态学上看，女性的身高、体重、胸围等，都比男性低一些，再加上女性由于脂肪多沉于腰部和下肢，重心比男性低。所以，女工不宜运动量过大。女性的肌力一般小于男性。据资料介绍，静态时，女性上肢肌力约为男性的1/2，下肢肌力约为男性的1/3，躯干肌力约为男性的2/3，总动态肌力为男性的2/3，而且随着年龄的增长，女性动肌力比男性下降得较快，50岁时，女性的肌力仅为同龄男性的1/2。

从身体结构上看，女性骨盆底较男性薄弱。所以，支持力不如男性。此外，女性因有子宫、卵巢、输卵管等内生殖器官位于盆腔内，易受腹压影响，这就构成了劳动时的特殊卫生要求。

从血液、循环、呼吸系统生理机能方面来看，男女的差别更为明显。男性总血量为81.3毫升/千克，女性则为61.2毫升/千克；红细胞数和血红蛋白量，女性均低于男性，这表明女性血液的输氧能力不如男性。女性心搏出量也比男性小，男性肺活量大于女性。因此，在进行同样强度的体力劳动时，女性心跳次数和呼吸次数往往比男性多。如果女性从事超负荷的重体力劳动时，就要改胸式呼吸为腹式呼吸，腹压相应增高，这将影响骨盆内脏器官的血液循环和正常的生理位置。

女工长期从事超负荷的体力劳动，会产生许多不良后果，如痛经、月经过多、闭经、子宫位置不正、附件炎、子宫脱垂等；孕妇如果承担过重的体力活，会导致流产、早产等。也有的女工造成慢性肌肉劳损，经常感到疲劳不堪，影响身体健康。

因此，在生产劳动中，除领导要合理安排外，女工自己也要注意量力而行，劳逸结合。

预防职业病

在劳动生产中，经常产生有害物质，如粉尘、毒物等，污染环境，进入人体，侵害器官和组织，引起机能性或器质性病变；另外，一些有害因素如高温、噪声、震动等，虽然不直接侵入身体，但却能影响人体器官和系统机能活动，引起急性和慢性疾病。由生产性有害因素引起的疾病，称为职业病。

生产性有害因素，以化学因素，如化学毒物、粉尘等最为常见；物理因素，如高温、高频电流、放射线等次之；生物因素，如炭疽杆菌、森林脑炎病毒等占少数。目前，国家规定的职业病有14种：职业中毒、尘肺（如矽肺、石棉肺、滑石肺等）、热射病和热痉挛、日射病、职业性皮肤病、电光性眼炎、职业性白内障、振动性疾病、高山病和航空病、职业性炭疽、放射病、职业性森林脑炎等。

减少和消灭职业病的根本措施在于预防。应从以下三个方面着手：

（1）加强组织领导。建立健全职业病的防治机构，并且配备专职医务人员，加强业务培训，严格执行国家有关法令、法规，合理调配，加强卫生宣传教育工作。

（2）落实卫生技术措施。改革工艺流程，用低毒、无毒物质代替有毒原材料；新建、改建、扩建企业时必须达到设计卫生标准；有关车间班组要采取通风排毒措施，消除环境污染。

（3）做好个人卫生保健。严格控制车间和生产环境的空气，毒物浓度不得超过国家规定标准，经常或定期测定工人体内和排出物中毒物的含量；工人在工作时，一定要根据工种特点，穿好防尘服、防毒服、防光辐射服或防侵蚀服等，戴好防护口罩及面具，发给保健费及保健食品，提高身体抵抗力，养成良好的个人卫生习惯，经常更衣、洗澡，不在工作岗位上吸烟、吃食品。上班前不要饮酒，因为饮酒对某些有毒作业工人十分有害，酒能增加人体对毒物的吸收；工人要定期进行体检，以便早期发现病情，及时治疗。

小心苯中毒

苯是重要化工原料之一，是工业生产中常用的有机溶剂、稀释剂和清洗剂。苯和化工原料合成，可以生产酚、硝基苯、氨基苯、香料、药物、农药、聚苯乙烯塑料、丁苯橡胶、合成纤维及合成洗涤剂等。生产过程中，如果防护设备不好，造成作业环境空气中苯蒸气浓度的增高，可引起急、慢性苯中毒的危害。

轻度中毒：表现为乏力、头痛、头晕、失眠、多梦、咽干、咳嗽、恶心、呕吐、视力模糊、步态不稳、面色苍白、月经紊乱或血量增多等。

中度中毒：表现为眩晕、酒醉状态、反应迟钝、嗜睡，甚至昏倒。

重度中毒：表现为血压下降、脉搏细弱、瞳孔散大、全身肌肉震颤及阵发性强直性抽搐，甚至呼吸衰竭。

发生急性苯中毒时，应迅速脱离中毒现场，呼吸流动的新鲜空气，促进苯从呼吸道排出，同时换去污染的衣服，清洗污染的皮肤。严重中毒或呼吸抑制时，给予吸氧，并肌内注射呼吸兴奋剂；呼吸停止时，进行人工呼吸，立即呼叫救护车，送医院抢救。

预防措施：

（1）在生产中用无毒或低毒物质代替苯。
（2）改革工艺，改手工操作为机械操作。
（3）防止跑、冒、滴、漏，清除环境污染。
（4）做好个人防护工作，如穿工作服、戴防毒面具等。
（5）定期检查身体。孕妇要调离此岗位。

预防汞中毒

汞，即水银，毒性很大。它是现代工业、国防及科学技术上应用较广的原料。金属汞在17℃左右就可以蒸发，温度越高蒸发得越快。汞蒸气的相对密度比空气大6倍，常吸附在不光滑的墙壁、地板、天花板、桌椅、工具或衣服上。

空气中的汞蒸气可经呼吸道侵入人体，水中的有机汞可因吃水产品进入人体。然后汞随血流分布到全身各组织，特别是肝、肾、脑、头发等处。一般通过尿、粪便、唾液和乳汁分泌逐渐排出体外。女工经常接触汞，不仅影响自身健康，而且直接危害胎儿和婴儿的成长发育。

中毒症状：齿龈红肿、有压痛、易出血、流涎、口干、食欲不振、恶心、呕吐、腹痛、腹泻、血尿、尿闭、呼吸困难、尿蛋白，严重时可发生急性肾功能衰竭。

急救措施：由吸入而中毒者，应迅速离开现场，然后去医院用透析法进行抢救。经消化道中毒者，应立即用温水洗胃（禁用盐水）。如洗胃过晚，须注意可能引起胃穿孔。急性中毒者，应肌内注射二巯基丙磺酸钠或二巯基丁二酸钠。同时，要增加营养和适当休息。

预防措施：改善工作环境，降低汞蒸气的浓度；改革工艺，用无毒或少毒的原料代替汞；加强生产管理，采取密闭、隔离或机械化操作，尽量保持工作场所低温，以减少汞的蒸发；安装合理的通风设施；注意个人卫生，工作服要常洗，下班后要用高锰酸钾水漱口、洗手、洗脸，认真做好防护工作。

女工与铅

铅系工业上广泛使用的一种有毒金属。用于冶金、印刷、蓄电池、陶瓷、油漆、塑料、玻璃、制药等行业，女工接触铅的机会比较多。随着科学的发展，生产环境的改善，急性铅中毒已属少见，但慢性铅中毒仍是常见职业病之一。

一般来说，职业性铅接触，主要以蒸气、粉尘和烟雾的形式，通过呼吸道和消化道进入。生活性铅接触，主要经口摄入或皮肤吸收。铅是一种原浆毒，一般口服铅化合物 2~3 克即可中毒，致死量为 50 克，口服铬酸铅 1 克即可致命。铅及其化合物主要损害神经系统、造血系统、血管及泌尿系统。早期症状表现：厌食、恶心、呕吐、黑便、腹痛、腹泻或便秘、口臭、流涎、惊厥、昏迷、气急、心悸等，严重者肝肿大、黄疸、肝功能异常、蛋白尿、血尿、管型尿、腰痛、水肿，甚至闭尿、尿毒症、高钾血症等。

铅对女工健康的影响包括自身和子女两个方面，母体的铅可通过胎盘和乳汁向胎儿和婴儿传递。另外，青年女工体内的铅会长期存在，怀孕时游离出来，通过胎盘对胎儿发挥毒性作用，对后代有明显影响。

救护措施：

（1）经消化道急性中毒者，应立即用 1% 硫酸钠或硫酸镁洗胃，以形成不溶性的硫酸铅而防止吸收，并给硫化镁 30 克导泻。无上述药物时，可进食牛奶或蛋清，以保护胃黏膜，然后再行洗胃。

（2）控制急性症状之后，立即用解毒剂祛铅疗法，可采用依地酸二钠钙或促排灵注射。无此药时可选用二巯基丁二酸钠或二巯基丙磺酸钠。

（3）腹绞痛者，可用 10% 葡萄糖酸钙液 10~20 毫升静脉注射，此外还可用阿托品、大量钙剂、维生素 C 等。

（4）对于铅吸收者，应予密切观察，定期去医院复查，可用茶叶，加速铅的排泄。

预防措施：（1）消除和控制铅的发生源，设法减少铅的接触机会。

（2）在生产中尽量采用无毒或合金代替铅使用。

（3）做好个人防护，如戴过滤式口罩，穿工作服，下班后脱掉工作服，饭前要用肥皂洗手。

（4）要多吃含钙质和维生素 C 较多的蔬菜，加强营养。

经常站立工作者的保健

长期从事站立工作的女职工很多，如纺纱厂的挡车工，玻璃厂的拉丝工，机械车间的车工、铣工、刨工、磨工，以及营业员、理发员、女教师等。她们一天下来，经常感到腰酸腿痛、筋疲力尽，有的长年下肢浮肿，有的膝盖僵硬，有的患阴道炎和尿道感染，脚上长"鸡眼"等。所有这些，都与长期站立工作有关。那么，经常站立的女职工应怎样注意保健呢？

（1）选择大小合适的平底鞋，保护好双脚，不要穿高跟鞋和太尖太窄的皮鞋。例如，细纱挡车工，每天在车间要来回走40千米的路程，如果鞋不合脚，就会发生"鸡眼"、嵌甲、骨刺等足疾，甚至引起脚趾损伤和局部组织坏死。

（2）注意经期卫生。大多数妇女在来月经的前1～2天，会感到轻微的不舒服，不会影响工作。但对于长期从事站立工作的女职工来说，就应引起注意了。在月经期间，站立工作会使下肢和小腹部处于紧张状态，影响血液循环，容易染上病菌。所以，每晚应用温开水或1∶5000的高锰酸钾水洗涤阴部；在行经期间，不要多吃辛辣食物，包括大蒜、大葱、辣椒等刺激性强的食物，更不要吸烟和喝酒。另外，要特别注意不要使下半身着凉，以免引起卵巢功能紊乱而导致月经失调。着凉后身体抵抗力降低，也容易患其他疾病。

（3）长期站立工作的人，经常感到全身疲乏，下班后，应洗一洗澡，不仅能洗去身上的污垢，使皮肤清洁，还能促使排汗，有效地调节体温，还可以使神经兴奋、肌肉松弛、血管扩张、血液循环加快，促进新陈代谢，起到舒筋活血、解除疲劳的作用。睡前洗脚，可增强局部血液循环，减少局部酸性物的聚集，有助于解除疲劳和防止下肢酸痛的发生。

（4）从事长期站立工作的女同志，应常饮热茶，能提神醒脑，消除疲劳，增强记忆，茶中的咖啡碱还能扩张冠状动脉，抑制肾小管再吸收，促进血液循环，增强心肾功能，强心利尿，消除肿胀，大大有益于身体健康。

谨防氟中毒

氟为浅黄绿色气体。非金属中最活泼的元素。氧化能力极强，能同水反应而放出氧，能同几乎所有的金属、非金属元素起猛烈的反应而生成氟化物。工业性氟及其化合物中毒，主要是由于吸入氟化氢或氟化合物的粉尘及蒸气所致。中毒症状如下：

（1）黏膜刺激及腐蚀症状：眼睑肿胀、流泪、结膜及角膜损害，鼻咽部烧灼感，并有咳嗽、咳痰、气喘、咯血等，严重者可发生肺水肿。

（2）皮肤腐蚀症状：皮肤接触氢氟酸时，当时往往无明显症状，过一会儿可出现皮肤由苍白变成红斑、疱疹及溃疡等。严重者可损伤骨质。

（3）全身中毒症状：头痛、头晕、乏力、恶心、呕吐等。严重者可出现抽搐、昏迷、呼吸困难、循环衰竭。有时还可致中毒性肝病及肾病等。

救护措施：

（1）急性吸入性中毒者，应将患者迅速脱离中毒现场。

（2）误服中毒者，立即用0.5%氯化钙溶液洗胃，并给予硫酸镁导泻。

（3）服用牛奶、生鸡蛋清等，以延缓氟的吸收。

（4）结膜刺激者，可用2%碳酸氢钠溶液冲洗，并涂以抗生素或氧化镁软膏。

（5）咽喉刺激者，可用2%碳酸氢钠溶液漱口。

（6）血钙、血镁降低者，应及时静脉注射10%氯化钙或10%葡萄糖酸钙溶液10毫升及25%硫酸镁溶液5～10毫升，可促进肝、肾损害的恢复。

（7）多食营养丰富的食物。

（8）忌饮酒和刺激性食品。

粉尘与尘肺

工业生产中，在粉碎、磨碎、过筛、运料、配料、拌料、配砂、混砂等工作中，常常产生很多微细颗粒，较长时间悬浮在空气中，这就是生产性粉尘。生产性粉尘一般可分为有机粉尘、无机粉尘、混合粉尘三大类。有机粉尘包括植物性的（如棉、面粉、炭等）、动物性的（如毛发、骨质等）及加工有机性的（如塑料等）三种；无机粉尘包括金属性的（如铅、锌、铜、锰等）、矿物性的（如石英、石棉等）和加工无机性的（如水泥、玻璃、金刚砂等）三种。上述两类粉尘混合在一起则称为混合粉尘。

生产过程中产生的粉尘将污染作业场所和大气，危害人体，尤其对女工的身体健康危害更大。有些粉尘能在肺内停留，但不使肺组织产生纤维病变，如锡、钡等；而另一些粉尘则能使肺组织结疤而得上各种尘肺病，如石英、含有二氧化硅（矽）的岩粉、夹杂岩粉的煤尘、石棉、滑石粉等，其中危害最大的是使人患矽肺的含游离二氧化硅（矽）量较高的粉尘。尘肺的发生与发展，与吸入粉尘的化学成分、颗粒大小、空气中粉尘浓度、接触时间长短、劳动强度大小、健康状况和侵入部位等有密切关系。例如，吸入石棉尘可得石棉肺；吸入各种混合粉尘，可引起混合性尘肺；但病情较重而又常见的是矽肺。

矽肺的主要症状是胸痛、胸闷、咳嗽、咳痰和气急等。严重时有肺气肿表现，稍微活动就感到气急、心跳，后期还会出现右心衰竭的现象。但是，患了矽肺不必悲观，尤其是早期的矽肺，病人可参加力所能及的工作，并应在医生的指导下，积极参加体育锻炼，如打太极拳和做呼吸体操；药物治疗有聚乙烯吡啶氮氧化合物，简称克矽平，此药能保护肺部细胞不受二氧化硅（矽）的毒性影响，防止纤维化的发生和发展。

预防尘肺病，必须消除粉尘的危害，其措施是，大力贯彻"预防为主"的方针，开展卫生宣传教育工作；大搞技术革新，提高生产过程的机械化和自动化程度；坚持湿式扫除、湿式拌料、湿式破碎、喷雾洒水等，防止粉尘飞扬；密闭尘源，防止扩散；安装好通风设施；重视个人防护，工人要戴防尘口罩和其他防护用品；定期测定工作场所粉尘的浓度，定期进行体检，发现问题及时解决，并形成经常化、制度化，由专人负责。

和倒班女工谈睡眠

因工作需要，目前许多工厂车间实行二班倒、三班倒或四班倒工作制，尤其是女工比较集中的仪表厂、纺织厂、亚麻厂、手表厂等单位，多数女工要和男同志一样倒班。生活规律发生变化，白天休息不好，晚上又感到困倦，不仅影响身体健康，而且也不利于生产。

上夜班的女工，下班后最好吃点面条、稀粥，或者喝点牛奶或冲些奶粉，但不要吃得太饱，然后上床休息，会很快入睡。有的工厂专门为夜班同志开放浴池，下班的职工洗一个温水澡，然后回家睡觉，效果更好。没有条件洗澡的同志，回家后也要用温水洗脸、热水洗脚。

有人上夜班的家庭，家里的亲人要照顾一下，最好到外面活动，不要高声讲话，保持卧室安静；要放下窗帘，遮住阳光；而本人情绪要平和，不想心事，不看电视，慢慢即可入睡。如果一时半会儿睡不着，也不要急躁，可适当调整姿势，或默念数字，或回忆过去到过的一个地方等。方法因人而异，都有一定作用。

有的女工，特别是一些老工人，睡觉很轻，睡不着时就吃几片安眠药，这样做很不好。因为安眠药对人的大脑和神经都有刺激性，形成习惯后，不吃药便睡不着，久而久之，对身体健康有害无益。

女医务人员的卫生保健

从全国来看，医药卫生技术人员是一支很庞大的队伍，其中女性占多数。她们为各类职业人群的安全、健康、防病治病做出了很大贡献。同时，她们长年累月地与病源伴随，与各种危害人类生命健康的生物因子、化学因子、放射因子等接触，经常受着各种不良因素的侵袭。她们长期地、夜以继日地工作，精神常常处于过度紧张状态，尤其是一场手术，以及很多操作需要长时间支撑一种强制体位等，这都危害着她们的身体健康。

一名外国专家曾调查了750名外科和妇科女职工的怀孕过程和分娩情况（均为5年以上工龄者），同对照组186名女职工相比，实验组正常分娩率仅有27.1%，对照组为65.6%；发生妊娠并发症的，实验组为39.9%，对照组仅为18.7%；患心血管疾病的，实验组达26.4%，对照组只有6%。

英国一位医生对在口腔科工作的医务人员进行了调查，发现许多人出现了神经衰弱等症状，还由于经常进行口腔手术、镶牙等，呼吸系统疾病高达49%，从事假牙制作的人员，经常接触汞、镉、铅和二氧化硅等有害元素，受到熔炼成型过程中有害蒸气和粉尘的侵害，致使15%的人员发生变态反应。

药房人员长期与各种药物接触，也引起许多职业性病变。据调查，439名女药剂人员中，35%有心血管改变，25%有乳腺病，37.5%有眼结膜刺激症状和呼吸道影响，35%以上的人出现过皮肤过敏反应。麻醉人员长期地、反复地吸入麻醉剂蒸气，手术中又处于紧张状态，往往引起机体的不良反应。据资料介绍，大约有86%的麻醉操作人员经常出现神经系统症状，经肝功能测定，胆红素、磷酸果草酶、转氨酶等大多高于一般人。长期从事放射线透视、照相和治疗的医务人员所受的放射线侵害，以及常年从事细菌培养检验，进行传染病、地方病、职业病等的防治，流行病调查，疫区处理和环境污染的净化等，都有明显的职业性危害。

因此，应十分关注医务人员的卫生保健，使她们的工作环境优美、清洁，劳动条件合理化、安全化，消除职业危害，减少由于职业特点所造成的多发病、常见病，以及交叉感染所致的各种疾病。医务人员应享受国家规定的保健，定期检查身体，发现疾病应及时治疗和休养。女医生和护士应多到室外参加体育锻炼，每天有早操和工间操，接触外面的新鲜空气，促进血液循环，增强抗病能力。

更年期保健

世间一切事物都在发展变化，人的一生从出生到长大成人，到中年、老年也是不断发展变化的过程，不同年龄有不同的生理特点和身心特征。

更年期指的就是人的生命过程中某个转换阶段的特定时期，女性更年期，是指月经完全停止前数月到绝经后的一段时间。

更年期的生理变化

从生理学变化来看，女性更年期主要是卵巢功能逐渐消退，卵泡老化，性激素合成改变，生殖器官开始萎缩的一个转变时期，也是从性成熟期进入老年期的过渡时期。这个时期历时数年，甚至十几年。女性一般从45～46岁开始，到55岁左右结束。

月经变化

女性更年期最显著的变化是月经的改变，通常有以下3种形式：月经突然停止；月经间隔的时间长，经量逐渐减少，以至停止；月经不规则，间隔持续时间长短不一，月经量不等。

性器官逐渐萎缩，生育能力衰退

表现为外阴逐渐萎缩，皮下脂肪减少，阴毛减少，阴唇变薄，大阴唇平坦，小阴唇缩小，阴道口弹性差，前庭大腺分泌物减少或消失。

全身各器官机能有不同程度的减退

由于月经的不规则，易与月经病、妇科肿瘤，以及其他妇科疾病相混淆，应该及时到医院检查、正确诊断，及时治疗。

过去认为，"人活七十古来稀"。现在，由于人民生活水平的不断提高，卫生保健工作的发展，我国女性的平均期望寿命为75岁以上，而更年期为45～55岁，距离古稀之年还有相当的距离。因此，进入更年期并不表示人已衰老。

女性更年期仅仅是卵巢功能的衰退,并不是全身脏器已衰老。月经停止使女性不再生育,这在生理上起到了一定保护女性健康的作用。更年期意味着逐渐过渡到老年期,在这十几年时间中,一旦机体建立起新的平衡,更年期症状就会自然消失。

人的衰老是一个很复杂的过程,它与遗传、免疫、内分泌、环境都有密切的关系。但衰老的表现在个体之间差异很大,进展也不同,是否衰老要从多方面来看。

进入更年期的女性,不应对更年期的某些不适产生恐惧心理,徒然增加精神负担。而应该采取科学的态度和方法,增强体质,保持乐观情绪,勇敢地挑起应负的重任。

更年期是女性一生中必经的生理过程,女性在这一"特殊"时期如何认识和对待,是能否愉快、顺利地度过更年期的重要因素。

更年期的调整

心理

更年期是女性一生中必须经过的自然生理过程,并不是得了什么了不起的病。对于更年期出现的一些症状,如易激动、急躁、忧郁、焦虑、愤怒和容易发脾气等,要善于克制,并培养开朗、乐观的性格。

遇有不称心的人和事,要以宽大的胸怀去宽容,以克制的精神去忍耐,用善良的心去微笑,结交知心好友倾吐衷肠。配偶和子女应谅解更年期女性,给她们以更多的关心和体贴。

要使精神有所寄托,这是保持心理健康的重要因素之一。把精力寄托在事业和爱好上,有意识地充实生活内容,开辟新的生活领域。如有条件时可外出旅游,平时可做些烹调、种花、养鱼、跳舞、下棋,以及其他文体活动和社会活动。

起居

要注意安排好日常生活,做到生活规律化,培养良好的生活习惯,早睡早起,避免过度劳累,注意劳逸结合。

参加一些力所能及的劳动。劳动是保持心理健康的源泉,坚持劳动可使肌肉、组织、关节灵活;坚持学习和思考,脑力劳动可改善脑的血液循环,推迟脑细胞的萎缩。

参加一些体育锻炼,如太极拳、气功等,都是适合更年期女性锻炼的项目。

合理饮食

讲究科学的饮食方法,不偏食,多吃蔬菜、水果,少食高脂肪、高糖类食物,以防摄食过多而引起肥胖。更年期女性不要吃刺激性食物及嗜烟酒。

生殖器卫生

保持生殖器清洁，防止感染。如在此期间有不规则阴道流血，量多如崩或是淋漓不净，出现不正常白带，均应进行妇科检查，及早治疗。

更年期综合征

女性到了更年期，由于内分泌发生变化，出现一些以植物神经功能失调为主的症状，如易疲劳、爱急躁、头痛头昏、耳鸣健忘、睡不着觉、手脚麻木、腰背酸痛等，这些症状通常被称为更年期综合征。

目前，国际上公认的更年期是自41岁开始，因为女性在40岁左右卵巢的内分泌功能逐渐衰退，排卵的次数逐渐减少，受孕的机会亦减少，提示了更年期的开始。以后随着年龄的增长，月经停止，机体老化，而进入老年期。女性的更年期可长达20年。

更年期综合征是妇科常见病，约85%更年期女性出现该症。这些症状有轻重之别，其中多数可自行缓解。仅有10%~15%的女性症状明显，影响日常的工作和生活，需要治疗。症状持续的时间也不一样，有的人2~3个月即消失，有的人需数年才消失。

更年期综合征是卵巢功能逐渐衰退，机体进行调节的过程中所表现的症状。最常见的症状如下。

卵巢功能衰退发生的症状

到了更年期的女性，月经周期由比较规律而变为提前或者错后，可能2~3周来一次，也可能几个月来一次，月经量时多时少。有的女性月经量与周期都不正常，或者产生闭经，这时就应当就医，进行检查。

心血管功能的变化

植物神经分为交感神经和副交感神经。交感神经兴奋时能使心跳加快、血压升高；副交感神经则使心跳减慢、血压降低。常表现为血压不稳定，时高时低，还可出现疲倦、易激动、忧虑、失眠、思想不集中、紧张或情绪波动等。

植物神经功能失调而影响心血管系统的正常功能，这主要是由于卵巢功能衰退引起体内激素水平失去平衡而导致的。出现血压忽高忽低，或阵发性头痛及心律不齐。

最典型的症状是阵发性潮热，即突然感到身体发热，热的感觉像潮水一样涌向脖子和面部，故称"潮热"或"潮红"。开始时面部发红，继而全身出汗，每阵持续几秒钟，长的可持续几分钟。不同的人，发作次数、时间、程度不同。此症状是女性进入更年期特征性标记，约70%~80%的女性出现此种症状。

大脑皮层功能紊乱

由于大脑皮质抑制能力减弱，兴奋过程不稳定，主要表现为疲倦、头晕、头痛、易激动、性情急躁，甚至哭笑无常，以及忧虑、失眠、多梦、记忆力减退等症状。这些症状一般出现在晚期,多半在绝经以后,而这些症状的出现常与社会环境、家庭、经济等因素有关,常因工作不顺利、环境不称心、家庭不和睦等而加重。

新陈代谢变化引起的一些症状

卵巢功能减退,雌激素分泌减少,导致脂肪代谢失常,形成肥胖及体重增加,尤其在腰腹部、臀部更为明显。血液中胆固醇增高,出现血管硬化,使心肌梗死发生率增高。

另外,关节疼痛、肌肉疼痛、皮肤发痒、骨质疏松,以及子宫脱垂、尿频等也常见于更年期。

以上所述的这些更年期症状,并不都集中表现在一个人身上,而且症状出现的早晚、程度的轻重、持续时间的长短都因人而异。一般来说,与每个人的健康状况、精神状态、工作和生活习惯都有一定的关系。

因此,更年期女性要特别注意身体健康状况。如果身体瘦弱,应该进行积极地调养;身体过胖的,要控制饭量,少吃含脂肪的食物。

此外,注意锻炼身体也是减轻更年期反应的好办法。因为适当的体育锻炼,通过人体肌肉的活动,可有助于改善神经系统、内分泌的协调和调节功能,使各器官系统功能得到增强,同时还能增加晚年生活的乐趣。

如果说一个身体健康、精神旺盛、工作顺利、生活有规律的更年期女性,身体调节和代偿功能又好,症状就不明显或者较轻,不会影响工作和生活,也不需治疗。即便是少数症状较重的女性,经过正确的治疗和积极锻炼身体,也会顺利度过更年期。

更年期综合征的药物治疗

一般对于轻型的更年期综合征不需药物治疗,使她们了解更年期的保健知识,消除无谓的顾虑和恐惧,树立乐观主义精神,正确对待更年期的一些反应。同时,积极参加一些适当的体育锻炼,如跑步、散步、体操、气功、太极拳等。通过以上活动可使症状减轻或消除。

对于症状较重者,应根据不同的症状恰当采用一些药物治疗。若出现精神、神经方面的症状,如头痛、头晕、忧虑、失眠等症状时,可服安定 2.5~5毫克,每日2~3次,或眠尔通100~400毫克,每日2~3次。还可服用维生素 B_6、复合维生素 B、维生素 E 及维生素 A 等。上述这些药物须根据病情需要掌握剂量,当症状减轻或消失后即停药。这些治疗方法及药物对更年期综合征均有较好的效果。

患更年期综合征的女性可以使用激素治疗,但要掌握好适应症。美国在 20 世纪 60 年代时期,为了使绝经后女性保持类似年轻人的机体状态,永葆青春,曾采用雌激素替代治疗,但后来又产生了争论。我们认为,多数更年期女性,特别是经过检查表明卵巢功能仍属正常者不必使用激素治疗。激素分雌激素和雄激素两类,使用的方法和剂量需遵医嘱。

对于以下几种情况，需在医生指导下使用激素治疗：人工绝经和早发更年期女性有症状者；与激素有直接关系的尿道炎或阴道炎，经一般治疗收效不大者；更年期症状严重或绝经后迅速衰老，有脂代谢障碍和骨质疏松者。

更年期月经紊乱

更年期第一个临床表现就是月经的改变，形成月经紊乱，绝经前期约70%的女性出现月经紊乱，其表现有以下几种类型：

月经周期不规则

这是最常见的形式。一种表现是周期提前，仅20天左右，月经持续时间短，经量逐渐减少，然后完全停止。另一种表现是周期间隔延长，可长达2～3个月来一次，或几个月不来；有的女性停经几个月后又恢复每月一次，停经与规律的行经交替出现，可持续1～2年。

月经持续时间不准确

来月经的日期长短不一，有的女性月经1～2天即净，但有的时多时少或淋漓不净，有的则持续10天以上才净，甚至这个月连至下个月。

月经突然停止

这种类型相对较少，约占15%。突然无月经至少持续半年至一年才能确定绝经。

月经血量的改变

一般是经血量逐渐减少，血色较浅呈现粉红色，也有的女性经量增多，伴有大血块，甚至出现崩漏、大量出血，严重者可引起贫血。

月经紊乱的主要原因是由于卵巢功能衰退，不能按月排卵，形成不规则的排卵周期而引起的月经变化。

月经紊乱虽是更年期女性的重要变化之一，但又是多种疾病及某些全身疾病的症状之一。女性生殖道炎症，如宫颈息肉、子宫内膜炎等；生殖道肿瘤、子宫肌瘤、子宫颈癌、子宫体癌及卵巢肿瘤等；全身疾病，如血液病、高血压、甲状腺机能亢进或甲状腺机能低下等，都能导致月经紊乱。因此，更年期出现月经紊乱的女性也应及早就医，并定期做妇科检查，排除其他疾病，及时诊断，早期治疗。切不可片面认为月经紊乱是更年期的唯一表现，而随便服药或等闲视之，以致贻误病情。

更年期的性生活与避孕

保持完美的性生活

一般说来，女性绝经后，就没有生殖功能了，然而，却不等于连性功能也丧失了。从某种意义上说，由于减少了怀孕的思想负担，性生活应更协调。

多数女性绝经后仍保持性的能力，需要正

常的性生活来满足性欲要求。虽然卵巢的内分泌功能已衰退，但以前的性生活满足在大脑皮层留下了深刻的印象，所以有性的要求。

性交时感到不适叫性交不适，疼痛则称为性交疼痛。这可以发生在性交时或性交以后，也可持续到性交后几小时甚至几天。疼痛的部位多在外阴部，也有在阴道内、下腹部，还有人会感觉腰痛。

引起性交不适和性交疼痛的原因，分为器质性（即疾病所造成）和功能性两大类。我们在这里仅谈一下女性更年期性交困难。

女性在更年期以后，由于内分泌功能的衰退，性欲激起时间慢于年轻时，生殖器官亦逐渐萎缩，阴道分泌物减少。因此，性交便会感到不适和疼痛。

在这种情况下，性交前多做一些准备活动，如接吻、爱抚等，以激起女方性欲，使其快感集中在性器官，待阴道分泌物较充分时再性交。

在女性阴道分泌物少，阴道干涩时，不要勉强性交。此时性交除了会引起不适和疼痛外，还能擦破阴道黏膜，引起炎症。实践表明，适当使用润滑剂可解决这一问题。常用的有人体润滑剂、石蜡油、凡士林、避孕胶冻等。

正确采取上述措施后，仍感到性交困难或性交疼痛就应当去医院诊治了（可去专科门诊求治）。

一般认为，只要没有明显的医学障碍，性生活可以令人满意地保持到高龄。

更年期女性仍需避孕

女性更年期卵巢功能是逐渐衰退的，卵巢对促进性腺素已没有足够的应激能力来产生足量的雌激素和孕激素，使得月经周期紊乱，成为无卵性月经。

卵巢功能的衰退，是一个变化过程，约50岁时卵巢开始萎缩、退化，失去排卵能力，随着人们生活水平的不断提高，许多女性的更年期也明显地向后推迟。

此时的特点是卵巢不能按期排卵，月经紊乱，生育力减退，但又偶尔出现排卵，如果在此时同房，仍有怀孕的可能。

更年期开始的早或晚，持续时间的长或短，个体差异是很大的。不避孕的女性中，到了50岁前后分娩的例子并不少见。由于卵子先天不足，很容易出现异位妊娠、胎儿畸形、葡萄胎等。因此，更年期还应当采取避孕措施。

其方法可采用避孕套，再涂以避孕药膏，增加润滑度。更年期阴道pH值减低，发生阴道炎的机会增多，所以性生活后应清洗会阴部，保持清洁。避孕应坚持到绝经，不要有侥幸心理。一般来说，女性绝经以后2年，才可以停止避孕。

更年期饮食

四五十岁的女性，开始进入更年期，是迈入老年阶段的初期，身体会发生明显的变化。为了顺利度过更年期，搞好饮食调理是十分重要的。

每个女性的身体素质不同，生活条件差异较大，进入更年期的表现便各有不同。所以，饮食调理应当对症施治。

优质蛋白质

蛋白质在人体营养素中是至关重要的，占人体化学成分的20%。在蛋白质的20多种氨基酸中，有8种是人体不能自己合成的，只能够从食物中摄取。特别是乳品、蛋、瘦肉、鱼类和大豆中蛋白质数量和质量较高，如大豆蛋白（蛋白质含量35%~40%）、麦谷蛋白、玉米的谷蛋白等都是很好的优质蛋白，能够代替动物性食品中的完全蛋白质。

目前，没有一种食品所含的蛋白质完全符合人体的全部需要，所以必须混合多种食用，使之起到互相补充的作用。

有的女性进入更年期，月经频繁，经血增加，出血时间延长。这样，血液损失过多，往往引起贫血。对于这种情况，除了对症治疗以外，在饮食上应选择一些生理价值高的蛋白质食物。我们平常吃的鸡蛋、瘦肉、动物内脏、牛奶等，都是比较理想的蛋白质食物。

豆腐、豆浆等豆制品是优良的蛋白质食物，经常食用，也有利于血胆固醇的降低。

常吃这些食物，不仅能保证人体必需的氨基酸，还能补充维生素A、B_1、B_2和B_{12}等。特别是猪肝，含有丰富的铁、维生素B_{12}和叶酸，对治疗贫血非常有益。

脂肪

女性进入更年期以后的另一个重要特点是，卵巢的作用逐渐减退，以至最后消失。在这个过程中，雌激素的分泌减少，常常出现植物神经系统功能紊乱和大脑皮层功能失调的现象。于是，血压升高、头昏、心慌和失眠等症状相继发生。

雌激素下降，也会引起身体发胖、胆固醇含量增加、血管硬化等症。据统计，年轻女性这些病症较少，可女性到了更年期，这些病症就明显增加。为了避免这些病症，膳食中需减少脂肪和胆固醇的摄入量。要选食芝麻油、菜籽油等植物油，以及蔬菜、水果、瘦肉和鱼类等含胆固醇较少的食物。

食用萝卜、豆芽菜、海藻类、黄瓜、青椒等蔬菜的纤维素，以及苹果、橘子的果胶，有助于增强消化液的分泌和胃肠的蠕动，促进胆固醇的排泄。洋葱、大蒜有良好的降脂作用，香菇、木耳含有降脂、降胆固醇的有效成分，富含维生素C的鲜枣、山楂、猕猴桃、酸枣等对高胆固醇血症都有一定的疗效，酌情选用，必有益处。

维生素

除了服用必要的药物以外，在饮食上可进食一些含B族维生素丰富的食物，如小米、麦片、玉米面等粗粮和香菇、蘑菇等蕈类，瘦肉、牛奶、水果及绿叶蔬菜等。还应适当增食酸枣、红枣汤、桑葚蜜等安神降压的食品。经常食用这些食品，能促进消化系统的功能，维持神经的正常功能，防止头痛、头晕和记忆力衰退。

钙类食物

更年期过后，约25%的女性患有骨质疏松，有的甚至引起关节肿痛、坐骨神经痛、颈项痛及背痛。这些都是骨组织的合成代谢水平下降引起的症状。

为减少骨钙缺失，补充钙类食品实属必要。乳类含钙量最丰富，又最易被吸收利用，养成每日饮用1~2杯牛奶的习惯，对防止更年期后的骨折很有益处。

虾米、虾皮、豆制品、黑木耳、瓜子和干果等，都含有丰富的钙，特别是山楂，钙含量居众水果之首，经常食用，对于改善更年期女性骨质疏松症是极为有益的。

绿叶蔬菜和水果

多吃一些含铁和铜较多的绿叶蔬菜和水果也是必要的。享有盛名的甘蓝、西红柿、胡萝卜等，除含有供给造血用的铁和铜之外，还含有叶酸、抗坏血酸和维生素A等。叶酸和维生素B_{12}配合在一起，能增加治疗贫血的效果。维生素A原和抗坏血酸能刺激铁的吸收和利用。事实表明，只要饮食调理得当，更年期贫血的现象是不难纠正的。

少吃过咸的食物

盐主要含钠离子，钠离子在组织内过多会使水分潴留，发生浮肿，使绝经前期易发生紧张症，引起更年期水肿、血压增高。一般应注意保持食用盐的总量每日以不超过6克为宜。

不宜饮刺激性饮料

酒对身体的影响主要是神经、循环、消化和呼吸系统，以致饮食量减少，营养失去平衡；血流加快，心慌头晕；记忆力、分辨力、注意力和自制力迟钝。一般少量饮点啤酒或偶尔喝点低度酒并无多大影响，但是不要经常喝白酒或酗酒。

咖啡内含咖啡因，可使人过度兴奋、失眠，甚至肌肉紧张、心律不齐，还可影响铁、维生素B_1等营养成分的吸收，而且易致便秘，因此咖啡也不应常饮。

总之，认真调理饮食，饮食多样化，适当增加营养，对于在更年期的女性具有特殊的意义。只要因人制宜，合理安排饮食，就能顺利度过更年期，焕发出新的青春。

食物治疗更年期失眠症

进入更年期的女性，有的被更年期综合征所困扰，经常失眠健忘、烦躁不安。长期服用镇静安眠药又带来一些副作用，久而久之，产生了抗药性，镇静安眠的效果就不明显了。下面介绍一些健脑安神食物，对治疗失眠颇有益处，且无副作用，失眠患者不妨一试。

1. 牛奶：牛奶中含有人体产生疲倦的物质——色氨酸。研究证明，大脑神经细胞中的分泌物血清素，它可抑制大脑的思维活动，从而使大脑进入酣睡状态。人失眠的时候，就是由于脑细胞分泌血清素减少。而色氨酸却是人体制造血清素的原料，故晚间食用牛奶，会产生催眠作用。

2. 面包与糖开水：进食面包与糖开水以后，体内分泌胰岛素，可产生色氨素，有镇静催眠作用。

3. 小米：小米营养丰富，其色氨酸的含量在所有的谷物中首屈一指，小米又含有淀粉，进食后可促使胰岛素分泌，从而提高进入脑内色氨酸的数量。

祖国传统医学认为，小米有健脾和胃及催眠作用。睡前喝适量的小米粥，可使人酣然入睡，但不要食用过多、过饱。

4. 苹果：因疲劳过度引起的失眠，可吃些苹果、香蕉和梨，这一类水果属于碱性食物，能抗肌肉疲劳。水果中糖分在体内能转化为血清素，可使人入睡。

若将橘、橙一类水果切开，放在枕边闻其香味，有镇静作用，利于入睡。

5. 大枣：对于神经衰弱、心烦而不能入睡者，可用大枣 30～60 克，加白糖少许和适量水煎，每晚睡前服一次，催眠效果良好。

6. 莲子：具有帮助睡眠的作用，还有益心肾功能。心悸和睡眠不实者，可用莲子 30 枚，加食盐少许水煎服，每晚睡前一剂。患有高血压症或心火旺盛引起的烦躁失眠效果尤佳。

7. 桂圆：桂圆又称龙眼，含有多种维生素和糖类营养素，不仅可以滋补健身，还有镇静及安眠健胃作用。用桂圆 10～15 枚，晚睡前煮熟服，其催眠效果良好。

8. 百合：具有清心、润肺、宁神之功效。用 25 克百合加水适量煎服，睡前一剂。适用于因呼吸道感染而引起的心悸、烦躁、失眠。

9. 桑葚：含有糖类和多种维生素及微量元素。可用于由心血管引起的失眠，取桑葚 25～50 克，加入适量水煎，每晚服一次。

10. 醋：由于环境改变和疲劳难以入睡，将一汤匙醋放入一杯开水内，搅匀后于睡前服用，静心闭目，便可安然入睡。

心脑血管病人要留神

心脑血管疾病主要包括冠心病、高血压、心律失常、瓣膜病、心肌病等。随着医学的进步，瓣膜病、心肌病的发病率已不断下降，但冠心病、高血压的危害却开始凸现。秋末冬初，北方的寒流频频南下，人体受冷空气刺激后血管收缩，同时气温降低又使血液黏稠度增加，清晨到中午的时间，身体受交感神经的控制，处于兴奋状态中，诸多因素便容易导致心脑血管疾病的突发。

医院收治的冠心病者正在"年轻化"。越来越多的统计数据表明，冠心病已不再是老年人的专利，一些年富力强的中年人因心肌梗死而进入急诊室，甚至出现还未到达急诊室就死亡的悲剧。

一位35岁的白领人士，工作时突然感到胸口憋闷、心头疼痛，刚被送到医院就停止了心跳，从感觉心痛到死亡还不到20分钟。资料显示，由于人们对心脑血管疾病认识有限，忽视健康体检，使很多病人因突然发病，来不及抢救便死亡或致残。

医学专家认为，冠心病包括无症状性心肌缺血、猝死、心绞痛、急性心肌梗死、心力衰竭、心律失常等，这些病症大都表现得非常隐蔽，如猝死类，约1/4的患者首次发作便导致死亡，也就是一口气没上来，人就死了。

高血压正在瞄准中青年人。说起高血压，许多中青年人会庆幸："跟我没关系！"别庆幸得太早了，"苹果体型"、不良生活习惯、遗传等因素都会使你成为高血压进军的下一个目标。

老年人患高血压，在很大程度上是由身体功能的自然老化与衰退造成的，但"苹果体型"从医学角度来看绝不是值得庆幸的事，在体重不断增加的同时，体内的血液也会随之增加，迫使心脏必须加倍地努力工作才能把血液输送至各血管，如此一来，血压岂能不高。

天气变冷后，对于心脑血管病人来说，有不少易忽视的生活细节，有关专家列举了以下四点，应引起心脑血管病人的注意：

（1）擅停降压药。由于人体的血管在寒冷的刺激下会自动收缩，一下子就缩小了血液原来的"住房体积"，有的病人以为血压降下来了，擅自停用降压药，这是很危险的。

（2）清晨猛起床。清晨睡醒后不能猛然起床，应该静坐三分钟，使血压和血管对体位的变化有个适应性调整，很多老年人急着晨练，往往因此诱发血栓或者出血。

（3）缺少饮水。饮水在秋冬季节减少，血液黏稠度就会增加。所以，冬天是血栓多发期。避免它的办法就是在清晨饮用一大杯水，使血液在20分钟内得到稀释。

（4）大便干燥。蔬菜水果摄入少，大便干燥在冬天比较常见，用力排便是诱发老年人心脑血管出血的一大原因。

高血压患者的锻炼方式宜以"柔"克"刚"。高血压患者王某，56岁，在举哑铃

时突感头痛，随之神志不清，诊断为脑出血，治疗一月仍不能行走。该患者是一例典型的运动不当致脑出血的病例，那么高血压患者应该怎样锻炼并应注意什么呢？

（1）散步。散步是最有益的运动形式，其降压效果接近于一种降压药物，没有严重并发症的高血压患者均可采用。因清晨6～8点为正常人第一个血压高峰期，也是一天中心脑血管病发病的高峰期，因此一般早晨不宜过早锻炼。散步最好选在黄昏或临睡前1～2小时进行，时间一般为20～50分钟，每天一两次，速度可按每人身体状况而定，时间过短起不到最佳锻炼效果。

（2）慢跑。慢跑的运动量较大，适用于体质较好的轻症患者。跑步时间可逐渐增多，以15～30分钟为宜，速度要慢，避免快跑。最好能达到微微出汗，避免大汗和过度疲劳。如运动时感到心慌或胸闷，应到医院就诊。患有冠心病者不宜长跑，以免发生意外。

（3）太极拳、气功。太极拳和气功也是较好的传统运动项目。病人也可以根据自己的爱好，选一些运动量小、情绪变化不大的体育运动项目，如交谊舞、保健操等，但不管是何种运动项目，都要注意掌握运动量。

特别提示：强迫锻炼有损健康，如情绪不好，可减少运动量或放弃。锻炼后不想进食、次日醒来疲乏无力等现象表明运动量过大，或当前的身体情况不适合锻炼，但也可能是疾病的表现。旅游前最好进行一次体检，应注意避免举重、单杠、拉力器、俯卧撑等过度屏气、用力的锻炼方式。

秋冬如何避免心脑血管疾病的发作？

（1）控制高脂、高胆固醇食物。在螃蟹大量上市的季节，心脑血管病人要慎食；除此之外，猪肚、蛋黄、猪肝、猪大肠等都是高胆固醇食物，也应慎食。秋冬干燥，应多吃水果、蔬菜及粗纤维食物，包括韭菜、芹菜等，选用富含维生系E的食物，如芝麻、莴苣叶等；避免饮食过饱。

（2）醒来时不要立刻离开被褥，应在被褥中稍稍活动身体；洗脸、刷牙要用温水；在有暖气的地方可少穿些，离开时再加衣服；沐浴前先让浴室充满热气，等浴室温度上升后再入浴；夜间起夜要避免受寒。

（3）有心绞痛病史的人必须常备硝酸甘油及阿司匹林片，平时可在医生指导下服用阿司匹林片。如果心绞痛发作，可迅速舌下含服硝酸甘油，并配服阿司匹林片，就可得到缓解。如果服用三次后心绞痛依旧，就可能是心肌梗死前兆，必须马上到医院治疗。

第九章

工作与自卫

迎接挑战

对于广大女性来讲，立志成才不是新话题，似乎人人懂得，但又难为广大女性所接受。特别是一些文化低的女性，对立志成才更不感兴趣。她们要求很低，有份工作、挣点工资、有口饭吃即满足。其实，这些女士还不知道，随着知识经济浪潮的冲击，世界各国的科技和经济发展一日千里。

于是，不论是有专业知识的知识女士，还是无专业知识的普通女性，都面临着极其严峻的挑战：是适应历史潮流，成为知识经济时代的职业女性，还是无视时代的发展，成为时代的落伍者。这关系到自己的职业、工作，乃至命运。时代能像今天这样无情地挑战每位女士，这在过去还是少见的。因此，每位女士必须提高认识，立志成才，去挑战新时代。

成才，是时间的积累

女学者、女艺术家、女企业家、女记者……群星灿烂，构成庞大的才女群，创造着明天的辉煌。人们羡慕她们，倾慕她们的才能，同时也往往为自己的平庸而感慨，而遗憾。奋起直追吧，女士们又摇头：年龄大了，没有好的知识基础，怎么可能成才呢？面对流逝的光阴，哀叹自己的不佳命运，只能浪费成才的最后希望，只能把成才的时光白白送给商场、菜市场、麻将桌、电视机……这太可惜了！

人不可以浪费时间。一般地说，学习成果的大小，总是与人们付出的精力和劳动，与人们对时间的利用程度有密切关系。人的生命越长，为取得成就有所建树创造了条件，因此说，成才，是时间的积累。

人生，犹如一条无形的链子，这条链子由一节节年龄链环串联而成。人的年龄分期，是人的时间形态，又是人的生命形态。在人生的道路上，有一个时间与价值组成的坐标系。在这个坐标系上，时间是横轴，价值是纵轴。若把人的一生逐点描在上面，我们就会看到由这些点组成的线：有时是直线，有时是曲线；有时上升，有时下降。它表示了人生有的时期光辉闪烁，有的时期平淡无奇，有的时期还产生负价值。

倘若一个人在青少年时不努力，不学无术，那实际上等于欠下后半辈子偿还不完的宿债；相反，一个人在青少年时期奋发努力，刻苦学习，那就等于为后半辈子积累了发展的雄厚资金，受益无穷。所以，在这个坐标系上，有两个特点：一是青少年时期是人生的最宝贵时期，一个人在年轻时期对时间的态度，往往影响到他一生的价值；二是时间还对人生的价值做出严格的"筛选"，它不会把有价值的东西筛掉，也绝不让鱼目混珠，废物长存。达·芬奇有一句至理名言："真理是时间的女儿，相信它能逐渐把所有东西的真相揭露出来。"

学问、事业、成才，都是时间和精力的结晶。鲁迅曾对青年文学作者讲："切勿想以一年半载，几篇文章和几本期刊，便立下空前绝后的大勋业。"

成才之路，是一个要求经过长期艰辛痛苦磨炼的奋斗之路。成就的大小，与人们为之付出的汗水和时间成正比。达尔文经过20多年的研究，才于50岁时出版了《物种起源》；孟德尔用豌豆花进行了十几年的实践，终于在44岁时发现了遗传法则；发明大王爱迪生前后经过17年，试验了1600种不同的物质，才有了我们今天所用的电灯泡里的钨丝；美国科学家吉耶曼和他领导的一个小组，历时27年，处理了27万只羊脑，终于得到了3.1毫克促甲状腺释放因子的样品；而哥白尼写《论天体的运行》花了36年……凡此种种，无一不说明了时间与成就的关系。

据人才专家研究，立志和勤奋相结合是支配人才成长的一个重要规律。所谓"勤"，就是要求人们像珍惜生命一样去珍惜时间，我们常说，要勤于学习，勤于思考，勤于探索，勤于实践，勤于总结，就是这个道理。说到勤奋，就是要有一个坚强的信念和奋斗目标。大教育家夸美纽斯说："勤奋可以跨越一切障碍。"达尔文说："我所完成的任何科学工作，都是通过长期考虑、忍耐和勤奋换来的。"大化学家诺贝尔说得更加准确："终生努力，便成天才。"

新中国派出的留学生中，第一个获得博士学位的郭爱克说："科学就是勤奋，勤奋就是要紧紧抓住时间。"要知道，成就的玫瑰并不是一伸手就可以摘到的，光辉的成就之巅，并不是一蹴就可以攀登上去的。曹雪芹的《红楼梦》："字字句句都是血，十年辛苦不寻常。"大文豪托尔斯泰说："每次蘸墨水时，都在墨水瓶里留下自己的血肉。"

人生，以时间为尺度计算其长短；事业，以时间为标准来衡量成败。没有时间，也就没有生命；没有存在，没有思想，没有希望，也就没有了一切。一切存在于时间之中，时间是一切条件中的基本条件。不珍惜时间就得不到生命的价值。在人类历史上，无论哪个有成就的科学家、文学家、政治家、军事家……都演奏过一曲曲动人的、惊天动地的时间之歌。广大女士们，你想尽快成才吗？那你首先就要知道时间的价值，学会珍惜时间。当你养成珍惜时间的习惯之时，就是你的成才之日。

可见，年龄大些并不可怕，只要从今天起，珍惜光阴，认真学习，刻苦读书，学门专业知识，一切都还来得及。只要坚持下去，勤奋努力，以时间换知识、换专业、换本事，最后，时间积累所形成的巨大推力，会把你推上成才之路，推上成功舞台……

充分利用最有效率的时间

人才专家一致认为，最充分利用你最有效率的时间，如果把你最重要的任务安排在一天里你最有效率的时间去做，就一定能事半功倍。

一个人在一天里的不同时间段，精力状况是不一样的。一般人大脑皮层的机能状况上午9时至下午1时最佳，出现第一次工作能力高峰。然后其功能逐渐下降，到下午4时至6时，活动能力又上升，出现第二次工作能力的高峰。

医学家把人分成百灵鸟型和猫头鹰型。百灵鸟型的人能很快入睡，早晨起得早，上午他们觉得精力充沛，朝气蓬勃。而猫头鹰型的人深夜才能提高工作效率，早晨睡觉，这种人下午精力焕发，工作效率很高。大多数人属于混合型，他们很容易适应生活环境和工作制度，在一昼夜里会出现两次工作能力高峰。鲁迅是晚上挥笔写作，白天会客看书；诗人艾青每天早上诗兴大发；数学家陈景润习惯于早上3点开始研究；法国作家福楼拜经常通宵写作，他还因此被誉为"塞纳河上的灯光"；巴尔扎克是从半夜开始创作12个小时，从中午到下午4时开始校样，5时用餐，然后睡觉……

我们研究最佳时区和最佳时机时，就应特别关注，把握自己的工作效率最高时间表，最充分地利用自己最有效率的黄金时间。否则，就会事倍功半。因为，如果把自己一天工作效率最高的时间白白浪费过去了，而在自己一天工作效率最低的时间又去工作和用功学习，实际上大脑皮层的机能已处于麻木状态，再死拼时间能有效率吗？时数再乘以一个近于0的数，还不是近于0吗？至于你在一天中什么时间工作和学习最有效率，是可以通过不断摸索来发现的。

那么，怎样最充分地利用自己一天中最有效的时间呢？要确定每天的目标，养成计划性，把每天所做的事排列起来。这样做所花时间和精力很少，但益处很大。要尽量把最重要的工作，安排在自己工作效率最高的时间里去做。在精力状况最好的时候，安排最艰难的学习和创造性劳动。

俄国教育学家苏霍姆林斯基说："清晨起来，上课以前用功一个半小时，这是黄金段的时间。凡是早晨我能做到的事，我都要把它做完。30年来，我都是从早晨5点开始自己的工作日，一直工作到8点。30本有关教育学方面的书，以及300多篇学术著作，都是利用早晨5点到8点的时间做成的。我已经养成了脑力劳动的节律，即使我想在早晨睡觉，也是办不到的。我的全部身心，在这个时间里只能从事脑力劳动。"他还向人们推荐："我建议用早晨一个半小时的时间去从事最复杂的创造性劳动——脑力劳动，思考理论上的中心问题，钻研很深的论文，写专题报告。如果你的脑力劳动带有研究的成分，那只能在早晨的时间去完成。"

为了使不同精力状况的时间都得以充分的运用,可以在精力状况较差时,处理一些其他事和学习一些相对较轻松的内容。不注意这一点的人,常把最有效率的时间切割成无用的或者低效能的碎片,常把最没效率的时间来干重要工作、学习,这势必导致低效率。这是立志成才的女士切忌的大事。

仅有勤奋是不够的

一提起科学发明或谈论如何成才的时候,人们往往爱引用爱迪生的话:"天才,就是百分之一的灵感加上百分之九十九的血汗。"

但是,纵观科学技术史又发现,也不是任何勤奋的人都能成功的,除了勤奋,还须有想象力和创造力及符合自然规律、运用正确的方法等。

研究永动机和点石成金术的人们,也曾为自己的目标投下过毕生的精力,不能说他们不勤奋、不顽强。可是选错了方向,走了一条与自然规律背道而驰的路,结果只能以失败告终。还有些人研究方向并非不对,也勤奋终身,但因方法不对而失败。良好的方法会使人更好地运用天赋,而拙劣的方法则可能阻碍才能的发挥。

对于致力于科学研究的人来说,选择时机也很重要。历史上牛顿和莱布尼茨分别独立地发现微积分。开普勒和其他几位科学家同时接近正确的有机化学结构理论。一方面,说明解决这些问题的时机已经成熟;另一方面,也说明上述科学家都有敏锐的洞察力,能及时地抓住时机。

影响成才和成功的因素是很多的。一个成才者必须具备许多条件,有些条件是可以通过努力创造的。

总的来说,成才不易,妇女成才尤难。但这并不是可望而不可即的。只要敢于蔑视社会偏见,正确认识自己的能力,坚信自己和男性有同样的社会价值,积极创造条件,同样可使自己有所作为。

目标要选准

女性成才确实困难重重。除了要自强不息、克服自身的弱点、正确认识和处理社会影响及家庭的拖累外,还应该选择好主攻方向。历史上很多人的失败,不在于他们没有知识和才能,而在于没有远见卓识!不在于没有献身精神,而在于没有正确的目标。

许多人,事业目标的确定,往往起始于"爱好",也就是说,先热爱,而后干。热爱是最好的老师,爱好的力量是极其巨大的。爱好,可以使人献出毕生的精力;爱好,才能使人专注。

昆虫学家法布尔为了观察树上的螳螂捕食蝗虫,可以在树上一动不动地观察几个小时,他那奇特的行为甚至引起了路人的怀疑,更多的人对此感到莫名其妙。正是由于这种专心,才使他所写的螳螂捕食蝗虫的科学小品脍炙人口,精彩之笔令生物学家叫绝,具有非常高的文献价值。热爱可以使人忘记自己，许多科学家冒险实验均因为此。如达尔文把甲虫放进嘴里，舍勒可以不顾一切地去尝氢氰酸……这都是热爱所产生的结果。许多科学家终生未婚，一个重要的原因就是他（她）们把全部的爱都投入到事业中去了。

妇女选择目标要注意实际，选择易发挥女子特点的目标，不要去做不适合女性干的事。同时，还要考虑社会的需要。人们需要它，就会重视它，社会也会很快地承认。对于有志成才的人来说，社会的需要也是巨大的外在力。

当然，目标选准仅仅是事业成功的第一步，后面的路还很长，还有许多困难需要克服。比如持久性，决心好下，干起来并不容易，当来自社会的怀疑、打击，亲友的讥讽，以及实际工作中遇到的挫折等向你袭来时，会产生动摇。如果此时你怀疑自己的力量，犹豫不决，则会半途而退。因此，目标选定，就要大胆去干。不怕闲言碎语，勇往直前。只要坚持到底，成功定属于你。

必须"充电"

当电器产品"活跃"在人们日常生活中后，人们对充电认识深刻。手机、手表、相机、玩具……用过一定时间，电池没电了，就要充电，使电池继续工作。女士们下岗后，面对新的企业，新的岗位、新的专业、新的知识，从心里感到陌生，难以驾驭。为了适应现代企业的要求，为了胜任新岗位工作，知识不够怎么办？水平不高怎么办？专业不懂怎么办？回答很简单："充电"！具体可从以下几方面做起：

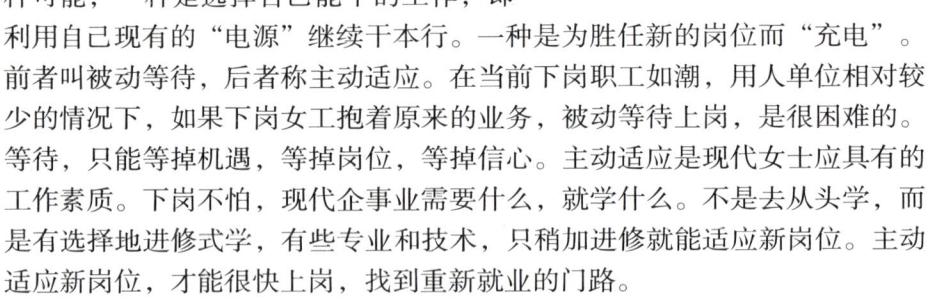

1. 主动适应。下岗女士择业求职有两种可能，一种是选择自己能干的工作，即利用自己现有的"电源"继续干本行。一种是为胜任新的岗位而"充电"。前者叫被动等待，后者称主动适应。在当前下岗职工如潮，用人单位相对较少的情况下，如果下岗女工抱着原来的业务，被动等待上岗，是很困难的。等待，只能等掉机遇，等掉岗位，等掉信心。主动适应是现代女士应具有的工作素质。下岗不怕，现代企事业需要什么，就学什么。不是去从头学，而是有选择地进修式学，有些专业和技术，只稍加进修就能适应新岗位。主动适应新岗位，才能很快上岗，找到重新就业的门路。

2. 打好基础。现代企业一般以知识密集型为主，即便是劳动密集型，也是搞电子、信息、家电行业。因此，要适应新岗位，应聘于新企业，就必须具备新产业的基础知识和技术，比如电脑、驾车、写作、管理等，这是最基础的东西。具有基础专业知识和技术，到任何企业都可以找到工作。有了基础专业和技术，再进修一些所需专业和技术，下岗女工就可以不必为找工作忧愁了。因此，下岗后先不必匆匆忙忙找工作。下岗后如果能坐下来精心策划一番，针对当前企业用人状况，先学点通用的现代技术，如电脑、现代办公、企业管理、汽车驾驶、文秘工作、公关知识、营销理论、策划宣传等这些基础学问，必须学好。磨刀不误砍柴工。这是磨刀，有了犀利的刀，才能劈开上岗路上的重重阻碍，创造新的辉煌。当然，打基础，学新知识，是要耐住寂寞，坐下来钻研的。

3. 选好专业。打好基础，仅仅为进修学习做知识上的准备，要想在今后工作上领风骚、挑大梁，不再遭受下岗的痛苦，还必须结合现代企业的产业结构，选好专业进修学习，掌握一身过硬的本事，迎接知识经济的挑战。那么，应如何选好专业呢？

一是避开供大于求的专业。比如机械加工的各类专业、纺织技术专业、设备制造、冶金行业、煤炭行业、军工行业……这些行业大都属于夕阳行业，在社会上也很难找到岗位。

二是避开过热的专业。比如外语、外贸、外事、旅游、新闻、法律、公检法……由于前期开设专业过多，人才培养过多，造成过热局面，而今使用上却受种种条件限制，竞争太激烈，争一个岗位太难。

三是选目前和今后十几年有发展前途的专业。比如电脑软件、企业管理、经济分析、金融投资、财会、酒店管理、现代办公、文秘、营销、保险、土建、水暖、空调制冷、建筑装饰设计、建筑学、医药、食品、饮料、服装设计、服装剪裁、教师、幼师、厨师、美发师、美容师、健美教练等。

四是选自己最容易学成又易于找工作的专业。有些专业虽很好，但自己没有这方面的基础，要学得从头学起，起码需1~2年的，不可选。

所以，应该选学那些自己有一定基础，又非常熟悉，不需太长时间（半年到一年）就能掌握的专业，比如营销、保险、投资、财会、策划、管理、文秘、美发、美容、服装设计、幼师、食品加工等，学起来都不难，时间短，见效快，只要有基础是很快就能上岗的。

中年奋起也不迟

面对滚滚而来的失业的冲击，未失业的女士感到沉重的压力，竞争与挑战已经严峻地摆在面前。而已失业的女士，更是忧心忡忡，为自己没有竞争能力而后悔，为自己重新就业而操劳。应该说，感到压力最大的是中年女性——年轻时没有抓紧学习、提高，使自己迄今仍处在文化低、无专业知识的低素质人群之中。

过去企业人浮于事，国营企业是十个人干一个人的活，有很多活都是简单体力劳动。在那里既没有竞争，也没有学习专业知识的动力，一切都是混日子、混工资。这种企业机制消磨了广大女性的上进心，而使她们安于低素质、乐于娱乐、穿戴、家务，不再用心于事业。现在变了，企业机制引进竞争、聘任制。不要说失业，就是在业也"危在旦夕"，如果落后，就会被别人战胜而走下岗位。因此，中年女性面临的挑战更为激烈、严酷、无情，要想战胜挑战，适应市场经济，成功地在岗位上大放光彩，唯一的办法就是奋起，重新学习，迎接挑战，适应竞争。

有人对 1901～1972 年全世界诺贝尔奖金获得者进行调查，发现这些诺贝尔奖金获得者完成其获奖工作的平均年龄是 39 岁。由此可见，科学事业中何种年龄最富于创造的问题并不是那么简单。

在诺贝尔奖金获得者中虽然经常出现青年人，可也同样经常出现中年人。从生理学的角度来看，人在 25 岁到 50 岁这段时间里，年富力强，精力充沛，既有青年人的思维敏捷、易接受新事物、较少保守思想的特点，又有经验比较丰富、把握事物发展趋向、能做出判断等的有利条件。另外，中年人的体力还能胜任艰苦的脑力劳动和体力劳动。如果说，把接受前人知识所必要的时间称为"继承期"，而把创造发明时期称为"创造期"。那么，可以说，人到中年，正是这两者相互交叉，"继承期"进入后期，"创造期"进入鼎盛的黄金时代。所以，人到中年，是人生旅途的一个重要转折点，奋发者崛起，踌躇者落伍。

广大女士们，应把自己的一生时间当作一个整体运用，对于中年女性来说，虽然在年龄上失去了韶华，处于劣势，但中年人具有知识面广、自制力强、分析力强、思想成熟、经验丰富等长处。这些素质，在发展横向科学技术，如管理科学、社会工程、环境工程等综合科学和新兴边缘科学时，显得尤为重要。所以，中年奋起，犹未晚矣。

在国外，许多中年女性通过二次教育崛起成才。例如，日本原先有许多搞文科的中年女士，为适应社会需求，增强个人的竞争能力，在社会站稳脚跟后，便纷纷重进大学进修数理科学，几年后，这些女士大都成了新学科攻坚的主将。

中年奋起不迟，广大中年女性应利用自己的第二个黄金时代，赶快进学校或自学，提高自己的文化素质和专业知识水平，掌握一门现代科学技术，竞争，便有了武器。

靠自己去发掘

天才固然有其先天的因素，更多的却是靠后天的努力，这就要求对自己有一个正确估价，充分认识自己。妇女在智力、心理等方面都不比男子差，有些方面甚至还优于男子，一切有志于伟大目标的女性，都应该科学地分析自己，善于扬长避短，最大限度地发挥自己的长处，不断提高自己的社会价值，这就是所谓人才的自我挖掘。尽管我国为妇女成长提供了良好的条件，但是，如果没有个人的努力，成才还是不可能的。

人才的自我发掘，对一个人的未来起着决定性的作用。即使是在极其恶劣的社会环境或艰辛的生活条件下，只要看准方向，发挥优势，坚持不懈，同样能干成大事业。

自我发掘，首先应克服自卑感，相信自己。自信，可以使人精神振奋，勇于进取；反之，自卑心理则会影响人的情绪，使人缺乏进取和创新精神，以至于自我埋没。自卑是妇女成才的大敌。

自卑的最大特点是怀疑自己的能力，不知道自己在某些方面具有的才能，从而导致自我埋没。

俄国戏剧家斯坦尼斯拉夫斯基曾记述了这样一个故事：他在排练一场话剧的时候，女主角因故不能演出。他一时找不到人，只好叫他的大姐来担任这个主角。他的大姐从前只干过服装、道具的准备工作，从没演过主角，现在突然让她担任主角，她感到难以胜任。由于自卑、羞怯，排练时效果很差，这引起了导演的不满。一次，他突然停止排练，并说道："如果女主角演得还是这样差劲，就不要再往下排了。"这时全场寂然，屈辱的大姐好久没说话。后来她抬起头，一扫过去的自卑、羞怯，演得非常成功。斯坦尼斯拉夫斯基用《一个偶然发现的天才》为题记下了这件事。他说："从此以后，我们有了一个新主角。"

试想，如果不是导演给他大姐一点压力和激发，他大姐仍然还处在自卑、不相信自己的境地，恐怕永远也不会成才。而一旦她丢开了怯懦、自卑之后，则一改旧观。由此可见，自卑对人才的成长是多么不利。

事实证明，只有打破自卑感这层坚冰，智慧的浪花才会翻卷，显露光芒。

丢掉自卑感吧，自我发掘吧，应该不愧为人类的半边天，应该而且能够成为社会的中坚。

发挥女性的优势

虽然在整个历史上女性成才的人数较少，但这并不能证明女子的资质差。从某些方面考察，女性则远强于男子。

比如说，女性心理感受性强，动作准确性高，辨色力、听觉均较男子强。女子在打字、发报、音乐、艺术等方面都比男性有明显的优势。

女性在语言诸因素和机械记忆方面见长，在形象的直观思维方面偏优，在味觉、触觉方面比较敏感，但绝大多数女子的智力居中。统计表明，女子在 20～24 岁时，智力超过男子。

除了心理、智力方面女子具有无与伦比的优势外，从生理条件讲，女子在某些方面，正在表现出巨大的优势。就拿体育运动来说，近年来发现，女子在某些体育竞技项目上的优势十分明显。

比如说"马拉松"赛跑。全程为 42.195 千米，跑完全程一般需两个多小时，消耗体内大量储存的糖原，失去的水分可达 4～5 升，这需要无比坚强的意志和耐力。因此，如此长距离的赛跑，过去女性是不敢问津的，即使有人参加，也被认为是不可思议的事。传统观点认为，女子身矮、体轻、四肢短、重心低、肌肉不发达、皮下脂肪厚、心肺功能也不如男子，正因为如此，在田径赛场上连万米赛跑都不让女子参加，更何况"马拉松"呢。

然而，传统观念正在受到挑战。国际业余田径协会已决定接纳女子"马拉松"运动，并且正式列为奥林匹克运动会的比赛项目。

这是为什么呢？从生理上看，女性在某些方面适合这种超长距离的耐力项目。因为女性可以动用体内储存的脂肪，迅速有效地把它转化为供肌肉运动的燃料（女子的脂肪占体重的25%，而男子的脂肪只占体重的14%）。

在长跑中，运动员体温高达40℃，需要尽快地散发体热，出汗便是降低体温唯一有效的方法。由于出汗，水和盐大量散失，汗液分泌过多，就要消耗细胞内液，容易脱水，高温和脱水对人体正常生理活动是一个威胁。在这方面，女性又胜男性一筹。女子汗腺较多，并且分布均匀，体温调节的效率也高。女子由于雌性激素的作用，在体表形成的毛细血管网也比男子多，血液可以更多地流经皮肤散发热量，这样也可以减少汗液的分泌和蒸发。因此，女子在跑"马拉松"时，损失的水分比男子少，能更有效地发挥运动潜力。

女子在超长距离赛跑上所表现的优势正在引起人们的注意。在长距离游泳项目中，女子的优势就更加明显。女子的骨骼轻、脂肪厚，可以增加浮力；肩窄能减少水的阻力；皮下脂肪又可防止体热过分散发。这一切优势，都是男运动员所无可比拟的。

女子的多方面优势，正在不断地被发现，逐渐为人们所重视。女性朋友们，应当充分地发掘和利用自己的优势，扬长避短，为祖国的建设做出更大的贡献。

社会对女性成才的影响

从社会因素方面考虑，人们会发现，妇女受到的社会压力要比男人大得多。尤其是在封建思想根深蒂固的中国，更是如此。新中国成立后，男女受教育的机会虽然均等了，但重男轻女的思想并没有消失，在家长和教师中也依然存在。他们散布的男尊女卑思想，无形中成为女孩甚至成年女子心理压力的根源，在不知不觉中，接受了"女孩不如男孩"的偏见。这些思想使女孩容易产生自卑感，甚至自暴自弃，丧失自尊和自信。而自尊和自信的丧失，就意味着一切的完结，更谈不上什么成才了！

应该使所有妇女认识到，男女生理上的差异主要是表现在体力方面而不是智力方面。在重体力劳动、重量级体育竞技中，女子无论如何都不如男运动员，这是因为体力不行。但在科学领域、在脑力劳动的各个领域，男女就没有这样的鸿沟。生理学家证明，男女是没有多大差别的。只要努力，妇女同样能在科学和一切脑力劳动中创造出奇迹。

社会的影响和偏见，对女子的成才起了极大的破坏和瓦解作用。有些女孩不敢在学习上和男孩子竞争，主要是一种自卑心理在作怪。还有一些女孩，甚至是成年女性，把主要精力放在装饰打扮上，着意美化自己，其实这是一种自卑心理的反映。自己把自己看成社会的装饰品，这是以男性为中心的旧时代的价值观念。至今，仍有些女性还没有完全认识到，她正在走前人的老路，自己作践自己。

而在事业上有成就的妇女，则具有另外一种价值观念。她们从不以打扮自己为乐事，而是把全部精力用于选定的科学或生活目标上。居里夫人在成名之后受到全世界的普遍赞誉，但她却始终保持朴素的作风。

只有克服社会的偏见，冲破习惯的影响，一改几千年重男轻女的恶习，妇女才能掌握自己的命运，成为社会的主人，才能充分发挥自己的优势和才智。

克服女性自身的弱点

有人统计过，在整个中国历史文献中，有名有姓的女子，不过几百人；在数百名诺贝尔奖金获得者中，女性目前也只有6人。中国科学院和中国工程院数百名院士中，只有少数几十位女性。大学生中亦男多于女，而其中的高才生，仍是男性多于女性。可是整个人类中，男女的数量基本相等，那么为什么妇女中的人才这样少呢？

原因是多方面的。

其中主要原因是女性有许多自身的弱点。比如说意志薄弱就表现得十分明显。有些女孩从小就比男孩爱哭，就是到了成年，自制力也很弱，遇到巨大困难和挫折时，缺乏顽强和坚持精神。

意志薄弱对一个人的成才影响极大。科学的桂冠是属于不怕困难、勇于进取的人的。攀登科学高峰是无比艰辛的劳动，以科学为终身职业的，必须具有坚强的意志；科学对女性是不会另加照顾的。就拿世界著名物理学家、两次诺贝尔奖金得主居里夫人来说吧，她的成功是勤奋、努力、意志的结晶。她生在波兰，她的祖国是沙皇俄国的附庸国，不要说妇女成才受到限制，就是男人也不容易。但是意志坚强的居里夫人硬是靠个人努力考取了巴黎大学，毕业之后进行放射性物质的研究。每天手持铁棍，搅动着锅内的沥青，冬天忍受寒冷，夏天冒着酷热，在她丈夫抱怨生活过于艰苦、准备放弃不干的时候，她坚强地支持着、拼搏着，终于发现一种隐秘的物质——镭，她因此获得诺贝尔奖。后来，她丈夫不幸逝世，她很快从痛苦中解脱出来，重新投入放射性元素学的研究工作中。五年之后，她又一次获得诺贝尔奖。

这说明，只要有毅力，一往直前，就一定能成功。

还有一个影响女子成才的因素，就是女子创造性思维较差。这一点在小女孩身上表现得最为明显，如女孩比男孩听话，易按别人暗示和指示办事。成年女性中多数人也往往缺乏主见和判断力，而在成才的女性身上，上面这两个弱点却不存在。她们有自己卓越的判断力，思想活跃，勇于创新，有自己的主见，甚至还有比一般男人更坚毅的个性。

科学活动是创造性劳动，缺乏创造头脑的人，是难以迈进科学圣殿的。

怎样求职

求职，是下岗女士最急切要解决的大事，也是她们苦思苦想的事。

求职，是上岗的第一步，只有跨出这步，才能再就业。怎样求职，下岗女士没有经验，她们大都是"大姑娘坐花轿——头一次"。没有经验也得去求职，经验不是主要的，主要还是要有一颗诚心。对于下岗女士来讲，进行求职前还是应该知道一些求职方法、途径，使自己少走弯路。

1. 收集信息。要求职，当然应知道全市有哪些单位用人，用哪方面的人，用多少人。下岗女士不可能掌握这些情况，就得收集有关信息。目前，登载用工信息最多的还是报刊、广播电视等媒体。为此，下岗女士最好订一份当地的日报或晚报，每天早上报纸一到，第一个任务就是看招聘广告，并把招聘广告剪下来，装订好，作为自己的信息。除了报刊外，还应每周到人才市场、劳务市场两次，随时记录那里招聘人才的信息。同时，有的用人单位也会通过熟人送来用人信息等。总之，广开渠道，广建网络，收集用人信息，使下岗女士能掌握充足的用人信息，了解目前全市用人的趋向，知道哪些行业、哪些专业需求量大，而哪些行业、哪些专业用人少，从而为自己求职提供选择方向。收集信息要持之以恒，不可心血来潮就收集，时间一长，就忘了。不愿收集，则前功尽弃。收集信息与上岗是一回事，不收集好信息，你上哪去求职，可谓求职无门。信息贵在指路，不可忽视。

2. 比较筛选。有了充足的用人信息后，下一步工作就是比较、筛选，从中选出适合自己条件的企业和岗位。筛选时先从专业下手，从众多用人单位中寻找适合自己专业的企业，然后将这些企业放在一起，查看它们各自对该专业的招聘条件，如年龄、学历、职称、工作年限等，哪个更接近自己，最后再仔细研究企业状况，分析该企业是否有一定实力，是否有发展前景，再进行决策。比如：A 企业要招聘一个微机操作员，30 岁以内，大专文化，初级职称，3 年以上工作实践；B 企业要招聘一名微机操作员的条件是：25 岁以内，高中文化，有 1 年操作实践经验；C 企业招聘的条件是：28 岁以内，未婚，大学本科学历，中级职称，5 年以上工作经验。而下岗女士小 X 今年 24 岁，高中文化，有 3 年工作经验。她对照 A、B、C 三个企业，进行比较、筛选后认为，只有 B 企业最适合自己，而 A、C 企业要求条件过高，自己即使再学习一段时间也难以达到。所以，小 X 便对 B 企业进行研究：从招聘广告中可以看出，这是一个刚起步的民营企业，行业为高科技开发，是有一定前途的。于是，小 X 打定主意，决定去 B 企业应聘。

3. 广告自荐。收集用人信息，分析筛选应聘，是下岗女士常用的求职手段。而广告自荐，则是把自己推上市场，让用人单位选自己。这种方式很管用，许多下岗女士广告上报后，便接到很多用人单位的电话，要求面谈。可见，广告自荐的突出优点是：覆盖面大，自荐应聘一上报，全市几百万人便在一个早上得知，所有用人单位也同时得到你广告的信息，凡真正想用你的单位，肯定会与你联系。就这样，你便把应聘范围从几个、几十个单位一下子扩大到全市所有用人单位，于是，你被聘任的可能性也一下子提高了许多倍，甚至会出现几个单位争夺你一个人的可喜情况。

4. 市场自荐。国家大力搞再就业工程，为下岗职工建立了各种人才交流市场，为下岗女士择业求职创造方便条件。这些人才市场，如职工交流市场、再就业市场、劳务市场……设备先进，服务周到，大都是免费登记，对下岗职工优待。这类人才市场自荐效果也非常好。服务人员会把下岗女士的自荐输入电脑，然后不停地在大屏幕上放出，让用人单位选用。

5. 登门自荐。在推销自己的过程中，还有一种方式用得不多，但很有效，它需要勇气，需要信心，更需要表达，这就是国外通行而国内少见的登门自荐。有的下岗女士看中了几家企业，也了解到这几家企业正缺少像自己这样条件的人，可企业没刊登招聘广告，贸然上门似乎不好，可不登门将永远跨不进企业的门槛。于是，登门自荐便应运而生。这时，你写好个人自荐报告，仪容略加修饰，去叩响企业老总的办公室，要求亲自与老总面谈一次。没时间？没关系，约个时间再登门谈。高雅的气质、充满信心的目光、优雅的举止、不凡的谈吐，往往能征服企业老总，当他答应与你谈时，你就已经迈开取胜的一步。经过面谈，成功自然好；即便不成功，也是一次成功的自我推销。

应聘的艺术

不论是报刊上的招聘广告，还是企业门前张贴的用人启事；不论是人才市场组织的人才大集，还是劳务介绍所的正常业务。都是求职择业、重新上岗、谋求发展的好形式。当前，虽然用人单位很多，招聘广告满天飞，但由于下岗人员过多，总体素质又不高。因此，应聘成功率一般不高，有的女士应聘几十次都未成功。那么，如何提高应聘的成功率呢？

其实，应聘也是一门学问，应聘女士应努力掌握好应聘艺术：

1. 充分准备。应聘虽然不是考大学，不必那么紧张、恐惧。但是，应聘也是一次短暂的全面考查，从人的仪表、举止、言谈、态度、心理、思维、观念、学识、专业等了解、观察、考核，到进行综合评价，最后方能决定取舍。因此，应聘前必须认真做好充分准备，做到有备而来，胸中有数，应付自如，正常发挥。先要反复阅读招聘广告，了解企业的性质、行业，招聘岗位、条件及待遇等，分析企业是生产企业还是服务行业，是一般技术性企业还是高科技行业；招聘岗位是行政职员还是技术干部，是公关小姐还是推销员、服务员。搞清了企业性质、岗位性质，才能有针对性地做好理论准备和业务准备。

比如，应聘公关小姐，你就在家读一些公关理论，熟知当今世界公关发展趋势及做法，要针对不同行业掌握公关业务要点。另外，还应了解一下该企业的行业发展前景及国内外现状。这样，你就把招聘考官所要考你的内容全部准备齐了，应聘时才能对答如流，显示出业务熟练、专业精通、学识渊博、知识面宽的特点，马上会博得招聘者的好感，为应聘成功打下坚实基础。

2. 展现气质。气质，是一个人的学识、观念、信心等在言谈、举止上的反映。一个酒店服务员绝不会有外企中公关小姐的那种高雅气质，一个小保姆也不会有女工程师的那种自信气质。当然，气质与一个人的教育程度、工作环境和家庭环境是分不开的，但也是可以改变和培养的。气质是一个人的形象广告，形象一般但气质佳，照样会赢得人心，会战胜对方。因此，在应聘时要切记有个好的气质，使招聘者对你一打眼、一接触、一交谈，就会被你的气质所征服，不敢轻视你，就会把你同那些低层次女郎的挑逗、性感截然分开，为成功应聘走出第一步。展现气质，首先要调整好心理，充满信心，表现坦然，神态显得坚定。同时，摆脱社会上那些低俗作风，什么见面先递烟，什么肉麻的吹捧，什么拉拉扯扯，避开这些，表现你的高雅，展示出信心和才能。

3. 真实诚恳。有些女士应聘，总以为对方不了解自己，又不可能做调查，因此应聘时假话连篇，大肆吹嘘自己，编造假学历、假职称，把自己吹得云山雾罩，使招聘者看不清其真面目。应聘当然不要中国传统式的"谦虚"和"自贬"，但也不能说假话，欺骗对方。应聘也需要一个真实的交流、诚恳的对话，假话、吹嘘的结果，招聘方便会产生怀疑和厌恶感，即便你真有些本事，如你的八分本事被你吹成十二分，最后人家可能连八分都怀疑了，认为你最多有四分本事。成功的希望让你自己吹掉了。

因此，应聘时女士们一定要抱着真实诚恳的态度，如实地讲出自己的学历、职称、年龄、业务简历和个人的才能，如实地讲出自己为何应聘，自己希望的岗位和待遇。向对方表述时应实实在在，是心里话，不能胡编。特别要突出诚恳，向对方推销的是一个诚实的人。不论你的条件如何，只要能真实诚恳，对方就会有好感，就会喜欢你这个人。

4. 突出优势。招聘时，往往报名的人很多，而且人才济济，竞争相当激烈。有时招聘十个人，报名就有上千人之多。所以，仅仅讲自己的业务、学识，恐怕还缺少竞争力；仅仅想从业务、学识上鹤立鸡群，也难以办到。都是同龄人，应该说，在一般情况下差距不是太大。所以，要想战胜对手，超越别人，就得靠自己的优势、自己的长项。比如，房地产开发公司招销售人员，如果你泛泛而谈如何销售及促销手段，就不能战胜别人。但是，你若讲自己是学土建专业，或在设计院搞过设计的话，你就会优先被聘用。因为你突出了自己的优势，又恰恰是广大应聘小姐们难以具备的条件。于是，你鹤立鸡群，成功率一下子增大了许多。因此，女士们在应聘时要特别注意利用自己的优势、长项，以优取胜，以长制胜。讲自己长项，也应把它与应聘岗位结合起来描述，这样更具有竞争力、说服力和征服力。

谨防陷阱

招聘行当中骗子太多，令人生畏；招聘中设下的陷阱太多，叫人恐惧。所以，热切再就业的下岗女士，刚跨出校门急于上班的姑娘，还有梦想进城淘金的农村少女，在积极应聘寻找岗位的同时，切莫忘记那些曾跌进招聘陷阱的姐妹，切莫忽视在美丽花环编织的招聘路上，还有一个个骗人、害人、吃人的陷阱。提防招聘陷阱，提高应聘的警觉，及时识破不法分子的阴谋，才能确保自身权益不受侵犯。

谨防招聘陷阱，主要有以下几种方法：

1.鉴别广告载体。招聘方式多以广告为主，而刊登广告的载体很多，报纸、刊物、电视、广播、街头、信息台……因此，要识破招聘陷阱，先从招聘广告载体上下手，认真鉴别广告载体性质：①合法性。刊登广告的报刊、广播电视（含有线电视）单位是不是经国家有关部门审定、批准、注册的合法广告刊登单位，如果不是合法载体，其刊登的招聘广告就不可信，招聘陷阱有可能设在其中。②权威性。载体在当地是否家喻户晓、人人皆知且影响力极大。如由当地政府创办的日报、晚报，由工、青、妇、人大、政协创办的各类报刊出版的各种书刊，这些载体大都比较可靠，毕竟出版人是政府，还不至于公开设陷阱。而一些非法创刊、街头传单、行业小报、盗版书刊，以及一些发行量很少、影响力很低的报刊，其刊登广告的可信度就大大降低，出现陷阱机会也就大大增加。③严肃性。有些报刊出于对读者高度负责，对刊登广告采用严格执行广告法，对不实广告不论付多少钱也拒刊，这种严肃性的载体可以相信。从日常读报也不难发现哪些报刊是严肃的，哪些报刊追逐利润而刊登虚假广告。对于不严肃载体上的招聘广告，应十分小心。

2.分析广告内容。识别招聘陷阱，从招聘广告的内容上也能发现蛛丝马迹。关键在于认真分析、反复琢磨。某地一家报纸刊出一则大幅招聘广告，说是经贸公司，招聘人员除经贸业务人员外，还有房地产、装饰、市场开发、高科技、电脑软件、股票投资等，月薪很高，总经理助理10000元，部门经理5000元，一般员工2000元，而且实行月薪＋奖金。这则招聘广告在当地影响很大，应聘人多得很，都被它的高薪收入所吸引。但是，如果冷静地、客观地分析一下，就会发现一系列疑点：

（1）公司行业可疑：该公司既然是经贸公司，为什么拓展到房地产、高科技、投资、新产品开发,一个公司能容纳如此多的行业?如何管理?

(2)招聘人数可疑:正常情况下,经贸公司也就几十人而已,而该公司这次招聘近100人,招这么多人干什么?

(3)高额工薪可疑:招聘单位工薪高一些是常事,但高出头则令人生疑,按100人计,每月公司用于工薪就增加50万元,再加上原有职工和老总们,每月工薪开销相当可观,企业搞什么能获得如此高的利润,除非走私、贩毒。

(4)收报名费可疑:招聘广告上注明,凡应聘人员一律先交20元报名费。收100人,起码要有10000人报名,仅报名费就可收20万元,这是一笔可观的收入。这样层层分析,就一定能去伪存真。

3. 暗查招聘单位。不管招聘广告上讲的如何娓娓动听,不论招聘单位如何承诺,也不看老板身上闪光的招牌:什么博士硕士、教授高工、专家学者、人大代表、政协委员……都不要相信,一切都可以造假,假钞都可以造得真假难分,何况这些证件呢?最可靠的还是自己亲自查访,掌握第一手资料,才能分辨真伪。当然,做调查也要讲点方法,公开调查,恐怕没人接待,更没人讲真话。只有暗中查访,才能摸到较为可靠的真实材料。暗查第一站是广告载体单位,通过他们了解该公司是不是合法单位,在工商局是否登记注册。第二站是到工商局了解情况,可以如实讲明来意,道出怕受骗心理。一般情况下,工商局是可以介绍该企业状况的。第三站是去招聘单位,最好通过熟人找企业员工谈一谈,这往往是真实的内容。如果没有熟人,就得以找人为借口,进入企业内部,看看其办公环境、生产车间规模、厂区文明程度、职工精神面貌、劳动纪律等。一旦你所见到的是破旧车间、脏乱小院,无人上班或职工上班时到处游逛、闲聊,牢骚满腹,怨气冲天,张口骂人……不必再考察了,招聘广告肯定是假的。

4. 应聘时辨真伪。通过以上的分析、识别,对招聘企业已经有个大概的了解,最后在应聘时可施巧计,识破其行骗陷阱。一旦对招聘企业生疑,就应利用应聘考核见面时机,进行最后的拆穿。应聘时不要有任何生疑流露,反而装得一片虔诚、一片痴情,表现出急切来公司、迫切被聘用的心情。这样,会使招聘者不加防范,可以大胆地行骗,从而暴露陷阱。比如,一再仔细询问企业状况、生产产品、销售市场、人员素质等,如果他们说假话,由于你事先有所准备,当然一听便知其真相。比如,他讲自己是高新技术企业,你可以与他谈高新技术产品,越细越好,一旦对方支支吾吾,谈得驴唇不对马嘴,就证明他们根本没有什么高新技术,而是一伙骗子。还可以与他们谈企业发展,从中也可以分析出真伪。真者,其规划有科学性、可行性。伪者,目标远大,但根本实现不了,只是骗人而已。总之,要应对灵活巧妙,剖析疑点,使骗子现原形。

女性自我防卫

通常看来，女性躲开攻击者的能力比男性要差，这一部分是因为大多数人认为，男性的体格比女性强壮，体力比女性要强，而且男性是传统上的保护者。事实上，体格和体力并不一定是个人能力的决定性因素。女性成功击退比自己强大的攻击者并不是什么新鲜事。

许多女性比她们的男性对手更结实、更聪明、更敏捷。她们不会喝太多的酒。因此，在任何冲突中所采取的行为也更有节制。两性之间最明显的区别就是，自他们降生到这个世界开始，孩子的"心理程序设定"。对男孩的期望是意志坚强，对恃强凌弱者进行回击，而对女孩的期望则是不要反击。这种心理作用是女性被人们看作是受害者的主要原因。

相信自己

女性必须克服自己对打斗的恐惧感。她们体内蕴藏着大量的愤怒和积极主动的能量，而她们应该准备好在遭遇暴力对待的情况下运用自己的力量保护自己和孩子的安全。这只是一个关于自信心的问题，要明白，反击不会失去什么，却可能获得一切。

立刻做出反应

要让攻击者吃惊并让他失去自信，女性应该迅速、果断地采取行动。要相信自己在这种情况下的本能反应并根据本能采取行动，但至关重要的是不能延迟自己的反应。因为如果你所采取的行动出乎攻击者的预料，就能削弱他的气势。

表现自信。不要让攻击者因为明显察觉到你的软弱而使用暴力。软弱只是一种感觉，而你的心理力量会对攻击者产生影响。

如果有人扑上来，就反击。大声叫喊、奔跑、出拳、脚踢，都是防卫的有效手段。

家庭暴力

任何在家庭中发生的暴力攻击都触犯了法律。男女双方都无权从身体上或感情上侮辱对方。不幸的是，许多女性多年来受着她们伴侣的侮辱。这种侮辱可能会持续多年，通常直到女性离去才终止。女性和暴虐的伴侣待在一起的原因可能有许多种，如缺钱、受到威胁、认为他会改变等。重要的是女性应该认识到，她们还是有地方可去的，在受到不公平对待时，女性应该寻求相关机构的帮助，以维护自己的合法权益。

经受家庭暴力的女性在初期可能没有认识到她们受到了侵犯。然而，从某种程度上来说，她们应该考虑做一些离开的准备了。这不是一个容易做出的决定，特别是当牵涉到孩子时。如果你已经下定决心，就把自己的麻烦告诉一个女友，然后告诉她自己可能需要和她待在一起。把过夜的东西装个小包放在她那儿，存好一笔足够付一段时间住宿费和饭费的钱。如果可能的话，请邻居在他们听见任何骚乱时打电话报警。

遇到团伙攻击的情况

对于女性来说，单身一人遭遇男性团伙攻击可能是可以想象得到的最坏的场景之一。充分的自信应该是你在这种情形下采取防卫的第一步，由于这种团伙一般是期望女性不做反抗的，因此你的反击可能会促使他们放弃对你的攻击。你对胜利的决心越大，就越能使攻击者失去勇气。

应付这种情况的关键要素就是迅速认清哪个是团伙头目，然后将注意力集中在他身上。团伙头目不是个头最大的就是包揽所有对话的那个人。

你应当使自己与团伙头目视线相对，并保持这种相对。

要表现得自信，并且不停步地向前移动，同时平静但坚决地要求他们不要挡路，你也许能完全让该头目信服地退却。

如果他避开你的目光，你应该继续向前移动，从人群中走出去。

如果他仍然挡住你的路，那就接近他，但要与他保持一定的距离，在这过程中始终保持与他对视。

尽量避免自己被包围。

此时，他非常有可能装作他只是和你开了一个玩笑，然后笑笑或说几句话，让你过去。

如果这个办法不起作用，那就考虑用自己的声音吸引别人的注意。犯罪团伙不可能希望女性对他们尖叫，而且大声叫喊可能会促使他们攻击你。

如果团伙开始攻击你，你的最后一招就是动手。用上自己所有的技巧，如声音、拳打脚踢，然后，如果有跑开的空间，一有机会就赶快逃跑。下面是几个需要牢记的要点。

保持目光对视。

不要对自己选择的逃跑路线三心二意。

除了发令之外，不要和攻击者对话。

保护自己的后背，攻击者从你身后发动攻击比正面发动攻击要容易。

遇到尾随情况

近年来，尾随事件呈上升趋势。这一术语通常用来指某人迷恋他人或对他人存有恶意，然后一直跟着他们。然而，尾随者经常不满足于单纯地尾随他们的目标，他们会对目标进行身体袭击、书面或口头的侮辱，以及做出各种经常是显示威力的举动，乃至对目标进行胁迫和使用暴力。

向警方求助

如果你认为自己被尾随了，就可以报警。但是，应该了解的是，如今仍然没有任何立法针对尾随这一特殊犯罪。所以，不可避免的，除非尾随者对你进行了身体袭击，否则警方可能不会立刻对尾随者进行处罚。

寻找"安全避难所"

如果你离开了自己熟悉的环境,并且感到自己被尾随了,无论原因是什么,赶快找一个安全的"避难所"。你可能只是看到了影子,但保持警惕永远比留下遗憾要好。当自己在街上行走时要尽量找出可能的"安全避难所",如警察局、公寓大楼、医院、银行、酒店或商场。当你感受到直接威胁时,赶紧往最近的亮着灯的房子走,然后打电话求救。

在人行道上行走的时候要走在人行道的中央,并且要对小巷口或"凹"进去的商店门口提高警惕。如果认为自己被人尾随了,要马上转身查看。穿过街道(如果有必要的话就穿两次)以便确定自己是否被尾随。如果自己不确定,那就进入大商场或类似的场所,然后打电话叫辆出租车送你回家或目的地。如果尾随者跟着你进来,就告诉店员或者打电话给朋友。如果你真的独自一人遭遇上了尾随者,要做的第一件事就是面对尾随者,这样你就能看见他,以及他在做什么。

尽量不要为了抄近路而穿过自己不熟悉或人迹稀少的地区。

携带私人警报装置并准备好使用它。

如果可能的话,在深夜回家时让家里人来接你。

请送你回家的朋友等你进了楼门后再离开。

把自己的钥匙拿在手上,不要等到站在家门口时再在手提包里或口袋里找钥匙。

遭遇强奸

强奸是非常常见的一项犯罪,而且可能会毁掉女性的一生。85%以上的强奸案件中强奸犯与受害者原本是认识的,而且受害者并非全是单身女性。许多受害者在被强奸后没有报案,因为受害者感到肮脏和难堪,或者因为她们感到警方或法庭不会相信自己。重要的是要记住,被强奸从来不是女性的责任或错误。

有预谋的强奸案件很少,大多数都是偶然的。

从施暴者手下逃脱

如何从施暴者手下逃脱可能取决于你自己与施暴者之间的关系及自己的性格。你可能会毫不犹豫地用拳头猛击一个陌生人,但却可能对认识的人下不了手(也许是害怕对将来的影响)。你也许可以通过对话来摆脱这一状况,但要准备好在必要的时候使用身体的力量。有资料显示,同施暴者展开搏斗的女性比不进行反抗的女性安全逃脱的机会要大。

评估一下施暴者:他的个头有多高?他是否喝多了?他是不是在拦路抢劫的过程中对你产生了歹意?

保持冷静,做好同他进行搏斗的准备。

运用自己的声音,大声叫喊并求救。

保持与对方对视。

尽量不要让他碰你。

反击

在采取了上面所说的方式之后，施暴者也许仍然会企图强奸你。处于这种情况时，就要准备好用行动来制止他了。施暴者在施暴时会易于受到攻击（譬如，当他在拉开拉链时），而受害者在必要的时候，应该判断何时是反击的最佳时机。

除非施暴者用武器顶着你的喉咙，否则就应该使用一切方法与他搏斗，你不论做什么都对改变局势有所帮助。你可以采取挠、咬、踢等方式，扯他的头发、抓他的睾丸、抠他的皮肤。即使这些不能制止他，至少保证可以在他身上留下痕迹，以后可以指证他。

防止约会对象或熟人起歹意

"约会强奸"通常指男女双方第一次约会，或在发展相互关系的初期，由于男方未能正确理解有关暗示，而对女方实施性侵犯。

男性必须明白，虽然初次约会取得进展可以很好地确立自己在对方心目中的地位，但如果没有得到女方的同意，这样的举动就构成了强奸。同时，女性也必须明白，在深夜或是喝了一点酒后，把一个自己不太了解的男人邀请到自己家里可能给对方以错误的暗示。这就是说，请男性喝咖啡、喝酒或有些亲密的表示，并不意味着女方同意接受强加给她的性行为。

男女相约出行通常是因为相互喜欢。问题是，我们相互有多少信任？女性在和不够了解的男性约会时要谨慎、自重，不要给出容易让人误解的暗示。

第一次约会时间不要太长。

自己解决赴约和回来的交通。

注意自己的衣着打扮。

在给出自己的有关信息时要谨慎，如地址、电话号码、工作地点等。

明确地表明自己的意见。

如果不希望发生性关系，就断然拒绝对方的要求，并准备好在必要的时候以行动来证明。

如果已被侵犯

如果受害者已经被侵犯了，那就立刻报案；如果你不想报警，可以向相关机构寻求帮助、支持和建议。

受到侵犯后的自我恢复

只要一有机会，就要在第一时间向有关组织寻求帮助，如前往最近的警察局，寻求直接的医疗救助，但在接受检查之前不要自我清洗。你可能非常想进行自我清洗和换衣服，但警方会需要他们所能得到的全部证据，以逮捕施暴者并证明他有罪。你可以让朋友或亲戚来陪你。

受害者要明白，检查是为了你好，不仅是为了医治身体上的创伤，也是为了检查是否有怀孕或被传染上性传播疾病的可能。也许警方的询问会让你觉得好像是自己犯了罪，但你应该明白，警方必须依法行事。他们可能会问你一些你不想回答的问题，但你要尽自己所能回答。你可以在任何询问时请人陪你。

如果受害者是被自己的朋友或亲戚强奸了，法庭可能会禁止此人（包括受害者的丈夫）再次和受害者接触。如果诉诸法庭，受害者的匿名权也应该受到保护。

男性能帮什么忙

男性必须理解，许多女性在孤独时，特别是在陌生的环境里，会变得精神紧张。

尽量不要在黑夜或偏僻的地方紧跟在一位女性身后。

在深夜的公交车上不要坐得离女性太近。

如果看见有女性陷入困境，要前去帮忙或找人来帮忙。

恶意电话

电话通常是对人有帮助作用的，尤其是当我们有麻烦的时候，但有时它也会被别有用心的人利用。避免在家里接到不想接的电话的最简单方法就是不要将自己的电话号码登在有可能被公开的号码簿上，然而，这仍然不足以保证你不会接到恶意电话，因为有人会乱打电话。

有些电话纯粹是骚扰电话。这种情况往往是因为你的电话号码正好和某些出租车叫车电话或订餐电话差不多。当然，有些人会故意拨打恶意电话，而正是这些电话才有潜在的危险。它们可能会给你带来麻烦，使你感到焦虑。恶意电话可能是你认识的人打来的，也可能是和你有纠纷的人打来的。

预防恶意电话的措施

为了最大限度地减少自己可能面对的问题。

不要在电话中说自己的名字或私人电话号码。

不要在电话的自动回话录音中录入自己的名字、电话号码或类似"我现在不在家"之类的信息。

对付恶意电话

如果接到自己认为的恶意电话，那就采取以下行动。

如果对方不出声，不要试图哄他开口，干脆挂上电话。

保持镇静。真有事打电话来的人，或者想跟你开个小玩笑的朋友，通常会先开口说话的。

情绪不要过于激动，他们要的就是这种反应。

除非你相信来电者，否则不要在电话中说出有关你的任何具体信息。

如果来电者纠缠不休，就与电话公司联系，以采取相应措施，若事情的性质严重，可以报警。

私人防护装置

私人警报器

市场上有许多不同种类的私人警报器，其中有些很实用，有些则毫无用处。这主要取决于其声音的尖厉程度，声音越是让人难以忍受越好。私人警报器通常是用电池或小的气缸来驱动的，用气缸驱动的发出的声音较大，但持续时间较短，而用电池驱动的可能效果更好一些。有些私人警报器现在有几项功能，全部都是为帮助你对付攻击者而设计的。例如，手电筒和警报器合二为一。还有更好的，有些警报器可以装在手提包上或者门背后，当有人试图偷你的手提包或破门而入时警报器就会启动。私人警报器在大多数DIY（自己动手制作）店铺，或者电子产品批发商店里都能找到。

如果你有一个私人警报器，最好随身携带，并保证在出现紧急情况时自己能迅速拿到。任何警报器，无论它有多少功能，如果被埋在包底，也是没有用的。然而，你不能完全依赖于自己的私人警报器，它可能确实会让攻击者大吃一惊，但普通大众可能不为所动。因为我们对警报声已经习以为常了。在警报器响起的同时要大声呼救，同时准备好自我防卫。

其他

有许多日常用品（如梳子、香水等）是可以合法携带的，你也可以用它们来对付攻击者以保护自己。如果你在自我防卫中确实使用了这些东西，在事后要向警方证明自己的行为是合法的。

运用武器自救

女性因为生理上处于弱势，更易成为被侵害的对象。敢于侵犯青年女性的歹徒一般都比较强壮，除非受过专业训练，徒手反击是很危险的。所以，女性最好在出门前用"武器"将自己武装起来。

要注意选择在法律许可范围内的"武器"，如小学生削铅笔用的小刀，这样既能使自己逃脱，又不会将歹徒杀死。万一受到攻击时，可以按如下方法自救。

如果歹徒用右手抓住了你的左手腕，就刺他的右手腕内侧。受伤的歹徒只能用手按住伤口去看医生，你就可以逃脱了。

如果歹徒从侧面抱住你，而你拿刀的手靠近他的身体，可以刺他的大腿内侧，这是神经敏感区，他肯定会疼得放开你。

如果歹徒抓住了你的肩头、衣领、头发，或者扼住了你的脖子，就刺他的手臂、身体。

如果歹徒从背后抱住你，你的手可以活动，可以刺他的手背。

如果歹徒从前面把你抱起来，可以刺或划向他的颈部。